Die Naikan-Methode

ISBN 3-9500885-3-9

© 2005, überarbeitete Neuauflage. Erstausgabe erschienen 1998.
Copyright by NAIKIDO ZENTRUM, Wien.

Umschlaggestaltung: Hermann Staudinger & Bernhard Anderl
Layout: Bernhard Anderl
Lektorat: Gitti Fenko und Helfer/innen

Herstellung und Verlag: Books on Demand GmbH, Norderstedt
Printed in Germany

Die Naikan-Methode

von Josef Hartl und Johanna Schuh

Einführung von Prof. Akira Ishii

altes Wissen, neue Wege

Wir widmen dieses Buch
allen Menschen

mit unklarem Geist
mit suchendem Geist
mit klarem Geist

und unseren Eltern und Ahnen,
ohne die wir nicht wären.

Inhaltsverzeichnis

I. Das Buch der Fakten und des Wissens

II. Das Buch des Grauens und der Tränen

III. Das Buch des Herzens und des Wirkens

IV. Das Buch des Spirituellen und der Weisheit

Worte von Frau Kinuko Yoshimoto

Frau Kinuko Yoshimoto (1920–2000), die Frau des Begründers der NAIKAN-Methode Ishin Yoshimoto, leitete gemeinsam mit ihrem Mann und nach dessen Tod NAIKAN im Zentrum in Nara, Japan. Frau Kinuko Yoshimoto war Ehrenpräsidentin der I.N.A. (International Naikan Association).

Dass der Internationale NAIKAN Kongress schon drei Mal stattgefunden hat heißt, dass das NAIKAN sich immer mehr und weiter verbreitet.

*Mein Mann hat die Menschen immer gefragt: „Wohin gehen Sie, wenn Sie jetzt sterben?"
Am Anfang kam niemand zum NAIKAN, weil er immer diese Frage stellte und keiner zu und auf diesen Punkt kam.*

Dass heute so viele Menschen zum NAIKAN kommen, ist eine große Sache.

Zu Beginn hat mein Mann in einer Schule einen Saal gemietet und einen Vortrag gehalten. Aber niemand wollte NAIKAN machen. Durch die Tatsache, dass jetzt sogar über die Grenzen Japans hinaus Menschen NAIKAN üben, ist das passiert, was sich mein Mann am meisten gewünscht hat!

Sein Herz war erfüllt von dem Wunsch, dass die Leute NAIKAN machen, das war immer so, bei jedem Menschen, den er auf der Straße oder sonstwo traf. Dieser Wunsch war bei meinem Mann immer gleich stark. Aber in den frühen 60er Jahren gab es nicht viele Leute, die zugehört haben, wenn mein Mann vom NAIKAN sprach.

Heute gibt es NAIKAN in Europa und anderen Ländern der Welt, dafür bin ich sehr dankbar. Dank Prof. Ishii ist das so, und dafür bin ich ebenfalls sehr dankbar. Und wenn mein Mann noch leben würde, wie groß wäre seine Freude darüber.

Als er am Anfang im Gefängnis NAIKAN einführte, mietete er einen kleinen Bus und nahm unsere Nachbarn und Bekannten mit, um ihnen das Gefängnis zu zeigen. Das Gefängnis war für Leute interessant, aber sein Ziel war nicht, den Nachbarn etwas Interessantes zu bieten, sondern er wollte die Gelegenheit dazu nutzen, ihnen NAIKAN nahezubringen. Nach der Gefängnisbesichtigung nahm er sie mit nach Hause, um sie noch zu bewirten, er gab ihnen zu essen und zu trinken. Nach dem Essen erzählte mein Mann ihnen über NAIKAN. Trotzdem kamen von 20 bis 30 Leuten nur einer oder niemand zum NAIKAN.

Sich selbst zu sehen ist die wichtigste Sache, und trotzdem kamen in dieser Zeit so wenige Menschen zum NAIKAN. Wenn ich an diese Zeit denke, erscheint es mir unglaublich, dass heute so viele Menschen kommen. Ich bin dankbar dafür.

Mein Mann hat am Anfang kostenlos geleitet, weil nur wenige Leute zu uns kamen. Es ist wunderbar, dass die Leute heute zum NAIKAN kommen. Damals, ganz zu Beginn der 40er Jahre, ging mein Mann einmal pro Monat in fünf verschiedene Dörfer. Er ging in die Häuser der Leute und leitete bei ihnen zu Hause während der Nacht, denn untertags mussten sie und er arbeiten. Er hat gefragt, was die Leute in diesem Monat geprüft hatten. Die Leute haben zu dieser Zeit während ihres Alltags NAIKAN gemacht, z.B. beim Kochen, Feld Bestellen, oder bei der Reisernte... Heutzutage gibt es schriftliches NAIKAN oder andere Formen. Wenn man ernsthaft NAIKAN macht, kann man auch so tief NAIKAN machen, ohne dass man hinter den NAIKAN-Schirm geht und Wochen-NAIKAN als Form wählt.

Auch wenn es ganz am Anfang für meinen Mann sehr beschwerlich war, sich seine Sandalen auf dem Weg in die Dörfer im Regen auflösten; er sagte mir, dass er es in sich fühlte, warum er so etwas machte, wenngleich ihn niemand darum gebeten hatte. Er wollte das unbedingt machen.

Tagsüber hat er die eigene Firma geführt, deswegen hatte er nur am Abend Zeit, um in die Dörfer zu gehen. Deswegen hat er sich auch so sehr gefreut, als die Leute dann zu uns kamen, um zu üben. Sie bezahlten nun ihre Reise selber und auch für das NAIKAN bei uns bezahlten sie. Und dank vieler Leute gibt es jetzt NAIKAN in dieser Form.

Es wäre schön, wenn er noch zehn Jahre gelebt hätte, dann hätte er noch miterleben können, dass sich NAIKAN so weit über die Grenzen Japans verbreitet hat.

Zwischen 1960 und 1980, in der besten Zeit, sind Prof. Ishii und viele andere Leute gekommen. Vorher leitete mein Mann vor allem im Gefängnis NAIKAN, und vor 1945 besuchte er die Dörfer.

In den 40er Jahren hat er TBC bekommen. Er hat seinen Körper einfach überanstrengt, bei Tag hat er in der eigenen Firma gearbeitet und in der Nacht hat er NAIKAN geleitet. Obwohl er so war, wollte ihn niemand wirklich so wahrnehmen. NAIKAN war zu fremd und unbekannt für die Leute.

Wenn es einmal eine Basis gibt, ist die Verbreitung leicht. Wenn es an einem Ort NAIKAN einmal wirklich gibt, kommen viele Leute mit Interesse zum Kennenlernen von NAIKAN und zum Üben. Weil es jetzt schon so viele Menschen gibt, die NAIKAN machen (Übende, Leiter, Interessenten, Menschen, die NAIKAN empfehlen, etc.) gibt es keine Sorgen mehr um NAIKAN. NAIKAN hat sich durchgesetzt und ist anerkannt.

Einmal hat mein Mann ein Buch in englischer Sprache herstellen lassen und es in die USA geschickt, aber es ist zurückgeschickt worden. Mein Mann sagte einmal zu mir: „Wenn NAIKAN einmal über die Grenzen Japans hinaus angenommen wird, dann wird es auch für die japanischen Menschen leichter sein, das NAIKAN anzunehmen, zu nehmen und zu akzeptieren." So ist es jetzt geworden!

Bei der NAIKAN-Arbeit im Gefängnis ist es genauso. Heutzutage spricht man von der Form des schriftlichen NAIKAN. Man macht schriftliches NAIKAN oder Tages-NAIKAN, das ist auch gut so. Früher war es „nur" so! Es gab keine Wochen-NAIKAN-Form, und die Leute übten tief NAIKAN während ihres Alltages. Im Gefängnis hat mein Mann NAIKAN geleitet, während die Häftlinge arbeiteten oder während ihrer Freizeitbeschäftigung.

Nach vielen Jahren erst war es möglich, dass die Häftlinge und natürlich alle anderen Menschen NAIKAN in der heutigen Form üben konnten und können. Der Grund, warum mein Mann später für das NAIKAN-Leiten Geld verlangte, besteht in der Tatsache, dass sich NAIKAN sonst nicht hätte etablieren und weiterverbreiten können.

Einmal kam ein Lehrer und übte NAIKAN. Er sagte, dass er NAIKAN leiten möchte, wenn er pensioniert wird. Mein Mann erkannte, dass ein pensionierter Lehrer nicht bei sich zu Hause Wochen-NAIKAN leiten könnte, ohne dafür etwas zu verlangen. Die Teilnehmer bekommen ein Bett und Essen. Und wenn nicht-pensionierte Menschen NAIKAN leiten, so müssen sie ja auch von etwas leben. Aus diesem Grund begann mein Mann, Geld für das NAIKAN-Leiten zu verlangen. So hatte das NAIKAN eine Chance, in der heutigen Form zu existieren und sich weiter unter den Menschen zu verbreiten.

Ich bin sehr dankbar, dass viele Menschen im NAIKAN leben. NAIKAN wird noch weiter Verbreitung finden.

Ich freue mich sehr, dass es jetzt das erste Buch in deutscher Sprache über NAIKAN gibt.

Kinuko Yoshimoto
im Frühjahr 1997

VORWORT

Wenn Sie diese Worte lesen, so müssen Sie zwangsweise dieses Buch in Ihren Händen halten. Entweder haben Sie dieses Buch gekauft, geschenkt bekommen, irgendwo gefunden oder ausgeborgt. Ja, vielleicht haben Sie es sogar gestohlen, wäre ja auch eine Möglichkeit, oder?! Nun, wie dem auch sei, es ist völlig egal, welche der angeführten Möglichkeiten Sie in den Besitz dieses Buchs gebracht hat.

Tatsache ist, dass Sie es jetzt, eben zu diesem Zeitpunkt, in Ihren Händen halten. Eine Tatsache ist auch, dass Sie den Inhalt dieses Buches erst kennen, wenn Sie es bis zur letzten Seite gelesen haben. Wenn Sie das tun wollen oder auch getan haben, ist dies nicht damit gleichzusetzen, dass Sie den Inhalt auch als Erfahrungswert in sich haben. Das könnte, muss aber nicht so sein.

NAIKAN wird in jeder Sekunde geboren, um gleich wieder zu sterben, und trotzdem oder gerade deswegen ist NAIKAN die pure Tatsache. Das, was ich unter NAIKAN verstehe und mit diesem Wort bezeichne, ist in sich selbst vollständig verwirklicht. Trotzdem ist es in jeder Sekunde bereit, verwirklicht zu werden. Ich habe noch keinen Menschen getroffen, der von sich behauptet, NAIKAN verwirklicht zu haben, jedoch viele Menschen, die sich auf dem Weg befinden, dies zu bewerkstelligen. Mit diesem Wissen fällt es mir schwer und gleichzeitig immanent leicht, über die NAIKAN-Methode, das Üben mit dieser Methode und die Ergebnisse aus der Übung ein Buch zu konzipieren, sowie als Mitverfasser meinen Beitrag dazu zu leisten.

Seit elf Jahren befinde ich mich bewusst auf dem Weg, um NAIKAN in mir zu verwirklichen; dies mit der Gewissheit, das Ziel nie erreichen zu können. Mit den Jahren meiner Wanderschaft bestätigt sich dieses Wissen mehr und mehr. Meine Erfahrungen, die ich den Weg gehend machen darf, geben mir mit jedem Schritt mehr Kraft und Einsicht in mein Tun. Ich muss mir zwar das Tempo einer Schnecke bescheinigen – habe ich doch erst die Startlinie verlassen und meine Empfindungen aus der ersten Intensiv-NAIKAN-Übung sind noch immer so präsent in mir, als befände ich mich nach wie vor am gleichen Platz hinter dem Paravent im Jänner 1986. Dennoch fühle ich mich freier und meinem Wesen nach glücklicher denn je. Die Schritte werden sicherer, und die Tatsache, dass sich all das, was ich für mich als das tiefste Wesen des NAIKANs in jenen Tagen 1986 erkannt habe, schon vor Anbeginn jeder Zeit und Denkstruktur in sich selbst verwirklicht hat, ist für mich die beglückendste Erkenntnis überhaupt!

Wenn Sie ein Genie sind, reicht es sicher, wenn Sie dieses Buch lesen, um ähnliche Erfahrungswerte in sich zu sammeln. Durchschnittliche Menschen – ich spreche vom alltäglichen Typus unserer Spezies und nicht vom Typus, der einer Krankheit anheimgefallen ist, die sich im Empfinden manifestiert, eine Ausnahmeerscheinung zu sein – benötigen etwas Zeit, einen ruhigen Platz, viel Mut und Geduld sowie eine gewisse Ehrlichkeit gegenüber sich selber, um dem ansichtig zu werden, was ich als das natürliche Wesen des NAIKAN bezeichne. Schön und beruhigend ist für mich der Gedanke, dass dies jeder, also gerade der alltägliche Mensch, bewerkstelligen kann.

NAIKAN zu üben ist eine gute Möglichkeit, mit der Quelle allen Seins in Verbindung zu treten, um über dieses In-Verbindung-treten hinaus ein Strom des Daseins zu werden. Durch Ihr persönliches NAIKAN verschaffen Sie sich die Möglichkeit, dieses Quellwasser in ihrem Mund zu schmecken. Wenn dieses Buch dazu beiträgt, Menschen zu bewegen, sich auf diese Erfahrung einzulassen, und sei dies auch nur ein einziger, und sich dieser Mensch durch das Schmecken des Quellwassers in den Daseinsstrom verwandelt, so bekommt dieses Schriftstück seinen Wert und der Aufwand, es zu produzieren, lohnte sich.

Wie gesagt, um den Inhalt dieses Buches zu kennen, müssen Sie es lesen. Wieviel Sie davon als für sich erfahren und schon wissend bezeichnen, hängt von Ihrem Bewusstseinszustand ab. Hier möchte ich meine Frau zitieren, die mir 1986 sagte: „NAIKAN benützt man nicht, noch braucht man es; NAIKAN tut man!" Das Optimalste wäre meiner Meinung nach, wenn Sie jetzt das Buch zur Seite legen würden, um sofort in eines der NAIKAN-Zentren zu kommen, um mit Wochen- oder Tages-NAIKAN zu beginnen. Da dies aber höchstwahrscheinlich nicht so sein wird, wünsche ich Ihnen, dass Sie sich entschließen, dies möglichst bald nach dem Genuss der vorliegenden Lektüre zu tun.

Dieses Buch dient als Informationsträger. Für mich persönlich hat es jedoch seinen Zweck erst dann erfüllt, wenn ich vom ersten Menschen erfahre, der, angeregt durch diese Information, sich den Geschmack des Quellwassers in einem der NAIKAN-Zentren auf seiner Zunge hat prickeln lassen. Vielleicht, um es durch seine Kehle fließen zu lassen und aufzugehen im klaren Dasein mit einem immer weiter werdenden Herzen.

NAIKAN HAUS ÖTSCHERLAND, im Juli 1997

Josef Hartl

EINLEITUNG ZU DEN IV BÜCHERN

von Josef Hartl

Nach meiner ersten praktischen NAIKAN-Erfahrung im Jänner 1986 stand für mich fest, dass ich darüber ein Buch schreiben würde. Hätte ich mein Vorhaben gleich im Anschluss an diese erste praktische Erfahrung realisiert, etwa die darauffolgenden zwei bis drei Monate, so wäre sicher ein ziemlich egoistisch motiviertes und außerordentlich egozentrisch eingefärbtes Werk entstanden. Es hätte auch nach meiner heutigen Sicht der Dinge seinen Zweck völlig verfehlt, oder ihm sogar entgegengewirkt.

So bin ich doch sehr froh über den Umstand, eine zwölfjährige Schwangerschaftsphase mit einem NAIKAN-Buch im Kopf und Bauch durchlebt zu haben. Die Geburt hat dadurch zwar an Egozentrik verloren, nicht jedoch an Schwierigkeiten, und schmerzhaft war sie allemal. Auch diente die lange Schwangerschaftsphase dazu, dass ich den letzten Akt, die direkte Geburt nicht alleine durchführen musste. Meine Co-Autorin presste fleißig mit und übernahm einige der eruptivsten Geburtswehen. Das Übrige taten viele Geburtshelfer und Mitgebärende, wie Sie das dem Inhalt der folgenden vier Bücher entnehmen werden können.

Auch die Wehenschmerzen teilten sich auf viele auf, und die Freude über dieses „NAIKAN-Baby" mit seinen vielzähligen Gesichtern und Ausdrucksmöglichkeiten ist die Freude vieler.

Der Umstand, dass in diesem Buch nicht nur meine Meinung und persönliche Erfahrung kundgetan wird, sondern Sie als Leser die NAIKAN-Erfahrungen von über 30 Menschen mitgeteilt bekommen, macht mich zu einem zufriedenen und wahrlich glücklichen Menschen.

Da dies das erste deutschsprachige NAIKAN-Buch ist, welches offiziell verlegt wird, standen wir vor einer schier unlösbaren Aufgabe! Warum?! Nun, die Vielfältigkeit der Anwendungsmöglichkeiten des NAIKAN (es gibt alleine in Japan an die 200 Bücher zum Thema) war nur eine der Schwierigkeiten.

Wir wollten eine möglichst breitgefächerte Information geben, ohne den Gehalt, die Essenz zu vernachlässigen. Dieses Buch sehen wir als Grundlagenbuch, von dem aus über die NAIKAN-Methode in jede Richtung geschrieben, geforscht und erzählt werden kann. Keinesfalls erheben wir den Anspruch, „die einzig richtige" und „wahrhafte" Meinung über die NAIKAN-Methode gepachtet zu haben und deren „einzig richtige" und „wirkliche" Vertreter zu sein.

Ich möchte darauf hinweisen, dass Sie im folgenden das Wort NAIKAN in den verschiedensten Zusammenhängen und Bedeutungen wiederfinden. NAIKAN bedeutet wörtlich übersetzt INNENSCHAU. Die NAIKAN- oder INNENSCHAU-METHODE sehen wir als eine METHODE, bei der Menschen in einem klaren Setting mittels drei Fragen in genau abgegrenzten Zeiträumen ihr Erlebtes untersuchen.

Der Prozess an sich, den ein Teilnehmer bei der Durchführung der Methode durchläuft, wird in diesem Buch des öfteren als „das NAIKAN" beschrieben. Beziehungsweise werden die Intensität des Prozesses und die daraus gewonnen Erkenntnisse auch öfters (auch von mir) als „das NAIKAN" bzw. „ein tiefes" oder „ein erschütterndes" oder „ein klares NAIKAN" etc. benannt. Hier sei auch darauf hingewiesen, dass die mittels der Durchführung der NAIKAN-Methode gemachten Erfahrungen auf alle Fälle individuelle Erfahrungen sind und nicht anders sein können, dass aber natürlich trotz dieser individuell gemachten Erfahrungen Gleichheiten zwischen den einzelnen Erfahrungen möglich sind.

Viele Teilnehmer an einer Woche NAIKAN sprechen danach vom NAIKAN als einem gemeinsamen Begriff, einer gemeinsamen Tatsache, und sind sich natürlich bewusst, dass sie damit die individuell gemachten Erfahrungen im für alle gleichen Setting meinen. Diese können sich natürlich decken, zum Beispiel das Erkennen einer egozentrischen Ausrichtung im Handeln und der daraus erlebten Gefühle und Wahrnehmung der eigenen Person gegenüber der Umwelt. Nehmen die Teilnehmer so etwas wahr, dann nehmen sie vielleicht eine Art der Gleichheit dieser Erfahrung an. Dann sprechen sie vom NAIKAN im Ton der Gemeinsamkeit.

Das NAIKAN als solches gibt es nicht! Es gibt die Methode der Innenschau, des NAIKAN also, und die daraus gewonnenen Erkenntnisse.

Meine Mitautorin und ich sehen NAIKAN als absolut eigenständige Methode. Für uns ist NAIKAN NICHT gleich Psychotherapie, Selbsterfahrung, Religion oder ein Persönlichkeitsentwicklungskurs oder ein neuer esoterischer Boom. Die NAIKAN-Methode KANN jedoch auch psychotherapeutisch wirken, eine Selbsterfahrung beinhalten, eine religiöse Praxis bereichern oder vertiefen oder die Persönlichkeitsent wicklung eines Menschen fördern, und natürlich kann sie Menschen anregen, die sich in esoterischer Richtung beschäftigen.

NAIKAN ist gleich NAIKAN, eine Methode, die die Menschen dazu veranlasst, ihre Lebensgeschichte genauestens zu untersuchen, um sich dadurch besser kennenlernen zu können. Und die beim Menschen anregend wirkt, die sogenannten blinden Flecken ihres Wesens zu erhellen, wie immer diese auch beim Einzelnen aussehen mögen.

Weiters möchte ich darauf hinweisen, dass die NAIKAN-Methode weder eine modernisierte Form des Buddhismus darstellt, noch eine Psychologisierung der buddhistischen Lehre. Es gibt keine NAIKAN-Buddhisten, sehr wohl jedoch Buddhisten, die die NAIKAN-Methode für sich als Übung in Anspruch nehmen, um Seinsfragen zu lösen. Wir gingen gerade dieser Auseinandersetzung nicht aus dem Weg. Ich als Mitteleuropäer, der sich zum Buddhismus bekennt, eben unter anderem NAIKAN-Leiter ist sowie auch buddhistische Meditationen leitet, weiß hier genau, wovon die Rede ist.

Keinem Menschen im mitteleuropäischen Raum würde auch nur im Traum einfallen, dass z.B. die Logotherapie von Viktor Frankl eine Modifizierung der christlich-jüdischen Religionen darstellt, geschweige denn Logotherapeuten mittels Anbieten dieser Methode christlich-jüdische Inhalte und Werthaltungen zu vermitteln beabsichtigen. Dass jedoch die durch Frankl entwickelte Logotherapie ihre Grundlagen im Geiste des Entwicklers hat, der von einem christlich-jüdischen Umfeld geprägt wurde, steht wohl außer Zweifel. Daher ist es uns wichtig, in diesem Sinne auch den Nährboden und das geistig-kulturelle Entstehungsumfeld der NAIKAN-Methode tatsachengetreu darzustellen und zu untersuchen.

Da ich den Beruf des NAIKAN-Leiters ausübe und gleichzeitig auch buddhistischer Meditationslehrer bin, war ich natürlich gezwungen, dieses Thema genauestens anzusehen, um Klarheit im Tun zu erlangen.

Für den Leser mag der Vergleich spannend sein zwischen NAIKAN als einen Teil meiner Arbeit, und Jujukinkai als anderen Teil: NAIKAN ist eine Methode, die im buddhistisch-japanischen Umfeld ihren geistigen Nährboden hat, und wurde als eine Methode entwickelt, die keinerlei religiöse noch andere Inhalte bzw. Ideologien transportiert. Jujukinkai ist eine Meditationsform, die von einem japanischen Zen-Meister, der auch NAIKAN-Leiter ist, entwickelt wurde, bei deren Entwicklung Erfahrungen aus der NAIKAN-Methode mit einflossen. Die Gefahr der „Vermengung" scheint gegeben zu sein, jedoch wenn Sie im I. Buch Kapitel 2 Punkt 2: Wochen-NAIKAN – die klassische Form, sowie Kapitel 2 Punkt 4: Kombinationen mit anderen Methoden – Wo diente NAIKAN als geistiger Nährboden? gelesen haben, müssten Sie schon sehr einseitig sein, um nicht klare Unterschiede in Form und Ablauf zu erfassen.

Damit bin ich im Kern der Sache der einzelnen IV Bücher in diesem Buch angelangt. Jedes der IV Bücher bietet thematisch ein abgeschlossenes Ganzes, und wenn Sie als Grundlektüre die Einführung in die NAIKAN-Methode von meinem langjährigen Lehrer und Freund Prof. Akira Ishii gelesen haben, bleibt es Ihnen überlassen, mit welchem Buch Sie beginnen. Natürlich wünscht sich jeder Autor, dass „sein" Buch von der ersten bis zur letzten Zeile gelesen wird. Da aber der Inhalt des Werkes ein derart breites Themenspektrum umfasst, zu dem wir aufgrund der Vielfalt an Möglichkeiten bezüglich der Anwendung der Methode und der vielfältigen Zugänge der Leserschaft gezwungen waren, haben wir die Lösung gewählt, vier spezifische unabhängige Bücher in eines zu verarbeiten, das auch durchgehend gelesen werden kann.

Mit welchem der IV Bücher Sie auch beginnen mögen, ich wünsche Ihnen einen klaren Kopf und ein offenes Herz. Sie werden nur Worte lesen, jedoch ergeben diese aneinandergereiht einen Inhalt. Worte sind nur Worte, doch eine Welt des Schweigens hätte kein Lachen, und eine Welt ohne Lachen wäre eine Welt mit begrenzter Möglichkeit, Freude auszudrücken. Die Trauer würde übermächtigen Raum in unserem Herzen einnehmen, alleine dieser Umstand veranlasste mich, die Geburtsschmerzen dieses Buches zu ertragen, das ja, wie schon gesagt, „nur" viele tausende aneinandergereihte Worte beinhaltet.

DAS BUCH
DER FAKTEN
UND DES WISSENS

Bild auf Seite 21:
Der 2. Internationale NAIKAN Kongress
vom 1.-4. September 1994, erstmals auf europäischem Boden in Wien.

22

1 DER GRUNDSTOCK

1. EINFÜHRUNG IN DIE NAIKAN-METHODE

von Prof. Akira Ishii

NAIKAN heißt *innere Beobachtung* auf Japanisch, *nai* bedeutet *innen* und *kan* bedeutet *beobachten*, das heißt, *NAIKAN* bedeutet *innere Beobachtung* oder *Innenschau.* NAIKAN ist deswegen für uns sehr wichtig, weil wir normalerweise nicht Innenschau, sondern äußere Beobachtung machen. Wir sehen die anderen Menschen durch unsere Erwartung oder Weltanschauung oder man kann sagen: durch unsere Brille.

Wenn zum Beispiel jemand mir gegenüber sehr freundlich ist, kann es sein, dass ich denke, er ist ein guter Mensch. Wenn jemand zu anderen Leuten noch netter ist, kann es sein, dass ich fühle, dass er schlecht oder nicht so gut ist. Oder wenn das Wetter schön ist an dem Tag, wo wir mit der Schule einen Ausflug machen oder so, dann freuen wir uns. Aber wenn es lange Zeit nicht regnet und das Trinkwasser knapp wird, dann beten wir zum Himmel, dass es regnet. So also sehen wir die Dinge immer durch unsere Erwartungen.

Auch wenn wir uns selbst sehen, sehen wir durch unsere Brille. Wenn ich irgendwo zu spät komme, sage ich oft: „Es tut mir leid, der Straßenverkehr war schlecht." Aber der Straßenverkehr in Tokyo ist immer schlecht. Das ist keine Ausrede, aber es ist eine Gewohnheit, dass ich das sage. Und während der Rush Hour am Abend ist es besonders schlecht und dann sage ich: „Es war heute besonders schlecht." Aber am Abend ist immer viel Verkehr, es war nur mein Fehler, dass ich das nicht bemerkt habe. Trotzdem entschuldigen wir uns und denken, das ist in Ordnung. Aber die Tatsache, dass jemand auf mich warten mußte, ohne zu wissen, was passiert ist, die ändert sich nicht. Auch wenn es wirklich einen Unfall gab, ändert sich die Tatsache nicht, dass ich jemand warten lassen habe. Deswegen ist es sehr wichtig, dass wir uns einmal Zeit nehmen und versuchen, von der anderen Seite zu sehen.

Yoshimoto-Sensei (1) hat 30 Jahre gebraucht, um die NAIKAN-Methode, die drei Fragen von NAIKAN, zu entwickeln. Die erste Frage ist: „Was hat meine Bezugsperson für mich gemacht?" Bezugspersonen wären zum Beispiel Mutter, Vater, Geschwister, Partner und so weiter. Das heißt, die erste Frage wäre: „Was hat meine Mutter für mich gemacht?" Die zweite Frage ist: „Was habe ich für meine Mutter gemacht?" Die dritte Frage lautet: „Welche Schwierigkeit habe ich meiner Mutter verursacht?"

Diese Fragen sind Fragen, die wir normalerweise nicht stellen. Normalerweise denken wir: „Was hat meine Mutter nicht gemacht?" Sie war immer unterwegs und sie hat sich nicht genug um uns gekümmert. Und wir vergessen, dass die Mutter vielleicht dreimal pro Tag Essen vorbereitet hat. Wenn die Mutter dreimal pro Tag Essen vorbereitet, heißt es, dass sie in einem Jahr mehr als 1.000 Mal Essen macht, das heißt, in 10 Jahren mehr als 10.000 Mal. Das gleiche gilt für Wäsche: Meine Mutter hat mehr als 10.000 Stück von meiner Wäsche gewaschen. Wir denken, das ist selbstverständlich und wir vergessen das alles und erinnern uns nur noch daran, dass die Mutter einmal nicht zu Hause war. Deswegen ist es wichtig, das durch die erste Frage noch einmal zu sehen.

Und die zweite Frage: „Was habe ich für meine Mutter gemacht?", das ist eine noch schwierigere Frage. Als ich zum erstenmal NAIKAN gemacht habe, habe ich nichts finden können und am Anfang habe ich gedacht, vielleicht erinnere ich mich einfach nicht. Aber allmählich musste ich feststellen und akzeptieren, dass ich nichts für meine Mutter gemacht habe. Das war für mich ein großer Schock, aber das ist eine Tatsache. Diese Tatsache muss man auch genau sehen.

Die dritte Frage lautet: „Welche Schwierigkeit habe ich verursacht?" Wir erinnern uns gewöhnlich nur an die Schwierigkeiten, die andere Leute verursacht haben und sagen: „Meine Eltern haben immer gestritten," oder: „Einmal hat mein Vater mich geschlagen." Und wir schleppen das unser ganzes Leben lang mit, 30 Jahre, 40 Jahre. Aber dabei sehen wir nicht, dass wir auch große Schwierigkeiten verursacht haben. Deswegen ist es wichtig, sich mit diesen drei Fragen zu konfrontieren und zu versuchen zu antworten.

Jetzt möchte ich aus meiner Erfahrung etwas über die Unterschiede oder Gemeinsamkeiten vom NAIKAN der Menschen der verschiedenen Länder sagen. Als ich NAIKAN kennengelernt habe, gab es noch keine Diskussion darüber, aber es gab die Meinung, dass NAIKAN nur für Japaner gut ist. Und dann bin ich von Herrn Ritter gebeten worden, dass ich in Österreich NAIKAN leite. Natürlich war NAIKAN auch für Österreicher gut. Und dann bin ich nach Japan zurückgekommen und habe beim Japanischen NAIKAN-Kongress einen Vortrag gehalten. Ich habe gesagt: Wenn jemand behauptet, dass NAIKAN für Europäer nicht gut ist, dann sagt er damit, dass der Europäer kein Mensch ist. Das konnte ich nach der ersten NAIKAN-Erfahrung in Europa sagen.

Wenn man von NAIKAN-Erfahrenen Berichte hört, dann sagen die Leute zum Beispiel: „Ich bin jetzt meinen Eltern sehr dankbar," oder etwas Ähnliches. Im Konfuzianismus in Japan sagen wir, dass wir unsere Eltern oder ältere Leute respektieren müssen. NAIKAN geht aber weit darüber hinaus. Wenn die Älteren NAIKAN machen, respektieren sie die Kinder – natürlich auch die Älteren. Außerdem gibt es im NAIKAN keinen Lehrer, der sagt: „Du musst die anderen respektieren." NAIKAN ist nur eine Methode. Was man durch NAIKAN bekommt oder was man bei NAIKAN findet, das ist die Sache, die man selber gefunden hat, nicht etwas, das man von irgendjemand gelernt hat.

Einige Leute sagen, wenn man NAIKAN macht, wird man vielleicht nur folgsam. Das ist auch falsch. Viele meiner Studenten machen NAIKAN, aber nach NAIKAN folgen sie ihren Eltern nicht mehr. Sie wissen, was sie machen möchten. Vorher haben die Eltern vielleicht gesagt: „Gehe rechts!" Wenn sie abhängig waren, dann sind sie rechts gegangen. Wenn sie

Widerstand hatten, dann sind sie links gegangen. Nach NAIKAN gehen sie, unabhängig davon, was die Eltern sagen, in die Richtung, in die sie gehen wollen. Und sie können auch die Eltern überzeugen, weil sie jetzt wissen, wieviele Sachen die Eltern gemacht haben, dadurch erwarten sie nicht mehr, was die Eltern *mehr* machen sollten. Dadurch wird man innerlich unabhängig von den Eltern.

Deswegen verhalten sie sich manchmal nicht, wie es die Eltern gewünscht hätten. Aber das ist für die Eltern auch okay. Das heißt, man wird frei von irgendwelchen Gewohnheiten oder sogar von der Moral oder von der Erziehung. Dadurch, dass man von der Vergangenheit frei wird, wird man auch frei von der eigenen Erziehung. Und das ist natürlich nicht konfuzianistisch, aber auch nicht mehr japanisch. Das ist eine wesentliche Sache von NAIKAN.

Ein anderer Aspekt: Wenn man streng religiös erzogen wurde, hat man am Anfang Schwierigkeiten, NAIKAN zu machen, weil man selber behaupten möchte, dass man im Leben keine schlimmen Fehler gemacht hat.

Im NAIKAN muss man natürlich sehen, wie man auch die anderen Menschen verletzt hat und so weiter. Und man braucht großen Mut, um weiter zu sehen, aber wenn man durchgeht, dann wird man frei von schlechtem Gewissen oder Schuldgefühlen. Und davon frei zu werden, das bedeutet auch frei werden von der Kultur. Das heißt, wenn man NAIKAN macht, wird man auch freier von der eigenen Kultur. Deswegen können diejenigen, die NAIKAN gemacht haben, egal von welcher Kultur oder welchem Land sie kommen, sofort NAIKAN-Freunde werden.

Zweitens gab es Bedenken, ob Europäer oder Amerikaner eine Woche lang an einem Platz sitzen bleiben können. Ich hatte auch Bedenken, als ich 1980 das erste Mal in Europa NAIKAN geleitet habe – damals habe ich meine ersten weißen Haare bekommen. Heute denke ich, dass dieser Gedanke ziemlich unhöflich ist. In den USA gab es Teilnehmer, die im Kleiderschrank eine ganze Woche NAIKAN gemacht haben. Es gab zwar ein Loch in der Tür, wo ein bisschen Licht und Luft hineinkam, aber ich habe die Tür ein bisschen offenlassen, damit ein wenig mehr Licht hineinkommt. Aber ab dem vierten Tag haben die Teilnehmer die Tür von innen ganz zugemacht. Sie haben eine Woche im Kleiderschrank gesessen. Das sieht von außen ziemlich komisch aus, aber wenn man innen sitzt, ist das ein ganz geschützter, schöner Platz.

Dass man eine Woche in einem kleinen Raum sitzen bleiben muss, hat also auch nichts mit der jeweiligen Kultur zu tun. Auch viele Japaner haben vor NAIKAN keine Erfahrung damit, an einem kleinen Platz eine Woche lang sitzen zu bleiben. Ob sie das machen können hängt nur davon ab, ob sie wirklich den Willen dazu haben, NAIKAN zu machen.

Natürlich gibt es kleine Unterschiede, wenn man als NAIKAN-Leiter Gespräche beim NAIKAN hört. Japanische Teilnehmer sagen oft: „Meine Mutter hat Misosuppe gekocht." Der deutsche Teilnehmer sagt: „Meine Mutter hat Kuchen gebacken." Österreichische Teilnehmer sagen: „Meine Mutter hat Apfelstrudel gemacht." Das ist natürlich kein wesentlicher Unterschied, aber es gibt noch einige andere Unterschiede.

Die Europäer zum Beispiel äußern, wie sie fühlen und wie sie denken. Wenn sie nicht weitermachen wollen, sagen sie das, also zum Beispiel: „Gegenüber dem Vater möchte ich nicht NAIKAN machen," oder: „Diese Periode lehne ich ab." Japanische Teilnehmer sagen das nicht, sie zeigen es nur, sie gehen öfter aufs Klo oder sie schlafen ein und sagen nichts. Das ist natürlich ein Unterschied, der NAIKAN-Leiter bemerkt das natürlich.

Oder es gibt einige Leute, die viele Fragen stellen. Ich habe einmal in Deutschland gesagt: „Bitte antworten Sie konkret." Da hat der Teilnehmer angefangen, über die Unbestimmtheit des Begriffes „konkret" zu diskutieren. Aber ich habe dann gefragt: „Übrigens, was hat Ihre Mutter für Sie gemacht?" Dann hat er geantwortet. „Was haben Sie für sie gemacht?" Dann hat er geantwortet. „Welche Schwierigkeit haben Sie verursacht?" Dann hat er geantwortet. Dann hat er einfach weiter NAIKAN machen können, ohne weiterzufragen.

Ich beobachte auch die Leute, die irgendwo in der Mitte einer Therapie die Überzeugung haben und sagen: „Ich bin unglücklich, weil meine Eltern vor 20 Jahren immer gestritten haben." Punkt. Das heißt, die Person bleibt unglücklich. Es ist ziemlich leicht zu behaupten: „Ich habe solche Probleme, weil meine Mutter das und das gemacht hat." Dann kann man das immer sagen, egal, was man macht, auch wenn man Verbrechen begeht, man kann sagen: „Meine Mutter hat Schuld." Bei NAIKAN erkennt man, indem man die Schwierigkeit prüft, die man selber verursacht hat, dass man die Verantwortung für sein Leben auf den eigenen Schultern trägt.

Es gibt bei NAIKAN also sogenannte wesentliche Sachen, es gibt japanische Sachen und es gibt Sachen, die besonders von Yoshimoto-Sensei kommen. Der NAIKAN-Leiter verbeugt sich zum Beispiel. Es ist natürlich eine japanische Sitte, sich zu verbeugen. Ich glaube aber, das ist eine wesentliche Sache des NAIKAN, weil es ausdrückt, dass der NAIKAN-Leiter den Teilnehmer respektiert und zuhört. In Japan verbeugen sich die Teilnehmer automatisch. Europäische Teilnehmer verbeugen sich nicht automatisch, aber nach drei, vier Tagen fangen sie an, sich zu verneigen. Das ist sehr eindrucksvoll. Die menschliche Beziehung jedoch, die zu Mutter, Vater und so weiter, das ist universal, das ist eine sehr wesentliche Sache. Und die wesentlichen Sachen des NAIKAN werden in die ganze Welt verbreitet.

Ob wir glücklich sind oder nicht, das hängt ab davon, ob wir fähig sind zu fühlen, ob wir glücklich sind, unabhängig von der äußeren Situation. Und das können wir in NAIKAN verwirklichen. NAIKAN ist eine sehr schlichte und einfache Methode, die jeder machen kann.

In der modernen Gesellschaft haben wir kaum Zeit, darüber nachzudenken, wohin wir gehen, woher wir gekommen sind, was wir machen und so weiter. Deswegen ist es sehr wichtig, sich einmal die Zeit zu nehmen, um nochmal unsere Vergangenheit gründlich zu prüfen. Dann wissen wir, wohin wir jetzt weitergehen.

Überarbeitete Fassung des Einführungsvortrages von Prof. Ishii beim 2. Internationalen NAIKAN Kongress von 1.- 4. September 1994 in Wien. Überarbeitung: Johanna Schuh.

2. GESCHICHTLICHER HINTERGRUND

von Johanna Schuh

Die NAIKAN-Methode wurde vom Japaner Ishin Yoshimoto-Sensei entwickelt. Ishin Yoshimoto-Sensei wurde im Jahre 1916 geboren und starb im Jahr 1988 im Alter von 72 Jahren. Yoshimoto-Sensei arbeitete zu Anfang als Verkäufer und begann schließlich eine Lehre in der Lederverarbeitung. Er arbeitete sich langsam hoch zum Besitzer eines gutgehenden Betriebs in der Herstellung von Kunstlederprodukten. Als erfolgreicher Geschäftsmann machte er schließlich Umsätze in Millionenhöhe.

Yoshimoto-Sensei studierte gleichzeitig Kalligraphie, eine östliche Kunst des Schreibens. Er übte diese Kunst sein ganzes Leben lang aus und seine Kalligraphien gelten nach wie vor als Kunstwerke von hoher Qualität. Die Logos mit dem japanischen NAIKAN-Schriftzug (wie sie z.B. am Beginn dieses Buches zu sehen sind), die in Europa und den USA verwendet werden, stammen beispielsweise von Yoshimoto-Sensei.

Neben den wirtschaftlichen und künstlerischen Aktivitäten war Ishin Yoshimoto-Sensei ein Suchender auf spirituellem Gebiet. Er war gläubiger Buddhist (2) der Jôdo-Shin-Schule (3). Yoshimoto-Sensei unterzog sich im Laufe seiner religiösen Praxis – in buddhistischen Begriffen: bei seiner Suche nach Erleuchtung (4) – mehrere Male einer strengen religiösen Übung mit dem Namen Mishirabe. Er tat dies gegen den Willen seiner Eltern, da die Mishirabe-Übung von einer buddhistischen Glaubensgemeinschaft praktiziert wurde, die in Japan im Ruf stand, sehr streng zu sein und von der offiziellen Jôdo-Shin-Buddhistischen Schule, der 'Amtskirche' sozusagen, abgelehnt wurde.

Die Mishirabe-Übung geht zurück auf die Meditation des historischen Buddha, in der dieser Erleuchtung fand. Die Mishirabe-Übung verlangte, sich unter Aufsicht eines buddhistischen Laienpriesters oder eines erfahrenen Gläubigen in Klausur zu begeben. Man war von äußeren Reizen abgeschirmt allein in einem Raum, man verzichtete auf Essen, Trinken und Schlafen. Die Aufgabe bestand darin, sich die Frage zu stellen: „Wohin gehe ich nach dem Tod?" und man forsche in seinem Leben nach Situationen, in denen man Liebe erfahren hat.

Sinn dieser Übung war es, „echtes Vertrauen" zu finden: Das bedeutet nichts anderes als den Versuch, in sich selbst, in seiner eigenen Wesensart die Erfahrung von tiefem Vertrauen zu machen, die ganz persönliche Erfahrung von der umfassenden, unendlichen Natur allen Seins. Die Mishirabe-Übung diente nicht dazu, etwaige Lebensformen nach dem Tod zu suchen, sondern forderte den Absolventen auf, den Sinn des Lebens zu ergründen. „Gerettet zu werden" hieß also, den Sinn des Lebens gefunden zu haben, und dies mittels einer tiefen Erfahrung, zu der man im Buddhismus 'Satori', 'Erleuchtung' oder 'Vollkommen Erwachter Geist' sagt. Mit den „Personen, die einen retten wollen" sind jene Begleiter der Mishirabe-Übung gemeint, die diesen Zustand des Satori bzw. Erleuchtung bereits erfahren haben. Es ging also darum, neben dem intellektuellen Wissen über Religion und Glauben eine ganz persönliche Erfahrung von Glauben zu erlangen.

Ishin Yoshimoto-Sensei sagte: „Es reicht nicht das Wissen, dass Feuer heiß ist. Man muss es selbst erfahren." (5)

Kein Essen, Trinken, Schlafen, nur die Frage: „Wohin gehe ich nach dem Tod?" Allein diese kurze Beschreibung von Mishirabe lässt erahnen, wie schwierig es war, sich einer solchen Übung zu unterziehen. Es sollte eine Lebensaufgabe für Yoshimoto-Sensei werden, Mishirabe so umzugestalten, dass der Weg zum echten Vertrauen für alle Menschen beschreitbar sein würde.

Ishin Yoshimoto-Sensei war 20 Jahre alt, als er im Frühjahr 1936 das erste Mal mit Mishirabe in Berührung kam. Er war jung und sein Wunsch, echtes Vertrauen zu bekommen, war noch nicht sehr ausgeprägt. Vielmehr hatte er den Wunsch, „Wahrheit" zu erfahren, er hatte zu diesem Zeitpunkt bereits viele Vorträge über Glauben und Religion gehört, hatte viel gelesen – er hatte großes Wissen, aber sein Wissen war eine Ansammlung von Erkenntnissen anderer Menschen, es gründete nicht auf seiner eigenen Erfahrung. Dies erkannte er, als er zum ersten Mal ein Zentrum besuchte, in dem Mishirabe geübt wurde: „Es war, wie wenn man mir meinen Stuhl weggenommen hätte."(5)

Dann machte Yoshimoto-Sensei dort zum ersten Mal Mishirabe. Aber seine Frage war nicht sehr groß und „mein Verhalten war voller Stolz."(5) Es war noch nicht die Zeit, wo Yoshimoto-Sensei echtes Vertrauen finden konnte, er dachte selbst: „Ich bin kein echter Übender. Wenn ich noch eine Stunde bleibe, lüge ich die Leute an."(5) Nach 4 Tagen brach er die Übung „erfolglos" ab. Er konnte nicht sagen, dass er nichts gefunden hätte, aber echtes Vertrauen hatte er nicht gefunden.

Den 2. Versuch machte Yoshimoto-Sensei Ende November 1936. Bevor er zur Mishirabe-Übung abreiste, schrieb er zu Hause sein Testament und legte es auf den Tisch in seinem Zimmer: „Herzlichen Dank bis heute. Dieses Mal gehe ich den Weg zu finden, bis ich Vertrauen bekomme. Geben Sie mir die Zeit."(5) Auch dieser 2. Versuch endete erfolglos: Am 5. Tag wollte er aufgeben und um dies durchzusetzen, spielte er den anderen vor, verrückt geworden zu sein: „Ich habe die Personen, die mich retten wollten, angelogen."(5)

Beim 3. Versuch war Yoshimoto-Sensei 21 Jahre alt. Der Meister jedoch sagte ihm: „Sie dürfen nicht mehr wiederkommen. Wenn Sie gerettet werden wollen, dann gehen Sie auf den Berg hinter dem Kasua-Schrein. Hören Sie die Stimme vom Stein. Nur auf die Weise, sonst werden Sie nicht gerettet. Sie dürfen nicht mehr angelogen werden von sich selbst."(5) So zog sich Yoshimoto-Sensei nach einem letzten Abschied von seiner Mutter auf diesen Berg zurück. Er kannte dort aus seiner Kindheit eine Höhle, dorthin wollte er sich zurückziehen. Aber er konnte sie nicht finden, und so wählte er sich einfach einen Übungsplatz mitten auf dem Berg im Freien und begann mit der Übung. Er fühlte sich nicht einsam, nur wenn er seinen Übungsplatz verließ. Er fühlte den Schutz des Buddha auf diesem Platz. Weil er die Übung bereits zum 3. Mal machte, kamen ihm sofort Tränen.

Um Mitternacht hörte er das Geräusch vom Wind im Kieferbaum und das Geräusch eines Zuges: „Ich habe zum ersten Mal gelernt, dass es keinen Platz auf der Welt gibt ohne Geräusch."(5) Am nächsten Tag fragte er einen Jungen nach der Höhle, und dieser führte Yoshimoto-Sensei dorthin. Die Höhle war tief, es war trotz Winter warm darin, man bemerkte nur den Wechsel von Tag und Nacht und das Geräusch vom Regen. Wenn

Yoshimoto-Sensei in der Nacht einschlief, dann wurde er immer von einem Tier geweckt – er bedankte sich dafür. Am 7. Morgen dachte Yoshimoto-Sensei: „Egal, wie viele Tage ich weitermache, ich schaffe es nicht."(5) Die Empfehlung an ihn hatte gelautet: Übe mindestens 10 Tage. Aber weil ihm bewusst wurde, dass er es diesmal nicht schaffen konnte, verließ Yoshimoto-Sensei die Höhle.

Die Leute aus seinem Dorf suchten ihn dort bereits: Er versuchte, sie mit seinem Stock zu verjagen. Sie glaubten, er sei verrückt geworden. Sein Bruder hatte ihm Reissuppe gebracht, die seine Mutter gekocht hatte: Er aß sie, obwohl er keinen Hunger hatte, trotz des Fastens von sieben Tagen. Als er zu Hause ankam, dachte Yoshimoto-Sensei: „Der heutige Jôdo-Shin-Buddhismus kann die Menschen nicht retten. Wir müssen uns selbst prüfen. Wenn ich gerettet werde, komme ich zurück, um die anderen zu retten." (5) Der Vater von Yoshimoto-Sensei weinte bei seiner Ankunft und bat ihn, so etwas nicht wieder zu tun. Hatte er vorher die anderen noch mit seinem Stock vertreiben wollen, so war er jetzt sehr berührt und entschuldigte sich bei seinem Vater.

Für eine weitere Mishirabe-Übung erhielt Yoshimoto-Sensei vom Meister eine Auflage: Sein Vater müsste ihn schicken. Dieser weigerte sich jedoch, ja, drohte sogar mit einer Klage gegen diese Glaubensgemeinschaft. Yoshimoto-Sensei war deprimiert, sein Traum war zerstört, er zog sich den ganzen Tag mit seiner Kalligraphie zurück. Da gab ihm sein Kalligraphie-Lehrer den Rat: „Klar, dass der Vater Angst hat. Besser, du heiratest und wirst unabhängig. Bei diesem Problem weiß man ohnehin nicht, ob es in diesem Leben gelöst werden kann."(5) Am 23. Mai 1937 heiratete Yoshimoto-Sensei. Seine Frau Kinuko hatte bereits im März die Wahrheit gesehen. Sie hatte später als er mit der Suche begonnen und war früher ans Ziel gekommen.

Am 8. November 1937 begann Yoshimoto-Sensei in einem Zentrum seine 4. Mishirabe-Übung. Bei seiner Übung fühlte er sich zuerst durch das Geräusch von Wasser, das von irgendwo im Haus zu ihm drang, gestört. Dann aber bemerkte er: „Der Tropfen Wasser geht irgendwann zum Meer, dann in die Luft und irgendwann zu diesem Platz zurück. Dazu braucht der Tropfen unglaublich lange. Wenn ich hier nicht Wahrheit finde, muss ich in Billionen Jahren als Mensch wiedergeboren werden. Dann hat mich das Geräusch vom Wasser nicht mehr gestört, es hat mir Mut gemacht."(5) Am 12. November am Abend konnte er nur mehr mit Hilfe von zwei anderen Personen aufs Klo gehen. Er dachte: „Auch wenn alle Menschen gerettet werden, kann ich nicht gerettet werden. Da spürte ich große Freude und diese Freude wollte ich weitergeben. Ich wollte, dass alle Menschen gerettet werden. Das war am 12. November, 20 Uhr. Ich konnte vor Freude nicht schlafen. 7 oder 8 Leute kamen und haben gefeiert. Ein langer Traum ging in Erfüllung. Ich bekam ein neues Leben voller Freude."(5)

1937 hatte Yoshimoto-Sensei während der Mishirabe-Übung echtes Vertrauen, Erleuchtung, gefunden. Yoshimoto-Sensei wollte die Freude, die er gefunden hatte, weitergeben. Er sah, dass Mishirabe – und damit die Möglichkeit, echtes Vertrauen, Erleuchtung zu finden – nur sehr wenigen Menschen zugänglich war, und zwar aus folgenden Gründen: die sehr strenge Form (nicht essen, trinken, schlafen), die Frage: „Wohin gehe ich nach dem Tod?" (da eine Auseinandersetzung damit bereits ein tiefes Verständnis für Glaubensfragen verlangte) und die Koppelung von Mishirabe an die buddhistische Religion. In weiterer Folge war Yoshimoto-Sensei bemüht, eine Praxismethode zu finden, die für alle Menschen machbar ist und die von den traditionellen Glaubensgemeinschaften losgelöst ist.

Yoshimoto-Sensei stellte ebenfalls fest, dass gerade in der Mishirabe-Übung immer wieder Menschen Erleuchtung fanden, aber diese nicht in den Alltag umsetzen konnten. Die eigenen Erkenntnisse, die Erleuchtungserfahrung wurden im täglichen Leben immer mehr verschüttet, die Betroffenen waren darüber sehr unglücklich und hatten deshalb nicht selten ein schlechtes Gewissen. Daher war Yoshimoto-Sensei auch bemüht, eine Praxismethode zu finden, die es erleichtert, die eigenen Erkenntnisse in das tägliche Leben zu integrieren, die Erleuchtungserfahrung lebendig zu halten, das tägliche Handeln für sich selbst zu prüfen.

Eine Methode zu finden, die für alle Menschen machbar ist und eine Methode zu finden, die Menschen als ständige, das ganze Leben begleitende Praxismöglichkeit dienen kann, diese beiden Motivationen waren für Ishin Yoshimoto-Sensei die Triebfeder für seine Suche nach einer einfachen Praxismethode. Die Entwicklung und Durchführung der NAIKAN-Methode wurde für Ishin Yoshimoto-Sensei zur Lebensaufgabe. Für die Entwicklung der NAIKAN-Methode in der heutigen Form benötigte Yoshimoto-Sensei zirka 30 Jahre. Er nahm diese Aufgabe gleich nach seiner Mishirabe-Praxis in Angriff und übte mit anderen Menschen.

Von Beginn an gab er der Übung den Namen 'NAIKAN', Innere Beobachtung. Zu Beginn übernahm er die Fragestellung aus der Mishirabe-Übung: Wohin gehe ich nach dem Tod? Von seiner Tätigkeit als Geschäftsmann beeinflusst, wo er in seinem Betrieb laufend Bilanz machte, übernahm er das Prinzip der Einnahmen-Ausgabenrechnung, legte sie auf die sozialen Beziehungen des Menschen um und entwickelte daraus die ersten zwei NAIKAN-Fragen: 1. Was habe ich von anderen Menschen bekommen? 2. Was habe ich für andere Menschen gemacht? Lange Zeit bestand NAIKAN aus diesen zwei Fragen. Aus dem ständigen Bemühen von Yoshimoto-Sensei um Verbesserung der NAIKAN-Übung entwickelte er im Laufe der Zeit die dritte NAIKAN-Frage: 3. Welche Schwierigkeiten habe ich anderen Menschen bereitet? Um 1968 war die NAIKAN-Methode in der Form, wie sie heute besteht, ausgereift.

Die ersten NAIKAN-Übungen fanden in japanischen Gefängnissen statt. 1954 hielt er im Gefängnis von Nara eine Rede über den Wert der Selbsterforschung, nur wenig später im Jahre 1955 wandten einige Häftlinge seine Methode freiwillig an und begannen mit der NAIKAN-Praxis. Yoshimoto-Sensei leitete NAIKAN-Übungen nicht nur in Gefängnissen, sondern auch in seinem eigenen NAIKAN-Zentrum in Nara. Er leitete NAIKAN bei den Mitarbeitern seines eigenen Betriebes und bei vielen anderen Menschen, die zu ihm kamen. In seinem Zentrum assistierten ihm seine Ehefrau, Kinuko Yoshimoto, und ab 1976 Herr Masahiro Nagashima. Frau Kinuko Yoshimoto leitete nach dem Tod ihres Mannes bis zu ihrem eigenen Tod das NAIKAN-Zentrum in Nara.

3. DIE FACHSPEZIFISCHE UND GEOGRAPHISCHE VERBREITUNG DER NAIKAN-METHODE

von Johanna Schuh & Josef Hartl

Anfang der 70er Jahre entstanden in Japan weitere NAIKAN-Zentren. Der Zen-Meister Reiunken Shue Usami war einer der ersten nach dem Begründer der Methode, der NAIKAN leitete. Er führte die drei NAIKAN-Fragen speziell mit dem Zen-Setting zusammen. Hieraus entstand eine NAIKAN-Form, die nicht rein klassisch ist, was die Methodik angeht. Reiunken Shue Usami bezeichnet NAIKAN als Sanghe (Reue) – Methode. Er führte viele Jahre lang in seinem Tempel in Senkobo NAIKAN als spirituelle Übung im Kontext des Buddhismus durch.

Reiunken Shue Usami ist heute der Ansicht, dass man über das Anwenden der NAIKAN-Methode in einen Zustand gelangen kann, den man im Buddhismus als Satori (Erleuchtung) bezeichnet. Seiner Meinung nach sind aber nur wenige Menschen in einem Bewusstseinszustand, um das „nur" über die NAIKAN-Methode zu schaffen. Er vertritt die Ansicht, dass von Menschen mit einem „durchschnittlichen" Bewusstsein 80% des Weges zur Erleuchtung im buddhistischen Sinn mit NAIKAN gemacht werden können (Näheres dazu in Kapitel 2, Punkt 4, dort zum Thema Jujukinkai), für die restlichen 20% eignet sich eine andere Form der Praxis besser.

Obwohl er in seinem Tempel in Senkobo nie NAIKAN in der klassischen Form durchgeführt hat, kann man Reiunken Shue Usami als einen der ersten NAIKAN-Leiter nach Ishin Yoshimoto-Sensei bezeichnen.

In Gasshoen entstand 1974 eines der ersten NAIKAN-Zentren neben dem von Yoshimoto-Sensei in Nara. Heute gibt es in Japan ca. 40 NAIKAN-Zentren, die Zahl der NAIKAN-Leiter ist etwa dreimal so hoch.

In die NAIKAN-Zentren kommen Menschen, die NAIKAN als Selbsterfahrung oder als spirituellen Weg oder als therapeutische Methode nutzen wollen. NAIKAN wird in japanischen Krankenhäusern als Therapie angewendet, mit großem Erfolg z.B. in der Therapie von Alkoholabhängigen.

NAIKAN wird in verschiedenen Gefängnissen und Jugendhaftanstalten praktiziert. Die Arbeit mit NAIKAN in der Resozialisierung geht bereits auf Ishin Yoshimoto-Sensei zurück, der seine ersten NAIKAN-Übungen in Gefängnissen Mitte der 50er Jahre geleitet hat.

Es gibt ebenfalls Universitäten in Japan, an denen NAIKAN praktiziert wird.

NAIKAN wird in der Wirtschaft angewendet. In manchen Betrieben findet NAIKAN als Mitarbeiterschulung Anwendung, selbst die Angehörigen der Angestellten können auf Kosten der Firma NAIKAN üben.

In Japan gibt es eine starke psychologische Strömung in der Arbeit mit NAIKAN (in jedem japanischen Psychologielehrbuch ist der NAIKAN-Methode ein kurzer Abschnitt gewidmet). NAIKAN wird als Therapie angewendet, und der Vorsitzende des Japanischen

Psychotherapie-Verbandes Prof. Takao Murase ist ebenfalls Präsident der Japanischen NAIKAN-Gesellschaft.

Dass NAIKAN über die Grenzen Japans bekannt wurde und nach wie vor verbreitet wird, ist Prof. Akira Ishii zu verdanken, der Kontakte zu verschiedenen Ländern knüpft und aufrechterhält. Durch die Arbeit von Prof. Ishii, durch seine Reisen, seine Vorträge und die von ihm geleiteten NAIKAN-Übungen wurde NAIKAN in Ländern wie Österreich, Deutschland, Schweiz, England, Spanien, USA, Canada, Philippinen u.v.a.m. bekannt.

NAIKAN wurde in den späten 70-er Jahren in Europa bekannt. Lothar Finkbeiner, ein Pfarrer, der im Gefängnis in Vechta tätig war, Karl-Peter Breuer in Bonn und ein japanischer Psychologe in Paris waren die ersten, die NAIKAN in Europa bekanntmachten bzw. einsetzten.

1980 organisierte Franz Ritter das erste Wochen-NAIKAN außerhalb Japans, im Buddhistischen Zentrum Scheibbs, Niederösterreich. 1983 organisierte Karl-Peter Breuer das erste NAIKAN-Seminar in Deutschland. 1985 wurde vom Verein Rainbow das erste NAIKAN in Südtirol in Gargazon bei Meran veranstaltet. 1989 fand ein NAIKAN in England statt. 1992 folgte das erste NAIKAN in der Schweiz.

1981 fand erstmals in den USA ein Wochen-NAIKAN statt. In den USA wurde NAIKAN durch Dr. David K. Reynolds bekannt, der das „Constructive Living"-System begründete. In „Constructive Living" integrierte Reynolds verschiedene therapeutische Ansätze, wobei die östlichen Therapien Morita (6) sowie NAIKAN wesentliche Bestandteile bilden.

In Österreich gibt es derzeit drei NAIKAN-Zentren. Josef und Helga Hartl begründeten und leiten das NAIKIDO ZENTRUM WIEN und das NAIKAN HAUS ÖTSCHERLAND in Niederösterreich. Das NAIKAN-Zentrum NEUE WELT INSTITUT in Niederösterreich steht unter der Leitung von Franz und Martha Ritter. Das NAIKAN-Zentrum Salzburg in Saalfelden wird von Roland Dick geleitet.

In Deutschland gibt es das NAIKAN-Zentrum Tarmstedt, Nähe Bremen, unter der Leitung von Gerald Steinke. Weiters gibt es NAIKAN-Praxismöglichkeit in Spanien (Centro de Terapias Japonesas in Barcelona, geleitet von Hideo Asai), sowie NAIKAN-Förderer in Deutschland, Südtirol, Schweiz, England.

In den USA gibt es derzeit drei Zentren (Tôdô Institute Middlebury, Denver Zen Center, Cleveland Constructive Living Center), die regelmäßig NAIKAN anbieten.

Blick auf das Yoshimoto NAIKAN Zentrum in Nara, Japan.

Der Tempel in Senkobo, Japan, wo Reiunken Shue Usami als einer der ersten nach Yoshimoto-Sensei NAIKAN leitete.

Das NAIKAN-Zentrum von Herrn Masahiro Nagashima in Toyama, Japan. Herr Nagashima übte und assistierte NAIKAN viele Jahre lang bei Ishin Yoshimoto-Sensei in dessen Zentrum in Nara.

Gasshoen, Japan, ist ein spirituelles Zentrum, in dem eines der ersten NAIKAN-Zentren nach dem Yoshimoto-Zentrum entstand. Hier übten seit seinem Bestehen mehr als 12000 Menschen eine Woche NAIKAN.

Im psychiatrischen Krankenhaus in Toyama, Japan, wird NAIKAN seit vielen Jahren im Therapieprogramm angeboten.

Ein NAIKAN-Übender im NAIKAN-Zentrum von Masahiro Nagashima in Toyama, Japan.

Das NAIKAN-Zentrum NEUE WELT INSTITUT in Niederösterreich wird geleitet von Franz und Martha Ritter. Franz Ritter organisierte die erste in Europa stattfindende NAIKAN-Woche unter der Leitung von Prof. Akira Ishii.

Johanna Schuh, hier bei einem Vortrag beim 4. Internationalen NAIKAN Kongress 2000 in Tokyo, Leiterin des INSIGHTVOICE NAIKAN CENTER VIENNA.

Das NAIKAN-Zentrum Salzburg, Österreich, wird geleitet von Roland Dick.

Der Raum im NAIKIDO ZENTRUM Wien, in dem Tages-NAIKAN stattfindet. Im Bild die NAIKAN-Leiter Josef und Helga Hartl mit ihren beiden Söhnen Georg und Alexander.

34

Blick auf das NAIKAN HAUS ÖTSCHERLAND, Niederösterreich, in dem Wochen-NAIKAN stattfinden.

Die Schweibenalp, wo Anfang der 90er Jahre das erste NAIKAN in der Schweiz stattfand, geleitet von Prof. Akira Ishii. Derzeit findet dort ein Mal jährlich eine Woche NAIKAN statt.

Die Drogentherapiestation Erlenhof, Österreich, in der seit 1986 NAIKAN im Therapieprogramm angeboten wird.

Das NAIKAN-Zentrum in Tarmstedt, Deutschland, steht unter der Leitung von Gerald Steinke.

In den USA finden hier unter der Leitung von Gregg Krech regelmäßig NAIKAN-Wochen statt.

Eine Gruppe von NAIKAN-Teilnehmern in den USA.

Cover des Berichts
über den
1. Internationalen
NAIKAN Kongress
1991 in der Aoyama
Gakuin Universität
in Tokyo, Japan.

Der Japanische Nationale NAIKAN Kongress 1993
in Sendai, Japan.

Der 2. Internationale NAIKAN Kongress 1994
fand in Wien im wunderschönen Ambiente des
Schlosses Wilhelminenberg statt.

Informationsraum beim Japanischen
Nationalen NAIKAN Kongress 1993 in Sendai,
Japan.

Der 2. Internationale NAIKAN Kongress in Wien:
Eröffnungsrede von Herrn Masanobu Yoshimoto, Sohn
des Begründers der NAIKAN-Methode. Er verwaltet
das Yoshimoto NAIKAN Zentrum in Nara, Japan.

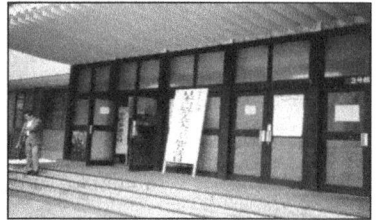

Die Taisho Universität in Tokyo, Japan,
in der 1995 der Japanische Nationale
NAIKAN Kongress stattfand.

Der Japanische Nationale NAIKAN
Kongress in Osaka, Japan.

Kloster und Seminarzentrum Neustift in Brixen, Südtirol, Veranstaltungsort des 3. Internationalen NAIKAN Kongresses.

Der 3. Internationale Kongress wurde von den traumhaft schönen Südtiroler Bergen umrahmt und fand in einem wundervollen Ambiente statt.

Symposium „Gesundheit und NAIKAN" im Rahmen des 3. Internationalen NAIKAN Kongresses.

Viele japanische Freunde waren zu Gast in Italien anlässlich dieses schönen Ereignisses. Die Kongresse dienen nach wie vor dazu, einen sehr persönlichen Erfahrungsaustausch zwischen den Menschen zu ermöglichen.

Ab Ende der 70er Jahre wurden in Japan vor allem aufgrund des Engagements der NAIKAN-Leiter Prof. Miki, Dr. Takemoto, Prof. Murase, Prof. Ishii und Herrn Yanagida einmal jährlich Nationale NAIKAN Kongresse durchgeführt. Sie dienen dem Erfahrungsaustausch und der wissenschaftlichen Forschung in Bezug auf Eignung und Anwendung der Methode.

Drei Hauptbereiche kristallisierten sich heraus:

- NAIKAN als spiritueller Übungsweg mit oder ohne konfessionelle Bindung, in allen möglichen Variationen.
- NAIKAN als psychotherapeutische Methode als möglicher Therapieweg für die meisten psychischen Störungen, die in Fachkreisen bekannt sind.
- NAIKAN als Selbsterfahrung – das bezeichnen wir hier einmal als „allgemeinen Zugang".

Über 20 Nationale NAIKAN Kongresse wurden seitdem abgehalten. Der Schwerpunkt verlagert sich in den letzten Jahren zumindest in Japan zusehends zum Anwendungsbereich zwei, also in Richtung Psychotherapie.

Die Teilnehmerzahl bei den Nationalen Kongressen bewegt sich um die 300 Personen. Davon sind etwa zwei Drittel Psychotherapeuten, Ärzte und Personen aus helfenden Berufen (etwa Krankenpfleger und –schwestern, Sozialarbeiter etc.), darunter sind auch viele NAIKAN-Leiter, etwa ein Drittel sind ehemalige NAIKAN-Teilnehmer und Interessenten an der Methode.

Der 1. Internationale NAIKAN Kongress fand von 15.-16. September 1991 in der Aoyama Gakuin Universität in Tokyo, Japan, statt. Der 2. Internationale NAIKAN Kongress wurde 1994 von 1.-4. September 1994 in Wien im wunderschönen Ambiente des Schlosses Wilhelminenberg abgehalten. Der 3. Internationale NAIKAN Kongress fand vom 8.-12. September 1997 im Kloster Neustift bei Brixen in Südtirol, Italien, statt. Der 4. Internationale NAIKAN Kongress wurde von 2.-3. September 2000 in Tokyo, Japan, ausgerichtet. Der 5. Internationale NAIKAN Kongress wurde von 5.-7. September 2003 in Bad Herrenalb, Deutschland, abgehalten. Bei den Internationalen Kongressen trafen sich NAIKAN-Leiter und ehemalige NAIKAN-Teilnehmer aus der ganzen Welt, um Erfahrungen auszutauschen.

Es gibt die Internationale NAIKAN Association (I.N.A.), deren Aufgaben sich auf Information beschränken. Die Repräsentanten sind von NAIKAN-Leitern gewählte Personen, die ihre Tätigkeit auf ehrenamtlicher Basis ausführen. Bei I.N.A.-Sitzungen werden die Orte der Internationalen Kongresse bestimmt sowie Personen, die für deren Organisation verantwortlich sind. Ansonsten ist die Aufgabe der I.N.A. zu informieren oder Projekte zur wissenschaftlichen Forschung zu initiieren.

NAIKAN kennt keine hierarchische Organisation. Jeder, der mit der NAIKAN-Methode arbeitet, ist für sein Tun absolut selbst verantwortlich. Die NAIKAN-Zentren selbst sind vollkommen autonom in ihrem Tun.

4. DIE GEISTIGEN WURZELN DER NAIKAN-METHODE

von Johanna Schuh

Die NAIKAN-Methode ist aus einer buddhistischen Übung entstanden, die der Jôdo-Shin-Buddhistischen Richtung entstammt, das wird aus dem geschichtlichen Hintergrund klar ersichtlich. Die Biographie eines Begründers erteilt auch Auskunft über die sozialen, gesellschaftlichen und politischen Bedingungen, in denen dieser gelebt und gewirkt hat. Diese Bedingungen wiederum haben Einfluss auf spätere Ideen und Werthaltungen, dabei wirken in besonderer Weise auch der religiöse und kulturelle Kontext. Daher möchte ich an dieser Stelle näher auf die Werte und Grundhaltungen des Buddhismus und der Jôdo-Shin-Schule eingehen, um dann aufzuzeigen, welche dieser Werte und Grundhaltungen auch im NAIKAN ihre Gültigkeit haben.

Es wäre eine interessante Herausforderung, die Grundhaltungen im NAIKAN von der christlichen Terminologie her zu definieren. Die Aussage, die Essenz der verschiedenen

Glaubensrichtungen ist ja im Wesentlichen gleich, es werden nur unterschiedliche Begriffe verwendet. Die Schwierigkeit ist überdies, dass die Grundbedeutung der Begriffe oft von anderen Bedeutungen überlagert wurden. Ich orientiere mich ausschließlich aufgrund der Entstehungsgeschichte von NAIKAN am Buddhismus. Nun, lassen Sie uns eintauchen in die manchmal schwierige Begriffswelt des Buddhismus.

Das Leben des Buddha ist das älteste Vorbild der Menschheitsgeschichte, wie man sich aus eigener Kraft und ohne göttliche Hilfe von Leid und Schuld befreien kann. Es geht darum, die Wirklichkeit so zu sehen, wie sie ist, und andererseits zu erkennen, wie wir diese als Menschen subjektiv erleben. Ein zentraler Gedanke des Buddhismus ist demnach, dass das eigene Streben und das eigene Erkennen im Mittelpunkt stehen. Die Lehre hat nur instrumentalen Charakter, sie dient nur als Wegweiser auf dem Weg, den man letztendlich selbst beschreitet.

„Alles ist Leiden" – so lautet die Grunderkenntnis des historischen Buddha Shâkyamuni. Damit gemeint ist nicht nur die subjektive Bewertung des Menschen in „positive", d.h. erwünschte Ereignisse oder „negative", d.h. unerwünschte Ereignisse (z.B. Gesundheit und Krankheit).

Der Buddhismus geht davon aus, dass alle Dinge, alle Ereignisse grundsätzlich neutral sind. Erst der Mensch weist ihnen in seinem subjektiven Erleben wertende Eigenschaften zu wie z.B. lustvoll oder leidvoll, gut oder böse, positiv oder negativ usw. Die Grundhaltung: „Alles ist Leiden" geht aber noch einen Schritt weiter. Alles, was entsteht und vergeht, ist dem Leiden ausgesetzt, also ist das Leben nicht nur deswegen Leiden, weil es Schmerz, Kummer, Trennung und Tod mit sich bringt; das Leben selbst ist in sich Leiden, weil es vergänglich ist, denn, so sagt Buddha, „was nicht ewig ist, ist Leid". In der gegenständlichen Welt ist nichts von Dauer, alles unterliegt ständigem Wandel. Der Mensch versucht durch sein Begehren und seine Gier, durch seine Zurückweisung und seinen Hass, durch sein Nichtwissen und seinen Ich-Wahn immer wieder, Dinge, Empfindungen, Wahrnehmungen und Vorstellungen festzuhalten. Mit dieser inneren Haltung erzeugt er jedoch nur selbst sein Leid, denn er haftet an den Dingen, er kann die Vergänglichkeit der Dinge nicht erkennen oder nicht akzeptieren.

Die buddhistische Philosophie kennt also zwei Arten von Wirklichkeit: Da ist einmal die gegenständliche Welt, die Welt der Materie, die Welt, in der Leben und Tod beheimatet sind, die Welt der Vielheit, in der sich alles in verschiedenartigster Form darstellt, in der alles vergänglich ist. Auf der anderen Seite gibt es die Wirklichkeit, die man eigentlich nicht beschreiben kann, die ewige Wahrheit, die Welt, in der es keine Form gibt, die Welt, die nicht zielgerichtet ist, die Welt des Nicht-Ich, der Nicht-Wesenhaftigkeit aller Dinge („anatta" oder „anâtman"(7)). Eben weil man sie nicht beschreiben kann, diese andere Art der Wirklichkeit, hat man immer schon nach Begriffen gesucht, die wenigstens die Kommunikation darüber ermöglichen – im Christentum spricht man von Gott, im Buddhismus eben von Buddhanatur.

Alles ist Leiden heißt, dass das Leben in der gegenständlichen Welt, wo Formen, Körper, Gedanken, Gefühle herrschen und ständiger Veränderung unterworfen sind, Leiden ist. Im Buddhismus strebt man nach der Überwindung des Leidens. Das bedeutet, wir dürfen uns nicht von der gegenständlichen Welt beherrschen lassen und wir müssen unsere Wahrnehmung schärfen für diese andere Welt, die ewige Wahrheit „Was wir zu tun haben, ist lediglich, dass wir die selbstgeschaffenen Fesseln ablegen, dass wir die Mauern, die uns umschließen und die wir selbst errichteten, niederreißen. Und wenn wir uns bisher durch unser Begehren, Hassen, Verhaften, durch unser krampfhaftes Festhalten an einem illusionären, ewigen Ich, durch das wir uns von allem anderen Leben isoliert denken, 'auszeichnen', dann kann es nur einen Weg zur Freiheit geben: den des Loslassens, des Sich-Nichtverhaftens." (8)

Diesen Weg zur Freiheit, zur Erlösung, zur Erleuchtung, den Weg zur Aufhebung des Leidens bezeichnet man im Buddhismus als den edlen Achtfachen Pfad: 1.) rechte Ansicht, 2.) rechtes Entschließen, 3.) rechtes Wort, 4.) rechte Tat, 5.) rechtes Leben, 6.) rechtes Streben, 7.) rechtes Gedenken, 8.) rechtes Sichversenken. Der edle Achtfache Pfad zählt also Dinge auf, die man auf seinem Weg zur Erlösung in rechter Weise tun muss. Der edle Achtfache Pfad kann als Grundlage ethischen Handelns betrachtet werden. Ethisches Handeln besteht aus dem Tun von Gutem und dem Nichttun von Bösem.

Weitere Anleitungen zum rechten Handeln sind in verschiedenen ethischen Richtlinien formuliert, wie z.B. den 10 Shîlas (9) oder Jûjûkai (10), wobei die ersten 5 dieser 10 Regeln immer ähnlich lauten: 1.) Vermeiden von Töten, 2.) Vermeiden von Stehlen, 3.) Vermeiden von unerlaubter sexueller Betätigung, 4.) Vermeiden von Lügen, 5.) Abstehen vom Genuss berauschender Mittel.

Darüber hinaus gibt es in den Texten zahlreiche Beispiele für rechtes Handeln. Was aber rechtes Handeln konkret ist, das lernt man nicht, wenn man diese Texte liest, sondern das muss jeder für sich selbst feststellen. Es geht nicht um die blinde Übernahme von Regeln, es geht auch nicht um den Glauben an Regeln. Was zählt, ist das eigene Erkennen, die eigene Einsicht. Nicht Selbstaufgabe, sondern Selbstfindung ist das höchste Ziel der buddhistischen Ethik.

Im Buddhismus gilt die Lehre von der Wiedergeburt. Das Rad der Wiedergeburt repräsentiert die verschiedenen Daseinsformen, in die man geboren werden kann. In seinem Leben sammelt man durch seine Handlungen Karma (11) an. Das Karma bestimmt, in welche Daseinsform man wiedergeboren wird. Das Dasein als Mensch bietet nach buddhistischer Auffassung die einzigartige Möglichkeit, sich aus eigener Kraft durch Erkenntnis, durch Erleuchtung und der daraus folgenden nicht-zweckgerichteten Handlungen (durch die man kein Karma ansammelt) aus dem Rad der Wiedergeburt zu befreien.

Die Werte und Grundhaltungen im Buddhismus lassen sich wie folgt zusammenfassen:

a) Das eigene Erkennen, die eigene Einsicht ist zentral.
b) Es geht nicht um den Glauben an eine Lehre, diese hat nur instrumentalen Charakter.
c) Alle Dinge und Ereignisse sind grundsätzlich neutral.
d) Der Mensch bewertet die Dinge und Ereignisse subjektiv, z.B. als positiv oder negativ.
e) Alles ist Leiden, daher strebt man nach Überwindung des Leidens.

f) Der Weg zur Überwindung des Leidens besteht in der Erkenntnis, im rechten Handeln und im Loslassen (Nicht-Anhaften).

g) Es gibt die gegenständliche Welt, die dem Leiden und der Vergänglichkeit unterworfen ist. Daneben gibt es eine andere Wirklichkeit, die ewige Wahrheit, die Welt des Nicht-Ich.

h) Durch seine Handlungen sammelt man Karma an, das die nächste Wiedergeburt bestimmt.

i) Das Dasein als Mensch bietet die Möglichkeit, aus dem Kreislauf der Wiedergeburten auszusteigen, indem man durch Erkenntnis, rechtes Handeln und Nicht-Anhaften Erleuchtung finden kann. Wenn man Erleuchtung gefunden hat ist man in der Lage, ein Leben im Hier und Jetzt zu führen, und die eigenen Handlungen sind nicht-zweckgerichtet, sodass kein Karma mehr angesammelt wird.

j) Der Mensch kann aus eigener Kraft hier und jetzt Erleuchtung finden, und dies aus einem Bewusstsein heraus, dass er Teil eines Ganzen ist. Erleuchtung also insofern aus eigener Kraft, weil ihm die andere Kraft (andere Wesen) und deren Präsenz sehr wohl bewusst ist.

Im NAIKAN kann man folgende Werte und Grundhaltungen ebenfalls finden:

a) **Das eigene Erkennen, die eigene Einsicht ist zentral.**
Im NAIKAN arbeitet jeder Übende für sich mit den 3 Fragen. Auch hier geht es um das eigene Erkennen. Man geht davon aus, dass jeder für sich sein Leben, sein Verhalten überprüfen muss. Einsicht kann man nicht „weitergeben", auch der NAIKAN-Leiter kann dem Übenden keine Erfahrungen oder Erkenntnisse vermitteln. Jeder kann seine Werte nur in sich selbst finden. Der Leiter kann lediglich Hilfestellungen vermitteln, damit der Übende Mut, Kraft und Geduld aufbringt, um in seinem Prozess tiefer zu gehen.

b) **Es geht nicht um den Glauben an eine Lehre, diese hat nur instrumentalen Charakter.**
Es wird immer wieder betont, dass es sich bei NAIKAN um eine Methode handelt. Damit soll ausgedrückt werden, dass NAIKAN kein Glaubenssystem, keine Religion ist und schon gar keinen Anspruch darauf erhebt, der einzig richtige Weg zur Selbsterkenntnis zu sein. NAIKAN versteht sich als Angebot, das Menschen für sich nutzen können, wenn sie das wünschen. Diese Grundhaltung lässt sich folgendermaßen ausdrücken:
NAIKAN versteht sich als Methode, als Hilfsmittel für den Menschen auf seiner Suche nach Erkenntnis.

c) **Alle Dinge und Ereignisse sind grundsätzlich neutral.**
Im NAIKAN geht es darum, sich ganz konkrete Ereignisse in Erinnerung zu rufen. Auch NAIKAN geht davon aus, dass Ereignisse und Handlungen grundsätzlich neutral sind. Im NAIKAN lernt man langsam auseinanderzuhalten, was das konkrete Ereignis, die konkrete Handlung ist und was man ihnen an Interpretationen, Bewertungen wie „gut" und „schlecht" und Schuldzuweisungen zuschreibt.

d) **Der Mensch bewertet die Dinge und Ereignisse subjektiv, z.B. als positiv oder negativ.**

NAIKAN geht davon aus, dass Situationen durch den Menschen bewusst oder unbewusst mit Bewertungen, Interpretationen, Schuldzuweisungen usw. versehen werden. Durch die 3 NAIKAN-Fragen wird im Grunde genommen versucht, die Ereignisse nicht durch die eigenen Augen zu betrachten, sondern durch die Augen des anderen (Was hat der andere für mich getan? Was habe ich für ihn getan? Was habe ich dem anderen für Schwierigkeiten bereitet?). Dadurch entsteht eine neue Sicht der Dinge, eigene Bewertungen, Interpretationen und Schuldzuweisungen werden deutlich sichtbar.

e) **Alles ist Leiden, daher strebt man nach Überwindung des Leidens.**

Auch im NAIKAN nimmt man eine innere Kraft im Menschen an, die nach etwas strebt, das man als Bedürfnis nach persönlicher Entwicklung, nach Erkenntnis, vielleicht auch als Bedürfnis nach 'Überwindung des Leidens' bezeichnen könnte. Das drückt sich darin aus, dass der NAIKAN-Leiter absolutes Vertrauen in den NAIKAN-Übenden hat, Vertrauen, dass der Übende seinen Weg geht, ganz nach seinen Möglichkeiten. Der NAIKAN-Leiter wird auch nicht versuchen, jemanden von der Notwendigkeit, NAIKAN zu üben, zu überzeugen. Er vertraut auf das Bedürfnis nach Entwicklung, das jeder Mensch in sich trägt. Da ich die buddhistische Terminologie in diesem Fall für zu religionsspezifisch halte, würde ich diese Grundhaltung für NAIKAN folgendermaßen formulieren:
Jeder Mensch besitzt eine innere Kraft, ein Bedürfnis nach persönlicher Entwicklung.

f) **Der Weg zur Überwindung des Leidens besteht in der Erkenntnis, im rechten Handeln und im Loslassen (Nicht-Anhaften).**

NAIKAN geht, wie eben beschrieben, von einem inneren Bedürfnis nach Entwicklung im Menschen aus. NAIKAN geht davon aus, dass man Erkenntnis (welche Handlungen habe ich in meiner Vergangenheit gesetzt? was war tatsächlich, was sind meine Interpretationen?...) suchen muss, um diese Entwicklung zu ermöglichen.

Durch das Prüfen der eigenen Erfahrungen, durch die eigene Einsicht wird auch die eigene Vorstellung vom 'rechten Handeln' klarer, von dem, was man als ethisch 'richtig' und 'falsch' empfindet. Es werden auch Zusammenhänge klar zwischen Ereignissen, man kann sehen, dass die Handlungen, die man setzt, Folgen nach sich ziehen, die oft nicht unmittelbar erkennbar sind. Das Erkennen der Wirkungen der eigenen Handlungen führt zu mehr Ehrlichkeit sich selbst und anderen gegenüber und damit auch zum 'rechten Handeln'.

Durch das nochmalige Ansehen der eigenen Erinnerungen und das Trennen der tatsächlichen Handlungen von den eigenen Interpretationen wird ermöglicht, dass man Erinnerungen loslässt und auf diese Weise auch so manche eingeübte Verhaltensmuster aufgibt.

Hier gibt es also ebenfalls Entsprechungen zwischen den Grundhaltungen im

Buddhismus und im NAIKAN. Auch in diesem Fall möchte ich die religionsspezifische buddhistische Terminologie nicht beibehalten und diese Grundhaltung für NAIKAN folgendermaßen formulieren:

Der Weg, um die innere Kraft im Menschen freizusetzen, die persönliche Entwicklung ermöglicht, besteht im Erkennen, im verantwortungsvollen ethischen Handeln und im Loslassen.

g) **Es gibt die gegenständliche Welt, die dem Leiden und der Vergänglichkeit unterworfen ist. Daneben gibt es eine andere Wirklichkeit, die ewige Wahrheit, die Welt des Nicht-Ich.**

Auch diese Grundannahme trifft für NAIKAN zu. Unter Punkt f) wurde festgestellt, dass das Erkennen der eigenen Handlungen und deren Wirkungen zu größerer Ehrlichkeit führt und zur immer deutlicheren Wahrnehmung des eigenen ethischen Empfindens. Dabei geht man im NAIKAN davon aus, dass jeder Mensch über ein ethisches Empfinden verfügt. Dieses ethische Empfinden wird natürlich durch die Sozialisation beeinflusst, aber die eigentliche Ethik sitzt tief im Inneren des Menschen (in der Seele, im transzendenten Ich, im Wahren Selbst – welchen Begriff man auch dafür verwenden möchte). Dieses tiefste Innere des Menschen ist Teil einer ewigen Wahrheit, jener anderen Wirklichkeit, jener Welt des Nicht-Ich. Diese innere Ethik ist nicht der materiellen Welt, der Welt der ständigen Veränderung unterworfen (im inneren ethischen Empfinden ist man sich immer bewusst, dass Töten anderer Lebewesen nicht in Ordnung ist, egal, welche plausible Erklärung sich das relative Ich, das Ego einfallen lässt).(12) Etwas von der buddhistischen Terminologie abweichend würde ich diese Grundhaltung im NAIKAN wie folgt formulieren:

Es gibt die materielle Welt, die der Veränderung und der Vergänglichkeit unterworfen ist. Daneben gibt es die immaterielle Welt, eine andere Wirklichkeit, eine ewige Wahrheit.

h) bis i): Diese Grundhaltungen, die Karma und Wiedergeburt betreffen, sind dem Buddhismus, nicht jedoch dem NAIKAN zuzuordnen. Bei sehr genauer Betrachtung kann man zwar durchaus Elemente entdecken, die auch im NAIKAN enthalten sind (z.B. Karma, verstanden als Gedanken und Handlungen, die Wirkungen nach sich ziehen), sie sind im NAIKAN jedoch nicht zentral.

j) **Der Mensch kann aus eigener Kraft hier und jetzt Erleuchtung finden.**

Der Begründer von NAIKAN Ishin Yoshimoto-Sensei hat die NAIKAN-Methode entwickelt, um allen Menschen unabhängig von Glaubensbekenntnis und Weltanschauung zu ermöglichen, Erleuchtung zu finden. Daher hat auch diese Grundhaltung im NAIKAN volle Gültigkeit. Ich halte es nicht für zielführend, den Begriff „Erleuchtung" in Bezug auf NAIKAN durch einen anderen zu ersetzen. Der christliche Begriff „Erlösung" beispielsweise wird zu sehr mit Erlösung nach dem Tod assoziiert, während der buddhistische Begriff Erlösung im Hier und Jetzt meint. Der Begriff „Erkenntnis" wiederum drückt nur einen Bruchteil davon aus, was eigentlich gemeint ist.

Zu diesen Grundwerten des Buddhismus kommen noch Elemente aus dem Jôdo-Shin-Buddhismus hinzu. Die Entstehung des Jôdo-Shin- oder Reinen-Land-Buddhismus können wir dem großen Sukhâvatîvyûha-Sûtra entnehmen. Es „erzählt die Geschichte des Bodhisattva Dharmâkara, der vor unermesslichen Weltzeitaltern als Schüler des Buddha Lokesvararâja den Entschluss fasste, selbst ein Buddha zu werden. Bevor er nach äonenlangem Üben dieses Ziel erreichte und zum Buddha Amitâbha wurde, legte er 48 Gelübde ab, mit denen er das Gründen eines Reiches gelobte, in dem alle Wesen, die sich danach sehnen, Buddhaschaft erlangen können." (13)

Ein Bodhisattva-Gelübde so wie jenes des Mönches Dharmâkara legen Buddhisten ab, um in ein an sich „sinnfreies Dasein Sinn zu bringen", indem sie anderen helfen. Über dieses Helfen selbst setzen sie ihren Weg zum Buddha fort – „obwohl oder eben weil sie keinen Sinn mehr im Dasein erblicken".

Das Gelübde des Bodhisattva Dharmâkara, dem späteren Buddha Amida, sagt uns unter anderem, dass dieser so lange auf die vollkommene Erleuchtung (Buddhaschaft) verzichtet, bis alle Wesen vor ihm Erleuchtung gefunden haben. Mit dem Durchführen dieses Gelübdes über viele Weltzeitalter erlangte der Bodhisattva Dharmâkara reinste Buddhaschaft: Er wurde zu Amida. Auf diese Weise wurde gleichzeitig das Reine Land – dieser Bewusstseinszustand – als Möglichkeit geschaffen. Shin-Buddhisten streben in der Nembutsu-Übung – das Vergegenwärtigen des Amida-Buddha, also dieses Bewusstseinszustandes in sich selbst – dem Reinen Land, der absoluten Freiheit, Todlosigkeit, entgegen. Als Hilfe dient das Wissen um Dharmâkara und dessen Verwirklichung zum Amida-Buddha.

Dass der Mönch Dharmâkara zu Buddha Amida wurde heißt auch, dass alle Wesen befreit sind. Ob die Wesen das wissen oder nicht, sie tragen den Zustand der Erleuchtung, das Reine Land in sich. Der Sinn des Lebens wäre demnach, das für sich zu begreifen. Aber auch wenn wir das nicht begreifen, ändert sich nichts an der Tatsache, dass wir den Bewusstseinszustand der Erleuchtung in uns tragen. Also: Es ist sinnlos zu leben, aber noch sinnloser ist es, wenn wir schon da sind, es nicht zu tun. Reiunken Shue Usami sagte einmal: „Es ist sinnlos, Buddhismus zu üben, aber noch sinnloser ist es, Buddhismus nicht zu üben. Das müssen Sie begreifen!"

„Wenn die Schule des Reinen Landes von der Gegenwart des Buddha spricht, versteht sie unter Buddha mehr als die historische Gestalt des Gautama Siddhartha, der vor unserer Zeitrechnung in Indien lebte und den Titel eines Erwachten (Buddha) führte. Der Buddha wird in der Nembutsu-Übung als Amida bezeichnet, die japanische Form des indischen Sanskritwortes Amita, das unendlich bedeutet: Buddhaschaft ist das Überschreiten aller Begrenzungen. Ein Buddha unterscheidet sich nicht von der höchsten Wirklichkeit. Die indischen Texte, die für die Schule vom Reinen Land autoritativ sind, nennen den Buddha in diesem höchsten Sinn Amitâbha oder Amitâyus.

Amitâbha heißt unendliches Licht, ein Gleichnis für die räumliche Grenzlosigkeit des Wirkens eines Buddha: dem Licht gleich breitet es sich in jede Richtung aus, um alles einzuschließen.

Amitâyus bedeutet Unendliches Leben. Dieser Begriff deutet die Überzeitlichkeit der Buddhaschaft an, die Todlosigkeit. Ein historischer Buddha wie Gautama gilt als Offenbarung dieser höchsten Wirklichkeit in der räumlich und zeitlich begrenzten Welt." (13)

Das von Amida geschaffene 'Reine Land' (Sanskrit: Sukhâvatî, Jap.: Jôdo) ist kein topographisch lokalisierbarer Ort. Es ist in uns und um uns und wir können in es gelangen, wenn wir reinen Herzens alles in unserem Selbst aufgeben: alle Bemühungen, alle Wünsche, alle Bestrebungen, auch jene nach Erleuchtung, alles, was dem 'Anhaften' unterliegt – und wenn wir unser volles und unbegrenztes Vertrauen (shinjin) in das Mitleid und die liebevolle Hilfe Amidas setzen. Amida ist kein Gott mit monotheistischen Eigenschaften, er ist vielmehr ein Begriff für die personifizierte Liebe, das personifizierte Mitleid der großen allumfassenden Buddhanatur. Anhänger Amidas sind von tiefer Dankbarkeit (jap.: gasshô) erfüllt für das unendliche Mitleid und die Rettungstat Amidas. Dieser Geist des Mitleids und die tiefe Dankbarkeit führen zu dem Bedürfnis, den anderen Wesen, die ebenfalls dem Leidensprozess im Weltenkreislauf unterworfen sind, zu helfen. Dies führt zu einem hohen Maß an altruistischem Handeln und an Verantwortungsbewusstsein. Zentrale Werte im Jôdo-Shin-Buddhismus sind demnach:

k) **unendliches Mitleid, tiefe Dankbarkeit, Vertrauen, altruistisches Handeln und Verantwortungsbewusstsein**

Im NAIKAN werden diese Eigenschaften ebenfalls als Grundwerte betrachtet. Durch die NAIKAN-Praxis können Menschen diese Werte in sich wiederentdecken. Auch diesbezüglich geht man im NAIKAN davon aus, dass sich diese Haltungen nicht „verordnen" lassen, sie können nur durch den Übenden selbst freigelegt werden.

Ich habe bewusst weitgehend darauf verzichtet, die Grundhaltungen und Werte im NAIKAN in neuen Begriffen zu formulieren. Die buddhistische Terminologie ist zwar nicht sehr leicht verständlich, aber das, was damit ausgedrückt werden soll, wäre in anderen Begriffen ebenso schwer fassbar.

Nun kommen wir zu jenen Grundhaltungen, die im NAIKAN selbst begründet liegen:

l) **Das Verhalten in sozialen Beziehungen zu den Mitmenschen (insbesondere zu den Eltern) und zur Umwelt sind elementarer Ausdruck des eigenen Seins.**

Im NAIKAN betrachtet man immer die Beziehung zu einer Person oder zu einem Thema chronologisch anhand der eigenen Geschichte. Diese systematische Erforschung von sozialen Beziehungen ist charakteristisch für NAIKAN und auch einzigartig. (Zum Vergleich: In vielen Meditationstechniken versucht man, sich von allen Gegenständen der Betrachtung loszulösen, die Konzentration gilt einer ganz einfachen Tatsache wie etwa dem Ein- und Ausatmen. In der Psychotherapie hingegen betrachtet man zwar das eigene Verhalten in sozialen Beziehungen, dies erfolgt jedoch nicht systematisch, sondern anhand von freien Assoziationen.) Das drückt den hohen Stellenwert aus, der den sozialen Beziehungen im NAIKAN beigemessen wird. Durch die 3 NAIKAN-Fragen wird der eigene Anteil, das eigene Verhalten in Situationen herausgefiltert. NAIKAN geht davon aus, dass jeder Mensch von Anfang an eine eigene Persönlichkeit besitzt, die für ihn charakteristisch ist und die er durch sein Verhalten seiner Umwelt gegenüber ausdrückt. NAIKAN sieht den Menschen also nicht bloß als Produkt seiner Umwelt oder seiner Sozialisation.

m) **Das eigene Sein hat zwei Aspekte: das Ego (das der materiellen Welt zugeordnet wird) und das Selbst (das der immateriellen Welt zugeordnet wird).**
Diese Grundhaltung leitet sich ab aus: 'g) Es gibt die materielle Welt, die der Veränderung und der Vergänglichkeit unterworfen ist. Daneben gibt es die immaterielle Welt, eine andere Wirklichkeit, eine ewige Wahrheit.' Beide Welten sind auch im Menschen repräsentiert. Das Ego ist jener Teil des eigenen Seins, der der materiellen Welt zuzuordnen ist. Das Ego ist voller Gier ('Ich will...', 'Ich brauche unbedingt...', 'Ich möchte sofort...' usw.), voller Hass ('Ich will nicht...', 'Ich kann auf keinen Fall...' usw.) und voller Wahn ('Das ist so, weil...' usw., es sucht Bewertungen, Begründungen und Rechtfertigungen). Das Selbst ist jener Teil des eigenen Seins, der der immateriellen Welt zuzuordnen ist. Das Selbst ist ohne Gier, ohne Hass, ohne Wahn. Es ist jener Teil in uns, der nicht urteilt. Das Selbst beinhaltet auch ein tiefes Bewusstsein von wahrem ethischen Handeln.

Ich möchte an dieser Stelle noch einmal betonen, dass NAIKAN keine buddhistische Schule und keine Glaubensgemeinschaft ist. Gerade das ist die Stärke der NAIKAN-Methode: Sie ist unabhängig von Religion und Glauben. Dennoch muss sich NAIKAN meiner Meinung nach zu seinen buddhistischen Wurzeln bekennen, denn sonst verleugnet man die Grundwerte, auf denen NAIKAN basiert, und die Methode kann nicht in ihrer gesamten Dimension verstanden werden.

Ich teile auch nicht die Meinung von Reynolds (14), der in NAIKAN die Psychologisierung des Jôdo-Shin-Glaubens sieht, indem eine religiöse Praxis in eine psychotherapeutische Methode transformiert wurde.
Erstens impliziert dies, dass es sich bei NAIKAN um eine Weiterentwicklung von Spiritualität zu Psychotherapie handelt. Das ist aber unmöglich, da Spiritualität die komplexeste Form ist, wie die Welt gesehen werden kann. Spiritualität beschäftigt sich nicht nur mit dem menschlichen Verhalten wie die Psychoanalyse oder mit dem Verhalten von Menschen und Tieren wie die Psychologie, sondern mit allen Erscheinungen und Wesen.
Zweitens setzt die Psychotherapie voraus, dass Verhaltensstörungen und Leidenszustände vorliegen, die mit dem Ziel behandelt werden, bestehende Symptome zu mildern oder zu beseitigen, gestörte Verhaltensweisen und Einstellungen zu ändern und die Reifung, Entwicklung und Gesundheit des Behandelten zu fördern. In der Spiritualität wird nur die Bereitschaft eines Menschen vorausgesetzt, sich auf die Suche nach dem Allumfassenden (dem Göttlichen, der ewigen Wahrheit – welchen Begriff man auch verwenden möchte) zu begeben. Das sind völlig unterschiedliche Herangehensweisen an persönliche Entwicklung.
Drittens verläuft die Entwicklung gerade umgekehrt, und zwar dahingehend, dass die

religiöse Dimension, die spirituelle Komponente erst nach und nach in die Psychotherapie Eingang fand.

Viertens hat der Entwickler der Methode NAIKAN als Methode und nicht als psychotherapeutische Methode geschaffen.

Lassen Sie uns zum Abschluss die Werte und Grundhaltungen im NAIKAN noch einmal kurz zusammenfassen:

➤ Das eigene Erkennen, die eigene Einsicht ist zentral.

➤ NAIKAN versteht sich als Methode, als Hilfsmittel für den Menschen auf seiner Suche nach Erkenntnis.

➤ Alle Dinge und Ereignisse sind grundsätzlich neutral.

➤ Der Mensch bewertet die Dinge und Ereignisse subjektiv, z.B. als positiv oder negativ.

➤ Jeder Mensch besitzt eine innere Kraft, ein Bedürfnis nach persönlicher Entwicklung.

➤ Der Weg, um die innere Kraft im Menschen freizusetzen, die persönliche Entwicklung ermöglicht, besteht im Erkennen, im verantwortungsvollen ethischen Handeln und im Loslassen.

➤ Es gibt die materielle Welt, die der Veränderung und der Vergänglichkeit unterworfen ist. Daneben gibt es die immaterielle Welt, eine andere Wirklichkeit, eine ewige Wahrheit.

➤ Das eigene Sein hat zwei Aspekte: das Ego (das der materiellen Welt zugeordnet wird) und das Selbst (das der immateriellen Welt zugeordnet wird).

➤ Das Verhalten in sozialen Beziehungen zu den Mitmenschen und zur Umwelt sind elementarer Ausdruck des eigenen Seins.

➤ Der Mensch kann aus eigener Kraft hier und jetzt Erleuchtung finden, und dies aus einem Bewusstsein heraus, dass er Teil eines Ganzen ist. Erleuchtung also insofern aus eigener Kraft, weil ihm die andere Kraft (andere Wesen) und deren Präsenz sehr wohl bewusst ist.

➤ Als Werte werden folgende Eigenschaften im Menschen angesehen: unendliches Mitleid, tiefe Dankbarkeit, Vertrauen, altruistisches Handeln und Verantwortungsb ewusstsein.

5. DIE ZIELE DER NAIKAN-METHODE

von Johanna Schuh

Wenn man die buddhistischen Grundhaltungen konsequent weiterdenkt, so muss man zu dem Schluss kommen, dass im NAIKAN das Ziel ist, keine Ziele zu haben. Um Erleuchtung zu erlangen, muss man sich von allem Anhaften, also gerade auch von Zielen und Zwecken, die man verfolgt, befreien. Selbst von dem Ziel, Erleuchtung zu erlangen, muss man sich nach buddhistischer Ansicht letztendlich lösen.

Ich würde sagen, aus spiritueller Sicht ist das Ziel von NAIKAN, auf das Wesentliche, auf das Wesen zu reduzieren. Auf dem Weg zu diesem Ziel gibt es natürlich eine Reihe von Nebeneffekten: Man kann sich befreien von Krankheit, von Hass, von Schuldgefühlen, von Schuldzuweisungen, von Illusionen – die Liste ließe sich noch lange fortsetzen. Aber das alles sind nur Nebeneffekte, die eintreten können. Eine NAIKAN-Teilnehmerin, die mehrere Male NAIKAN geübt hat, beschreibt das in einem Erfahrungsbericht sehr treffend: „Dazu möchte ich zuerst einmal meine Beweggründe, überhaupt NAIKAN zu üben, anführen: Ich habe eine Methode gesucht, mit deren Hilfe ich meine Krankheit (Multiple Sklerose) heilen kann, da ich zur Überzeugung gekommen bin, dass nur ich selbst (natürlich mit Hilfe von außen) wirklich etwas bewirken kann. Ich dachte, mit Hilfe der drei Fragen meine Verhaltensmuster soweit zu ändern, dass ich eine Flucht in die Krankheit nicht mehr notwendig habe, würde mein Problem lösen. Na ja, ich glaube noch immer, oder besser gesagt: ich weiß, dass das der richtige Weg ist, nur steht nicht mehr meine Krankheit im Mittelpunkt meiner Problembetrachtung, sondern mein Verhalten in allen Lebensbereichen."

Inhalt von NAIKAN ist es, konkrete Situationen zu betrachten und diese in ihrer Gesamtheit, mit allen Wertungen und Interpretationen, wahrzunehmen, damit der Blick auf die tatsächliche Handlung frei wird. Durch die 3 NAIKAN-Fragen sieht man diese Handlungen aus dem Blickwinkel der anderen.

Selbstverständlich verfolgen Menschen, die sich dazu entschließen, NAIKAN zu üben, sehr individuelle Ziele. Sie lassen sich 3 Bereichen zuordnen:
- Selbsterfahrung (z.B. Neugier, sich selbst besser kennenlernen wollen...)
- Therapie (z.B. Probleme in der Partnerschaft, psychosomatische Erkrankungen, Depression, Suchtproblematik, sexueller Missbrauch....)
- Spirituelle Praxis (z.B. Suche nach innerem Frieden, Streben nach Einheit mit Gott, Suche nach Erleuchtung...)

Man stellt jedoch sehr schnell fest, dass sich NAIKAN nicht auf ein Ziel hin benützen lässt. Im Verlauf der NAIKAN-Übung wird klar, dass auch diese persönlichen Ziele nur Aspekte des Ganzen sind. Wenn jemand z.B. mit einem bestimmten Problem ins NAIKAN geht und von der NAIKAN-Praxis für dieses Problem eine Lösung erhofft, so werden die Erwartungen oft nicht erfüllt. Was NAIKAN aber in Bezug auf das jeweilige Problem bewirkt, ist, dass es nach NAIKAN nicht mehr als zentral gesehen wird, es wird als ein

Teilaspekt begriffen, der Blick löst sich von der Fixierung auf dieses eine Problem und wird frei auf andere Aspekte. Es kann sein, dass auch eine Lösungsmöglichkeit ins Blickfeld rückt, aber der erste Schritt ist, dass man nicht mehr auf dieses eine Problem fixiert bleibt.

Nagashima-Sensei, der langjährige Assistent von Yoshimoto-Sensei, heute einer der herausragendsten NAIKAN-Leiter Japans stellt fest: „Es ist egal, woher die Motivation zum NAIKAN-Üben kommt. Ob ein Gefängnisaufenthalt der Anstoß zum Üben ist oder Krankheit, Beziehungskonflikte oder Alkoholprobleme, das ist grundsätzlich egal. Natürlich könnte man sagen, dass NAIKAN auf diese Art und Weise als Mittel zum Zweck dient. Es hat sicher auch den Effekt, Krankheiten zu heilen, aber das allein ist nicht die Bedeutung von NAIKAN. Yoshimoto-Sensei meinte, dass man nicht für NAIKAN 'Werbung' machen solle, indem man seine heilenden Effekte hervortue, da es im NAIKAN nicht nur um die Heilung des Geistes und Körpers ginge, sondern vor allem um die Heilung der Seele. Auch wollte er NAIKAN nicht durch eine einseitige Darstellung in eine Ebene bringen, bei der das NAIKAN verglichen würde mit all den neu entwickelten Selbsterfahrungs- und Heilsmethoden und so seine tiefe spirituelle Bedeutung einbüßen würde."

Wenn man sich nicht allein auf die spirituelle Essenz des NAIKAN beschränkt, kann man durchaus noch andere Ziele von NAIKAN benennen, die sich aus der Methode an sich ergeben:

- Schärfung der eigenen Wahrnehmung
- möglichst klare und umfassende Wahrnehmung der eigenen Realität
- Selbstvertrauen und Vertrauen in andere Menschen
- Verantwortungsbewusstsein sich selbst und anderen gegenüber
- Fähigkeit, eigene Entscheidungen zu treffen
- Ehrlichkeit sich selbst und anderen gegenüber
- Mitgefühl mit anderen Menschen und soziales Handeln
- Freiheit im eigenen Handeln.

Bindzus/Ishii definieren die Ziele von NAIKAN folgendermaßen: „Ziel der NAIKAN-Methode ist es, dem Menschen ein möglichst vollständiges Bild seiner Selbst dadurch zu vermitteln, dass er sich selbst bewusst – die eigene Sicht ist ihm mehr als hinreichend bekannt – gleichsam wie ein äußerer Beobachter mit den Augen seiner Mitmenschen sehen lernt. Die bewusste Sicht seiner Selbst aus der Sicht seiner Umwelt bringt dem Menschen – das ist ohne weiteres einsichtig – nur Positives: Er sieht sich so, wie er tatsächlich ist, und nicht so, wie er gern sein will oder sein sollte. Das führt wiederum dazu, dass der Mensch sich als Individuum besser zu akzeptieren lernt und eventuell vorhandene neurotische Schuldgefühle und Verhaltensweisen selbst abbauen kann. Die mehr der Realität entsprechende gewonnene Selbsteinsicht führt gleichzeitig zu einem angemesseneren Verständnis für die Sorge und Probleme der Anderen und ermöglicht auch eine bessere Bewältigung der eigenen Konflikte, die ihrerseits wieder zu klareren Zukunftsperspektiven führen kann. Das wichtigste ist aber, dass die vollständigere Selbsteinsicht [...] nach den Ergebnissen der NAIKAN-Forschung positive soziale Verhaltensweisen bei den NAIKAN-'Behandelten' bewirken." (15)

2 DIE MÖGLICHKEITEN

1. DIE NAIKAN-METHODE FOKUSSIERT DARGESTELLT

von Johanna Schuh

NAIKAN ist eine Methode. Das Wort „NAIKAN" kommt aus dem Japanischen und bedeutet übersetzt „nai" = innen, „kan" = beobachten. In der Regel wird NAIKAN ins Deutsche mit „Innenschau" oder „Innere Beobachtung" übersetzt.

Das NAIKAN wird von einem dazu ausgebildeten NAIKAN-Leiter geleitet. Die Leitung kann auch aus einem NAIKAN-Leiter-Team bestehen. Dem Leiter-Team gehören meist auch NAIKAN-Assistenzleiter an, als solche werden Personen bezeichnet, die sich in Ausbildung zum NAIKAN-Leiter befinden, aber ein NAIKAN noch nicht selbständig leiten können. Es wird auch der Begriff NAIKAN-Begleiter verwendet, und zwar bezeichnet man damit sowohl NAIKAN-Leiter als auch NAIKAN-Assistenzleiter. Die Personen, die NAIKAN praktizieren, werden als NAIKAN-Übende oder NAIKAN-Teilnehmer bezeichnet.

Der NAIKAN-Übende betrachtet in Ruhe und von anderen Personen und Reizen abgeschirmt eine Bezugsperson (Mutter, Vater, Geschwister, Partner...) oder ein Thema (Arbeit, Alkohol, Drogen...) in einem bestimmten Zeitabschnitt seines Lebens. Die NAIKAN-Übung beginnt immer mit der Betrachtung der Mutter oder jener Person, die die Mutterrolle übernommen hatte. Es wird chronologisch vorgegangen, sodass als erster Abschnitt jener Zeitraum betrachtet wird, in dem der Übende 0 – 7 Jahre alt war. Der Übende betrachtet konkrete Ereignisse, an die er sich erinnern kann, und für die Reflexion eines Zeitabschnittes hat er 60 bis 90 Minuten Zeit. Der Übende stellt sich immer folgende 3 NAIKAN-Fragen:

1. **Was hat diese Person (Mutter, Vater, Geschwister, Partner...) in diesem Zeitabschnitt für mich getan?**
2. **Was habe ich in diesem Zeitabschnitt für diese Person getan?**
3. **Welche Schwierigkeiten habe ich dieser Person in diesem Zeitabschnitt bereitet?**

Der NAIKAN-Übende betrachtet also für sich mit Hilfe der 3 NAIKAN-Fragen als erstes den Zeitabschnitt ab der ersten Erinnerung bis zum Alter von 7 Jahren in Bezug auf seine Mutter. Nach 60 bis 90 Minuten kommt der NAIKAN-Leiter (oder der NAIKAN-Assistenzleiter) zu einem kurzen Gespräch.

Beim NAIKAN-Gespräch verbeugt sich der NAIKAN-Leiter und fragt: „Was hast du jetzt geprüft?" Der NAIKAN-Übende könnte z.b. so antworten: „Ich habe die Zeit von 0 bis 7 Jahre gegenüber meiner Mutter geprüft. Was meine Mutter für mich getan hat: Da ist mir eingefallen, dass sie mir einmal einen grünen Pullover gekauft hat, den ich so gern haben wollte. Sie hat mir Nudelsuppe gekocht und aus einem Buch vorgelesen, als ich einmal krank war. Was ich für meine Mutter getan habe: Ich habe ihr zum Muttertag ein Gedicht aufgesagt, das ich im Kindergarten gelernt habe. Ich weiß noch, einmal habe ich ihr im Frühling einen Strauß Gänseblümchen gepflückt, da hat sie sich gefreut. Was ich meiner Mutter für Schwierigkeiten bereitet habe: Ich war oft krank, und da hat sie sich Sorgen gemacht und sie musste immer wieder in mein Zimmer kommen, um zu sehen wie's mir geht. Einmal habe ich eine rosarote Vase zerbrochen, die sie sehr gern gehabt hat." Der NAIKAN-Leiter antwortet in diesem Fall: „Bitte prüfe den nächsten Abschnitt von 7 bis 10 Jahren gegenüber der Mutter. Danke." Nachdem sich der NAIKAN-Leiter bedankt hat, verbeugt er sich wieder und geht weiter zum nächsten NAIKAN-Übenden zum Gespräch. Das NAIKAN-Gespräch dauert etwa 5 Minuten.

Im Idealfall läuft das Gespräch ähnlich wie eben dargestellt ab. Im Gespräch erfolgen keine Interpretationen des Gesagten. Der NAIKAN-Leiter interveniert nur, wenn der Übende Schwierigkeiten hat, mit den NAIKAN-Fragen zu arbeiten. Der NAIKAN-Übende betrachtet auf diese Weise immer jeweils eine Person in Abschnitten von in der Regel 4 Jahren ab der frühesten Erinnerung bis zur Jetztzeit oder bis zum Zeitpunkt des Todes der betreffenden Person. Die Beziehung zu Mutter und Vater werden im NAIKAN auf jeden Fall untersucht, wenn Mutter oder Vater nicht vorhanden waren (früher Tod u.a.), so wird die Beziehung zu jener Person betrachtet, die die Mutter- bzw. Vaterrolle innehatte. Welche anderen Personen oder auch Themen noch bearbeitet werden, ist individuell verschieden.

2. WOCHEN-NAIKAN – DIE KLASSISCHE FORM

von Johanna Schuh

Die klassische Form von NAIKAN, wie sie vom Begründer Ishin Yoshimoto-Sensei entwickelt wurde, hat die Dauer von einer Woche. Das ergibt innerhalb von 7 Tagen NAIKAN-Übung 100 Stunden konzentrierter Selbstarbeit, in denen der NAIKAN-Übende seine persönliche Geschichte mit den NAIKAN-Fragen bearbeitet.

Beim Wochen-NAIKAN werden die Teilnehmer von äußeren Reizen geschützt. Die NAIKAN-Teilnehmer üben allein auf einem ihnen zugewiesenen Platz. In der Regel üben alle Teilnehmer NAIKAN in einem großen Raum, in dem die Übungsplätze durch zusammenklappbare Paravents voneinander getrennt sind. Dies ist in den meisten japanischen wie außerjapanischen NAIKAN-Zentren üblich. Es kann aber auch in Einzelzimmern geübt werden.

Wichtig ist jedenfalls, dass jeder Übende einen Platz für sich allein hat, wo er von anderen Menschen und äußeren Einflüssen ungestört ist. Erstens wird dadurch die Konzentrationsfähigkeit gesteigert, damit Erinnerungen leichter an die Oberfläche kommen können. Zweitens bietet der Platz einen geschützten Raum, um aufsteigende Emotionen erleben und annehmen zu können.

Wie hilfreich das Setting sein kann, beschreibt sehr eindrucksvoll eine NAIKAN-Teilnehmerin in ihrem Erfahrungsbericht: „Vor NAIKAN konnte ich mir schwer vorstellen, warum das Sitzen hinter einem Paravent und das Nicht-miteinander-Reden, außer mit den Begleitern, mir irgendwie helfen sollte, mich selber anzuschauen. Ich kann es mit Worten schwer beschreiben, aber nach den ersten Tagen, wo ich größte Probleme hatte, mich an etwas, vor allem aus meinen ersten Lebensjahren, zu erinnern, empfand ich hinter meinem Paravent Sicherheit und Geborgenheit. Ich konnte Erinnerungen und Gedanken zulassen, die in meinem Alltag wohl schwer in mein Bewusstsein gekommen wären.“

Die NAIKAN-Teilnehmer sitzen auf ihrem Übungsplatz, es gibt keine vorgeschriebene Sitzhaltung. Es wird empfohlen zu sitzen, da dies körperlich nicht anstrengt und gleichzeitig konzentriertes Arbeiten mit den NAIKAN-Fragen erlaubt. Man kann sich jedoch auch hinlegen, es kommt auch vor, dass man während der Übung kurze Zeit einschläft.

Die NAIKAN-Übenden nehmen während der gesamten NAIKAN-Übung auch keinen Kontakt untereinander auf. Soweit als möglich sprechen sie nicht miteinander und sie sehen einander auch nicht an. Dadurch soll vermieden werden, dass man sich gegenseitig bei der NAIKAN-Übung stört. Die NAIKAN-Teilnehmer sprechen während der NAIKAN-Übung nur mit den NAIKAN-Leitern und den NAIKAN-Assistenzleitern. Während der gesamten NAIKAN-Übung gelten folgende Übereinkünfte: kein Lesen, kein Radiohören, kein Fernsehen, keine Kontaktaufnahme mit Personen außerhalb des NAIKANs, untereinander Schweigen.

Darüber hinaus gibt es im NAIKAN keine Vorschriften, sondern lediglich Empfehlungen. Es gibt zum Beispiel die Empfehlung, möglichst viel Zeit auf seinem Übungsplatz zu verbringen, weil dies wie bereits beschrieben Schutz und bessere Konzentrationsfähigkeit gewährleistet. Es ist jedoch jederzeit möglich, den Übungsplatz zu verlassen, sei es, um ein wenig spazierenzugehen oder Tee zu trinken oder eine Zigarette zu rauchen. Die NAIKAN-Übenden werden lediglich vom NAIKAN-Leiter gebeten, sich selbst gegenüber zu prüfen, warum sie ihren Platz verlassen. Auf diese Art sind die NAIKAN-Übenden nicht nur dazu aufgefordert, mittels der 3 NAIKAN-Fragen ihr Verhalten in der Vergangenheit zu prüfen. Sie richten dadurch ihre Aufmerksamkeit auch auf ihr Verhalten in der Gegenwart, nämlich auf ihre ganz konkreten Handlungen während der NAIKAN-Übung.

Ein NAIKAN-Übender hat grundsätzlich auch zu jedem Zeitpunkt die Möglichkeit, die NAIKAN-Übung abzubrechen. Der NAIKAN-Leiter wird nicht versuchen, den

Teilnehmer zum Bleiben zu überreden. Er wird auch in diesem Fall lediglich den Teilnehmer bitten, für sich selbst zu überprüfen, ob er tatsächlich und aus welchen Gründen er diese Entscheidung treffen möchte.

Während eines Wochen-NAIKANs verbringen die Teilnehmer die gesamte Woche im NAIKAN-Zentrum, das heißt, sie übernachten auch dort. Am Beginn einer NAIKAN-Woche gibt es in der Regel eine kurze NAIKAN-Einführung mit der gesamten Gruppe, wo der organisatorische Ablauf und die NAIKAN-Methode besprochen werden. Ab dem Zeitpunkt, wo die NAIKAN-Teilnehmer auf ihrem Übungsplatz mit der NAIKAN-Übung beginnen, gilt die Regel des Untereinander-Schweigens, und zwar bis zum Ende der NAIKAN-Woche oder des NAIKAN-Tages. Am Ende der NAIKAN-Woche gibt es in der Regel eine Schlussrunde, wo jeder Teilnehmer die Möglichkeit hat, zum Abschluss noch etwas über seine Erfahrungen während des NAIKANs zu sagen. Gemeinsame Einführungs- und Schlussrunden mit den Teilnehmern sind für den Prozess nicht unbedingt erforderlich. Sie erleichtern vor allem die Arbeit der NAIKAN-Leiter und fördern ein Gemeinschaftsgefühl der Teilnehmer, die ja während der Übung nur nonverbal kommunizieren.

Ein typischer Tagesablauf während einer NAIKAN-Woche gestaltet sich wie folgt:

6.30 Uhr:	Aufstehen, anschließend Morgentoilette
7.00 Uhr:	Hinsetzen auf den Übungsplatz
8.00 Uhr:	Frühstück
10.30 Uhr:	20 Minuten Arbeitsmeditation
13.00 Uhr:	Mittagessen
15.30 Uhr:	Duschen
18.00 Uhr:	Abendessen
21.00 Uhr:	Verlassen des Übungsplatzes, Vorbereiten zum Schlafen

Die angegebenen Tageszeiten sind als Richtwert anzusehen und können sich selbstverständlich geringfügig verschieben.

In der Zeit zwischen 7.00 Uhr und 21.00 Uhr wird die NAIKAN-Übung in Intervallen von etwa 60 bis 90 Minuten vom kurzen Gespräch mit dem NAIKAN-Leiter unterbrochen. Die NAIKAN-Teilnehmer werden gebeten, die NAIKAN-Übung auch während der Mahlzeiten oder anderer Tätigkeiten weiterzuführen.

Die Arbeitsmeditation ist kein fester Bestandteil des NAIKAN-Settings. Sie wird nicht in allen NAIKAN-Zentren praktiziert. Die Arbeitsmeditation besteht aus einer kleinen Aufgabe, zumeist einer Tätigkeit im Haushalt, wie z.B. Staubsaugen im Gruppenraum, Bad sauber machen usw. Die Übenden werden gebeten, mit den NAIKAN-Fragen auch während der Arbeitsmeditation weiterzuüben. Die Arbeitsmeditation wurde aus der buddhistischen Meditation übernommen. Sie hat u.a. den Zweck, dass die Übenden ein wenig Bewegung machen als Abwechslung zum Sitzen. Die Übenden können bemerken, dass man NAIKAN auch in alltägliche Handlungen integrieren kann. Schließlich hat die

Arbeitsmeditation noch den einfachen Grund, dass man das NAIKAN der Teilnehmer stören würde, wenn „fremde" Personen während der NAIKAN-Übung im Gruppenraum Reinigungstätigkeiten durchführten.

Es stehen während der NAIKANs immer Getränke und Obst bereit, die sich die Teilnehmer jederzeit nehmen können. Frühstück, Mittag- und Abendessen werden vom NAIKAN-Leiter oder NAIKAN-Assistenzleiter auf einem Tablett auf den Übungsplatz der NAIKAN-Übenden gereicht.

Der NAIKAN-Begleiter verbeugt sich vor und nach dem NAIKAN-Gespräch vor dem NAIKAN-Übenden. Dies ist in Japan eine allgemein übliche Form, Höflichkeit und Respekt zu zeigen, und wurde aus der japanischen Tradition in das NAIKAN übernommen. Es handelt sich dabei jedoch nicht bloß um eine Formsache, sondern wird zu den wesentlichen Elementen des NAIKANs gezählt, weil der NAIKAN-Begleiter dadurch in adäquater Weise seine Wertschätzung und sein Vertrauen in die Person des NAIKAN-Übenden ausdrücken kann. Wenn der NAIKAN-Übende aus welchen Gründen auch immer äußert, dass er das Verbeugen der Leiter als unangenehm empfindet, verzichten die NAIKAN-Begleiter darauf. Es kann auch sein, dass die Rahmenbedingungen dagegen sprechen, dass sich der NAIKAN-Leiter vor und nach dem Gespräch vor dem Übenden verbeugt. Dies ist beispielsweise bei NAIKAN-Übungen in österreichischen Gefängnissen der Fall, da die Teilnehmer mit dieser Form des Achtung-Zeigens nichts anfangen können. Hier wird z.B. auf die Verbeugung verzichtet.

In Japan wird noch ein weiteres Hilfsmittel verwendet. Es handelt sich um Tonbandmitschnitte von NAIKAN-Gesprächen, die den NAIKAN-Übenden während der NAIKAN-Übung vorgespielt werden. Sie sollen als Beispiele illustrieren, wie „ideale" NAIKAN-Gespräche ablaufen und die Teilnehmer in ihrer Übung unterstützen. Unter einem „idealen" NAIKAN-Gespräch versteht man, dass der Übende mit konkreten Beispielen auf die 3 NAIKAN-Fragen antwortet. Tonbandmitschnitte kommen beim NAIKAN in Europa nicht zur Anwendung.

Grundsätzlich gilt bei NAIKAN als oberste Prämisse: Die NAIKAN-Übenden sollen bei ihrem NAIKAN so wenig wie möglich gestört werden. NAIKAN üben bedeutet, dass man mit den 3 NAIKAN-Fragen arbeitet. Das Setting kann jederzeit an die jeweiligen Gegebenheiten angepasst werden, wenn dies erforderlich ist, um die Ungestörtheit der NAIKAN-Teilnehmer zu gewährleisten.

In diesem Rahmen übt ein Teilnehmer eine ganze Woche NAIKAN. In diesem Zeitraum beschäftigt er sich z.B. mit folgenden Personen oder Themen:

Teilnehmer/in, 20 Jahre alt: Mutter, Vater, Bruder, Schwester, Mutter, Großmutter, Partnerschaft, Vater, Krankheit.

Teilnehmer/in, 35 Jahre alt: Mutter, Vater, Großmutter, Bruder, Mutter, Partnerschaft, Arbeit.

Teilnehmer/in, 50 Jahre alt: Mutter, Vater, Partnerschaft, Sohn, Tochter.

Ein Beispiel im Detail:

Eine NAIKAN-Teilnehmerin, nennen wir sie Frau S., 38 Jahre alt:

Am ersten Abend, Beginn um 19 Uhr, wird eine gemeinsame Einführung gemacht. Danach beginnt das NAIKAN.

1. Betrachtungsperiode:	Mutter, 0-6 Jahre	die ersten Erinnerungen, wie war das damals?

Weiter geht es dann am 1.Tag:

1. Betrachtungsperiode:	Mutter, 0-6 Jahre	Vorschulzeit
2. Betrachtungsperiode:	Mutter, 6-10 Jahre	Volksschulzeit
3. Betrachtungsperiode:	Mutter, 10-14 Jahre	Hauptschulzeit
4. Betrachtungsperiode:	Mutter, 14-18 Jahre	Gymnasium bis zu Matura
5. Betrachtungsperiode:	Mutter, 18-22 Jahre	Auszug von daheim, die Zeit des Studiums
6. Betrachtungsperiode:	Mutter, 22-26 Jahre	Frau S. heiratet, Geburt der Tochter
7. Betrachtungsperiode:	Mutter, 26-30 Jahre	Scheidung, beruflicher Wiedereinstieg
8. Betrachtungsperiode:	Mutter, 30-34 Jahre	Mutter wird schwerkrank
9. Betrachtungsperiode:	Mutter, 34-36 Jahre	die Mutter stirbt

Für die letzte Periode am Abend wählt Frau S. als nächste Person den Vater.

10. Betrachtungsperiode:	Vater, 0-6 Jahre	Vorschulzeit

Am 2. Tag:

1. Betrachtungsperiode:	Vater, 6-10 Jahre,	Volksschulzeit
2. Betrachtungsperiode:	Vater, 10-14 Jahre,	Hauptschulzeit
3. Betrachtungsperiode:	Vater, 14-18 Jahre,	bis zur Matura
4. Betrachtungsperiode:	Vater, 18-22 Jahre,	Studium
5. Betrachtungsperiode:	Vater, 22-26 Jahre	

Frau S. hat die Stunde nach dem Mittagessen geschlafen, also beschäftigt sie sich weiter mit dem selben Zeitraum.

6. Betrachtungsperiode:	Vater, 22-26 Jahre	
7. Betrachtungsperiode:	Vater, 26-30 Jahre	Frau S. zieht nach ihrer Scheidung in eine andere Wohnung um
8. Betrachtungsperiode:	Vater, 30-34 Jahre	
9. Betrachtungsperiode:	Vater, 34-38 Jahre	

Als nächste Person wählt Frau S. ihren jüngeren Bruder.

10. Betrachtungsperiode:	Bruder, 4-8 Jahre	ab der Geburt ihres Bruders

Am 3. Tag:

1. Betrachtungsperiode:	Bruder, 8-12 Jahre	

2. Betrachtungsperiode:	Bruder, 12-16 Jahre	
3. Betrachtungsperiode:	Bruder, 16-20 Jahre	
4. Betrachtungsperiode:	Bruder, 20-24 Jahre	er absolviert seinen Präsenzdienst
5. Betrachtungsperiode:	Bruder, 24-28 Jahre	er arbeitet 2 Jahre im Ausland
6. Betrachtungsperiode:	Bruder, 28-32 Jahre	
7. Betrachtungsperiode:	Bruder, 32-36 Jahre	
8. Betrachtungsperiode:	Bruder, 36-38 Jahre	

Als nächste Person möchte Frau S. noch einmal ihre Mutterbeziehung betrachten, da bei der Betrachtung ihres Bruders immer wieder Erinnerungen an ihre Mutter aufgetaucht sind und sie das Gefühl hat, dass noch etwas offen geblieben ist.

9. Betrachtungsperiode:	Mutter, 0-6 Jahre	
10. Betrachtungsperiode:	Mutter, 6-10 Jahre	

Am 4. Tag:

1. Betrachtungsperiode:	Mutter, 10-14 Jahre	
2. Betrachtungsperiode:	Mutter, 14-18 Jahre	
3. Betrachtungsperiode:	Mutter, 18-22 Jahre	
4. Betrachtungsperiode:	Mutter, 22-26 Jahre	
5. Betrachtungsperiode:	Mutter, 30-33 Jahre	Mutter wird schwerkrank
6. Betrachtungsperiode:	Mutter, 33-36 Jahre	die Mutter stirbt

Frau S. möchte nach dieser intensiven Auseinandersetzung noch von der Mutter Abschied nehmen. Der Naikan-Leiter schlägt vor, die gesamte Zeit noch einmal zu reflektieren und einen Brief an die Mutter zu schreiben, wo Frau S. der Mutter alles schreibt, was sie ihr noch sagen möchte.

7. Betrachtungsperiode:	Mutter, Reflexion	Brief an die Mutter

Frau S. möchte sich die Beziehung zu ihrem Ex-Mann ansehen.

8. Betrachtungsperiode:	Ex-Mann, 20-24 Jahre	erstes Kennenlernen bis zur Hochzeit
9. Betrachtungsperiode:	Ex-Mann, 24-26 Jahre	mit 25 Geburt der Tochter

Am 5. Tag:

1. Betrachtungsperiode:	Ex-Mann, 26-28 Jahre	bis zur Scheidung
2. Betrachtungsperiode:	Ex-Mann, 28-30 Jahre	bis die Tochter 5 Jahre alt ist
3. Betrachtungsperiode:	Ex-Mann, 30-34 Jahre	
4. Betrachtungsperiode:	Ex-Mann, 34-38 Jahre	

Jetzt möchte Frau S. ihre Beziehung zu ihrer Tochter überprüfen, die seit der Scheidung bei ihr lebt.

5. Betrachtungsperiode:	Tochter, 24-26 Jahre	Schwangerschaft, Geburt, 1. Lebensjahr
6. Betrachtungsperiode:	Tochter, 26-28 Jahre	bis zur Scheidung
7. Betrachtungsperiode:	Tochter, 28-30 Jahre	

8. Betrachtungsperiode: Tochter, 30-34 Jahre
9. Betrachtungsperiode: Tochter, 34-38 Jahre

Am folgenden Tag möchte Frau S. die Beziehung zu ihrem Partner betrachten, mit dem sie seit 4 Jahren zusammen ist.

Am 6. Tag:

1. Betrachtungsperiode:	Partner, 32-34 Jahre	ab dem Kennenlernen bis zum Beginn der Partnerschaft
2. Betrachtungsperiode:	Partner, 34-36 Jahre	
3. Betrachtungsperiode:	Partner, 36-38 Jahre	

Frau S. möchte nun ihre Berufssituation näher untersuchen. 2 Jahre nach ihrer Scheidung hat sie begonnen, als Rezeptionistin in einem Hotel zu arbeiten, was sie auch jetzt noch macht. Sie ist damit aber immer wieder unzufrieden und weiß nicht genau, ob sie nicht etwas anderes machen soll. Der Naikan-Leiter schlägt vor, das Thema Arbeit etwas weiter zu fassen. Frau S. sollte Arbeit und Studium ab der Matura untersuchen und erklärt ihr, wie man Naikan mit dem Thema macht. Frau S. ist einverstanden.

4. Betrachtungsperiode:	Arbeit/Studium, 18-22 Jahre	sie bricht das Studium mit 21 J. ab
5. Betrachtungsperiode:	Arbeit, 22-26 Jahre	sie beginnt mit 22 J. als Telefonistin zu arbeiten, was sie bis zu Geburt ihrer Tochter macht
6. Betrachtungsperiode:	Arbeit, 26-30 Jahre	sie ist nicht berufstätig
7. Betrachtungsperiode:	Arbeit, 30-34 Jahre	ab Berufstätigkeit als Rezeptionistin
8. Betrachtungsperiode:	Arbeit, 34-36 Jahre	
9. Betrachtungsperiode:	Arbeit, 36-38 Jahre	

Der Naikan-Leiter schlägt Frau S. als Abschluss des Themas noch eine Übung vor, die zum Inhalt hat, konkrete Ziele für die nächste Zeit für sich zu formulieren. Frau S. erklärt sich bereit, diese Übung am nächsten Tag zu machen.

Am 7. Tag:

1. Betrachtungsperiode: Übung

Zum Schluss und Ausklang der Woche bittet der Naikan-Leiter Frau S., die Naikan-Woche noch einmal zu reflektieren.

2. Betrachtungsperiode: Reflexion über die Naikan-Woche

Die Naikan-Woche schließt mit einem gemeinsamen Mittagessen und einer Schlussrunde.

3. WEITERE FORMEN DES NAIKAN
von Johanna Schuh

Tages-NAIKAN

Die Form des Tages-NAIKAN wurde entwickelt, um jenen Menschen das NAIKAN-Üben zu ermöglichen, die sich aus verschiedenen Gründen keine ganze Woche in einem Stück Zeit nehmen können. Hierbei wird einmal pro Monat ein Tag NAIKAN geübt, wobei sich der NAIKAN-Übende verpflichtet, 10 Mal in Reihenfolge am Tages-NAIKAN teilzunehmen. Nur wenn regelmäßig und 10 Mal in Reihenfolge Tages-NAIKAN geübt wird, kann jener Erfahrungsbereich gewährleistet werden, der normalerweise in einer Woche erreicht wird.

Selbstverständlich können Personen, die bereits ein Wochen-NAIKAN absolviert haben, jederzeit und ohne vorgeschriebene Anzahl am Tages-NAIKAN teilnehmen.

Das Setting gleicht grundsätzlich jenem des Wochen-NAIKAN. Verschiedene Elemente im Ablauf sind für das Tages-NAIKAN jedoch nicht notwendig, wie z.B. Arbeitsmeditation oder Duschzeiten.

Ein typischer Tagesablauf während eines Tages-NAIKANs gestaltet sich wie folgt:

9.00 Uhr:	Beginn, Hinsetzen auf den Übungsplatz
12.00 Uhr:	Mittagessen
17.00 Uhr:	Ende, Verlassen des Übungsplatzes

NAIKAN-Leiter oder NAIKAN-Assistenzleiter kommen beim Tages-NAIKAN alle 60 Minuten zum kurzen NAIKAN-Gespräch. Nach dem Verlassen des Übungsplatzes gibt es in der Regel noch eine kurze Schlussrunde, bei der jeder Teilnehmer – wie am Ende des Wochen-NAIKANs – noch etwas zu seinen Erfahrungen sagen kann, wenn er das möchte.

Natürlich kann untertags ebenso wie beim Wochen-NAIKAN der Übungsplatz verlassen werden, z.B. um sich ein Getränk zu holen, zu rauchen oder aufs WC zu gehen.

Schriftliches NAIKAN

Schriftliches NAIKAN kennt vielerlei Varianten. In Japan beispielsweise arbeitet Prof. Ishii an seiner Universität mit einer Form des schriftlichen NAIKAN. Er bittet seine Studenten am Ende des Studienjahres, über die Sommermonate jeden Tag 2 Monate hindurch täglich NAIKAN zu üben. Die Studenten sollen sich täglich ein wenig Zeit nehmen, 30 Minuten wären ideal, aber auch 5 Minuten täglich sind ausreichend, um mit den 3 NAIKAN-Fragen zu reflektieren. Am ersten Tag sollen sie NAIKAN gegenüber der Mutter machen, als sie selbst 0-7 Jahre alt waren. Am zweiten Tag üben sie NAIKAN gegenüber der Mutter in der Volksschulzeit, und so weiter, bis zur Jetztzeit täglich einen Altersabschnitt. Danach üben sie NAIKAN gegenüber dem Vater. Täglich schreiben sie am Ende ihrer Reflexion wie beim NAIKAN-Gespräch ihre Antworten auf. Die schriftlichen „NAIKAN-Gespräche" geben die Studenten zu Beginn des Schuljahres bei Prof. Ishii ab.

Ein anderes Beispiel für schriftliches NAIKAN in Japan ist der Lehrer Tatsuya Yamada, der in seiner Schulklasse mit seinen 12- bis 15-jährigen Schülern eine Form von schriftlichem NAIKAN praktiziert. Bei dieser Form sind am Morgen 5 Minuten Zeit eingeplant, um mit den 3 NAIKAN-Fragen zu reflektieren und die Antworten in ein dafür vorgesehenes Notizbuch zu schreiben. Auch Herr Yamada übt in dieser Form mit den Schülern NAIKAN und die Schüler können jederzeit Einsicht in das NAIKAN-Notizbuch ihres Klassenvorstandes nehmen.

Schriftliches NAIKAN mit Shiatsu-Kunden

In Österreich arbeitet mein Mitautor Josef Hartl mit schriftlichem NAIKAN in verschiedenen Varianten. Josef Hartl übt außer seiner Tätigkeit als NAIKAN-Leiter auch den Beruf des Shiatsu-Praktikers aus und leitet die Ausbildung für NAIKIDO-Shiatsu-Praktiker. Shiatsu ist eine Methode der Körperarbeit, bei der Finger, Daumen, Handballen, Knie, Füße oder Unterarme eingesetzt werden, um Druck oder Nicht-Druck auf dem menschlichen Körper durchzuführen. Shiatsu kommt ursprünglich aus Japan und basiert auf dem östlichen Medizinverständnis, das versucht, Energieflüsse bzw. deren Blockaden im Körper wahrzunehmen und Ungleichgewicht im Energiesystem auszugleichen.

Bei seinen Shiatsukunden empfiehlt Josef Hartl manchmal schriftliches NAIKAN gegenüber Mutter, Vater, Partner etc., damit in späterer Folge die Kunden auch mit Themen wie etwa Krankheit, Sucht bzw. dem Körper schriftliches NAIKAN ausüben können. Bei der Arbeit mit Themen wird mit den 3 NAIKAN-Fragen ein Thema statt eine Person behandelt. Beispiel:

Fragestellung:
• Was hat mein Körper für mich getan?
• Was habe ich für meinen Körper getan?
• Welche Schwierigkeiten habe ich meinem Körper bereitet?
1.Tag: 0-10 Jahre
2.Tag: 10-14 Jahre
3.Tag: 14-18 Jahre, usw. bis zum jetzigen Alter des Kunden.

Diese Art des schriftlichen NAIKANs machen Kunden in verschiedensten Varianten: täglich 20 Minuten bis 1 Stunde, oder 3x die Woche, oder bei bestimmten Tätigkeiten, die sich aufgrund der Lebensführung der Kunden ergeben. So kann es sein, dass ein Kunde jeden Tag während der Fahrt zur Arbeit 30 Minuten in der Straßenbahn für sich NAIKAN übt, um danach das dabei „Gesehene" anstatt eines NAIKAN-Gesprächs kurz zu notieren. In vorher vereinbarten Zeiträumen wird das schriftliche NAIKAN mit den

Shiatsukunden vor oder nach einer Shiatsusitzung mit Herrn Hartl besprochen. Schriftliches NAIKAN ist nach seinen Aussagen häufig eine echte Hilfestellung für Menschen, die unter psychosomatischen Krankheiten, Hauterkrankungen wie etwa Neurodermitis oder Allergien leiden. Menschen mit derartigen Problemen kommen häufig zu ihm als Shiatsu-Praktiker zum Energiebalancing.

Da Shiatsu-Praktiker in Österreich keine Therapien durchführen dürfen und sich Josef Hartl als NAIKIDO-Shiatsupraktiker nicht als Therapeut sieht, sondern als Dienstleister, bietet schriftliches NAIKAN eine ideale Ergänzung zur Körperarbeit. Außerdem bietet schriftliches NAIKAN die Möglichkeit, eine Art „Eigentherapie" zu machen, die nicht als herkömmliche Psychotherapie angesehen werden kann. Aufgrund der österreichischen Rechtslage darf Herr Hartl auch keine Psychotherapien durchführen. Josef Hartl weist seine Kunden ausdrücklich darauf hin sowie darauf, dass sie schriftliches NAIKAN in voller Eigenverantwortlichkeit durchführen.

Schriftliches NAIKAN in der Ausbildung zum NAIKIDO-Shiatsupraktiker

NAIKIDO-Shiatsu wurde von Josef Hartl als eine eigenständige Shiatsuform entwickelt und bezieht die NAIKAN-Methode in den Ausbildungslehrgang mit ein. Die Grundausbildung umfasst im Zeitraum von 10 bis 12 Monaten zusammengerechnet 30 Tage, aufgeteilt in einen 4-Tagesblock, 6 Wochenenden, 1 Woche und 17 Abende. In der zweiten Hälfte der Grundausbildung wird schriftliches NAIKAN in der Dauer von 72 Tagen als Hausarbeit empfohlen.

Im zweiten Jahr der NAIKIDO-Shiatsuausbildung wird Wochen-NAIKAN und die Reflexion darüber in Form von Besuchen des NAIKAN-Forums, das im NAIKIDO-Zentrum angeboten wird, als fixer Bestandteil des Lehrplans vermittelt. Den Grund für die Einbeziehung der NAIKAN-Methode in die Shiatsuausbildung sieht Josef Hartl vor allem darin, dass die NAIKAN-Methode die Sensibilisierung unterstützt, die Kommunikationsfähigkeit steigert und den Schülern eine Möglichkeit zur äußerst wichtigen Selbstreflexion bietet, was ihren Umgang mit Menschen beim Shiatsu betrifft. Die Selbsteinschätzung und die klare Wahrnehmung des Shiatsukunden mit all seinen Verhaltensmustern auf nonverbaler Ebene sind höchst wichtige Bestandteile des Shiatsupraktizierens und können über NAIKAN sehr direkt erfahren werden.

Und so wird den Teilnehmern der Grundausbildung schriftliches NAIKAN vermittelt:

SCHRIFTLICHES NAIKAN

NAIKAN ist eine Methode, mit der man seine Beziehungen zu anderen Menschen und das eigene Verhalten darin untersucht. Das Wort „NAIKAN" kommt aus dem Japanischen und bedeutet übersetzt „nai" = innen, „kan" = beobachten. In der Regel wird NAIKAN ins Deutsche mit „Innenschau" oder „Innere Beobachtung" übersetzt.

Die klassische NAIKAN-Übung hat die Dauer von einer Woche, in der man durchgehend NAIKAN übt. Es gibt auch die Form des Tages-NAIKAN; bei dieser Form wird 1x im Monat jeweils 1 Tag NAIKAN geübt, und zwar 10 Mal in Reihenfolge. Das NAIKAN wird von einem dazu ausgebildeten NAIKAN-Leiter geleitet. Die Leitung kann auch aus einem NAIKAN-Leiter-Team bestehen, dem meist auch NAIKAN-Assistenzleiter angehören. Assistenzleiter sind noch in Ausbildung und leiten noch nicht selbständig NAIKAN. Es wird auch der Begriff NAIKAN-Begleiter verwendet, und zwar bezeichnet man damit sowohl NAIKAN-Leiter als auch NAIKAN-Assistenzleiter. Die Personen, die NAIKAN praktizieren, nennen wir NAIKAN-Übende oder NAIKAN-Teilnehmer oder NAIKAN-Praktizierende.

Beim schriftlichen NAIKAN übt man NAIKAN selbständig und nicht wie beim Wochen- oder Tages-NAIKAN unter der Begleitung der NAIKAN-Leiter.

Wie übt man NAIKAN?

*Der NAIKAN-Übende betrachtet in Ruhe und von anderen Personen und Reizen nach Möglichkeit abgeschirmt eine Bezugsperson (Mutter, Vater, Geschwister, Partner...) oder ein Thema (Arbeit, Alkohol, Drogen...) in einem bestimmten Zeitabschnitt seines Lebens. Die NAIKAN-Übung beginnt immer mit der Betrachtung der Mutter oder jener Person, die die Mutterrolle übernommen hatte. Es wird chronologisch vorgegangen, so dass als erster Abschnitt jener Zeitraum betrachtet wird, in dem der Übende 0 – 7 Jahre alt war. Der Übende betrachtet **konkrete Ereignisse**, an die er sich erinnern kann, und für die Reflexion eines Zeitabschnittes hat er 60 bis 90 Minuten Zeit. Zuerst versucht sich der NAIKAN-Übende an diese Zeit allgemein zu erinnern: Wo habe ich gewohnt? Wie war mein Zimmer, die Küche? Wo und wie habe ich damals meine Zeit verbracht? Wie waren Weihnachten, Ostern oder andere Festtage?... Dann versucht man sich an die Person zu erinnern, der gegenüber man NAIKAN macht: Wie hat z.B. die Mutter damals ausgesehen? Was hat sie üblicherweise gemacht?... Schließlich versucht man, die Erinnerungen an diese Person – sofern einem etwas einfällt – den **3 NAIKAN-Fragen** zuzuordnen:*

1. **Was hat diese Person (Mutter, Vater, Geschwister, Partner...) in diesem Zeitabschnitt für mich getan?**
2. **Was habe ich in diesem Zeitabschnitt für diese Person getan?**
3. **Welche Schwierigkeiten habe ich dieser Person in diesem Zeitabschnitt bereitet?**

Egal, um welche Person es sich handelt, die 3 NAIKAN-Fragen sind immer gleich. Damit ist auch schon die ganze NAIKAN-Methode erklärt:

- *Man betrachtet eine Person (oder ein Thema), und zwar am Anfang die Mutter (oder die Person, die die Mutterrolle innehatte).*
- *Für eine Betrachtungsperiode nimmt man sich ca. 1 Stunde Zeit.*
- *Während der Betrachtungsperiode betrachtet man einen Zeitabschnitt von ca. 4 Jahren gegenüber der gewählten Person (Thema).*
- *Man beginnt mit der Beziehung zur Mutter in jenem Zeitabschnitt, in dem man selbst*

0-7 Jahre alt war.

- *Man versucht sich an die Zeit zu erinnern und ordnet die Erinnerungen an die Mutter den 3 NAIKAN-Fragen zu.*
- *Man fasst die Erinnerungen zu den 3 NAIKAN-Fragen am Ende der Betrachtungsperiode kurz zusammen. Beim schriftlichen NAIKAN schreibt man zu den 3 Fragen kurz jeweils 1 bis 3 Situationen auf. Beim Wochen-NAIKAN kommt am Ende der Betrachtungsperiode ein NAIKAN-Begleiter, dem man die Erinnerungen zu den 3 Fragen kurz mitteilt.*
- *Man geht weiter in die nächste Betrachtungsperiode – Mutter, 7-11 Jahre – prüft seine Erinnerungen in Bezug auf die 3 NAIKAN-Fragen usw. Man geht chronologisch dem eigenen Lebensalter folgend weiter bis zum heutigen Tag oder bis die Person gestorben ist.*
- *Nach der Beziehung zur Mutter betrachtet man Vater auf dieselbe Weise usw.*

*Wichtig: **NAIKAN bewertet nicht**. Im NAIKAN betrachtet man möglichst ehrlich sein Leben und sein Verhalten. NAIKAN urteilt nicht, ob eine Handlung gut oder schlecht war. Im NAIKAN kann man nur deutlich sehen, wie man sich verhalten hat und welche Wirkungen dieses Verhalten hatte.*

Schriftliches NAIKAN

Bitte übe schriftliches NAIKAN im Zeitraum von mindestens 3 Monaten.

Nimm dir bitte täglich 1 Stunde Zeit, um NAIKAN zu üben. Es ist meist leichter, wenn du eine bestimmte Zeit fixierst, die gut in deinen Tagesablauf passt, z.B. abends vor dem Schlafengehen, oder morgens 1 Stunde früher aufstehen…. Wenn du jeden Tag eine bestimmte Tätigkeit machst, während der du NAIKAN üben kannst, so kannst du es während dieser Tätigkeit tun, z.B. beim Bügeln, beim Geschirr abwaschen, beim Spazierengehen….

Versuch bitte, während des NAIKAN-Übens möglichst ungestört und unabgelenkt zu sein. Das erhöht die Konzentration und hat den Zweck, dass du leichter in die Erinnerung kommst. Es hilft meist, wenn du dir einen bestimmten Platz aussuchst, an dem du dann immer NAIKAN übst.

Du wählst selbst Zeit und Ort, an denen du NAIKAN übst. Bitte versuche, täglich NAIKAN zu üben, auch wenn's manchmal schwierig ist.

Beginne dein NAIKAN am ersten Tag mit der Person der Mutter als du selbst 0-7 Jahre alt warst, also deine Vorschulzeit. Wie man NAIKAN übt, haben wir schon im vorigen Teil erklärt. Bitte versuche dich an diese Zeit zu erinnern und die Erinnerungen in Bezug auf die Mutter den 3 NAIKAN-Fragen zuzuordnen.

Nach dieser Stunde (oder wieviel Zeit du dir eben nehmen kannst) des NAIKAN-Übens schreibe bitte kurz 1 bis 3 Situationen pro NAIKAN-Frage auf. Bitte schreib erst nach der Stunde Reflexion. Wenn du eine Erinnerung sofort aufschreibst, dann ist sie sozusagen vom Kopf auf das Papier gewandert und es ist meist viel schwieriger, diese Situation noch lebendiger, komplexer und vielfältiger zu sehen.

Am nächsten Tag übe bitte NAIKAN gegenüber der Mutter, als du selbst in der Volksschule warst, also 7-11 Jahre alt warst.

Übe NAIKAN bitte gegenüber folgenden Personen bzw. Themen (NAIKAN mit Themen wird im Anschluss erklärt):

1. *Mutter*
2. *Vater*
3. *Wähle selbst: entweder 1 Geschwister oder 1 Großelternteil*
4. *Mutter*
5. *Vater*
6. *Thema*: Partnerschaft*
7. *Thema*: Krankheit*
8. *Thema*: Arbeit / Studium*
9. *Wähle selbst: Geschwister, eigene Kinder, Großeltern, Verwandte*

Bitte teile dir die Abschnitte so ein, dass du pro Person bzw. Thema maximal 9 Abschnitte, also 9 Tage benötigst. Wenn möglich, teile die Abschnitte ab der Schulzeit in 4 Jahre oder kürzer ein. Wenn du älter als 39 Jahre bist, dann geht sich das nicht mit 4 Jahresabschnitten in 9 Tagen aus. In diesem Fall wähle bitte 4-Jahresabschnitte bis zum 23. Lebensjahr, dann unterteile in größere Abschnitte.

Das NAIKAN mit einem Thema:

Das NAIKAN mit einem Thema unterscheidet sich nicht sehr von dem NAIKAN gegenüber einer Person. In der Folge findest Du einige Beispiele, wie Du mit einem Thema arbeiten kannst.

Thema Partnerschaft:
Bitte mache NAIKAN gegenüber all jenen Personen, mit denen du eine Partnerschaft, eine Beziehung eingegangen bist, und zwar ab der ersten Liebesbeziehung, die du hattest. Teile die Zeitabschnitte selbst ein, wieder in maximal 9 Abschnitte.

1. *Was hat der jeweilige Partner für mich gemacht?*
2. *Was habe ich für meinen Partner gemacht?*
3. *Welche Schwierigkeiten habe ich meinem Partner gemacht?*

Thema Krankheit:
Wenn du mit einem Thema arbeitest, dann arbeitest du mit den NAIKAN-Fragen einerseits gegenüber dem Thema an sich (also z.B. Krankheit) und andererseits gegenüber allen Menschen, an die du dich im Zusammenhang mit dem Thema erinnerst (z.B. Krankheit: Ärzte, Krankenschwestern, Familienmitglieder, Arbeitskollegen …).

1. **Was hat die Krankheit für mich getan?**
   z.B. hat mich zur Ruhe gebracht, Aufmerksamkeit von anderen...
   Was haben andere Menschen für mich getan, dadurch, dass ich krank war?

z.B. Mutter hat mich gepflegt, Arbeitskollege hat meine Arbeit übernommen ....
2.   **Was habe ich für die Krankheit getan?**
     z.B. Zeit genommen, um mich auszukurieren, medizinische Fachzeitschriften gelesen ...
     Was habe ich für andere Menschen gemacht, dadurch, dass ich krank war?
     z.B. habe meinem Bettnachbarn im Krankenhaus zugehört, meinem Arzt Honorar bezahlt
     ...
3.   **Welche Schwierigkeiten habe ich anderen Menschen bereitet, dadurch, dass ich krank war?**
     z.B. Geschwister mussten leise sein, weil ich Ruhe brauchte, Mutter musste mich pflegen ...

Thema Arbeit / Studium:
Bei diesem Thema arbeitest du ähnlich wie beim Thema Krankheit: NAIKAN einerseits gegenüber der Arbeit bzw. Studium selbst, andererseits gegenüber allen anderen Menschen, vor allem gegenüber den Kollegen. Du beginnst ab dem Beginn des Studiums bzw. deiner ersten Berufstätigkeit.

1.   Was hat die Arbeit / das Studium für mich getan?
     z.B. Selbstwertgefühl, Geld ...
     Was haben die Kollegen für mich getan?
     z.B. Kollegin hat mich eingearbeitet, Chef hat mich für eine Aufgabe gelobt ...
     Was haben andere Menschen im Zusammenhang mit der Arbeit / dem Studium für mich getan?
     z.B. Eltern haben mein Studium bezahlt, Partner hat sich um das Kind gekümmert ...
2.   Was habe ich für die Arbeit / das Studium getan?
     z.B. Zeit investiert, ich war pünktlich ...
     Was habe ich für die Kollegen getan?
     z.B. Ferialpraktikantin den Büroablauf erklärt, eine Kollegin bei einem Projekt unterstützt ...
     Was habe ich für andere Menschen im Zusammenhang mit der Arbeit / dem Studium getan?
     z.B. einem Freund geholfen, indem ich mein berufliches Know How einsetzte, meiner Familie Lebensunterhalt gesichert ...
3.   Welche Schwierigkeiten habe ich meiner Arbeit / dem Studium bereitet?
     z.B. habe nicht genügend für bestimmte Prüfung gelernt, eine wichtige Besprechung versäumt ...
     Welche Schwierigkeiten habe ich meinen Kollegen bereitet?
     z.B. Kaffee meiner Kollegin getrunken, Information nicht weitergegeben ...
     Welche Schwierigkeiten habe ich anderen Menschen durch die Arbeit / das Studium bereitet?
     z.B. wenig Zeit für Partner, meine Eltern enttäuscht, weil ich mein Studium abgebrochen habe ...

Beispiel für Ablauf des schriftlichen NAIKAN – nur zur Orientierung gedacht:

Ich bin 35 Jahre alt:

1. Tag: Mutter, 0-7 Jahre	25. Tag: Mutter, 0-7 Jahre	49. Tag: Krankheit, 11-15 Jahre
2. Tag: Mutter, 7-11 Jahre	26. Tag: Mutter, 7-11 Jahre	50. Tag: Krankheit, 15-19 Jahre
3. Tag: Mutter, 11-15 Jahre	27. Tag: Mutter, 11-15 Jahre	51. Tag: Krankheit, 19-23 Jahre
4. Tag: Mutter, 15-19 Jahre	28. Tag: Mutter, 15-19 Jahre	52. Tag: Krankheit, 23-27 Jahre
5. Tag: Mutter, 19-23 Jahre	29. Tag: Mutter, 19-23 Jahre	53. Tag: Krankheit, 27-31 Jahre
6. Tag: Mutter, 23-27 Jahre	30. Tag: Mutter, 23-27 Jahre	54. Tag: Krankheit, 31-35 Jahre
7. Tag: Mutter, 27-31 Jahre	31. Tag: Mutter, 27-31 Jahre	55. Tag: Arbeit/Studium, 18-21 Jahre
8. Tag: Mutter, 31-35 Jahre	32. Tag: Mutter, 31-35 Jahre	56. Tag: Arbeit/Studium, 21-24 Jahre
9. Tag: Vater, 0-7 Jahre	33. Tag: Vater, 0-7 Jahre	57. Tag: Arbeit/Studium, 24-27 Jahre
10. Tag: Vater, 7-11 Jahre	34. Tag: Vater, 7-11 Jahre	58. Tag: Arbeit/Studium, 27-30 Jahre
11. Tag: Vater, 11-15 Jahre	35. Tag: Vater, 11-15 Jahre	59. Tag: Arbeit/Studium, 30-33 Jahre
12. Tag: Vater, 15-19 Jahre	36. Tag: Vater, 15-19 Jahre	60. Tag: Arbeit/Studium, 33-35 Jahre
13. Tag: Vater, 19-23 Jahre	37. Tag: Vater, 19-23 Jahre	61. Tag: Großmutter, 0-7 Jahre
14. Tag: Vater, 23-27 Jahre	38. Tag: Vater, 23-27 Jahre	62. Tag: Großmutter, 7-11 Jahre
15. Tag: Vater, 27-31 Jahre	39. Tag: Vater, 27-31 Jahre	63. Tag: Großmutter, 11-15 Jahre
16. Tag: Vater, 31-35 Jahre	40. Tag: Vater, 31-35 Jahre	64. Tag: Großmutter, 15-19 Jahre
17. Tag: Bruder, 4-8 Jahre	41. Tag: Partnerschaft, 16-20 J.	65. Tag: Großmutter, 19-23 Jahre
18. Tag: Bruder, 8-12 Jahre	42. Tag: Partnerschaft, 20-24 J.	66. Tag: Großmutter, 23-26 Jahre (Tod)
19. Tag: Bruder, 12-16 Jahre	43. Tag: Partnerschaft, 24-28 J.	67. Tag: Sohn, 21-24 Jahre
20. Tag: Bruder, 16-20 Jahre	44. Tag: Partnerschaft, 28-31 J.	68. Tag: Sohn, 24-27 Jahre
21. Tag: Bruder, 20-24 Jahre	45. Tag: Partnerschaft, 31-33 J.	69. Tag: Sohn, 27-30 Jahre
22. Tag: Bruder, 24-28 Jahre	46. Tag: Partnerschaft, 33-35 J.	70. Tag: Sohn, 30-32 Jahre
23. Tag: Bruder, 28-32 Jahre	47. Tag: Krankheit, 0-7 Jahre	71. Tag: Sohn, 32-34 Jahre
24. Tag: Bruder, 32-35 Jahre	48. Tag: Krankheit, 7-11 Jahre	72. Tag: Sohn, 34-35 Jahre

Beispiel für schriftliches NAIKAN – nur zur Orientierung gedacht:

1. Tag, 29. September, Mutter, 0-7 Jahre

1. Frage: Mutter hat für mich einen bunten Schal gestrickt. Hat mich zum Kindergarten begleitet, hat mich an der Hand gehalten.
2. Frage: nichts eingefallen.
3. Frage: einmal wollte ich „Wickie" im Fernsehen anschauen, wir sind aber zu Oma gefahren und ich hab im Auto die ganze Zeit wütend geweint.

2. Tag, 30. September, Mutter, 7-11 Jahre

1. Frage: hat mir in der 3. Klasse 5 Schilling in der Woche Taschengeld gegeben.
2. Frage: habe für sie zum Muttertag ein Gedicht in der Schule gelernt und aufgesagt. Habe ihr beim Einkaufen helfen wollen und in einem kleinen Korb Sachen getragen.
3. Frage: wollte abends nicht ins Bett gehen. Habe die Hausübung nicht machen wollen und sie musste deshalb mit mir schimpfen.

Tips für das NAIKAN-Üben:

➤ Konkrete Situationen erinnern! — Nicht: Ich war ein braves Kind. Sondern z.b.: Meine Mutter hat einmal Spinat gekocht (= 1. NAIKAN-Frage) und ich hab ihn gegessen (= 2. NAIKAN-Frage), obwohl ich ihn nicht besonders mochte und gejammert habe (= 3. NAIKAN-Frage). Oder z.b.: Im Kindergarten habe ich einmal meiner Mutter zum Muttertag ein Bild mit Blumen und Schmetterlingen drauf gemalt und es ihr dann geschenkt.

➤ Es geht nicht darum, in der Erinnerung etwas Besonderes zu finden! Es geht um Alltäglichkeiten, um sogenannte Banalitäten.

➤ Am Anfang kommen die Erinnerungen oft nur spärlich. Das macht nichts. Im Laufe der Zeit werden die Erinnerungen immer mehr, unser Gehirn lernt sozusagen erst langsam, sich den Weg zu den Erinnerungen freizuschaufeln. Das ist wie im Regenwald: ein Pfad verwuchert und wird unzugänglich, wenn man ihn lang nicht benutzt; wenn man diesen Pfad aber häufig betritt, dann bleibt er zugänglich.

➤ Wenn du dir einmal keine ganze Stunde für das NAIKAN Zeit nehmen kannst – eine halbe Stunde genügt auch! Und 10 Minuten Beschäftigung mit NAIKAN ist besser als gar nicht zu üben.

➤ Die Zeitabschnitte kannst du dir individuell einteilen. Kürzere Abschnitte sind besser als lange, da die Erinnerung lebendiger werden kann. 4 Jahre sind ein gutes Maß, es können auch 3 oder 2 oder 1 Jahr sein, auch kleinere Abschnitte von einem oder mehreren Monaten sind durchaus möglich.

➤ Es kann sein, dass dir das NAIKAN-Üben manchmal auf die Nerven geht – das ist normal. Wenn das passiert, bitte prüfe dich selbst, womit deine Widerstände zusammenhängen. Hängt es vielleicht mit der Person (Thema) zusammen, das du gerade betrachtest? Oder treten die Widerstände immer in genau diesem Lebensalter auf, das du gerade prüfst? Oder bist du einfach nur müde?... Viele Ursachen sind möglich – versuch sie zu finden und nimm sie einfach zur Kenntnis. Und versuche, weiter NAIKAN zu machen.

➤ Wahrscheinlich fällt dir nicht immer zu allen Fragen eine konkrete Situation ein – mach dir keinen Stress daraus, dann fällt dir eben einmal nichts ein.

➤ Es gibt oft Erinnerungen, die sich nicht zur Gänze einer einzigen NAIKAN-Frage zuordnen lassen – Situationen sind meist sehr komplex. — Zum Beispiel: Die Mutter hat mir einen grünen Pullover gekauft, der mir nicht gefallen hat. Was hat die Mutter für mich gemacht? Sie hat mir diesen Pullover gekauft, weil er warm und nicht teuer war. Welche Schwierigkeiten habe ich ihr bereitet? Ich habe im Geschäft laut gejammert, dass ich ihn fürchterlich finde. — Wenn du eine Situation mit einem Kreis vergleichst, so lässt sich dieser in viele verschiedene Segmente unterteilen; manchmal ist dein Anteil an der Situation groß, manchmal klein.

➤ NAIKAN bewertet nicht. Egal, was du gemacht hast, auch wenn es dir heute unangenehm ist: du hast es gemacht. Du kannst es nachträglich nicht ändern, auch wenn du es gern möchtest. Je deutlicher du dein Verhalten siehst, desto besser sind die

Chancen, dass du es in Zukunft vielleicht anders machen kannst – falls du etwas anders machen willst.

➤ Die erste NAIKAN-Frage heißt: Was hat jemand für mich getan? Sie heißt nicht: Was hat jemand Gutes getan? Wenn z.B. die Mutter mich ausgeschimpft hat, weil ich zu spät nach Hause gekommen bin, so hat sie es für mich gemacht, weil sie sich um meine Gesundheit gesorgt hat. Wenn mein Partner mit mir streitet und mir dabei ehrlich seine Meinung sagt, dann tut er etwas für mich: er teilt mir seine ehrliche Meinung mit.

➤ Die zweite NAIKAN-Frage heißt: Was habe ich für jemand gemacht? Sie heißt nicht: Was habe ich Gutes getan? Wenn ich meinen Partner, der wenig Kontakt zu anderen Menschen hat, zu meinen Freunden und Bekannten mitschleppe, dann tu ich etwas für ihn, weil ich ihn zu mehr Aktivität anregen will. Damit mache ich ihm gleichzeitig eine Schwierigkeit, weil er aus seinen alten Gewohnheiten raus muss. Ob das für ihn gut ist oder nicht, das kann nur er selbst beurteilen. Manchmal sehe ich es auch an seiner Reaktion.

➤ Die dritte NAIKAN-Frage heißt: Welche Schwierigkeiten habe ich bereitet? Sie heißt nicht: Wo habe ich etwas Schlechtes oder Böses getan? Manchmal war ich natürlich absichtlich ein schlimmes Kind, wenn ich zum Beispiel meinem Bruder einen Streich gespielt habe. Manchmal habe ich aber Schwierigkeiten gemacht, obwohl das nicht in meiner Absicht lag: Wenn ich z.B. Bettnässer war, dann habe ich der Mutter Schwierigkeiten gemacht, weil sie jede Nacht meine Bettwäsche wechseln musste. Deshalb bin ich aber kein schlechtes oder böses Kind gewesen.

➤ Wenn du übst, so wirst du dich wahrscheinlich immer wieder davon ablenken lassen. Verwende die 3 NAIKAN-Fragen wie ein Seil, das dich sicher auf dem Berg führt. Wenn deine Gedanken abschweifen, nimm es einfach zur Kenntnis und denk dir z.B.: „Aber ich bin gerade 6-10 Jahre alt und prüfe meine Mutter, zur ersten Frage...“

➤ *Jeder übt so NAIKAN, wie er selbst eben ist. Wenn du eher ein fauler Mensch bist, dann wirst du auch beim NAIKAN faul sein. Wenn du ein ehrgeiziger Mensch bist, dann bist auch ehrgeizig beim NAIKAN-Üben. Es gibt kein richtiges oder falsches NAIKAN-Üben. Jeder übt auf die Weise, die ihm eben möglich ist.*

Wenn Unklarheiten oder Fragen auftauchen: Ein Anruf im NAIKIDO Zentrum genügt, wir helfen gern weiter, wie es uns möglich ist. Auch die Trainer im Shiatsulehrgang sind NAIKAN-Erfahrene und können weiterhelfen.

Telefonisches NAIKAN

In Japan wird von Prof. Ishii und anderen auch die Form des telefonischen NAIKAN praktiziert. Hierbei übt der NAIKAN-Übende zu Hause in seinem Umfeld NAIKAN und der NAIKAN-Leiter ruft in Abständen von 60-90 Minuten an, um per Telefon das NAIKAN-Gespräch zu hören. In der Regel wird diese Form dann praktiziert, wenn die betreffende Person keine Möglichkeit dazu hat, eine der üblichen NAIKAN-Formen zu praktizieren, aber dennoch den starken Wunsch hat, NAIKAN zu üben (z.b. aus einer Krisensituation heraus oder weil es nicht möglich ist, das familiäre Umfeld für die NAIKAN-Übung zu verlassen).

Tägliches NAIKAN

Tägliches NAIKAN kann man als Königsdisziplin des NAIKAN bezeichnen. Es ist wohl die schwierigste Herausforderung, sich tagtäglich die Zeit zu nehmen, um sein Handeln aus der NAIKAN-Perspektive zu betrachten.

Als tägliches NAIKAN bezeichne ich hier jene Formen von NAIKAN, die in den Alltag integriert werden können und die nicht unmittelbar unter der Leitung eines NAIKAN-Leiters stehen. Es gibt verschiedene Arten der täglichen NAIKAN-Praxis, die individuell auch sehr unterschiedlich gestaltet werden können. Die Gestaltungsmöglichkeiten betreffen jedoch nur das äußere Setting, das methodische Vorgehen mittels der 3 NAIKAN-Fragen und die Betrachtung ganz konkreter Situationen ändert sich nicht. Voraussetzung für die tägliche NAIKAN-Praxis ist in der Regel ein absolviertes Wochen-NAIKAN oder Tages-NAIKAN, wo gelernt wurde, mit den NAIKAN-Fragen zu arbeiten.

Beim täglichen NAIKAN bestimmt man einen Zeitpunkt, z.B. 15 oder 30 Minuten am Morgen oder am Abend eines Tages, an dem man NAIKAN übt. Man kann sich eine Bezugsperson wählen und wie beim Wochen- oder Tages-NAIKAN chronologisch mit Hilfe der 3 NAIKAN-Fragen reflektieren. Man kann am Abend auch den aktuellen Tag reflektieren und sich dazu die 3 NAIKAN-Fragen stellen: 1) Was haben heute andere Menschen für mich getan? 2) Was habe ich für andere Menschen heute getan? 3) Welche Schwierigkeiten habe ich heute anderen Menschen bereitet? Man kann es bei der Reflexion belassen oder auch ein NAIKAN-Tagebuch führen, in das man statt des Gesprächs mit dem NAIKAN-Leiter die erinnerten Situationen schreibt. Dies sind nur einige Beispiele für tägliches NAIKAN.

Die Vision des täglichen NAIKAN ist für mich NAIKAN in jedem Augenblick – das heißt, dass ich mir meiner Handlungen bewusst bin und ihre Wirkungen sowohl auf mich als auch auf andere erkenne.

4. KOMBINATIONEN MIT ANDEREN METHODEN – WO DIENTE NAIKAN ALS GEISTIGER NÄHRBODEN?

von Johanna Schuh & Josef Hartl

Es gibt mittlerweile auch Methoden, die man der klassischen NAIKAN-Methode nicht mehr zurechnen kann, die aber in ihrer Entwicklung von der NAIKAN-Methode beeinflusst wurden. In der Folge möchten wir zwei Methoden vorstellen: KODO-NAIKAN und Jujukinkai.

Es ist nicht einfach herauszufiltern, wann man noch von „klassischem NAIKAN" sprechen kann und wann nicht. Im vorigen Punkt 3 „Weitere Formen des NAIKAN" haben wir beispielsweise schriftliches NAIKAN in der Ausbildung zum NAIKIDO-Shiatsupraktiker beschrieben. Da es sich um eine Kombination der Methoden Shiatsu und NAIKAN handelt, könnte man diesen Bereich genauso gut hier zuordnen.

KODO-NAIKAN

Die Form des KODO-NAIKAN wurde von Herrn Tadashi Takahashi entwickelt, einem Unternehmensberater in Tokyo, Japan. „Kodo" bedeutet „Verhalten", also kann man KODO-NAIKAN auch als Verhaltens-NAIKAN übersetzen.

Herr Takahashi entwickelte diese Form vor allem in Hinblick auf die in der Wirtschaft Tätigen, aber KODO-NAIKAN ist für jeden anderen auch machbar und sinnvoll. In Japan haben die Berufstätigen nur

Tadashi Takahashi spricht beim 2. Internationalen NAIKAN-Kongress 1994 in Wien über KODO-NAIKAN.

sehr wenig Jahresurlaub, Menschen in leitenden Positionen in der Wirtschaft ist es noch weniger möglich, Urlaub zu nehmen. NAIKAN in seiner klassischen Form erfordert aber die Dauer von einer Woche, eine Zeitspanne, die leitende Angestellte und Manager kaum investieren können. Das war ein Grund, warum Herr Takahashi eine Möglichkeit suchte, die NAIKAN-Methode im Hinblick auf den zeitlichen Rahmen für die Wirtschaft zu „adaptieren". Der zweite Grund war, dass Menschen in Führungspositionen ihre Kräfte sehr zielorientiert einsetzen. Daher kombinierte er die NAIKAN-Methode mit Coaching sowie anderen begleitenden Elementen.

Der NAIKAN-Leiter Franz Ritter, der KODO-NAIKAN in Österreich anbietet, beschreibt das KODO-NAIKAN so:

« Wie läuft ein KODO-NAIKAN-Prozess ab?

Inhalt des Trainings
Das japanische Wort KODO heißt „Verhalten".
und das zweite Wort NAIKAN „Inneres Beobachten".
Das Training im KODO-NAIKAN geht also darum, das eigene Verhalten „von innen her" wahrzunehmen und selbst objektiv die Auswirkungen dieses Verhaltens zu prüfen.
Der Klient wird im Coaching-Prozess dabei begleitet und trainiert, einen eigenen

inneren Beobachter zu etablieren, der selbständig das eigene Verhalten beurteilt und im Idealfall auf künftige Auswirkungen hin überprüft. Trübende Elemente wie Ängste, übersteigerte Erwartungen, Ehrgeiz, Selbstüberschätzung oder Minderwertigkeitsgefühle werden aufgespürt und als Entscheidungskriterien neutralisiert. Die Führungskraft lernt, objektiv einzuschätzen und zu entscheiden.

Das klingt sehr einfach. Aber wer einmal versucht hat, sich selbst nur eine Minute lang ohne Kommentar und Selbstbeurteilung aus dem eigenen Denken heraus „rein" zu beobachten, wird wissen, dass dies eine der schwierigsten Aufgaben ist, die es gibt.

Doch in dieser objektiven Selbstbeobachtung steckt ein gewaltiges Potential an Kraft und Selbstverwirklichung. Diese Kräfte werden in der östlichen Psychologie seit Jahrtausenden kultiviert und genutzt. Sie sind jedoch kein Kultur- sondern ein Menschheitserbe, das jedem von uns zur Verfügung steht. Mit dem KODO-NAIKAN-Prozess steht nun ein effektives, erprobtes und sicheres Mittel zur Nutzung dieser Potentiale zur Verfügung.

Zeitablauf des KODO-NAIKAN-Prozesses:

Der KODO-NAIKAN-Prozess dauert zwölf Monate. Dieser Zeitraum ist lange genug, um Verhaltensänderungen nachhaltig zu etablieren. Eine weiterführende Betreuung in besonders schwierigen Firmensituationen ist natürlich möglich.

In diesen zwölf Monaten absolviert der KODO-Teilnehmer drei 3-Tage-Seminare, das erste am Beginn des Prozesses, das zweite nach 6 und das dritte als Abschluss nach zwölf Monaten.

In der Zeit zwischen des Seminaren findet mindestens einmal monatlich ein Treffen mit dem persönlichen KODO-NAIKAN-Coach statt, der den Klienten während der ganzen zwölf Monate begleitet. Inhalt, Ort und Dauer dieser Treffen sind Teil einer persönlichen Vereinbarung zwischen Klient, Unternehmung und Coach.

Inhalt des KODO-NAIKAN-Prozesses:

Seminar 1: Initiation des Prozesses

Monat	1	2	3	4	5	6	7	8	9	10	11	12
Aktivität	Seminar	Coaching	Coaching	Coaching	Coaching	Coaching	Seminar	Coaching	Coaching	Coaching	Coaching	Seminar

Im ersten Seminar geht es darum, die grundsätzliche Situation des Klienten zu überprüfen und den Veränderungsprozess zu starten.

Der Teilnehmer überprüft in Stille und Abgeschiedenheit sein Verhalten gegenüber wesentlichen Bezugspersonen seines Lebens. Dafür bereitet er sich bereits vor dem Seminar vor, indem er ein persönliches Genogramm, eine Aufzeichnung seiner wichtigsten Lebensstationen, erarbeitet. Darüber hinaus überprüft der Klient aber auch sein Verhalten gegenüber seinem eigenen Körper und seinem geistig-seelischen Bereich (Mind).

Mind-Management

Aus den Erkenntnissen des Seminars entwickelt der Teilnehmer einen KODO-Plan für sein Leben. Der KODO-Plan ist die Grundlage für ein effektives Mind-Management. Darin legt er fest, welches Verhalten er forcieren und welches er abbauen möchte.

Wie im Golf wird das eigene Verhalten mit einem Handicap bewertet. Die permanente Verbesserung dieses Handicaps ist das Ziel des Prozesses und macht zugleich die Verbesserung augenscheinlich.

Coachingphase 1 – Veränderung der Muster

Monat	1	2	3	4	5	6	7	8	9	10	11	12
Aktivität	Seminar	Coaching	Coaching	Coaching	Coaching	Coaching	Seminar	Coaching	Coaching	Coaching	Coaching	Seminar

Die Erfahrungen mit der Umsetzung dieses KODO-Plans bilden den Inhalt der Coachingarbeit. Der Coach entwickelt gemeinsam mit dem Klienten Strategien und Umsetzungsmuster, um das Verhalten im gewünschten Sinne zu verändern. Die Coachingleistung wird damit evaluierbar – die Kunst des Coaches zeigt sich im gemeinsamen Erreichen der gesteckten Ziele.

Seminar 2 – Zwischenbilanz und Vertiefung des Prozesses

Monat	1	2	3	4	5	6	7	8	9	10	11	12
Aktivität	Seminar	Coaching	Coaching	Coaching	Coaching	Coaching	Seminar	Coaching	Coaching	Coaching	Coaching	Seminar

Im zweiten Seminar wird einerseits das bisherige Verhalten überprüft, vor allem in Bezug auf die bereits erarbeiteten Bereiche. Im zweiten Schritt werden neue Bereiche einer intensiven Überprüfung unterzogen und in den KODO-Plan aufgenommen.

Aus diesem Seminar zieht der Klient die Kraft, sich noch intensiver mit dem Prozess der Veränderung zu identifizieren, weil er plastisch erkennt, wo, wie und warum er erfolgreich war und welche Auswirkungen dies auf sein Leben und auf den Erfolg des Unternehmens hatte.

Der bisherige KODO-Plan wird – wenn notwendig und erwünscht – modifiziert und erweitert.

Coachingphase 2 – die Feinarbeit

Monat	1	2	3	4	5	6	7	8	9	10	11	12
Aktivi-tät	Seminar	Coaching	Coaching	Coaching	Coaching	Coaching	Seminar	Coaching	Coaching	Coaching	Coaching	Seminar

In der zweiten Coachingphase wenden wir uns mit der Arbeit dem Feinschliff des persönlichen Verhaltens zu. Zugleich werden die Perspektiven für die Zukunft mehr in den Vordergrund gerückt, um der gesamten Arbeit einen weiterführenden Rahmen zu geben. Die Umsetzung des modifizierten KODO-Planes macht die Arbeit weiterhin effizient und evaluierbar.

Seminar 3 – Abschluss und Ausblick

Monat	1	2	3	4	5	6	7	8	9	10	11	12
Aktivi-tät	Seminar	Coaching	Coaching	Coaching	Coaching	Coaching	Seminar	Coaching	Coaching	Coaching	Coaching	Seminar

In diesem abschließenden Seminar werden noch einmal die Veränderungen der vergangenen Monate genau und objektiv untersucht und damit das neue Verhalten durch Einsicht verfestigt.

Für den KODO-Plan wird eine Mittel- und Langfrist-Perspektive entwickelt und dessen Umsetzung in die Eigenverantwortlichkeit des Klienten übertragen.

Folgenden Fragebogen bekommen KODO-NAIKAN-Teilnehmer bereits vor dem ersten Seminar zugeschickt:

„Wir bitten Sie, vor der Teilnahme am KODO-NAIKAN diese vorbereitende Übung daheim durchzuführen und zum Seminar mitzubringen.

Lieber Herr/Frau
Wie geht es Ihnen? Bald werden Sie an KODO-NAIKAN teilnehmen. Der Kern des Prozesses ist das Intensiv-KODO-NAIKAN, das drei Tage (incl. 2 Übernachtungen) dauert. Um jedoch den Erfolg des Seminars sicherzustellen, gibt es zwei ergänzende Übungen:

- *Ein Vorlauf-Programm, um gut vorbereitet in das Seminar einzusteigen,*
- *Ein 12monatiges Folge-Programm, um das Erreichte nachhaltig zu etablieren.*

Zuerst möchte ich Ihnen zu den Aufgaben noch folgendes mitteilen: Die vorbereitende

Übung spielt für das KODO-NAIKAN eine wichtige Rolle, weil Sie sich daheim genügend Zeit nehmen können, um die Grundlage für das Seminar zu schaffen. Natürlich haben Sie viel zu tun und vor dem Seminar selbst wird sich vielleicht noch einiges anstauen, aber ich bitte Sie, das folgende Genogramm auszufüllen und danach einmal zu kopieren. Erinnern Sie sich bitte dabei langsam an die Erlebnisse, die Sie mit der jeweiligen Person gehabt haben.

Bitte schicken Sie eine Kopie der Tabelle vor Beginn des Seminars an den Seminarleiter.

1. *Der Inhalt der Aufgabe: Bitte füllen Sie das folgende Genogramm mit dem Thema: „Die Menschen, die mit Ihnen zusammen lebten." aus.*

2. *Tipps:*
   - *Untersuchen Sie bitte die genauen Fakten*
   - *Schreiben Sie bitte einen möglichst konkreten Lebenslauf*
   - *Schreiben Sie bitte nicht mehr als drei Seiten*

3. *Das Genogramm wird am Anfang des KODO-NAIKANs dafür verwendet, dass Sie die Theorie der ausgezeichneten NAIKAN-Struktur – warum man sich durch NAIKAN selbst erkennen kann – mit Hilfe Ihrer konkreten Fakten wirklich verstehen können.*

4. *Das Genogramm benutzt jeder Teilnehmer selbst beim sogenannten Individual-NAIKAN. Außerdem möchten wir das Genogramm bei jenen Besprechungen benutzen, in denen wir festlegen, wem gegenüber Sie weiter NAIKAN machen.*

Anlage:
Genogramm

Name:		Ich:		Person 1:		Person 2:	
Jahr	Alter	Ort	Lebenslauf	Alter	Lebenslauf	Alter	Lebenslauf

Genogramm: Die Menschen, die mit mir zusammen lebten

Hinweise für das Ausfüllen des Genogramms

Anfang:
Im Prozess des Ausfüllens des Genogramms können Sie Ihr ganzes Leben allmählich so klar sehen, als ob Sie vom Himmel herunter sehen würden. Wenn Sie die Menschen, zu denen Sie von Ihrer Geburt an engen Kontakt hatten, nacheinander eintragen, dann bemerken Sie, dass die Person, die Sie heute sind, durch die Beziehung zu vielen Menschen gestaltet worden ist. Das KODO-NAIKAN fängt zuerst damit an, diese Fakten objektiv ohne Gefühl zu reflektieren und ein erneuertes Bewusstsein zu bekommen.

Spalte „Name und Beziehung."
Tragen Sie bitte den Namen Ihrer Familie neben Ihrem Namen ein, dann den Namen einer Person außerhalb Ihrer Familie. Zur Familie gehört Mutter, Vater, Ehepartner, Großvater, Großmutter, Kind(er), Geschwister usw. Wenn Sie noch eine Stiefmutter oder einen Stiefvater haben, die/der Sie erzogen hat, dann machen Sie bitte für jede Person eine neue Spalte.

Spalte „Alter."
Mein Alter:
Schreiben Sie bitte ganz oben in der Spalte für das Alter eine Null.
Dann schreiben Sie bitte für jedes Jahr Ihres Lebensalters eine separate Zeile.

Alter der Eltern:
Fangen Sie bitte mit dem Alter an, als Sie geboren wurden: Wie alt waren da Ihr Vater und Ihre Mutter? Schreiben Sie bitte das Alter bis jetzt oder bis zu ihrem eventuellen Tod.

Alter des Ehepartners:
Fangen Sie bitte mit dem Alter an, in dem Sie sich kennengelernt haben und kennzeichnen Sie den Zeitpunkt, in dem Sie zusammengezogen oder (wenn unterschiedlich) geheiratet haben.

Alter der Großeltern:
Analog zu Ihren Eltern.

Alter der Kinder:
Tragen Sie bitte eine Null neben Ihrem Alter ein, in dem das Kind geboren ist.

Alter der Geschwister:
Fangen Sie bitte mit dem Jahr an, in dem Sie geboren wurden.

> bei älteren Geschwistern – wie bei den Eltern
> bei jüngeren Geschwistern – wie bei Kindern

<u>Spalte „Ort"</u>
TeilnehmerIn selbst:
Ortsname und Situation (z.B. Wien, Linz + z.B. bei den Eltern, mit dem Freund, der Freundin)

Person (z.B. Mutter/Vater)
Markieren Sie bitte den Zeitraum in der Spalte für das Alter, in dem die Person mit Ihnen zusammengelebt hat. Benutzen Sie Farben zur besseren Übersicht.

<u>Spalte „Lebenslauf"</u>
Tragen Sie bitte die Geschehnisse möglichst konkret ein:
z.b. Geburt, Tod, Ausbildung, Vermählung, Scheidung, Beruf: Karriereschritt (Name der Firma, Position) Gründung der Firma, Krankheit usw. Falls sich die Situation nicht geändert hat, markieren Sie bitte trotzdem jedes Jahr mit einem heruntergezogenen Pfeil.

<u>Ausfüllen der Personen, die außerhalb Ihrer Familie mit Ihnen in einer Beziehung standen:</u>

1. Tragen Sie bitte die Namen von mindestens zwei Personen, die auf Sie einen guten oder schlechten Einfluss gehabt haben und die einige Zeit mit Ihnen in Kontakt standen, in Ihre Liste ein. Beispielsweise Ihr Lehrer, Ihr Meister, Ihr geistiger Führer, Freunde, Kollegen, usw. Tragen Sie bitte das Alter der Personen neben Ihrem Lebenslauf ein. Wenn Sie das Alter nicht wissen, schreiben Sie bitte ein Fragezeichen. In der Lebenslaufspalte notieren Sie bitte kurz die Situation/Beziehung.

2. Tragen Sie bitte außerdem mindestens zwei Personen oder eine Gruppe ein, die mit Ihnen beruflich oder gesellschaftlich enge Beziehungen gehabt haben. Beispielsweise Ihr Vorgesetzter, Ihr Untergebener, Kollege, Kunde, Patient usw.

Wenn Sie die Erlebnisse noch detaillierter aufschreiben möchten, benutzen Sie bitte einen separaten Zettel und heften Sie ihn an das Genogramm.»

JUJUKINKAI

Jujukinkai ist die Sanghe (Reue)-Methode im Senkobo-Buddhismus, bei deren Entwicklung NAIKAN einen Einfluss hatte. Jujukinkai sowie der Senkobo-Buddhismus wurden vom japanischen Zen-Meister und Jôdo-Shin-Priester Reiunken Shue Usami entwickelt. NAIKAN übte er 1970 bei Ishin Yoshimoto-Sensei.

Die Vorgeschichte:

Shue Usami war zu dieser Zeit 40 Jahre alt und ein „verzweifelter" Suchender nach

Erleuchtung. In einem Tempel in Westjapan (Senkobo) aufgewachsen, erlebte er schon im Alter von fünf Jahren den plötzlichen Tod eines Jungen (Spielkameraden) und erfuhr so tief in seinem Herzen Mujô (die Vergänglichkeit alles Seienden).

Mit neun Jahren wurde er Mönch im Familientempel von Senkobo. Ab diesem Zeitpunkt hörte er Lehrreden, übte das Nembutsu (16) und studierte den Buddhismus in Büchern und Schriften. Doch er war nicht zufrieden damit und begann im Alter von neunzehn Jahren mit einer Zen-Praxis (17) der Sôtô-Richtung bei Mikawa Kyûryô Roshi (18).

Zwischenzeitlich übernahm er die spirituelle Leitung des Familientempels von Senkobo als 23. Nachfolger in seiner Familie. Der Tempel von Senkobo wurde von einem Samurai namens Minonokami Usami um 1480 begründet. Dieser Samurai legte, nachdem er durch ein Erlebnis im Krieg Mujô – die Vergänglichkeit alles Seienden – erlebt hatte, seine Waffen nieder, um nach Erleuchtung zu streben und

Reiunken Shue Usami im Dokusan-Zimmer in Tatsutayama Senkobo.

diesen „Zustand" im Leben zu verwirklichen. Minonokami Usami begründete so eine einzigartige Tradition des tiefen unaufhörlichen „Übens" und Verwirklichens des Zustandes, der im Buddhismus als Erleuchtung (Satori) oder Vollkommen Erwachter Geist bezeichnet wird. Das „Üben" umfasste die Praxis des Zazen und der Nembutsu-Übung.

Als 1970 der Shinpriester Reiunken Shue Usami in seinem 40. Lebensjahr zu Ishin Yoshimoto-Sensei kam, um NAIKAN zu praktizieren, hatte er schon einen langen Übungsweg hinter sich. Mit neun Jahren war er ein kleiner Nembutsu rezitierender Mönch, der zehn Jahre später mit einer Sôtô-Zen-Praxis begann, die er bis zu seinem 35. Lebensjahr intensiv betrieb. In diesem Alter begann er bei Kôno Sôkan Roshi (einem Freund von Suzuki Daisetsu Taitaro) mit Koan-Praxis (19). Er begann, mit dem Koan „Mu" – dem ersten Koan aus dem Mumonkan – intensiv zu üben und machte nach sechs Monaten die Erfahrung von Kenshô (jap. wörtl.: „Wesensschau"; erste Erleuchtungserfahrung bzw. tiefe Versenkungsstufe, die auch als „kleine Erleuchtung" bezeichnet wird).

Obwohl er Kenshô erfahren hatte, übte Usami Shue bis zu seinem 39. Lebensjahr weiter mit dem Koan „Mu". Danach ging er weiter zur Zen-Übung zu Hazama Sôgi Roshi, Yasutani Hakuun Roshi, Yamada Kôun Roshi und Shimizu Myôun Roshi. Etwa in der Zeitspanne, da er bei Hazama Sôgi Roshi übte, ging Usami Shue, der bis zur „kleinen Erleuchtung" Kenshô vorgedrungen war, zu Yoshimoto Ishin Sensei, um NAIKAN zu üben.

Er war in einem total „angespannten" Zustand, ein Suchender vor dem absoluten Durchbruch zum vollen Erwachen des Geistes. Mit ganzer Kraft übte er NAIKAN und erkannte die tiefe spirituelle Kraft dieser Methode.

Ishin Yoshimoto-Sensei soll gesagt haben: „Auf diesen Mann habe ich mein ganzes Leben lang gewartet." Dies sagte er sicher nicht wegen der Außergewöhnlichkeit des Shue Usami. Vielleicht auch wegen dieser, aber mehr noch, weil Shue Usami als wirklich Suchender, der bei den größten Zen-Lehrern der Gegenwart übte, nun zu ihm und somit zum NAIKAN kam. Hier erhoffte sich einer, der schon sehr „weit" in seiner Entwicklung war, eine Hilfe von NAIKAN und bezeugte somit dieser Methode eine hohe Qualität. Außerdem war Shue Usami ein Vertreter der buddhistischen Shin-Schule, somit wurden Ishin Yoshimoto Sensei und sein „Kind", die NAIKAN-Methode, erstmals von der offiziellen buddhistischen „Amtskirche" „bestätigt". Das freute Yoshimoto-Sensei natürlich.

Man erinnere sich an die Entstehung der NAIKAN-Methode. Yoshimoto-Sensei hatte seine Erfahrungen aus einer von den offiziellen Shin-Schulen nicht akzeptierten, zu radikal befundenen Übung, eben der Mishirabe-Übung. Diese Erfahrungen transformierte er in eine Methode, die wir heute als NAIKAN kennen. Mit dem Üben des Shin-Priesters und Zen-Lehrers Shue Usami erhielt Ishin Yoshimoto Bestätigung und Anerkennung von seiten des spirituellen Japans.

Das Ergebnis aus dem NAIKAN des Shue Usami:

Shue Usami führte das NAIKAN bei sich im Tempel als Methode zur „spirituellen Reinigung" ein. NAIKAN als Methode der Sanghe, der Reue, wurde in Senkobo ab diesem Zeitpunkt intensiv als Mittel zur Klärung des Geistes durchgeführt, jedoch in leicht abgewandelter Form. NAIKAN wurde der Zen-Tradition und der Shin-buddhistischen Tempeltradition angepasst.

Die NAIKAN-Teilnehmer in Senkobo übten meist mit verbundenen Augen und mit dem Rücken frei in den Raum sitzend, und nicht wie in der klassischen NAIKAN-Form hinter Paravents ohne vorgeschriebene Haltung.

Die Gespräche zwischen den einzelnen Übungsperioden wurden nicht auf dem Übungsplatz durchgeführt. Die NAIKAN-Übenden in Senkobo gingen so wie beim Zen zu einem Dokusan (jap., wörtl.: „allein zu einem Höheren gehen", Begegnung eines Zen-Schülers mit seinem Meister in der Zurückgezogenheit von dessen Raum) zum NAIKAN-Leiter, um das Geprüfte der jeweiligen Zeitperiode mitzuteilen. Auch wurde die dritte Frage (welche Schwierigkeiten habe ich der Person bereitet?) mehr betont.

Die Übenden haben beim NAIKAN in Senkobo gemeinsam gegessen und nahmen am Morgen und am Abend meist bei den Tempelzeremonien (Nembutsu-Rezitation und Sutren-Lesen) teil. Die Übenden hatten auch die Möglichkeit, mit verbundenen Augen im Freien sitzend NAIKAN zu üben. Dies wurde auch bisweilen in Zazen-Haltung durchgeführt.

In Senkobo war also nicht das klassische NAIKAN-Setting vorhanden, im Inhaltlichen jedoch wurde gleich wie in anderen NAIKAN-Zentren gearbeitet. Meines Wissens war Senkobo der erste Ort nach dem Yoshimoto-Zentrum in Nara, an dem mit NAIKAN als klar deklarierter Methode gearbeitet wurde, wenngleich nicht die im Yoshimoto-Zentrum entwickelte klassische Form Anwendung fand. Was mir noch wichtiger erscheint ist, dass im Yoshimoto-Zentrum „nur" NAIKAN durchgeführt wurde, in Senkobo jedoch der Buddhismus immer seinen Stellenwert behielt, auch was die äußere Form angeht.

Das Ergebnis aus dem Ergebnis:

Nachdem Shue Usami ab 1970 diese Form in seinem Tempel eingeführt hatte, übte er natürlich seine Zen-Praxis weiter aus. Sein persönliches NAIKAN und die Erfahrungen als NAIKAN-Leiter führten dazu, dass er 1980 im August bei Yamada Kôun Roshi alle Prozesse beendet hatte, also alle Kôan gelöst hatte. 1988 im September bekam er von Yamada Kôun Roshi, seinem älteren Lehrbruder bei Yasutani Hakuun Roshi, den Roshi-Namen (Name für einen Zen-Meister und somit die letzte Bestätigung) Reiunken. Aus dem Shin-Priester und NAIKAN-Leiter wurde ein Zen-Meister in Sôtô- und Rinzai-Richtung, der aber an keine Richtung bzw. Schule gebunden ist. Dies unter Zuhilfenahme der NAIKAN-Methode auf einem zutiefst spirituell ausgerichteten Praxisweg.

1986, nachdem er alle Prozesse im Zen abgeschlossen hatte und 16 Jahre lang NAIKAN in der Senkobo-Form geleitet hatte, entwickelte Usami Roshi eine „neue" Methode mit dem Namen JUJUKINKAI. Diese Methode ist Ergebnis und Essenz seiner langjährigen Zen-Praxis und seiner Erfahrungen als NAIKAN-Übender und –Leiter.

Man sagte mir einmal, Yoshimoto-Sensei hätte jeden seiner Teilnehmer am NAIKAN zum Schluss gefragt, ob sie etwas wüssten, wie man die NAIKAN-Methode verbessern könnte. Sie sollten darüber nachdenken und reflektieren und sobald sie etwas fänden, sollten sie es ihm mitteilen.

Nun, Usami Roshi teilt indirekt mit der Entwicklung der Jujukinkai-Methode etwas mit. Aber es war sicher nicht sein Anliegen, Yoshimoto-Sensei zu verbessern. Meines Wissens sieht er die NAIKAN-Methode als ein in sich perfektes Mittel zur geistigen Reinigung. Vor allem weil NAIKAN eine Methode absolut unabhängig vom Buddhismus ist. Vielen Menschen wäre der Zugang zum NAIKAN versperrt, wenn sie „buddhistisch" wäre – das ist nun einmal die absolute Stärke der Methode.

Beim Jujukinkai kommt man unweigerlich mit dem Buddhismus in Berührung, wenn-gleich man deswegen sicher kein Buddhist werden soll oder muss. Usami Roshi teilte mir einmal seine Ansicht über die NAIKAN-Methode folgendermaßen mit: NAIKAN ist eine Sanghe (Reue)-Methode, mit der ein Mensch grundsätzlich die Möglichkeit hat, einen Zustand in sich zu verwirklichen, der im Buddhismus mit Satori, Erleuchtung bezeichnet wird. Jedoch nur wenige schaffen dies mit dieser Methode allein – obwohl es grundsätzlich möglich ist. Normalerweise gehen die „durchschnittlichen" Menschen 80% des Weges mit NAIKAN, für die letzten 20% brauchen sie häufig andere Mittel.

Darin liegt auch der Grund für die Entwicklung der Jujukinkai-Methode. Jujukinkai ist also keine Verbesserung der NAIKAN-Methode, sondern eine „Erleichterung" des Weges zum Vollkommen erwachten Geist, zur Erleuchtung.

Was heißt Jujukinkai?

Wenn wir das Lexikon befragen, finden wir folgendes:

„Jûjûkai, auch Jûjûkinkai, jap. wörtl.: 'die Zehn Hauptgebote'; die Zehn Hauptgebote des Mahâyâna-Buddhismus, von denen es eine exoterische und eine esoterische Form gibt: I. In ihrer exoterischen Form verbieten die Jûjûkai: 1. Leben zu nehmen; 2. Diebstahl; 3. Unkeuschheit; 4. Lügen; 5. Alkohol zu verkaufen oder zu kaufen (d.h. andere zum Trinken zu veranlassen oder selbst zu trinken); 6. über schlechte Taten anderer zu sprechen; 7. sich selbst zu loben und andere zu verunglimpfen; 8. geistige oder materielle Hilfe widerwillig zu geben; 9. Ärger; 10. die Drei Kostbarkeiten (Skrt. Triratna, Sambô) zu lästern. Diese Gebote sind, mit Ausnahme des Keuschheitsgebots, für Mönche und Laien die gleichen.

Das Halten der Gebote ist nicht allein aus ethischen Gründen wichtig. Die Gebote sind die Grundlage einer spirituellen Praxis, da man auf dem Weg geistiger Schulung nicht fortschreiten kann, wenn Herz und Geist nicht frei von der inneren Unruhe sind, die ein gedankenloser, gegen diese Gebote verstoßender Lebenswandel mit sich bringt. Ungeachtet ihrer Entschlusskraft sind jedoch nur wenige Novizen imstande, ein jedes Gebot hochzuhalten, und so sind Übertretungen in diesem oder jenem Ausmaß unvermeidlich. Solche Übertretungen hindern jedoch nicht daran, den Weg zur Erleuchtung zu beschreiten – vorausgesetzt, dass man sie eingesteht, wahrhaft bereut und sich anstrengt, in Zukunft den Geboten gemäß zu leben. Mit dem Fortschreiten auf dem Weg und durch zunehmende Kraft, Reinheit und Einsicht durch die meditative Praxis (Zazen) werden es weniger Übertretungen. Was jedoch nach buddhist. Verständnis dauernden Schaden anrichtet, sich gar verhängnisvoll auf das geistig-seelische Fortschreiten auswirkt, das ist der Verlust des Glaubens an Buddha, an die Wahrheit, die er durch das Erlebnis seiner Vollkommenen Erleuchtung enthüllte (Dharma), und an die bekräftigenden Worte der Patriarchen (Sangha). In diesem Fall, so heißt es, ist Vollkommene Erleuchtung und damit die Ausrottung der tiefsten Wurzel des Bösen, nämlich der Unwissenheit (Avidya) und Verblendung, unmöglich. [...]" (10)

Soweit zum Begriff Jujukinkai. Was aber versteht man im Senkobo-Buddhismus unter der Praxis-Methode Jujukinkai?

Reiunken Shue Usami verarbeitete seine eigenen Erfahrungen, ähnlich wie Yoshimoto-Sensei, zu einer Methode – allerdings im buddhistischen Kontext. Anstelle der drei Fragen, die im NAIKAN Anwendung finden, gibt es beim Jujukinkai ein Thema. Anstelle der Überprüfung des eigenen Handelns und Seins gegenüber einer Person, wie das im NAIKAN der Fall ist, betrachtet und untersucht man beim Jujukinkai seine Art zu tun und zu sein gegenüber allen „nahen" und „fernen" Personen und allen Wesenheiten.

Die praktische Jujukinkai-Übung sieht so aus:
Jeder Praktizierende erhält für die Dauer von sieben Tagen (wenn er will auch länger) einen Übungsplatz zugewiesen, auf dem er nachts auch schläft (Futon-Matratzen werden dann ausgerollt). Der Übende bekommt eine grundlegende Einführung in das Arbeiten mit den Themen. Die Themen sind die zehn Hauptgebote des Buddhismus, wie sie oben in der Lexikon-Beschreibung angeführt sind. Es wird mit dem Begriff des Tötens begonnen, wobei Töten vielerlei Aspekte beinhaltet.

Erstes Thema: Verbot zu töten:

1. Man darf nicht das Leben anderer Lebewesen nehmen.
2. Überlegen Sie, was für ein Töten Sie gemacht haben.
3. Man kann auch töten, ohne dass ein Messer oder eine Pistole benützt wird. Etwa die Atmosphäre in der Familie stören. Oder indem man Alkohol trinkt und raucht.
4. Das Misshandeln von Tieren.
5. Nicht Achten und Entwürdigen des anderen Geschlechts.
6. Bei Abstimmungen tötet man die Meinung der Minorität, wenn man zur Majorität gehört.
7. Prüfen Sie die Aspekte des Tötens gegenüber allen Familienmitgliedern.
8. Töten in seinem Verhalten gegenüber den Gegenständen.
9. Grob einen Bleistift spitzen. Elektrizität oder Wasser verschwenden.
10. Zeit und Räume töten. Etwa über das Türenschlagen oder die Trödelei, um Zeit für Wesentliches zu verschwenden.
11. Töten gegenüber der Entwicklung der eigenen Persönlichkeit.
12. In einer egoistischen „Haben-wollen-Haltung" töten wir immer. Etwa im Sinne der Selbstüberheblichkeit. Wenn man seine wahren Gefühle nicht zeigt, also seelisch nicht aufrichtig ist, tötet man immer.
13. Prüfen der Aspekte des Tötens, die mit dem Herz, dem Wort und dem Verhalten durchgeführt bzw. ausgelebt werden.
14. Jedes Töten hat unendlichen Einfluss und Folgen räumlich und zeitlich. Prüfen und meditieren Sie darüber.
15. Der Mensch tötet nur dann nicht mehr, wenn er zu Buddha wird, also Satori verwirklicht. Die Menschen töten immer, in Ruhe und Bewegung.
16. Töten in der subjektiven (gedanklichen, inneren Gefühlswelt) Welt ist auch ein Töten.
17. Die subjektive und die objektive (alles, was außen ist) Welt sind eigentlich eins.

Folgende Anweisungen für die Übung werden gegeben:
Dies ist der erste Punkt von Jujukinkai. Überprüfen Sie Ihre Erinnerungen anhand Ihres Lebens, das sie tatsächlich gelebt haben, konkret und den Tatsachen entsprechend. Nehmen Sie die angeführten Aspekte als Hilfsmittel und prüfen Sie bitte selbst – Sie können noch andere Aspekte des Tötens durchgeführt haben und entdecken.

寺に入ったら、一切口をきいてはならない。面接の指示から食事まで、すべてドラや鈴などで知らされる。

②食に感謝する経を唱和
③経行(きんひん)
④面接
⑤内観風景
⑥「父母恩重経」の唱和

Diese Aufnahmen stammen aus dem Tempel von Reiunken Shue Usami in Senkobo, Japan.
1: Frau Usami schlägt den Gong, um die Übenden zum Essen zu rufen.
2: Vor dem Essen wird gemeinsam ein Sutra gelesen.
3: Kinhin (Gehmeditation)

4: Ein Jujukinkai-Übender verbeugt sich vor Usami Roshi vor dem Dokusan (Einzelgespräch).
5: Teilnehmer bei ihrer Jujukinkai-Übung.
6: Zeremonie und Nembutsu-Rezitation im Tempel von Senkobo.

Tagesablauf beim Jujukinkai:

4.45 Uhr	Wecken
4.45-5.00 Uhr	Morgentoilette
5.00-6.30 Uhr	Zazen, Kinhin (19) und Nembutsu
7.00 Uhr	1. Gespräch
8.00 Uhr	Frühstück. Vor und nach jedem Mahl wird gemeinsam ein Sutra gelesen.
9.00 Uhr	2. Gespräch. Danach 20 Minuten Arbeitsmeditation.
11.00 Uhr	3. Gespräch
12.00 Uhr	Mittagessen
13.00 Uhr	4. Gespräch. Danach eine Stunde lang „Übung im Liegen", während der Jujukinkai mit dem jeweiligen Thema weitergeübt wird.
15.00 Uhr	5. Gespräch. Danach gibt es jeden zweiten Tag eine Zeitperiode von 20 Minuten pro Person zur körperlichen Reinigung (Duschen, Baden).
17.00 Uhr	6. Gespräch
18.00 Uhr	Abendessen
19.00 Uhr	7. Gespräch
19.45-21.15 Uhr	Zazen, Kinhin und Nembutsu
21.15-21.30 Uhr	Abendtoilette
21.30 Uhr	Nachtruhe

Der Übende arbeitet also mit einem Thema gegenüber allen Wesen. Er untersucht in zweistündigen Perioden sein Leben in Abschnitten, zuerst von seiner ersten Erinnerung bis zum zehnten Lebensjahr. Seine Aufmerksamkeit lenkt er auf jene Erinnerungen, die ihm im Zusammenhang mit dem Thema Töten einfallen, und zwar konkret sein Verhalten gegenüber der Umwelt.

Nach zwei Stunden hat er ein kurzes Gespräch mit dem Leiter. Sodann prüft er mit

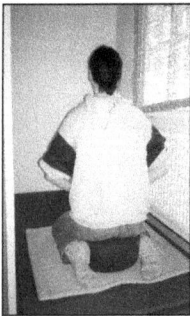

Jujukinkai-Übende in Europa. Shaku Yôkô Josef Hartl leitet derzeit als einziger Jujukinkai außerhalb Japans in der selben Form, wie dies in Senkobo durchgeführt wird.

82

Jujukinkai in Europa: Seit 1994 leitet Josef Hartl – buddhistischer Name: Shaku Yokô – Jujukinkai-Retreats. Shaku Yokô praktiziert Senkobo-Buddhismus.

Nach seinem ersten Aufenthalt in Senkobo ließ Shaku Yokô einen Sitzenden Buddha Amithâbha anfertigen. Daneben: eine Schriftrolle mit dem Nembutsu, eine Kalligraphie von Reiunken Shue Usami nach einer Fastenperiode angefertigt und der Familie Hartl als Geschenk 1996 in Senkobo überreicht.

diesem Thema die nächsten drei Jahre seines Lebens weiter. Nach zwei Stunden gibt es wieder ein kurzes Gespräch. Und so geht es weiter, untersucht wird immer in drei-Jahres-Abschnitten dem eigenen Leben folgend bis zur Jetzt-Zeit, für jeden Abschnitt hat man zwei Stunden Zeit. Die Gespräche erfolgen entweder so, dass der Leiter zum Platz des Übenden kommt, oder aber so, dass der Übende zum Dokusan (Einzelgespräch) in das Zimmer des Leiters geht.

Der Übende sitzt mit dem Rücken frei in den Raum, von den anderen Übenden seitlich durch Paravents abgeschirmt. Der Jujukinkai-Übende kann auch stehen – er sollte nur nicht liegen. Nach dem Mittagessen gibt es eine spezielle Liegeperiode, um den Körper auszuruhen. Bei der „Übung im Liegen" wird aber mit dem Thema weiter gearbeitet.

Manche der Übenden verbinden sich die Augen, um auf diese Weise noch weniger von den äußeren Umständen abgelenkt zu werden. Die Augen, vor allem die seelischen Augen, sind immer nach innen gerichtet, zum wirklichen Wesen und zur Jujukinkai-Übung.

Nachdem mit dem ersten Thema, dem Töten, das eigene Verhalten von der ersten Erinnerung Abschnitt für Abschnitt bis zur Jetzt-Zeit angesehen wurde, beginnt der Jujukinkai-Übende mit dem nächsten Thema.

Das zweite Thema ist das Stehlen, also: nicht nehmen, was nicht gegeben. So wie beim Thema Töten gibt es auch hier eine Einführung in die verschiedenen Aspekte, z.B. Zeit stehlen über Unpünktlichkeit, Aufmerksamkeit durch sein Verhalten stehlen usw. Wieder wird zuerst bis zum zehnten Lebensjahr, dann in drei-Jahres-Abschnitten geprüft, jeder Abschnitt in einer Zeitperiode von zwei Stunden. Danach kommt wieder das nächste Thema.

Beim Jujukinkai wird anstatt mit den drei NAIKAN-Fragen mit den zehn Hauptgeboten des Buddhismus gearbeitet. Dies wird in einem etwas härteren, den Körper mehr fordernden Setting durchgeführt, bei dem aber sicher vieles dem NAIKAN-Setting entnommen ist.

Einer der weiteren wesentlichen Unterschiede zu NAIKAN liegt im Ablauf der Mahlzeiten. Beim NAIKAN isst man alleine auf seinem Übungsplatz. Beim Jujukinkai isst man in „Zen-Manier" gemeinsam an einem Tisch, man liest vorher und nachher ein Sutra, in Europa in Japanisch und dann auf Deutsch.

Sutra: VOR DEM MAHL

Ich prüfe, ob ich daran denke, woher dieses Essen gekommen ist und mache mir bewusst,
wie es zustande kam.
Ich prüfe für mich weiter, ob ich genug Gutes getan habe,
um berechtigt zu sein, diese Speise essen zu dürfen.
Ich bringe meine Gier zum Stillstand und esse nur aus dem Grunde, meinen Hunger zu
stillen.
Ich verwende dieses Essen als Medizin, damit mein Körper nicht verdorrt und weiterleben
kann.
Ich nehme dieses Essen, damit ich meinen Praxisweg gehen kann, um das Ziel zu erlangen.
Ich bin dankbar und teile dieses Essen mit dem Buddha, dem Sangha und meinen Ahnen
sowie mit allen, die mir jemals Gutes getan haben.
Ich teile mit allen Wesen aus den sechs karmischen Welten.

Mit meinem ersten Biss schneide ich alles Böse.
Mit meinem zweiten Biss mache ich alles gut.
Mit meinem dritten Biss wünsche ich alle Wesen zu retten.
Mit meinem vierten Biss wünsche ich allen Wesen,
dass sie den Buddhaweg erfüllen und Satori verwirklichen.

Der Inhalt dieses Sutras soll den Übenden unter anderem noch mehr ins Bewusstsein rufen, dass sie nicht als unabhängige Wesen von der übrigen Menschheit und der übrigen Welt existenzfähig sind. Die Jujukinkai-Übenden schweigen natürlich während des Essens, wie auch während der übrigen Tageszeit. Sie sprechen nur bei den Gesprächszeiten mit dem Leiter.

Zazen kann auch während der Jujukinkai-Übung untertags durchgeführt werden, man muss sich nicht auf die dafür vorgesehenen Zeiten morgens und abends beschränken. Das wird aber nicht grundsätzlich gefordert! Falls jemand in Zazen-Haltung Jujukinkai übt, wird alle 20 bis 30 Minuten die Sitzmeditation (Zazen) von einer Gehmeditation (Kinhin) „unterbrochen".

Zazen führt in die tiefe innere Ruhe. Jujukinkai hingegen zählt zur Bewusstseinsentwicklung „in Bewegung", denn wir arbeiten mit Fragestellungen und lassen uns auf Gefühle ein, und damit halten wir unseren Geist in Bewegung. Das Rezitieren des Nembutsu – also die ständige Wiederholung des Wortes NAMUAMIDABU – lässt uns leer werden und frei für den Bewusstseinszustand, den wir mit Amida-Buddha in Verbindung bringen.

Namu Amida Butsu
Leerwerden für Amida Buddha
Hinwenden zu Amida Buddha

Die Jujukinkai-Methode hat also viele Elemente aus NAIKAN, ist eingebettet in ein Zen-Setting und eine Shin-buddhistische Tradition. Der Zenmeister Reiunken Shue Usami ließ viele seiner Erfahrungen als NAIKAN-Leiter einfließen und orientierte sich in vielen Aspekten an der klassischen NAIKAN-Form. Der Geist in der Übung ist jedoch noch mehr dem Zen und der straffen Form zuzuordnen, die in dieser Tradition üblich ist.

Jujukinkai wird manchmal mit einem NAIKAN verglichen, wo nur mit der dritten Frage geübt wird. Das stimmt insofern, wenn man die Art der Fragestellung als Kriterium nimmt. Denn wenn man mit Themen arbeitet wie: Wo habe ich getötet? Wo habe ich gestohlen? usw., dann beinhaltet das natürlich immer gleichzeitig die Frage: Wo habe ich Schwierigkeiten bereitet?

Die Jujukinkai-Methode ist in letzter Konsequenz ein Teil der Praxisrichtung des Senkobo-Buddhismus. Senkobo-Buddhismus besteht aus der Nembutsu-Übung ohne Ende, egal in welcher Tiefe sich der Mensch in seiner spirituellen Bewusstseinsentwicklung auch befinden mag, im Durchführen von Jujukinkai-Retreats von der Dauer einer Woche oder länger, sowie der Zazen-Praxis.

Selbstverständlich können Menschen Jujukinkai praktizieren, ohne zum Senkobo-Buddhismus Zuflucht zu nehmen und ohne Buddhisten zu werden.

Wo war der Geist des Buddha, bevor Gautama Buddha geboren war? Es geht hier um den Buddhageist im Sinne von Satori. Satori kennt keine Grenzen und keine konfessionellen Bindungen. Senkobo-Buddhismus ist nichts weiter als ein Fahrzeug. Der Zustand der darüber unter Zuhilfenahme von Jujukinkai erreicht und erfahren werden kann, ist Satori, Erleuchtung. Erleuchtung ist unter anderem ein wertungsfreier, alle Begriffe sprengender Moment. Welche Methode wir auf dem Weg dorthin wählen, ob NAIKAN, Jujukinkai, Senkobo-Buddhismus oder einen anderen Praxisweg, ist eine Frage des persönlichen Geschmackes und Zuganges.

Ich denke, dass sich „Raumwahrnehmung" und „Seinszustände" von Ishin Yoshimoto-Sensei, dem Begründer der NAIKAN-Methode, und Reiunken Shue Usami, dem Begründer der Jujukinkai-Methode und des Senkobo-Buddhismus, nicht wesentlich unterscheiden. Dass sich beide in ihrem Tun befruchteten und sich tiefste Achtung und Respekt erwiesen, steht außer Zweifel.

5. NAIKAN, JÔDO-SHIN UND ZEN, ODER: EINE BEOBACHTUNG IN AUSTRALIEN WIRD BEOBACHTET

von Josef Hartl

Da gibt es einen ehemaligen Universitätsprofessor in Australien, der seit elf Jahren das Leben eines Zen-Laienmönchs führt und im Zuge dessen auf NAIKAN stieß. Er ist ein sehr ernsthafter Mann, der seine Sache geduldig, gewissenhaft und liebevoll durchführt. Er ist sehr innovativ und trotzdem vorsichtig hinterfragend, er forscht und versucht im Zuge seiner NAIKAN-Arbeit.

Seine Arbeit zeigt die Schwierigkeiten und Tücken auf, die beim „Einführen" von NAIKAN als „neue Methode" in einem fremden Land in einer nicht-japanischen Kultur warten. Aber sie zeigt auch, so finde ich, die Schwierigkeiten, die wir selbst dem NAIKAN machen beim „Weitertragen" in fremde Länder. Ob Herr Phillips blinde Flecken hat und wenn ja, wo sich diese befinden, will ich im Anschluss versuchen herauszufiltern.

Wie sorgfältig in Australien mit NAIKAN umgegangen wird, berichtete David Phillips beim 1. Internationalen NAIKAN Kongress in Tokyo vor sieben Jahren. An dieser Stelle können Sie ein schönes Stück NAIKAN-Entwicklungsgeschichte genießen.

„NAIKAN in Australien (von David Phillips, Melbourne, Australien Sept.1991)

Mit diesem Artikel versuche ich einen Erfahrungsüberblick über die Leitung von NAIKAN-Seminaren in Australien sowie über die Adaptierungen, die zur Anpassung an die anderen kulturellen Bedingungen notwendig waren, zu geben.

Zu Beginn möchte ich noch einige Erklärungen vorbringen. Erstens ist dies keine akademische Abhandlung, noch ist das Ziel dieses Artikels, die NAIKAN-Erfahrung in Australien von einer psychologischen Seite her zu analysieren. Auch geht es nicht darum, die soziologischen Unterschiede zwischen Japan und Australien aufzuzeigen. Obwohl ich vor vielen Jahren an einer Universität unterrichtet habe, habe ich während der vergangenen elf Jahre das sehr einfache Leben eines buddhistischen Zen-Laienmönchs geführt. Folglich ist jede Fähigkeit, die ich jemals zum Schreiben eines Artikels hatte, und zwar in einem Stil, der für solche Artikel erwartet wird, seit langem verschwunden. Trotzdem glaube ich, dass einiges, das ich bei der Leitung von NAIKAN in Australien gelernt habe, für Sie von Interesse sein könnte.

Zweitens mag es sein, dass man von einem Australier erwartet, er würde NAIKAN von einem psychologischen oder psychotherapeutischen Standpunkt aus betrachten. Ganz im Gegenteil – durch meine Anschauung als Mönch schätze ich die religiösen Traditionen und Praktiken, die durch viele tausend Jahre hindurch von großen Menschen entwickelt wurden, um diesen Menschen von ihrer Verblendung zu befreien, viel höher, als 150 Jahre wissenschaftliche Forschung durch Psychologen und Psychiater.

Ich sehe den Wert von NAIKAN als ein Glied in der Kette religiöser Übungen, dass den einzelnen in seiner religiösen Suche leiten kann. Meiner Ansicht nach liegt der hauptsächliche Grund für NAIKAN in Australien in dem Wort „tariki"(21). NAIKAN kann den NAIKAN-Übenden befähigen, tariki **zu erfahren.**

In Australien und vermutlich in vielen westlichen Ländern ist die vorherrschende Kultur eine der Selbstbezogenheit (Autarkie), z.B. „jiriki"(22). Es mag sein, dass seit Beginn der europäischen Besiedlung einige wenige Leute ein Land besiedelt haben. Das erforderte, dass Einzelne fast zur Gänze nur auf sich selbst angewiesen waren. Sogar heute ist es üblich, dass ein einziger Mann 1000 km^2 bewirtschaftet. Er muss Mechaniker, Ingenieur, Tierarzt, Geschäftsmann und Bauer in einem sein. Dieses Bewusstsein von Selbstversorgung oder jiriki ist auch ein Teil der städtischen Kultur geworden, was dazu führt, dass es das tariki-Bewusstsein so gut wie nicht gibt. Daher respektiert die moderne australische Gesellschaft den starken Individualisten mit einem deutlich nonkonformistischen Charakter mehr, als eine Person, die scheinbar den Mustern des Lebensstils und Benehmen angepasst ist, was im Grunde das eigentliche Verhalten der meisten Australier ist. Jedoch weiß der moderne städtische Australier nicht, dass unter dieser offensichtlichen Selbständigkeit der ersten europäischen Immigranten ein Bewusstsein von tariki in ihrer Beziehung zur Natur, zu ihrer Familie und sogar zu ihrem Pferd oder zu ihrem Hund liegt.

So sieht die australische Kultur das jiriki-Bewusstsein als Stärke und das tariki-Bewusstsein als Schwäche. Daher fühlen wir uns zu solchen Wegen, wie Zen, die das jiriki-Bewusstsein betonen, hingezogen. Und doch betrachten wir allzu oft die Beziehung zu solchen Wegen wie dem Christentum oder dem Jôdo-Shinshu (wo die Beziehung zu Gott oder Amida wichtig ist), als Charakterschwäche oder als Zeichen eines unkritischen Bewusstseins.

Buddhismus lehrt uns jedoch, dass ein Mensch erst dann vollkommen ist, wenn er beides, jiriki- und tariki-Bewusstsein besitzt. Eine der großen Stärken der religiösen japanischen Tradition ist die Wertschätzung der verschiedenen Wege, Zen, Jôdo-Shinshu oder Christentum, im Glauben, dass letztlich alle Wege zum selben Ziel führen. Tatsächlich müssen wir auf dem Weg von jiriki, Zen, auch lernen tariki-Geist zu haben und auf dem Weg von tariki (Jôdo-Shinshu oder Christentum) sind wir nur Anfänger, wenn wir nicht auch jiriki-Geist entwickelt haben. Für uns westliche Menschen ist es allzuleicht zu glauben, dass wir auf dem jiriki-Weg dem Tiger von tariki ausweichen können. (Tatsächlich meine ich, dass aus diesem Grund Zen der am wenigsten geeignetste Weg für Westler ist. Viele Westler, die Zen praktizieren, haben es viele Jahre vermieden, den Tiger von tariki zu konfrontieren, wodurch ihr Zen unvollkommen ist.)

NAIKAN kann den Australiern einen Weg bieten, ihren eigenen tariki-Geist zu sehen, der verneint wurde. So sagte mein Lehrer, Vater Shigeto Oshida, ein katholischer Priester, der einer christlichen Zen-Gemeinde in Nagano-ken vorsteht, auf meine Frage, ob ich in Australien NAIKAN-Seminare leiten solle: „Wenn Christen NAIKAN machen, werden sie die Bedeutung des Glaubens und den Geist des Christentums entdecken." Daher gebe ich NAIKAN-Seminare in Australien nicht als Psychotherapie, sondern als ein weiteres Glied in der Kette des religiösen Weges.

In dieser Hinsicht mag ein anderes Zitat von Vater Oshida meine Ziele mit NAIKAN in Australien erklären. Als er das erste Mal nach Kanada ging, sagte sein regionaler Vorstand

zu ihm: „Deine Aufgabe ist es, den dominikanischen Orden nach Japan zu verpflanzen."
Vater Oshida antwortete: „Nein, wenn es darum geht, dass er in Japan aufgenommen wird,
dann geht es um den metaphysischen Grundgehalt des dominikanischen Ordens und nicht
um die europäische Kultur oder die Art, Dinge zu tun." So ist es mit NAIKAN. Es ist der
Grundgehalt von NAIKAN, der für Australien von Wert ist, jedoch nicht japanische kulturelle Aspekte oder Handlungsweisen. Ähnlich ist der Weg der Psychotherapie Teil der westlichen Kultur, trotzdem hat das NAIKAN, das ich in Australien einführen möchte, einen
metaphysischen Grundgehalt, der alle Leute aller Nationen egal welcher Kultur anspricht.

NAIKAN-Praxis in Australien

Die Philosophie, die die NAIKAN-Praxis beeinflusst hat, kommt direkt aus meiner eigenen Zen-Praxis. Das ist, dass Methoden, die über lange Zeit entwickelt wurden, so strikt als
möglich beibehalten werden sollten, und dass jegliche Veränderungen vor ihrer Einführung
lang und gut überlegt sein sollten. Aus dieser konservativen Annäherung resultiert, dass das
australische NAIKAN im wesentlichen so ist, wie ich es in Senkobo erfahren habe. Deshalb
wird dieser Artikel nur jene Unterschiede herausheben, die sich zwischen der australischen
Annäherung und der Senkobo-Methode ergeben. Falls der Leser Zweifel hat, kann er mit
Sicherheit annehmen, dass es sich immer um die gleiche Methode wie in Senkobo handelt,
es sei denn, eine andere Methode wird speziell erwähnt.

Sitzende Haltung

Seit 1987 haben wir in Australien 10 NAIKAN-Seminare abgehalten. Bis Ende 1990
wurden die Seminare in einem gemieteten Zentrum in den Bergen, 60 km von Melbourne,
abgehalten. Anfang 1990 borgten wir uns Geld und bauten einen Meditationsraum bei uns
in Melbourne, und so konnten wir im Dezenber 1990 das erste NAIKAN an diesem Platz
abhalten. Die NAIKAN-Übenden sitzen in einem 4,5 mat tatami-Raum mit dem Gesicht
zum shoji, das auf den Garten hinausgeht. Ein beweglicher Schirm trennt die Übenden so,
dass keiner den anderen sehen kann.

Eines der schwierigsten Probleme, das uns begegnete, war zwischen jenen Teilen der Praxis
in Senkobo, die für den metaphysischen Grundgehalt von NAIKAN wesentlich sind und
jenen kulturellen Gebräuchen, die für NAIKAN nicht unbedingt notwendig sind, zu unterscheiden. Manche Übungen mögen für Westler sehr schwierig sein. Z.B. am Boden zu sitzen,
anhaltend lange Schweigeperioden, sogar das Konzept von 7 Tagen Zurückgezogenheit wurde
gründlich überlegt, da all dies nicht zur australischen Kultur gehört. Jede Art der Übung
wurde dahingehend untersucht, ob sie auch zum Grundgedanken von NAIKAN beiträgt.

Weil Australier es nicht gewohnt sind, am Boden zu sitzen, wird ihnen gesagt, dass jede
Haltung recht ist, solange sie nicht am Boden liegen – weil natürlich Schlafen im NAIKAN
nicht erlaubt ist. Es ist interessant, dass bei den Seminaren in den Bergen durch die gegebenen Umstände die Teilnehmer in Lehnstühlen saßen, diese Art zu sitzen hatte jedoch
keinen schlechten Einfluss auf die NAIKAN-Übung. Gemäß dieser Erfahrung würde ich
japanischen NAIKAN-Zentren sogar empfehlen, Westler zu ermutigen, in Sesseln zu sitzen,

da die Beinschmerzen einen davon ablenken können, NAIKAN mit ganzem Herzen zu praktizieren. Es ist meine Erfahrung, dass wenn der NAIKAN-Übende einmal begonnen hat, gutes NAIKAN zu machen, er/sie oft freiwillig lieber in einer mehr formellen Art am Boden sitzen wird.

Sobald der Übende gutes NAIKAN zu machen beginnt, ist es ihm außerdem erlaubt, nach Zen-Art kinhin (Gehmeditation) im Garten zu machen. Kinhin ist der Sôtô-Shu-Stil des extrem langsamen Gehens und der Übende muss währenddessen NAIKAN machen. Kinhin ist freiwillig und kann jederzeit als Alternative zum Stillsitzen gemacht werden. Diese Vorgangsweise ist für die wenigen, die sich diese Alternative ausgesucht haben, extrem erfolgreich gewesen, und, obwohl jene, die sich ausgesucht hatten, kinhin zu machen, genau beobachtet wurden, wurde bisher niemandem geraten, mit kinhin aufzuhören.

Eine weitere Zen-Praxis, die als Teil der australischen NAIKAN-Praxis verwendet wurde, ist 30 Minuten Zazen um 6:30 morgens, vor Beginn des NAIKANs, und nochmals 30 Minuten Zazen nach der letzten NAIKAN-Periode um 9:00 abends. Obwohl eine große Anzahl von Übenden noch niemals vorher etwas wie Zazen gemacht hat, hat es sich als erfolgreich erwiesen. Obgleich jedoch in der NAIKAN-Praxis in Bezug auf die Sitzhaltung relative Freiheit gegeben wird, ist für Zazen eine absolut korrekte Haltung äußerst notwendig.

Später werde ich noch über meine Ansichten betreffend die Fähigkeit von Westlern, NAIKAN zu leiten, sprechen. An diesem Punkt möchte ich nur sagen, dass ich stark davon überzeugt bin, dass Zazen nicht in ein westliches NAIKAN-Programm einbezogen werden sollte, wenn der Leiter nicht schon lange und intensiv Zen praktiziert hat. Ich möchte hier nicht näher über die Gründe dafür diskutieren, sondern nur sagen, dass Zazen den NAIKAN-Prozess stören kann, wenn es nicht fachgerecht gemacht wird.

Visuelle Stimulation

In Senkobo und, wie ich glaube, auch in anderen japanischen NAIKAN-Zentren macht der Übende NAIKAN mit dem Gesicht zur kahlen Wand oder zum shoji. Als NAIKAN in Australien in gemieteten Unterbringungen begonnen wurde, gab es praktische Gründe, warum das nicht so gemacht werden konnte, und so saß der Übende beim Fenster und schaute hinaus auf den Wald. Alle fanden dies eher hilfreich und nicht als eine Ablenkung. Später, als wir in unserem Haus NAIKAN geben konnten, verlangten wir von den Übenden, mit dem Gesicht zum shoji zu sitzen. Eines Tages jedoch, als es sehr heiß war, erlaubte ich den Schirm zu öffnen, um den Raum abzukühlen. Das ermöglichte den NAIKAN-Übenden in den Garten hinauszuschauen und die Wirkung dieser visuellen Stimulation zeigte sich in einer deutlichen Verbesserung in der Tiefe des abgehaltenen NAIKANs. Nachdem sie ihr NAIKAN beendet hatten, sagten beide Übenden, dass die Bilder, die sie in den Blättern und Ästen gesehen hatten, die durch ihre Untersuchungen hervorgebrachten Erinnerungen lebendiger werden ließen.

In späteren Programmen haben die Übenden NAIKAN im Zimmer gemacht, wobei sie zeitweise zum shoji, zeitweise hinaus in den Garten blickten. Diese Alternativen sind jetzt Teil unserer Vorgangsweise. Auf diese Weise habe ich herausgefunden, dass die visuelle Stimulation durch einen Wald oder einen Garten sich auf das NAIKAN in Australien sehr günstig ausgewirkt hat. Andererseits habe ich NAIKAN-Übende ermutigt, eine Augenbinde, wie ich sie in Senkobo kennengelernt habe, zu verwenden, und eine Anzahl australischer NAIKAN-Übender hat diese Praxis für die Perioden gewählt, während der sie eine tiefere Konzentration angestrebt haben. Ihre Erfahrung deutet darauf hin, dass dies ebenfalls zur Vertiefung des NAIKANs vorteilhaft ist.

Tagebücher

Nach meinen Erfahrungen in Senkobo und bei Zen-Sesshins anderswo in Japan werden die NAIKAN-Übenden aufgefordert, nicht zu lesen noch zu schreiben während das Seminar in Gang ist. Ein NAIKAN-Übender war jedoch ein Schreiber, und er bat, seine Gedanken während er NAIKAN machte, aufschreiben zu dürfen, auch weil er aus Erfahrung wusste, dass diese Praxis ihn zu größerer Einsicht in seine Gefühle verhalf.

Versuchsweise wurde ihm die Erlaubnis gegeben, mit dem Vorbehalt, dass er damit sofort aufhören sollte, falls das Schreiben ihn von einer sorgfältigen NAIKAN-Übung abhalten soll-te. Das Zen-Zitat: „Zen ist, mit dem Finger zum Mond zeigen. Schau nicht auf den Finger; schau auf den Mond" wurde ihm als Erklärung gegeben, um zu zeigen, dass das Schreiben das Zeigen auf NAIKAN sein soll. Jedoch wenn er sich auf den Finger konzentriert, kann es sein, dass er den Mond aus den Augen verliert. Sein Schreiben war rein privater Natur und wurde von sonst niemand gelesen; das Interview blieb eine mündliche Überlieferung seiner NAIKAN-Untersuchungen. Während des Versuchs wurde die Auswirkung des Schreibens auf die Qualität seiner NAIKAN-Praxis verfolgt, um zu sehen, ob es sich beeinträchtigend oder hilfreich auswirkt.

Der Versuch stellte sich als sehr erfolgreich heraus, da seine NAIKAN-Untersuchungen tiefe Einsicht und Selbstkritik zeigten. Bei einem späteren NAIKAN wurde diese Praxis des Tagebuchführens weiter erfolgreich mit ausgewählten NAIKAN-Übenden, deren NAIKAN-Untersuchungen bereits jenseits einer oberflächlichen oder intellektuellen Ebene waren, angewandt. Jenen NAIKAN-Übenden, die es schwierig fanden, NAIKAN auf einer emo-tionellen Ebene zu machen, war das Schreiben verboten, ebenso jenen, die versuchten, ihre Taten in der Vergangenheit zu rechtfertigen.

In allen Fällen wurde die Praxis des Tagebuchschreibens sorgfältig beobachtet und die Erlaubnis zu schreiben wurde gegeben oder auch wieder entzogen, je nachdem, wie sich das NAIKAN entwickelte. Die Schlussfolgerung daraus ist, dass Tagebuchschreiben sehr hilfreich sein kann, die NAIKAN-Einsicht zu vertiefen. Die Verantwortung, die Leute auszuwählen, die davon wirklich profitieren können, liegt jedoch beim NAIKAN-Leiter, ebenso die sorg-fältige Beobachtung dabei.

Zusätzliche Fragen: Hilfe bekommen und geben

Der Ablauf der NAIKAN-Untersuchung folgt dem in Senkobo praktizierten Beispiel. Das heißt, die Fragen bleiben die gleichen, ebenso die Beziehungen, die untersucht werden.

Meiner eigenen NAIKAN-Praxis folgend habe ich jedoch noch eine Frage hinzugefügt. Nachdem ich die Beziehung zu meiner Mutter und daraufhin zu meinem Vater angeschaut hatte, setzte ich fort mit der Beziehung zu anderen Leuten. Während dieser Zeit hatte ich eine bedeutende Einsicht.

Vor NAIKAN war ich sehr stolz auf den Erfolg, den ich an der Universität hatte, wo ich unterrichtete. Während des NAIKANs erkannte ich jedoch, dass der Erfolg, von dem ich geglaubt hatte, dass er das Resultat meiner eigenen Anstrengung war, nur durch die liebevollen Bemühungen und Ermunterungen meiner Kollegen passieren konnte. Daraufhin konnte ich dann in vielen Situationen sehen, dass Erfolge, die ich mir selbst zugeschrieben hatte, nur durch die Hilfe und Ermutigung anderer erreicht wurden.

Daher werden NAIKAN-Übende, während sie sich die Beziehung zu anderen Personen ansehen, aufgefordert, sich ihre eigenen Erfolge und Errungenschaften anzusehen (jene Ereignisse, auf die sie stolz sind) und den selbstlosen Beitrag anderer zu untersuchen. Sie werden gefragt, ob sie sich vorstellen können, dass diese Errungenschaften ohne die Freundlichkeit anderer möglich gewesen wären. Zweitens werden sie gebeten zu untersuchen, in welchen Situationen sie anderen helfen und sie ermutigen hätten können, es aber nicht getan haben. Schließlich werden sie aufgefordert, ihren Mangel an Dankbarkeit und Anerkennung gegenüber Leuten, die ihnen zu ihrem Erfolg verholfen haben, anzuschauen.

Weltanschauung

Ein anderes Gebiet, welches ich den NAIKAN-Übenden zu untersuchen empfehle, betrifft den Respekt gegenüber dem Glauben, den Werten und Vorstellungen von anderen. Die NAIKAN-Übenden werden aufgefordert, sich daran zu erinnern, als andere Personen beim Zuhören ihre Ansichten respektiert haben. Dann schaut er, welchen Respekt er den Ansichten anderer Personen gegenüber gezeigt hat. Wie sehr hat er wirklich zugehört und versucht zu verstehen? Wie sehr hat er die Ansichten anderer respektiert? Wie oft war es seine Perspektive (eher als jene der anderen Beteiligten), die als Basis für Entscheidungen, die alle betroffen haben, genommen wurde?

Verbreitung

Das Hauptproblem für den Beginn von NAIKAN in Australien ist es, einen Ruf für Integrität, Sicherheit und Verlässlichkeit in einer Gesellschaft zu etablieren, die mit dem Wachstum der New-Age Praktiken konfrontiert ist, welche in Kalifornien seit 30 Jahren verbreitet sind. In so einem Klima ist es wichtig, vorsichtig vorzugehen und nur zurückhaltend über die Vorzüge von NAIKAN für den Übenden zu berichten, da viele moderne Techniken übertriebene Versprechungen gemacht haben und daher „neuen" Praktiken mit Skepsis begegnet wird. Leider ist die westliche Gesellschaft im allgemeinen unwissend und unbeeindruckt von den Traditionen des Jôdo-Shinshu und NAIKAN. Ich bin überzeugt, dass NAIKAN für die Teilnehmer von bedeutendem Nutzen ist. Sein Ruf muss jedoch erst langsam durch NAIKAN-Übende gewonnen werden, die den Wert den anderen mitteilen. Daher muss der Weg, wie ihn Yoshimoto-Sensei in Japan gegangen ist, in Australien mit

Liebe und Geduld geführt werden.

In diesem Sinne war es notwendig, sehr vorsichtig mit der Auswahl von NAIKAN-Teilnehmern vorzugehen, und den Nutzen und Vorteil von NAIKAN eher zu unterspielen, so dass der NAIKAN-Teilnehmer das NAIKAN nicht mit falschen Erwartungen beginnt. Nichtsdestotrotz war es aufgrund der von den NAIKAN-Übenden im NAIKAN gemachten Erfahrungen notwendig, eine Art der Ankündigung (Berichterstattung) zu etablieren, die das Gegenteil der japanischen Art sein mag.

Nach dem letzten NAIKAN-Interview im Seminar warne ich den NAIKAN-Übenden, dass der Enthusiasmus und die guten Absichten, welche sie bei der Rückkehr nach Hause haben, abnehmen werden, und dass sie manchmal in ihre alten Gewohnheiten der Selbstbezogenheit zurückfallen werden, was nicht bedeutet, dass NAIKAN nicht erfolgreich war. Ganz im Gegenteil, ich erzähle ihnen, dass der Erfolg von NAIKAN erst nach einem Jahr beurteilt werden kann... und nicht so sehr durch den NAIKAN-Übenden persönlich, sondern durch die anderen um ihn herum.

Das heißt, dass der Erfolg von NAIKAN darin besteht, dass der NAIKAN-Übende ohne es zu wissen oder es zu versuchen freundlicher, zugänglicher und weniger selbstbezogen wird. Es gibt sehr realen Nutzen aus dem NAIKAN, der sowohl den NAIKAN-Übenden als auch seine Beziehungen zu anderen beeinflusst. Der Nutzen kommt jedoch eher stet und langsam als in einer spektakulären Veränderung, welche leicht mit der Zeit wieder verschwinden kann.

Zusammenfassend ermutige ich den NAIKAN-Übenden, NAIKAN nicht als Weg in sich selbst zu sehen, als vielmehr den Grundgehalt von NAIKAN mitzunehmen, um den eigenen Weg, sei es Christentum oder Judentum oder jeder andere Weg, zu verbessern.

Weibliche und männliche Leiter

Bei den australischen NAIKAN-Erfahrungen sind die Bindungen von Interesse, welche der Übende mit den anderen NAIKAN-Übenden und mit den NAIKAN-Leitern bildet. Aus verschiedenen Gründen haben wir nur zwei NAIKAN-Teilnehmer pro Seminar, und obwohl die NAIKAN-Übenden miteinander während des NAIKANs nicht kommunizieren und sich auch äußerst selten sehen, entwickelt sich ein außergewöhnliche Bindung zwischen ihnen. Anders als in Japan werden keine Tonbänder gespielt, um den NAIKAN-Übenden während des NAIKANs anzuregen. Trotzdem berichten alle Teilnehmer von der geheimnisvollen Beeinflussung und der Ermutigung, welche sie von ihren benachbarten NAIKAN-Partner erfahren. In ähnlicher Weise hat jedes Paar von NAIKAN-Teilnehmern eine erstaunlich ähnliche NAIKAN-Erfahrung, welche sich jedoch von der Erfahrung anderer Paare unterscheidet. Meine eigene Erfahrung der Bindung, welche in der Stille eines Zen-Sesshins wächst, und der einzigartige Geist eines jeden Sesshins wird in der australischen NAIKAN-Erfahrung widergespiegelt. Ich weiß nicht, wie das passiert, aber es ist offensichtlich. Aufgrund dieses Phänomens würde ich NAIKAN nicht mit einer Einzelperson machen.

Gleich interessant ist der Vergleich mit meiner Erfahrung mit Reverend Usami und seiner

Frau und der Erfahrung australischer NAIKAN-Übenden mit meiner Frau und mir. In unseren Seminaren ist mir meine Frau eine unschätzbare Unterstützung. Sie hilft beim Kochen und anderen praktischen Dingen. Manchmal leitet sie die Interviews und sie gibt mir Ermutigung und Rat.

Ohne jedoch in irgend einer Weise den Beitrag meiner Frau herabsetzen zu wollen, muss man aber bemerken, dass die NAIKAN-Übenden oft fälschlicherweise gedacht haben, dass die besondere Freundlichkeit, welche sie während des NAIKANs erfahren haben, von meiner Frau ausging. Am Ende eines NAIKANs hat sich gezeigt, dass die NAIKAN-Übenden meine Frau als liebenswürdige Mutter und mich selbst als den strengen Vater gesehen haben. Da ist Zuneigung zu meiner Frau und Respekt für mich, aber nur geringe Zuneigung zu mir. In Senkobo habe ich auch geglaubt, dass Frau Usami freundlich und nett war, und dass Reverend Usami streng und fordernd war. Jetzt stellte ich fest, dass Reverend Usami viel sanfter war, als ich zu der Zeit geglaubt habe.

Daraus schließe ich, dass NAIKAN-Seminare wenn möglich sowohl einen weiblichen als auch einen männlichen Leiter haben sollten, um den NAIKAN-Übenden sowohl eine Vater- als auch eine Mutterfigur zu geben. Darüber hinaus ist es wichtig, dass jede falsche Ansicht über die rauhe männliche Art oder die weibliche Freundlichkeit am Ende des Seminars korrigiert werden sollte, da in Übereinstimmung mit dem ganzen NAIKAN-Prozess, der NAIKAN-Übende selbst Fehler seiner Sicht einsehen muss. Es kann sein, dass die Ansichten des NAIKAN-Übenden seine Sicht der eigenen Eltern reflektieren. Einer der Vorteile der NAIKAN-Übung ist, dass der NAIKAN-Übende einen männlichen Leiter nicht nur mit seinem Vater, sondern auch mit anderen bedeutenden Männern aus seinem Leben, und die weibliche Leiterin mit seiner Mutter oder anderen Frauen identifizieren wird. Aus diesem Grund kann es von Vorteil für die NAIKAN-Einsicht sein, verschiedene Interviewer in Bezug auf Alter und Geschlecht während des NAIKANs zur Verfügung zu haben.

Die Fehler

Die australischen NAIKAN-Seminare waren sehr erfolgreich, mit einer Ausnahme. Aus diesem einen Seminar, während dem keiner der NAIKAN-Übenden irgendeine bedeutende NAIKAN-Einsicht erzielt hat, gibt es viel zu lernen. Die Verhaltensmuster und der Widerstand gegenüber dem NAIKAN-Prozess, den diese Leute gezeigt haben, gleicht der japanischen Erfahrung der Leute, die gegen NAIKAN ankämpfen. Bemerkenswert ist, dass die Geschichte dieser NAIKAN-Übenden sie von jenen der japanischen unterscheidet.

Beide NAIKAN-Übenden hatten eine Geschichte von ausgedehnter Psychotherapie, und beide wechselten die Therapeuten häufig nach Konflikten mit diesen. Eine Handlung, die sie mit der Enttäuschung über die Art der verwendeten Therapie und die Unfähigkeit der jeweiligen Therapeuten rechtfertigten. Meiner Ansicht nach wiesen beide ein Verhaltensmuster auf, welches in der westlichen Gesellschaft immer häufiger auftritt, wo der Klient die Verantwortung für seine eigene Behandlung zurückweist und vom Therapeuten erwartet, dass er diese Verantwortung wahrnimmt. Des weiteren verlangt der Klient, dass die Behandlung schnell Resultate zeigen sollte, ohne große persönliche Anstrengung, noch unter *persönlichen Unannehmlichkeiten. Daher kommt es, wenn der Therapeut den Klienten auffordert, Themen anzuschauen, die für den Klienten unbequem erscheinen, dieser die Untersuchung anfangs vermeidet, und falls er unter Druck gesetzt wird, sich von der Therapie zurückzieht mit der Begründung, dass entweder die Methode oder der Therapeut versagt haben.*

In den hier erläuterten Fällen hat der NAIKAN-Übende die Fragen vermieden und, unter Druck gesetzt, Fehler im NAIKAN-Prozess, an den NAIKAN-Leitern und an der Umgebung, in welcher das Seminar abgehalten wurde, gefunden. Beide wurden wiederholt aufgefordert, NAIKAN abzubrechen und nach Hause zurückzukehren. Beide haben jedoch gebeten, bleiben zu dürfen, und gesagt, sie würden sich mehr anstrengen. Es wurde beiden erlaubt zu bleiben, und ihre Anstrengungen sind für kurze Zeit angestiegen, was sich in einigen kleineren NAIKAN-Einsichten gezeigt hat. Bald aber sind sie zu ihren Mustern von Widerstand zurückgekehrt, bis sie am Ende von NAIKAN gegenüber der NAIKAN-Methode und den Leitern feindlich eingestellt waren.

Die von diesen Leuten über längere Zeit entwickelten Verhaltensmuster sind sehr schwer zu überwinden, wenn die Leute mit intensiven Emotionen, welche sich im NAIKAN-Prozess zeigen, konfrontiert werden. Es ist ein unglücklicher Zufall, dass diese zwei Leute NAIKAN zusammen gemacht haben, da ein anderer Mann mit Psychotherapie-Erfahrung ein sehr gutes NAIKAN machte. Hauptsächlich, weil er NAIKAN mit einem Mann gemacht hat, der aus vollem Herzen sofort in den NAIKAN-Prozess eingestiegen ist.

Meine Schlussfolgerung ist, dass in einem Fall wie dem eben beschriebenen, auch die angestrengtesten Warnungen des NAIKAN-Leiters vor dem Beginn und die besten Absichten des NAIKAN-Teilnehmers, die Schwierigkeiten während des NAIKANs durchzustehen, nicht ausreichen, um Muster und Gewohnheiten, die über so lange Zeit entwickelt wurden, zu überwinden. Wenn jedoch so ein Teilnehmer mit einem anderen, der sichtlich und hörbar am NAIKAN-Prozess teilnimmt, gemeinsam NAIKAN macht, dann ist die Möglichkeit von Einsicht bedeutend größer.

Geeignete Leiter

Bevor ich mit dem Leiten von NAIKAN-Seminaren in Australien begonnen habe, habe ich mit Vater Oshida und anderen Japanern, deren Meinung ich schätze, abgeklärt, ob ich zum Leiten kompetent war oder nicht. Mir ist völlig bewusst, dass mir die Kompetenz zum Lehren von Zen nach nur etwa fünfzehn Jahren Praxis fehlt, mir sind aber einige Leute im Westen bekannt, die mit weniger Zen-Training, als ich habe, Zen lehren... manchmal mit unguten Folgen. So war ich besorgt, ob ich ein Wagnis eingehen sollte, welches ich unfähig war, adäquat zu erfüllen. Die Leute, die ich um Rat gefragt habe, haben ausnahmslos gemeint, dass NAIKAN-Leiten sich vom Zen-Lehren unterscheidet, da der Zen-Meister nicht nur Satori erreicht haben sollte, sondern von seinem Meister auch die Lehrerlaubnis erhalten haben muss. Wie Vater Oshida sagte: „Wenn du NAIKAN leitest, machst du auch NAIKAN", ist der Leiter zur selben Zeit auch Teilnehmer. Daher braucht der Westler aber einen bestimmten Grad an Erfahrungen, bevor er das NAIKAN-Leiten anstreben sollte.

Was sind nun die nötigen Kriterien? Erstens gibt es im Westen, im Gegensatz zu Japan, viele Disziplinen in den religiösen, psychologischen und „New Age"-Bewusstseinsgebieten, mit Hilfe derer man durch intellektuelles Studium der Disziplin die Qualifikation zum Lehren erreichen kann. Bei NAIKAN sind solche Qualifikationen unangebracht. Man braucht viel mehr Erfahrung, nicht nur im NAIKAN, sondern auch im Laufe eines Weges (Zen, Christentum, Jôdo-Shinshu usw.). Der Grund liegt in der Intensität der Erfahrung, die der Leiter beim Leiten eines NAIKAN-Übenden macht, da es notwendig ist, dass er seine eigenen Ego-Bedürfnisse von den Bedürfnissen des Übenden trennt.

In meinem Fall finde ich es für mich notwendig, in der Woche vor einem NAIKAN-Seminar intensiv Zen zu betreiben, im Bestreben, mich selbst so unauffällig wie möglich zu machen. Desgleichen haben wir nur zwei NAIKAN-Übende zur gleichen Zeit. Ein Grund dafür ist, dass ich mich nicht imstande fühle, mehr als zweien meine ganze Aufmerksamkeit zu geben. (In dieser Hinsicht bewundere ich die Fähigkeiten von Reverend und Frau Usami, dem Nara Zentrum und anderen Zentren, welche hervorragendes NAIKAN für viele Leute geben können.) Obwohl NAIKAN für mich eine intensive Erfahrung ist, muss bemerkt werden, dass ich eine fünfzehnjährige Zen-Erfahrung habe, mit der Konsequenz, dass ich über die Wirkung von NAIKAN auf einen Leiter ohne entsprechendem Erfahrungshintergrund besorgt wäre, ganz abgesehen von der Wirkung auf den Übenden.

Ein weiterer Aspekt ist die Antwort, die der NAIKAN-Leiter dem NAIKAN-Übenden spiegelt, wenn er/sie voll in den Prozess der Selbstkritik beim NAIKAN einsteigt. Im Westen wird es als freundlich angesehen, eine Person, die weint oder Kummer erfährt, zu trösten, und es gilt als grausam, die Tröstung zu verweigern, aber auch die Person zu vermehrter Selbstkritik zu bewegen. Selbst mit meiner eigenen Erfahrung mit der Freundlichkeit eines anscheinend grausamen Lehrers, war es für mich bei den NAIKAN-Interviews zeitweise schwierig, meine natürliche Neigung und mein kulturelles Bedürfnis, die NAIKAN-Übenden zu trösten, zu unterdrücken, und sogar zu verlangen, ihr eigenes Leiden zu vergessen und noch intensiver die zu untersuchende Beziehung zu betrachten.

Ein Leiter, der die Freundlichkeit eines strengen Lehrers nicht kennengelernt hat, ist vielleicht nicht imstande, dem NAIKAN-Übenden das nötige Verlangen zu vermitteln, sich voll in die NAIKAN-Erfahrung einzulassen. Die Fähigkeit, das westliche Bedürfnis zu trösten oder auch im Augenkontakt zu kommunizieren, zu unterdrücken, kann nicht aus Büchern noch durch intellektuelles Verstehen gelernt werden.

Eine der großen Stärken von NAIKAN für Westler liegt darin, dass es Gelegenheit bietet für die Erfahrung, dass Liebe und Verzeihen nicht in netten Worten noch in oberflächlichen Gesten liegen. Im NAIKAN spricht der Übende über seine eigene Selbstbezogenheit, und der anscheinend strenge und unberührte Leiter bringt ihm später frisches Gewand oder eine Schnitte seines Lieblingskuchens. Das ist die Art Verzeihung und Liebe, die seine Eltern, Verwandten und Freunde ihm gegeben haben, ohne dass er dies bemerkt hat.

Nachdem jetzt zwei der Probleme, denen erfahrene Westler beim NAIKAN-Leiten begegnen können, besprochen wurden, muss betont werden, dass unerfahrene Leute unter der Leitung und Supervision des NAIKAN-Leiters Interviews machen können, was für den NAIKAN-Übenden von großem Vorteil ist. Dabei kann der Übende erkennen, dass nicht der

Leiter, sondern der NAIKAN-Prozess selbst wichtig ist. Wenn unerfahrene Westler NAIKAN leiten, kann das den NAIKAN-Prozess gefährden und den Ruf von NAIKAN im Westen erschüttern.

Zum Abschluss

Die in diesem Artikel behandelten Punkte beziehen sich auf kleinere Themen, wie Sitzhaltung, Kinhin, Tagebuchschreiben, visuelle Stimulation, kleinere Berichtigungen zu gestellten Fragen, Ankündigung und die Wahl des Leiters. Nichts davon deutet auf eine aufregend neue Entwicklung hin, aber sie sollten auch nicht unkritisch übernommen werden, da NAIKAN (und der Buddhismus) sich entwickelt hat, indem kleine Veränderungen vorgeschlagen und sodann verworfen oder angenommen wurden. Das Ziel dieses Artikels und von NAIKAN in Australien ist es nicht, NAIKAN zu verändern, sondern seinen metaphysischen Grundgehalt zu bewahren, wenn es von Japan nach Australien und in den Westen verlegt wird. Die bei diesem Kongress zu den besprochenen Punkten entstehende Kritik kann diesen Prozess nur unterstützen.

Was ist nun die Zukunft von NAIKAN in Australien? Es ist wichtig zu erkennen, dass, will man NAIKAN in einem anderen Land einführen, man den Weg eines Pioniers, ähnlich jenem des Begründers von NAIKAN, einschlägt. Von Anfang an muss man mit den selben Zweifeln, Frustrationen und Opfern rechnen, die er durchgemacht hat, bis die Akzeptanz für NAIKAN gegeben war. Mit dem Einführen von NAIKAN in Australien ist offensichtlich ein Zeit-, Arbeits- und Geldaufwand verbunden, und man muss achtgeben und sich absichern, dass dieser Druck einen nicht dahingehend beeinflusst, dass man irgendwelche „Abkürzungen" in der Praxis nimmt, welche dem NAIKAN-Prozess schaden würden.

Obwohl ich NAIKAN von Grund auf schätze und sein Potential erkenne, fühle ich mich zum Glück nicht unter dem Druck, es mit einer unangebrachten Eile zu etablieren, sondern kann systematisch und mit der Integrität für NAIKAN im Geist darauf hinarbeiten.

Erstens, da mein Leben sich auf die Zen-Praxis konzentriert (welche mindestens weitere 40 Jahre Vollzeitanstrengung benötigt, um irgendeinen Fortschritt zu erzielen), besteht kein Druck, einen schnellen Erfolg von NAIKAN zu gewährleisten. Es ist wichtiger, dass es Wurzeln fassen kann, und daher bin ich nicht versucht, seine Prinzipien zu kompromittieren. Wenn ich auch Zweifel, Gefühle der Frustration und Hoffnungslosigkeit habe, ob der Prozess auch unverfälscht und in weitem Ausmaß in unserer Kultur angenommen wird, so ist es meine Frau, die mich ermutigt und die mir Sicherheit gibt.

Zweitens ermutigt mich die Stärke und Unterstützung meiner Frau, wenn ich mir Sorgen um unser finanzielles Überleben mache, indem sie nicht nur arbeitet, um NAIKAN zu subventionieren, sondern auch die materiellen Opfer, die mit dem Etablieren des Programms verbunden sind, auf sich nimmt. Falls NAIKAN in Australien in seiner wahrsten Form überleben sollte, wird das Dank der Großzügigkeit und Stärke meiner Frau und dank der finanziellen Unterstützung anderer möglich sein."

Eine Beobachtung aus der Beobachtung

Obwohl ich David Phillips nicht persönlich kenne, mag ich ihn. Seine Ausführungen lassen einen tief spirituellen Menschen vor meinem geistigen Auge entstehen. Herr Phillips erhebt keinen wissenschaftlichen Anspruch bei seinen Ausführungen und weist auf einige Aspekte hin, die ihm aufgefallen sind beim „Transfer" von NAIKAN von Japan nach Australien.

Ich finde es wirklich bemerkenswert, wie er mit dem Thema umgeht, und trotzdem bin ich bei einigen Ausführungen nicht seiner Meinung. Ich denke, da gibt es blinde Flecken und es fehlten ihm damals sicher auch einige Informationen. Und er hatte ein grundsätzliches Handicap: Er hat NAIKAN nicht in der „absolut" klassischen Form kennengelernt, wie mir scheint. Inhaltlich hat er das sehr wohl, nicht jedoch was die Form angeht. Das ist ein Punkt, der in die Irre führen könnte.

Aber beginnen wir bei meinen anfänglichen Beobachtungen.

Erstens:

Herr Phillips geht zuerst auf Jiriki – die Selbstkraft (22) – und Tariki – die Kraft von außen, dem Anderen, das in uns wirkt (21) – ein. Er folgert, dass NAIKAN das Tariki-Bewusstsein stärkt und deswegen gut ist für sogenannte westliche Menschen, die zu viel Jiriki-Bewusstsein haben. Seine Folgerungen beinhalten weiters, dass sich westliche Menschen, die sich von traditionellen Glaubensrichtungen wie etwa dem Christentum (das das Tariki-Bewusstsein forciert) wegbewegen, um im Zen Zuflucht zu nehmen (das vordergründig das Jiriki-Bewusstsein forciert), mehr auf die Tariki-Ebene einlassen sollten.

Vom Christentum enttäuschte „Westler", die zum Jiriki-betonten Zen kommen, werden meist deshalb vom Zen angezogen, weil diese Bewusstseinsebene die Selbsterlösung in den Vordergrund stellt. Aber wie Herr Phillips richtig sagt, Zen hat beide Ebenen – Jiriki und Tariki. Es ist das falsch verstandene, oft auch falsch vermittelte Zen, welches die Jiriki-Kraft so sehr forciert und nicht genügend auf den Tariki-Aspekt hinweist.

Es geht also um das, was Westler mit dem Zen als „Selbsterlösungssystem" assoziieren, und hier ist es sicher mehr Jiriki, die Eigenkraft. Aber ich denke, dass mit Eigenkraft auch Selbstverantwortung gemeint sein kann und Eigenkraft in diesem Sinne nicht gleich Eigenerlösung beinhaltet.

Die Eigenkraft und Verantwortung des Jiriki im Zen besteht im Säubern unseres geistigen Misthaufens. Dass wir Zazen durchführen, das ist Jiriki durch Tariki. Wir haben uns entschlossen, Zazen zu üben, wir führen es durch. Dass wir diesen Entschluss gefasst haben, ihn überhaupt fassen konnten und nun ihn nun durchführen, dazu brauchen wir viele Erfahrungswerte, die durch die Berührung mit der Energie anderer Wesen, Menschen, Dinge entstanden sind. Tariki, die Andere Kraft, wirkte also dabei mit.

Wenn wir mit ganzer Kraft Zazen durchführen und dabei nicht vergessen, dass hierzu auch Erfahrungen notwendig waren, die wir mit der Hilfe von außen sammelten, dann wirkt das Tariki-Bewusstsein im Jiriki-Bewusstsein. Je nach Gewichtung des Einzelnen in die eine oder andere Richtung braucht es mehr Jiriki- oder mehr Tariki-Bewusstsein.

Wenn also ein Westler Zazen in der Haltung übt: „Ich werde alleine durch meine ganze Kraft Zazen üben und so Satori einfach zwingen zu kommen. Weil ich ja schon so lange und so hart Zazen übe und keine Kompromisse eingehen werde, werde ich es auch schaffen, Satori zu bekommen", dann ist das eine völlig übertriebene Betonung des Jiriki-Bewusstseins. Man sollte einen solchen Übenden darauf aufmerksam machen, dass es der Kraft seiner Mutter bedurft hat, die ihn zur Welt gebracht hat, damit er in dieser egozentrierten Haltung Zazen üben kann. Natürlich ist hier NAIKAN gut, weil es diesem Menschen seinen Mangel an Tariki-Bewusstsein aufzeigen wird.

Aber die Schlussfolgerung, dass NAIKAN mehr die Tariki-Kraft fördert und es daher für die Westler, die Zen praktizieren und meist aus ihrer Geschichte heraus zu sehr auf den Jiriki-Aspekt achten, besonders gut sei, NAIKAN zu üben, ist nicht ganz richtig.

Denn NAIKAN wird immer jenen Aspekt aufzeigen, den wir zu lernen haben. Im genannten Beispiel ist das Tariki. NAIKAN ist aber nicht speziell für Tariki gut. NAIKAN hat beide Aspekte, Jiriki und Tariki, wie auch Jôdo-Shin und Zen, wenn sie richtig verstanden werden, beide Aspekte haben.

Betrachten wir Zen: Ich reinige mich durch Zazen und Satori taucht dann aus dem Urgrund des Seins auf, wenn ich genug gereinigt habe. Dazu brauche ich auch andere, und ich bin mir dessen bewusst. Satori taucht auf, ich erzeuge es nicht. Es kommt aus dem Urgrund des Seins, wenn ich genug geistigen Mist abgeladen habe – wenn ich leer bin und ich es so wahrnehmen kann. Ich kann Satori nicht erzeugen, es ist ein Zustand, der sowieso in mir ist, ich kann ihn nur wahrnehmen. Selbst wenn ich ihn nicht wahrnehme, ist der Zustand des Satori vorhanden.

Betrachten wir Jôdo-Shin: Durch das Rezitieren, die Hinwendung zu Amida-Buddha, reinige ich mich. Das Licht von Amida-Buddha ist also in mir, und erst durch die Hinwendung mittels Nembutsu kann ich ihn erfahren. Aber auch wenn ich mich nicht hinwende, ist Amida-Buddha in mir, ich nehme ihn nur nicht wahr.

Der Buddha schafft also das Bewusstsein und das Bewusstsein schafft den Buddha. Jiriki ist also Tariki und Tariki ist auch Jiriki. Das Bewusstsein ist Buddha und Buddha ist Bewusstsein. Das zu wissen und es zu leben bedeutet, dieses Wissen hinter sich zu lassen. Wir beginnen ein Tun im Nicht-Tun. Satori pur, oder?!

Ich muss herzlich lachen, liebe Leser. Nein, ich will Sie weder verschaukeln noch verspotten. Warum ich dann lache? Nun, wissen Sie jetzt, was Satori ist? Wie groß oder klein, lang oder kurz, dick oder dünn Ihre Erkenntnis von Satori ist? Wie fühlt es sich an, Satori zu spüren und wo spüren Sie es? Etwa im Bauch oder vielleicht doch mehr im Kopf, in der rechten Tränendrüse oder unter dem rechten Schulterblatt? Wie schmeckt Ihre Satori-Erkenntnis? Ich lache, weil das Wesentliche immer die eigene Erfahrung ist und nicht das, was andere darüber denken oder schreiben. Ich lache, weil ich zwar über Satori schreiben kann, aber um zu verstehen muss man selbst erleben. Ich lache, weil ich etwas mitteilen will, was man unmöglich mitteilen kann.

Betrachten wir NAIKAN: Beim NAIKAN lernen wir das Jiriki- und das Tariki-Bewusstsein kennen. Die drei NAIKAN-Fragen führen uns zu beiden Dimensionen.

Ein Beispiel aus der Praxis:

Ein Psychotherapeut schickt einen Patienten mit dem Krankheitsbild des sog. Schuldkomplexes zum NAIKAN. Der Therapeut kommt in der Therapie mit dem Patienten nicht mehr weiter. Er erhofft sich für seinen Klienten, dass dieser durch NAIKAN einen „Erkenntnisschub" bekommt, von dem ausgehend dann therapeutisch weitergearbeitet werden soll.

Der Patient sagt nach NAIKAN folgendes: „Ich fühlte mich klein und schuldig, weil mein Vater Selbstmord begangen hat, er hat sich erhängt. Ich dachte, ich war daran schuld, weil ich ihn innerlich wegen seines Trinkens abgelehnt hatte. Wenn ich mit meinen Geschwistern sprach, so gaben sie mir über die Art, wie sie mich ansahen, Bestätigung. Mit den Jahren wurde ich immer kleiner und schuldiger, bis ich nichts mehr tun konnte. Ich dachte, ich kann nichts mehr machen, da mein Vater schon tot war und mir meine Geschwister nicht wirklich verziehen haben. Also zog ich mich immer mehr zurück in meine Schuld und in meine Depressionen und wartete, dass die anderen für mich etwas tun würden. Ich sah keine Möglichkeit, aus meiner Passivität und Kleinheit auszubrechen. Bis jetzt. Nach diesem NAIKAN sehe ich deutlich, dass ich mich über mein Klein-machen übermächtig gemacht habe. Ich habe mit meiner Schuld alles überlagert und war absolut selbstbezogen im Klein-sein und nichts Sagen. Die Schwierigkeiten, die ich meiner Umgebung und dadurch auch mir selbst gemacht habe, sind immens. Ich werde zu dem stehen und mit ganzer Kraft zu meiner Geschichte Farbe bekennen. Mein Vater hat sich aus seinem Unglück umgebracht und ich mache das Unglück meines Vaters zu meinem. Dabei sah ich, dass mein Vater mich als Kind sehr gerne gehabt hat."

Das ist ein typisches Beispiel für Tariki und Jiriki.

Über den NAIKAN-Prozess erkennt der Übende, dass die Schwierigkeit in der Ebene lag, dass er zu wenig Jiriki, Eigenkraft, entwickelt hatte, und erkennt auch den Wert des Tariki – die Kraft der anderen hat ihm geholfen. Tariki erkannte er im Handeln seiner Frau, seines Kindes und anderer. Es geht jedoch auch um Eigenkraft – er muss aufgrund seines Krankheitsbildes die Jiriki-Kraft mehr forcieren. Dabei darf er natürlich die Tariki-Kraft, eben das Sein der anderen für ihn, nicht vergessen. In seiner Pflege des täglichen NAIKANs kann er das auch umsetzen.

Wenn Menschen sich zu sehr auf den „Glauben" verlassen ohne zu tun, so heißt das nicht, dass sie Tariki verstehen. Beim tiefen NAIKAN entdecken die Menschen immer einen Teil Selbstbezogenheit, der jedoch auch im überbetonten Tariki-Bewusstsein liegen kann und nicht unbedingt aus dem Jiriki-Bewusstsein kommen muss.

Satori lässt sich beim Zazen nicht dadurch verwirklichen, dass der Übende zwischen Tariki und Jiriki unterscheidet. Tut er das, so diskutiert er über den Weg. Satori ist der Weg und das Ziel. Dôgen Zenji (23) sagte in seiner „Unterweisung in Zen" 1243 zu den Mönchen von Kippôji: „Dies ist der erhabene Weg des Zazen. Zazen ist nicht das Mittel zur Erleuchtung, Zazen selbst ist das vollendete Handeln Buddhas. Zazen ist reine, natürliche Erleuchtung."

NAIKAN lässt uns erkennen, dass unser Geist zwischen Weg und Ziel unterscheidet, und dadurch das Problem schafft. Der Schritt aus der Erkenntnis bedeutet, das

Erkannte aus NAIKAN umzusetzen. Jiriki und Tariki sind eins, und NAIKAN lehrt uns, diese Erkenntnis zu transformieren ins gelebte NAIKAN.

NAIKAN fördert immer den Teil für die Menschen zutage, der ihnen in der Selbstarbeit zu entwischen droht. NAIKAN bevorzugt keine Richtung, weder die der Hinwendung noch die der Selbstkraft. NAIKAN ist der Spiegel, und ob sich jemand aus Eigenkraft oder der Kraft der Anderen im Spiegelbild wahrnimmt, ist der NAIKAN-Methode egal. Ein Spiegelbild bewirkt von sich aus grundsätzlich nichts, außer wiederzugeben.

Verhält sich der Leiter des NAIKANs nach dieser Erkenntnis, so spielt die Kultur, in der NAIKAN durchgeführt wird, keine Rolle für den Prozess. Dies zeigen auch die Ausführungen von Prof. Ishii zu Beginn des Buches.

Zweitens:

Zum Punkt NAIKAN-Praxis in Australien: Herr Phillips geht von seinen Erfahrungen aus, die er bei Reiunken Shue Usami und seiner Frau in Senkobo gemacht hat. Hierzu ist zu sagen, dass zumindest von der Form her in Senkobo nie klassisches NAIKAN durchgeführt wurde. Die Handhabung in Senkobo war so, dass die dritte Frage immer etwas betont wurde, außerdem wurde Zazen praktiziert. Die Übenden saßen oft mit dem Rücken offen in den Raum, sie verbanden sich auch manchmal die Augen zur besseren Konzentration. Dies gab es im Zentrum des Begründers nie. Lernt also ein Zen-Laienmönch NAIKAN in einem Zen- bzw. Shin-Tempel kennen, so färbt das sicher ab, zumindest in der Wahrnehmung der äußeren Form.

Auch Yoshimoto-Sensei förderte noch gewisse Dinge, die in einem heutigen klassischen NAIKAN-Zentrum, etwa in Hokuriku, dem Zentrum von Nagashima-Sensei, meines Wissens nicht mehr zur Anwendung kommen.

Und hier bin ich beim zentralen Punkt angelangt!

Sowohl Usami Roshi und Yoshimoto-Sensei haben im Umgang mit der Schuldfrage ein zutiefst Shin-behaftetes Verhalten gezeigt. Natürlich konnte das den NAIKAN-Prozess vertiefen, aber ich würde das aus meinem heutigen Standpunkt dem klassischen NAIKAN gegenüber nicht so, wie die beiden es taten, vertreten. Hier geht es um das Fördern der Schuld. In Japan wird Schuld als positiv gesehen, im dem Sinne, dass aus Schulderkenntnis Veränderung erwächst, und Erkenntnis der erste Schritt für Veränderung ist. Im Shin-Buddhismus geht es auch noch weiter, hier wird das Schuldfühlen noch tiefer kultiviert, mit dem Aspekt: Um so größer die Schuldeinsicht, desto tiefer die Hinwendung, um so kräftiger das Üben, desto mehr Erkenntnis ist möglich.

Es sollte nicht aus den Augen verloren werden, dass die Verdichtung der Schuldeinsicht und das Vertiefen der Schuld, wenn man sie beim NAIKAN fühlt, eine innere Reinigung bewirkt. Usami Roshi wie auch Yoshimoto-Sensei gingen jedoch beide vom traditionellen Shin aus, wenn sie zum Beispiel die Schuld, die sich jemand mittels der dritten Frage eingestand, noch mehr durch ihr Verhalten verdichteten. Eine solche Intervention wäre beispielsweise zu sagen: „Nun sieh, was für ein grausiger Mensch du warst. Und trotzdem hat Amida-Buddha oder haben stellvertretend die Eltern alles für dich getan." Mit solchen oder ähnlichen Worten wollten Usami Roshi oder Yoshimoto-

Sensei neuer Egozentrik einen Riegel vorschieben. Der Übende soll im Erkenntnis- bzw. Reinigungsprozess noch tiefer gehen.

Nur: Das ist nicht klassisches NAIKAN, wie wir es heute kennen! Denn ein klassischer NAIKAN-Leiter gibt keine Kommentare, die in eine wertende Richtung führen. Auch wird er sich hüten, die NAIKAN-Methode mit religiösen Aspekten anzureichern.

Es ist auch typisch, dass sich der Entwickler der Methode nicht immer an die eigene Methode gehalten hat. Das kennen wir von anderen Pionieren sehr gut. Jene, die die Regeln aufstellen, brechen sie meist selbst am liebsten.

Also für mich sind weder Yoshimoto-Sensei noch Usami Roshi klassische NAIKAN-Leiter. Yoshimoto-Sensei als Begründer der Methode kannte deren Essenz mit Sicherheit am besten. Aber er hat den Weg, den er entwickelt hat, um damit eine Möglichkeit zu schaffen, diese Essenz zu erfahren, selbst des öfteren verlassen – das hörte ich von verschiedensten Seiten. Auch Usami Roshi hält sich nicht immer an den Weg, also die klassische NAIKAN-Methode, sowohl in der äußeren Form als auch im Umgang, obwohl auch er die Essenz sicher kennt.

Wenn wir also alle Untersuchungen des Herrn Phillips betrachten, so sind sie eigentlich aufgrund seiner NAIKAN-Erfahrung in Senkobo entstanden. Das heißt, er hat eigentlich kein klassisches NAIKAN kennengelernt. Das soll nicht heißen, dass er nicht NAIKAN erfahren hat. Aber ein klassischer NAIKAN-Leiter sagt nichts zum Übenden, auch mit der Einsicht von Schuld (oder Selbstkritik, wie Herr Phillips schreibt) geht ein solcher heute anders um als die beiden großen Lehrer Usami Roshi und Yoshimoto-Sensei. Die waren eben die „Macher" des heutigen NAIKANs.

Davon ausgehend möchte ich sagen:

Es ist egal, ob auf dem Boden oder dem Sessel sitzend geübt wird. Es ist auch nicht notwendig, mehr als einen Leiter oder Leiterin beim NAIKAN zu haben – aber schön und bereichernd kann es sein. Zusätzliche Übungen sind nicht notwendig. Wenn der Leiter klarer Spiegel ist und sonst nichts, dann funktioniert NAIKAN sicher.

Menschen können auch einzeln gut NAIKAN üben – natürlich hat eine Gruppe oft positive Aspekte, wie Herr Phillips das beschreibt. NAIKAN kann man jedoch auch in einem Stollen aus Beton ganz alleine machen. Um sich im Spiegel zu sehen, bedarf es der eigenen Augen und eines Spiegels. Die drei NAIKAN-Fragen und die eigene Lebensgeschichte plus ein möglichst neutraler NAIKAN-Leiter, der sich selber immer wieder in den Spiegel sieht, genügen meiner Meinung nach.

Unabhängig davon, welches kulturelle Umfeld den Kopf des Übenden bestimmt, dessen Augen in den Spiegel blicken, es geht im NAIKAN um die tatsächlichen Dinge und Handlungen. Ob ich beim Prüfen feststelle, dass ich als Österreicher eine Nudelsuppe bekommen habe, als Japaner eine Misosuppe oder als Italiener eine Minestrone – es geht um die gleiche Sache in verschiedener Form. Nicht Miso-, Nudelsuppe oder Minestrone sind die Essenz, sondern dass wir wahrnehmen, dass wir etwas bekommen haben.

Die Essenz aus der beobachteten Beobachtung

Es scheint ratsam, dass sich NAIKAN durch verschiedene Menschen in verschiedenem Umfeld etabliert. Die Vielfalt bürgt für Qualität. Wenn in Australien einmal vier, fünf verschiedene Zentren existieren und die Leiter dieser Zentren bei verschiedenen anderen Leitern und bei ihren Kollegen selbst NAIKAN geübt haben, dann kann sich die NAIKAN-Methode zur vollen Blüte entfalten.

Wir in Europa haben genau diese Ebene erreicht und beginnen langsam, die Früchte zu ernten. In Europa gibt es mittlerweile mehrere NAIKAN-Zentren. Um das Bild der Suppe und den verschiedenen Geschmacksrichtungen weiterzuspinnen: Je nach Zentrum, Leiter und Teilnehmer ist es in Europa möglich, die „Lebenssuppe" NAIKAN verschieden im Geschmack aus Tellern oder Schüsseln zu essen. Aber man darf nie vergessen, dass der Geschmack der Suppe nicht von Tellern und Schüsseln abhängig ist und dass aus einer Suppe niemals Kartoffelpüree werden kann.

Dass die Essenz erhalten bleibt, hängt nur bedingt von Informationen und deren Austausch ab. Viel wichtiger erscheint mir das direkte Üben von NAIKAN innerhalb und außerhalb der Zentren!

3 WARUM, WESHALB, WOZU?

1. DER NAIKAN-LEITER

von Josef Hartl

Es kann natürlich auch die NAIKAN-Leiterin heißen.

Aufgrund meines Verständnisses hat diese Funktion zwei Ebenen. Eine Ebene ist die *leitende*, eine andere die *begleitende*. Je nach Bewusstseinsstand des Übenden variieren wir in unserer Funktion zwischen Begleiter und Leiter. Wenn wir als Leiter fungieren, verlieren wir in unserem Sein NIE die Ebene des Begleitens!

In letzter Konsequenz ist der NAIKAN-Leiter der Diener des NAIKAN. Er dient in seiner Haltung und in seinem Tun dem Menschen, der sich entschlossen hat, mittels der NAIKAN-Methode Erkenntnis zu suchen. Oder um es wertungsfreier auszudrücken: der die NAIKAN-Methode für sich in Anspruch nimmt.

Das bedeutet erstens: Die strukturellen Gegebenheiten müssen geschaffen werden, die für das NAIKAN-Üben notwendig sind. Das sind wenn möglich ruhige Räume und eine bestmögliche Versorgung für das leibliche Wohl. Optimal ist, wenn jemand die Küche führt, der selbst bereits NAIKAN gemacht hat. Ich koche seit Jahren selbst für die NAIKAN-Teilnehmer. Soweit dies aufgrund der Teilnehmerzahl möglich ist, koche ich noch immer am liebsten selbst für die Übenden.

Der Leiter hat weiters die Aufgabe, alle Gegebenheiten, die störend sein könnten, schon im Vorfeld abzuklären. Etwa, dass während einer NAIKAN-Woche nicht telefoniert werden sollte, auch nicht mit Kindern oder Partnern.

Ich hatte zum Beispiel einmal eine Teilnehmerin (Alleinerzieherin), deren Kind (eine elfjährige Tochter) während ihrer NAIKAN-Woche zu den Eltern in eine 40 Kilometer entfernte Stadt zog. Daher fuhr die Tochter morgens mit dem Zug zur Schule und nach der Schule wieder zu ihren Großeltern. Die Teilnehmerin machte sich Sorgen. Um sie zu beruhigen, dass ihr Kind in Sicherheit war, dabei aber trotzdem den NAIKAN-Prozess nicht zu stören, rief ich allabendlich bei den Großeltern an und versicherte mich, dass alles in Ordnung war mit der Enkelin. Beim letzten Gespräch am Abend teilte ich der Teilnehmerin kurz mit: „Es geht Deiner Tochter gut." Das hatten wir vor Beginn des NAIKAN so vereinbart. Mit jedem Tag, an dem ich der Teilnehmerin die „Sicherheitsbotschaft" überbringen konnte, wurde mein Gefühl dabei schöner. Ich freute mich über den Umstand, der Mutter eine beruhigende, „alles OK" Botschaft geben zu können. Das Mitteilen wurde zu einer unterstützenden, warmen Sache für den NAIKAN-Prozess der Teilnehmerin.

Dass ein NAIKAN-Leiter solche und ähnliche Ereignisse, Gegebenheiten etc. nicht als Belästigung sieht, sondern eben eine tiefe Ebene des Verständnisses für die „Bedürfnisse" seiner Teilnehmer entwickelt hat, ist wichtiger Bestandteil, um in Wärme begleiten zu können.

Weiters besteht oftmals die Notwendigkeit, die Teilnehmer ins NAIKAN zu führen. Wie dies tatsächlich geschieht, hat mit dem Umgang des NAIKAN-Leiters mit der Leiter- und Begleiterfunktion zu tun. Ziel des Leiters beim Hinführen zum NAIKAN sollte sein, die Ebene des Leitens immer mehr zu verlieren, um zum Begleiter und Diener beim NAIKAN-Prozess des Übenden zu werden.

Die Funktion des Leitens

Vorausgeschickt sei, dass die Leiterfunktion nur gut funktioniert, wenn die Funktion des Begleitens oder Mitgehens – also die Ebene: Ich DARF den NAIKAN-Übenden bei seinem Prozess begleiten – im Bewusstsein des Leiters nie verschwindet.

Erstens: Der Leiter hat als erstes die äußeren Bedingungen für einen reibungslosen Ablauf einer NAIKAN-Woche zu schaffen.

Zweitens: Die Einführung in die Methode – wie ein Tagesablauf aussieht, welche Möglichkeiten es gibt, um „leichter" in die Erinnerung zu gelangen etc. – hat möglichst klar zu erfolgen.

Um so klarer alle Eventualitäten geklärt sind, desto „schneller" kann der Teilnehmer in den Prozess einsteigen. Auch werden auf diese Weise „Störungen", die während der Woche auftauchen könnten, von Anfang an möglichst vermieden. Dazu sage ich: alle „Hemmer" des NAIKAN-Prozesses beseitigen, bei denen es möglich ist, sie von außen zu beeinflussen.

Ein Beispiel: Ich erzähle den Teilnehmern bei der Einführung, dass es ganz normal ist, wenn etwa in der Mitte der Woche daran gedacht wird, mit NAIKAN aufzuhören. Ich sage ihnen, dass etwa 70% der Teilnehmer während einer NAIKAN-Woche einmal oder auch öfters mit solchen Gedanken spielen. Dass natürlich jeder aus freien Stücken hier ist und daher natürlich jeder jederzeit gehen kann. Dass, wenn solche Gedanken geäußert werden – was man natürlich tun kann -, ich als Leiter nicht über das Hierbleiben oder Gehen diskutieren werde. Ich teile ihnen aber auch mit, dass in den letzten sechs Jahren meiner Leiter-Tätigkeit tatsächlich nur drei Personen eine NAIKAN-Woche wirklich abgebrochen haben, obwohl 70% solche Gedanken hegen.

Die Teilnehmer erschrecken dann nicht, wenn Gedanken des Aufhörens während der Woche auftauchen. Es ist normal und gehört zum Prozess. Sie versuchen dann auch nicht, mit mir zu diesem Zeitpunkt über Sinn oder nicht Sinn von NAIKAN zu diskutieren, also die Verantwortung für ihr Tun auf mich abzuschieben.

Im Gegenteil, sollte es passieren, dass der Zweifel an der Sinnhaftigkeit des augenblicklichen Tuns beim Teilnehmer anklopft, denkt er: „Aha, davon hat der Leiter also am Anfang gesprochen!"

Drittens: Manchmal passiert es, dass NAIKAN-Teilnehmer im Zuge ihres Prozesses wie vor einer Mauer stehen, ihnen absolut nichts mehr einfällt oder sie sich einfach im Kreis bewegen. Es tauchen absolute Widerstände auf, sich auf Gefühle etc. einzulassen. Es kann auch sein, dass sie Verhaltensweisen bzw. Gefühle wie Zorn, Ärger, Trauer usw. nach außen spiegeln, ohne sie wirklich bei sich wahrzunehmen.

Passieren solche Dinge und der Leiter nimmt sie wahr, werden manchmal vom Leiter Übungen gegeben, um dem Teilnehmer zu helfen, dies klarer sehen und an sich erkennen zu können. Diese Übungen sind sehr individuell, sie entstehen auch oft während des Prozesses, oder sie werden vom Leiter spontan entwickelt.

Wie solche Übungen aussehen und ablaufen, möchte ich hier keinesfalls beschreiben. Dies aus dem Grund, weil eine solche Beschreibung die Erwartungshaltung zukünftiger Teilnehmer fördern würde, dass man bei NAIKAN diese oder jene Übung macht. Übungen sind jedoch ausschließlich Hilfsmittel und nicht die NAIKAN-Methode selbst. Es bestünde die Gefahr, dass solche Hilfsmittel, die wie gesagt sehr individuell in Form und Einsatzgebiet sind, mit dem NAIKAN selbst verwechselt oder als unbedingt dazugehörig empfunden werden. Das klassische NAIKAN sind die drei Fragen und das Setting, in welchem sich Menschen ihre Lebensgeschichte ansehen.

Wenn solche Übungen Anwendung finden, dann bedeutet das nicht, dass die Teilnehmer deswegen „schlecht" NAIKAN üben. Es ist lediglich eine weitere Möglichkeit, den NAIKAN-Prozess zu unterstützen.

Zu Anfang meines NAIKAN-Leitens setzte ich noch viele Übungen ein. Mit den Jahren wurden sie immer weniger. Ich schaffe es auch so, das nötige Vertrauen und die Geduld und Akzeptanz für die Teilnehmer zu haben. Aus diesem Grund, so glaube ich, werden die Übungen für „meine" NAIKAN-Teilnehmer immer weniger notwendig. So kann sich aufgrund meiner Wahrnehmung das NAIKAN bei den Teilnehmern, die ich begleite, immer mehr in der klassischen Form etablieren.

Wann ist es wichtig, die Teilnehmer „leitend" zu unterstützen?

Es birgt immer eine Gefahr, dieses leitende Unterstützen. Manchmal ist es notwendig, doch jeder „Eingriff" in die Methode gehört gut überlegt und sollte genau abgewogen werden. Die Gefahr besteht darin, die „Verantwortung für die Teilnehmer zu übernehmen". Damit ist jene Form des Verantwortung Übernehmens gemeint, bei der die Teilnehmer in eine bestimmte Richtung gewiesen, zu Bewertungen verleitet werden. Manchmal genügt schon ein Wort von seiten des Leiters, das den Teilnehmer in eine bestimmte Richtung, in die Bewertung führt. Sicherer für den gesamten Prozess ist es, wenn die Leiter im Zweifelsfall nichts sagen.

Es ist klar, dass die Leiter Interventionen setzen. Eine Intervention (also ein Eingriff, ein Eingreifen) beginnt bereits damit, ob ich eine grüne oder braune Weste trage, ob ich die Teilnehmer beim Gespräch ansehe oder zu Boden blicke. Denn schon diese einfachen

Dinge haben Wirkung auf die Teilnehmer, ob ich sie nun bewusst einsetze oder nicht. Wenn die Leiter Interventionen setzen, so ist dabei das höchste Ziel: den nächsten Raum in der Wahrnehmung des Teilnehmers zu öffnen und dabei keinesfalls ein Bewertungsmuster zu stärken.

Also hat der Leiter die Aufgabe zu *leiten*, indem er den Teilnehmern unter anderem auch Anweisungen, Hinweise gibt, die als Hilfestellung beim NAIKAN-Üben dienen. Dabei übernimmt der Leiter jedoch weder die „Arbeit" für den Teilnehmer, noch sagt er ihm, wie diese Arbeit auszusehen hat oder wie sie durchzuführen ist.

Wie das gemacht wird, das ist die schwierigste Aufgabe, die ein NAIKAN-Leiter zu bewältigen hat. Es ist auch für mich als Autor die schwierigste Aufgabe, das in Worte zu fassen.

An dieser Stelle geht es von der ersten Ebene, dem Leiten, in die zweite Ebene, in die des NAIKAN-Begleitens.

Die Funktion des Begleitens

Im letzten Jahresprogramm des NAIKIDO ZENTRUMs beschrieb ich die Funktion des NAIKAN-Leitens wie folgt:

„Diese Begleitung erfolgt ohne erhobenen Zeigefinger, ohne theoretisierende Analyse des Mitgeteilten. Wir begleiten Menschen mit Verständnis in unserem Geist und unserem Herzen. Diese Art des Begleitens geht weit über das empathische Hinwenden und Zuhören – wie das als Begriff in der Psychotherapie oft benannt wird – hinaus. Die wichtigste Voraussetzung für NAIKAN-Leiter (Begleiter) ist die eigene NAIKAN-Erfahrung und die Bereitschaft , diese immer wieder „frisch" zu halten. Das heißt, die Erfahrungen aus unserem eigenen Innenschau-Prozess in unser alltägliches Handeln zu integrieren und ein wirkliches und tiefes Verständnis für das Menschsein mit all seinen Ausprägungen in unserem Wesen zu kultivieren.

So sehen wir uns auch nicht als Mistkübel von psychischem Müll, wenn wir von Leid, Missachtung und ähnlichem erfahren. Wir brauchen uns auch nicht vom Menschen „abgrenzen", da NAIKAN als Methode an sich die „positiven" Anteile im Übenden anspricht und stark an die Selbstverantwortung appelliert. NAIKAN spricht den „gesunden" Teil der Seele an, um den „kranken" Teil (falls einer vorhanden ist) lassen zu können.

So besehen ist für uns die Aufgabe, Menschen in ihrer Innenschaureise zu begleiten, eine der schönsten und „aufregendsten" Arbeiten, die uns das Leben bieten kann. NAIKAN-Leiter zu sein sehen wir mehr als Berufung denn als Beruf, man muss den Menschen wirklich gernhaben, um diese Arbeit in fundierter und qualitätsvoller Art zu tun. Ohne dieses Hingezogensein zu dieser Arbeit würde man auch die langjährigen Prozesse der tiefen Auseinandersetzung mit sich selber nicht bewältigen, die eine Ausbildung zum NAIKAN-Leiter von jedem fordern."

Ich denke, dem gibt es noch einiges hinzuzufügen, obwohl es die Sache schon auf den Punkt bringt.

Als Leiter von NAIKAN-Prozessen kann ich mich einfach nicht sehen. Der Prozess, den Menschen machen, wenn sie die NAIKAN-Methode als Form der tiefen inneren

Auseinandersetzung wählen, kann unmöglich *geleitet* werden. Dieser Prozess kann nur in Achtung und Respekt, voll der Liebe für uns Menschen in diesem Dasein *begleitet* werden.

Um so tiefer unsere Achtung, Liebe und ich sage: Demut gegenüber diesem alles durchdringenden, grenzenlosen Dasein ist, desto mehr nehmen wir wirklichen „Einfluss" auf den Prozess der Übenden.

Das heißt, das Leiten des NAIKAN-Prozesses hat im Grunde nur etwas mit dem Verständnis unseres Daseins – also unseres eigenen Prozesses im NAIKAN – zu tun. Die Tiefe des NAIKAN-Leiters, in die er in seinem NAIKAN-Prozess vorgedrungen ist, entscheidet über die Qualität der Begleitung und ist somit die indirekte „Einflussnahme" beim NAIKAN-Prozess des Teilnehmers.

So hat also das Leiten und Begleiten einen tiefen Zusammenhang. Sie sind untrennbar über unsere eigene Erfahrung als Mensch in Verbindung.

So lange ein NAIKAN-Leiter sein Verhalten von Be- und Verurteilungen seinerseits abhängig macht, greift er unmittelbar störend in den Prozess des Teilnehmers ein. Das heißt nicht, dass ein NAIKAN-Leiter nicht be- und verurteilen darf. Es geht hier um die Frage, ob der Leiter sein Verhalten nach seinen Be- und Verurteilungen richtet, während er Menschen im NAIKAN begleitet. Wie weit die Erfahrung des Leiters ausgereift ist und er gelernt hat, seine persönlichen Ansichten wegzugeben, um Menschen einfach in ihrem Sein lassen zu können, darauf kommt es an. Denn dass es in einer Art immer eine Ebene des Bewertens in uns gibt, ist klar. Dass wir aber auch lernen können, nicht in unseren Bewertungen gefangen zu sein, bestätigen mir seit Jahren die Teilnehmer an NAIKAN-Wochen, die ich leite.

Das möchte ich mit einem anschaulichen Beispiel noch verdeutlichen:

Ich kann meiner Frau beim Stricken eines Pullovers für eines unserer Kinder zusehen. Weil ich neben meiner Frau sitze und ihr zusehe, fühlt sie sich wohl. Sie bemerkt, dass ich mich freue über die Tatsache, dass sie einen Pullover für unser Kind strickt. Beide freuen wir uns, nebeneinander zu sitzen, schweigend genießen wir den Augenblick des Strickens, des Sitzens und einfach Daseins. Da bemerke ich, dass meine Frau einen krummen Rücken macht beim Stricken und erinnere mich, dass ich, wenn ich so sitze, meist Kreuzschmerzen bekomme und mich im rechten Arm verspanne.

Wäre das aufgrund der Haltung meiner Frau auch der Fall, so könnte es sein, dass sie aufhören müsste, den Pullover für unser Kind zu stricken. Es könnten ihr auch Fehler unterlaufen. Sie könnte sich unwohl fühlen etc. Doch da sie so tief in ihre Tätigkeit versunken ist, bemerkt sie all das nicht. Ich als Außenstehender registriere das aufgrund meiner Erfahrung und meiner Position.

Das Gefühl der Freude im Sein ist noch immer das gleiche zwischen mir und meiner Frau. Ich sage nur: „Ich glaube, du sitzt nicht optimal." Meine Frau verändert die Haltung nach ihrem Empfinden und strickt entspannter weiter. Sie hat weder das Gefühl, dass ich einen Eingriff in ihr Sein getan habe, noch dass ich etwas für sie erledigt hätte. Und trotzdem war ich ihr soeben eine Hilfestellung, das weiß sie auch. Sie kann sich als mein Partner hundertprozentig auf mich verlassen. Trotzdem werde ich nie stricken lernen, das weiß sie auch.

Ich denke auch nicht, dass meine Frau „falsch" gesessen ist oder dass sie wegen ihrer Haltung dumm oder ein schlechter Mensch wäre. Ja, vielleicht denke ich, sie ist unaufmerksam etc., ich sage jedoch auch das nächste Mal nur: „Ich glaube, du sitzt nicht optimal."

Damit teile ich meine Wahrnehmung mit, ohne auf meine Bewertung hereinzufallen, noch die Arbeit zu tun, ohne das Vertrauen in die Partnerschaft zu untergraben und das gute Gefühl zu verlieren.

So wie der eben beschriebene Prozess zwischen meiner strickenden Frau und mir als Zuseher, Unterstützer, basierend auf meiner eigenen Erfahrung, abläuft, so sollte ein NAIKAN-Prozess zwischen Teilnehmer und Leiter verlaufen.

Der Leiter hat die Aufgabe des Tuns im Nicht-Tun. Dieses Tun im Nicht-Tun kann nur über eine innere Haltung, die nichts „Intellektuelles" als Nährboden besitzt, bewirkt werden. Öffnen des Herzens, mitfühlende Weisheit, Demut und Achtung fallen mir hier als Begriffe für diese Haltung ein.

Leiten und begleiten und: NAIKAN üben

Das NAIKAN-Leiten umfasst also die Ebenen des Leitens und Begleitens. Je nach Anforderung dem Prozess und dem Teilnehmer entsprechend, sollte der Leiter die Fähigkeit besitzen, das eine oder andere mehr wahrzunehmen, ohne dabei zum Chamäleon zu werden. Das kann nur über das „wahrhafte" Sein des Leiters bewerkstelligt werden.

Das NAIKAN-Leiten hat, und das sehe ich als wichtigstes Moment, vor allem etwas mit dem NAIKAN-Üben des NAIKAN-Leiters selbst zu tun. Es gibt meiner Ansicht nach keine fertigen NAIKAN-Leiter. Es gibt nur Leiter auf dem Weg. Und wie lautet ein chinesischer Spruch: Der Weg ist das Ziel.

Der NAIKAN-Leiter leitet und begleitet, wobei zweiteres immer in seiner Haltung gegenüber dem Übenden vorhanden sein sollte. Was passiert aber, wenn der Teilnehmer in einen Bereich geht, den der Leiter nicht kennt?

Hier wird das Vertrauen des Leiters in die „grundsätzliche Vollkommenheit des Menschen" angenommen. Besitzt der Leiter aufgrund seiner eigenen Erfahrungen dieses Vertrauen ins Dasein als Vollkommenes und in den Menschen als Wesen, das seinen Weg intuitiv weiß, so wird der Übende das Gefühl des Verlassenseins nicht erleben. Hat der Leiter diese Ebene in sich nicht erschlossen, so wird er vielleicht weiter *begleiten*, aber es gibt an diesem Punkt keine *Leitung* mehr. In diesem Fall wäre dem Leiter zu empfehlen, sich sehr schnell hinter den NAIKAN-Schirm zu begeben und zu versuchen, im eigenen NAIKAN tiefer in diese Ebene vorzudringen.

Eine Form des NAIKAN-Übens ist sicher auch das NAIKAN-Leiten. Der NAIKAN-Leiter sollte die „Feinheiten" des Seins bis in einen doch sehr tiefen klaren Raum erschlossen haben. Normalerweise ist dem auch so. Denn, so ist die Erfahrung, aus diesem Erfahrungsbereich kommt die Motivation, Menschen bei diesen tiefen Prozessen zu begleiten. NAIKAN-Leiten ist ein Beruf, zu dem es Berufung braucht.

Und verspürt der einzelne diese Berufung, so wird er im Laufe seiner Ausbildung noch oft und tief geprüft im Hinblick auf diese Berufung. Es gibt dazu eine jahrelange Ausbildung, bei der das NAIKAN-Üben den wichtigsten Stellenwert einnimmt. Es besteht jedoch grundsätzlich die Möglichkeit, dass ein Teilnehmer an einer NAIKAN-Woche aufgrund seines Bewusstseinszustandes durchaus in Lage sein kann, nachher sogleich NAIKAN zu leiten.

Der Begründer der Methode soll gesagt haben: „Wenn jemand wirklich NAIKAN geübt hat, kann er auch NAIKAN begleiten." Ich möchte das nicht in Abrede stellen, doch in der Regel ist es nicht so, dass nach einer Woche NAIKAN-Übung Teilnehmer NAIKAN zu leiten beginnen. Und was bedeutet es, „wirklich" NAIKAN geübt zu haben? NAIKAN hat kein Ende, es geht immer tiefer, wie wir wissen. Der Weg ist das Ziel, und dies gilt auch für die Leiter.

So lange das von den NAIKAN-Leitern beachtet wird, werden sie auch als Leiter weiter NAIKAN praktizieren, anders ist es für mich nicht vorstellbar. Auf diese Weise hat die Methode meiner Meinung nach in sich selbst die besten Schutzmechanismen. Auf diese vertraue ich als Leiter wie auch als Übender des NAIKAN.

NAIKAN zieht NAIKAN an. Ein NAIKAN-Leiter ohne die Haltung des Begleiters in seinem Wesen wird nicht lange NAIKAN-Teilnehmer vorfinden, um seinen Beruf ausüben zu können. Die Haltung des Begleitens im Wesen des NAIKAN-Leiters entspringt einer Ebene im NAIKAN-Prozess, der auch das Gefühl der Berufung zum Leiter entspringt. Verliert ein Leiter die Berufung, dann verliert er gleichzeitig die begleitende Haltung und den Sinn für seinen Beruf. Das ist der allerbeste Schutzmechanismus für die NAIKAN-Teilnehmer und die NAIKAN-Leiter, sowie für die Methode selbst!

2. Menschen wählen NAIKAN: Warum?

von Josef Hartl

Wenn jetzt der Tod eintritt, wohin gehst Du?

Diese Frage stellte der NAIKAN-Begründer Ishin Yoshimoto-Sensei vielen Menschen. Es war sozusagen seine Lieblingsfrage. Auf der ganzen Erde stellen sich Menschen diese Frage, dann und wann einmal, vielleicht nicht so direkt wie Herr Yoshimoto, aber doch.

Das Leben selbst ist es, das uns diese Frage stellt – manchmal sehr direkt, so direkt wie Yoshimoto-Sensei. Da kommt ein Mann nach Hause und erfährt, dass eine Stunde zuvor seine 48-jährige Frau ins Krankenhaus eingeliefert wurde. Diagnose: Schlaganfall, und seine Frau, von der er sich an diesem Morgen nicht einmal verabschiedet hat, da sie noch geschlafen hatte, stirbt neun Tage später. Sie erwachte nicht mehr aus dem Tiefschlaf, in den sie die Ärzte als letztes Mittel versetzt haben. Wo ist sie hingegangen und was macht der Mann mit seinen drei Kindern? Hat er etwas verbäumt in der Beziehung zu seiner Partnerin oder war es für ihn okay, sich so zu „trennen"?

Das Leben hat eine Frage gestellt. Jeder von uns weiß es. Jeder von uns spürt es. Aber wir haben diese Frage nicht beantwortet, meistens zumindest nicht. Ist sie so schwierig, dass wir – weil wir keine Lösung zu finden scheinen – die Antwort nicht mit Sicherheit wissen, sie verdrängen müssen? Oder stellen wir die Frage einfach nicht mehr und überlassen es den anderen oder dem Glauben, eine Antwort zu finden?

Wie ist das mit Ihnen? Wissen Sie, wo Sie hingehen, wenn Ihnen zufälligerweise ein Wagen mit 120 Sachen auf der Autobahn reinknallt und Sie es nicht überleben? Es kann jedem passieren, oder? Wieviel Zeit haben wir als Menschen wirklich? Ich habe noch von keinem Menschen gehört, der sich überlebt hat! Sie etwa?

Also, sollte Ihnen das zu aggressiv sein, liebe Leser, so muss ich Ihnen sagen: Ich spreche von der Realität. Jeder Mensch mit Körper, Knochen, Haut und Haaren wird früher oder später sterben. Knochen, Haut und Haare werden sich auflösen. Der Körper wird sich transformieren. Wo gehen wir dann hin und was ist dann?

Wir können auch anders fragen: Was ist unsere Bestimmung? Wozu leben wir? Ergibt das ganze einen Sinn? Hat das Dasein einen Sinn?

Oder wir wandeln die Frage noch einmal und stellen sie so: Passt es so für mich, wie ich lebe? Bin ich aufmerksam genug gegenüber mir selbst sowie allen anderen Menschen und Dingen meiner Umgebung? Will ich eigentlich so leben? Kann ich in Ruhe, voller Zuversicht und Zufriedenheit aus dem Leben gehen?

Weißt du, wo du hingehst, wenn du stirbst? Jeder, der diese Frage nicht beantworten kann, hat einen wirklichen Grund, mit der NAIKAN-Methode an sich zu „arbeiten". Jeder Mensch, der keine wirkliche Antwort gefunden hat, die zweifelsfrei, tief aus seinem Herzen, ohne jegliche Frage übrig lassend sein muss, ist ein potentieller „Kandidat" für NAIKAN.

Warum also wählen Menschen NAIKAN?

Die Suchenden wählen NAIKAN, weil sie zu finden hoffen. Die Ängstlichen wählen NAIKAN, weil sie ihre Angst verlieren wollen, und die Mutigen, weil sie sich ihren Mut beweisen können.

Jene, die leiden, wählen NAIKAN, um sich von ihrem Leiden zu befreien.

Die Bedächtigen wählen NAIKAN, weil sie um die Kurzlebigkeit eines Menschenlebens wissen und sich nicht vom Zerfall überraschen lassen wollen.

Ja, und die Weisen streben nach immer tieferem Wissen und sehen im NAIKAN eine Möglichkeit, ihren Weg dahin fortzusetzen.

Die Leidenden, oder: NAIKAN als Therapie

Als ich vor Jahren das erste Mal Japan besuchte, überraschten mich weder der Großstadtmoloch Tokyo, noch die sogenannte High-Tech-Gesellschaft neben dem traditionellen Japan der Schreine (24) und Tempel. Worüber ich wirklich staunte, waren die Menschen und ihre therapeutischen Berufe, die ich beim Nationalen NAIKAN Kongress in Sendai traf. Ich hatte gehört davon, wusste auch, dass es hier in Japan so war, wirklich jedoch wurde mir das ganze erst beim Abendessen mit zwei Krankenhauschefs, zwei Psychologieprofessoren, einem Psychoanalytiker und meinem Lehrer Prof. Ishii bewusst. Alle genannten Personen waren auch NAIKAN-Leiter und selbst NAIKAN-Erfahrene. Da blieb mir „kleinem" Europäer, der zur damaligen Zeit bei etwa 40 Menschen pro Jahr NAIKAN begleitete, die Spucke weg.

Herr Takahiro Takemoto war Chef des Ibusuki Takemoto Krankenhauses, einem privaten Hospital mit 200 Betten, in dem speziell mit Süchtigen (Alkoholikern) und alten Menschen gearbeitet wurde. Er erzählte mir, dass es ein eigenes Haus für NAIKAN im Spitalsareal gab, eben ein NAIKAN-Zentrum im Krankenhaus. 30 seiner Mitarbeiter, Krankenschwestern und Pfleger, Ärzte, Psychotherapeuten und er selbst leiteten auch NAIKAN.

Dr. Kusano war Chef des öffentlichen Psychiatrischen Krankenhauses in Toyama, das etwa 700 Betten an Kapazität fasst. Er meinte, dass bei Süchtigen, häufig auch bei Depressiven oder Menschen mit anderen seelischen Störungen sehr viel mit der NAIKAN-Therapie gearbeitet würde, bei Alkoholikern seit vielen Jahren ausschließlich mit NAIKAN. Es fänden wöchentlich NAIKAN-Informationsabende statt, auch für Angehörige, und das Krankenhaus arbeitete auch eng mit dem nahegelegenen NAIKAN-Zentrum Hokuriku unter der Leitung von Masahiro Nagashima zusammen. Es würden Patienten zum NAIKAN hingeschickt und auch zur Nachbetreuung. Im Krankenhaus selbst gäbe es speziell für Krankenschwestern und Ärzte die Möglichkeit, eine Ausbildung zum NAIKAN-Leiter zu absolvieren – dies in NAIKAN-Zentren und vor allem über das selbst Erfahren, den eigenen NAIKAN-Prozess.

Bei diesem Abendessen damals in Sendai wurde mir die Dimension, die NAIKAN in Japan Anfang der 90er Jahre angenommen hatte, zum ersten Mal wirklich klar. Aus Erzählungen wusste ich von meinem Lehrer über die therapeutische Bedeutung von NAIKAN, die Realität jedoch traf mich hart. Ein Drittel der Anwesenden bei diesem Kongress und mehr waren Vertreter der NAIKAN-Therapie. Das bedeutete, dass sie selber NAIKAN übten und bei Menschen mit seelischen Störungen NAIKAN leiteten.

Frau Ueno (Oberschwester im Sapporo Ohta Krankenhaus) etwa führte mit verhaltensgestörten Jugendlichen NAIKAN-Therapie durch. Herr und Frau Miki, er Psychologieprofessor in Kyoto, sie Familientherapeutin, arbeiteten vor allem mit Familien in Krisensituationen.

An diesem Kongress kam ich aus dem Staunen nicht heraus. Eine Untersuchung aus dem Bereich Psychologie folgte der nächsten, und alle hatten mit NAIKAN und seiner therapeutischen Wirkkraft zu tun. Ich sah Videoaufzeichnungen von NAIKAN-Gesprächen, verschiedenste Bücher zu speziellen Themenkreisen in Bezug auf die Anwendung der Methode. NAIKAN wird heute in 80% der verschiedensten psychischen Krankheiten eingesetzt, von Bulimie über Folgen des sexuellen Missbrauchs bis zu Verhaltensstörungen oder Krisenintervention bei Ehe- und Partnerschaftsproblemen. Süchtige arbeiten genauso mit NAIKAN als Therapie wie Depressive, Psychosomatiker jeder Ausprägung oder Menschen mit Neurosen.

Das Leiden bringt die Menschen zum NAIKAN-Üben. Und es ist eine wirkliche Motivation, um sich mit Hilfe von NAIKAN auf sich selbst einzulassen. Dabei ist zu sagen, dass es immer „ganz normales" NAIKAN ist, das bei der NAIKAN-Therapie durchgeführt wird. Es wird jedoch speziell in den institutionellen Apparat (Krankenhaus, Pflegeheim...) und seine Rahmenbedingungen eingepasst. Viele Patienten werden auch in NAIKAN-Zentren geschickt, um dort NAIKAN zum Zwecke der Therapie durchzuführen. Hier leiten „normale" NAIKAN-Leiter ohne spezielle therapeutische Ausbildung das NAIKAN.

Die Zusammenarbeit klappt in Japan hervorragend. Aber nicht nur dort, auch bei uns in Europa gibt es schon seit langem positive Zusammenarbeit zwischen NAIKAN-Zentren und Therapeuten. Nicht selten werden uns von Ärzten, Psychotherapeuten oder auch Betreuungsinstitutionen Patienten geschickt, die bei uns ganz normal NAIKAN üben.

Ich kann mich noch sehr gut an eine meiner ersten Assistenzen im Zuge meiner Ausbildung erinnern. Sie fand bei Prof. Ishii 1986 beim ersten NAIKAN in der Drogentherapiestation Erlenhof in Oberösterreich statt, zusammen mit Franz Ritter und Helga Margreiter, meiner jetzigen Frau. Der Erlenhof ist ein gutes Beispiel, wie NAIKAN erfolgreich, zum Wohle des einzelnen Kranken in der Zusammenarbeit mit bestehenden Institutionen eingesetzt werden kann.

Lassen wir zum Abschluss dieses Themenbereiches den Leiter der Drogentherapiestation Peter K. Olbrich zu Worte kommen:

„Ausgehend von der Maxime, dass der Erfolg einer Therapie von der Vielfalt aufeinander abgestimmter adäquater „Behandlungsmöglichkeiten" abhängig ist, ist die Integration von Naikan in das therapeutische Konzept des Erlenhofes ein willkommener und zudem spektakulär anmutender Schritt in diese Richtung. Mit Naikan hoffen wir, endlich über ein Instrument zu verfügen, um dem beim Drogenabhängigen oftmals dominant in Erscheinung tretenden Formenkreis der Verantwortungslosigkeit für sich und andere (i.bes. Schuldzuweisung, Distanz zum eigenen Leben, Selbstbezogenheit, mangelndes oder fehlendes Gemeinschaftsgefühl, Selbstgerechtigkeit etc.) wirkungsvoll zu begegnen.

In den ersten Jahren von Naikan am Erlenhof verbrachten zusätzlich fast alle Mitarbeiter der Therapiestation eine Woche hinter dem Paravent und erfuhren somit diese Methode am eigenen Leib und an der eigenen Seele.

Unsere Sekretärin fotografiert alljährlich alle Klienten vor und nach Naikan und ist jedesmal wieder erstaunt, um wieviel entspannter und weicher die Gesichtszüge nach dieser einen Woche erscheinen. „Entspannt, reich beschenkt und geliebt" sind die häufigsten Aussagen der Klienten auf die Frage, wie sie sich nach Naikan fühlen. Und diese Aussagen stimmen auch mit den Naikan-Erfahrungen der Mitarbeiter überein. So gesehen scheint sich die Erwartung in diese japanische Therapieform zu erfüllen.

Dennoch wirft Naikan eine Reihe von Fragen auf. Inwieweit verträgt sich der anthropologische und methodische Ansatz konventioneller westlicher Psychotherapie, wie sie von den Mitarbeitern am Erlenhof ausgeübt wird, mit dem fernöstlichen Zugang? Wird es zu kontraproduktiver Konkurrenz zwischen der internen Therapie und Naikan kommen? Sind alle Klienten für Naikan gleichermaßen geeignet?

Bei den Klienten besteht große Angst vor der einwöchigen Isolation, oft schon Wochen vor Beginn des Naikans. Während einiger Naikans kommt es zu einer Häufung von Therapieabbrüchen. Nach absolviertem Naikan neigen Klienten dazu, es zu mystifizieren; sie unterscheiden zwischen Eingeweihten und Nichteingeweihten. Der regelmäßig auftretende Widerstand wird zum Anlass, um mit dem Naikan-Leiter eine Adaptierung der Methode, gemäß unseren speziellen Bedingungen, zu beraten.

Nach vielen Anläufen, bestmögliche Bedingungen zu schaffen, gehört Naikan heute nur für diejenigen Klienten zum Therapieprogramm, die dafür geeignet erscheinen. Es findet außerhalb des Erlenhofes im Naikan-Zentrum Salzburg für nur 2 bis maximal 3 Klienten statt. Diese nach ersten Erfahrungen durchaus glückliche Lösung ist nur durch das Entgegenkommen Roland Dicks möglich geworden, der somit nicht nur den Fortbestand von Naikan im Therapiekonzept des Erlenhofes sichert, sondern zudem zu einer nachhaltigen Qualitätssteigerung beiträgt.

Trotz konventioneller Standpunkte ist sich das Erlenhof-Team darüber einig, dass Naikan zumindest den allerbesten Rahmen für eine gründliche Auseinandersetzung mit der Vergangenheit abgibt. Die Früchte dieser Auseinandersetzung geben auch in der üblichen konventionellen Therapie eine gute Zutat ab, und sind somit keinesfalls umsonst geerntet.

Dass Naikan aber auch viel mehr sein kann, als einen guten Rahmen abzugeben, wissen wir von einigen erfolgreich rehabilitierten Klienten, für die Naikan ein wesentlicher Schlüssel zur Drogenabstinenz war.

Am Erlenhof haben seit 1986 102 Klienten und 14 Mitarbeiter Naikan gemacht. Von den Klienten waren 20 weibliche und 92 männliche Teilnehmer." (25)

Leiden am Leben und Befreiung durch NAIKAN

Der Zweifel ist eine Krankheit, die Suchen bewirkt. Ein Suchen, das sich nicht nur an der Oberfläche unseres Daseins abspielt. Ein tiefes Suchen nach wirklichen Antworten. Viele Menschen suchen heute, und viele leiden an Zweifeln.

Wir kennen diesen Umstand in Europa sehr gut: Die Antworten der gängigen Institutionen, die spezialisiert auf Suche und Zweifel sind, schmecken für viele Menschen lasch im Mund. Gott- und Wahrheitssuchende sind enttäuscht vom Umgang der Institution Kirche mit dem Thema. Häufig geht es hier nicht um das Thema, sondern um das Zementieren von Hausmacht, Einfluss usw. Viele der Arbeiter für das Thema leben am Thema vorbei oder befinden sich im Zwiespalt zwischen ihren Vorgesetzten und dem Auftrag gegenüber den Menschen, den sie spüren. Massenhafte Austritte aus gängigen Konfessionen sind die Folge. In Europa, und nicht nur hier, entsteht ein echtes spirituelles Vakuum.

Vergessen dürfen wir auch nicht die Wandlung, welche der Mensch im Zuge der Modernisierung und Aufklärung in den letzten Jahrhunderten durchgemacht hat. Das hinterlässt Spuren.

Wir befinden uns in einem enormen Wandlungsprozess, vor allem im geistigen und kommunikativen Bereich. Die Möglichkeiten sind ins Unermessliche gewachsen, aber der Mensch lebt immer noch von der Liebe, dem Mittagessen, das er im Alltag verdauen muss und dessen Reste er auf den Toiletten zurücklässt. Und unsere Scheiße stinkt trotz Computern, Globalisierungseffekt und Internet gleich, manchmal wegen der Chemie in der Nahrung noch mehr als vor hundert Jahren.

Wir erleben also enorme Spannungen – alte Weltbilder kippen, und die Geschwindigkeit unseres Lebens schafft in vielen Fällen leidende Menschen. Denn trotz all dieser tollen Dinge und Möglichkeiten in der heutigen Zeit, trotz der immensen Freiheit, gibt man den Menschen keine Antwort auf die Frage: Was ist, wenn du zerfällst? Ja, die Ansammlung von Wissen und die Möglichkeiten in unserer Zeit lassen viele Menschen noch frustrierter werden. Der Zweifel ist über diese Ansammlung von Wissen nicht zu beseitigen: Das versuchen die Menschen zu kompensieren, und die Effekte dieser Kompensationshandlungen kennen wir allzu gut. Dadurch wird ein neues Vakuum geschaffen, neue Fragen und Verhaltensmuster tauchen bei den Menschen, ihren Kindern und Enkelkindern auf. Das hat zur Folge, dass sich ein Teil der Menschen immer weiter weg bewegt von den wirklichen Fragen, vom Wesentlichen.

Aus diesen und anderen Gründen versuchen viele Menschen einen „neuen" oder „anderen" Weg und kommen ins NAIKAN. Es sind spirituell Suchende, gläubige Christen, die auch außerhalb ihrer Kirche suchen, es sind Esoteriker oder New Age Freaks. Es sind Menschen, die NAIKAN ergänzend zu ihrem Praxisweg oder ihrer Glaubensrichtung nutzen, um in ihrem Bewusstsein näher an Gott, Buddha oder wie auch immer heranzukommen.

Auch Menschen, die sich im allgemeinen nicht mit Spiritualität im herkömmlichen Sinne beschäftigen, trifft man beim NAIKAN an. Diese Menschen spüren: da ist etwas Handfestes, Gerades, Offenes. Es gibt keine Ideologie als Leitfaden und kein besonderes Programm – nur das Leben, die Lebendigkeit. Das eigene Leben als Programm für die Meditation, die in einer tiefen Schau der Kontemplation münden kann. Das spürt so mancher und bestätigt sich mittels der NAIKAN-INNENSCHAU-Übung sein ureigenes Gespür.

Denn der Mensch, der am Leben leidet, verspürt sehr genau, woran er leidet. Er leidet nicht im Sinne von Unwissenheit bezüglich seines Intellekts, sprich an seiner Dummheit, sondern im Sinne einer Unwissenheit in Bezug auf seine Wahrnehmungsfähigkeit über die Sinne. Und wenn es um wahre Kontemplation geht, werden alle Sinnestore weit geöffnet, um dann das Universum zu erfahren, so wie es ist. Dann kann das Universale auch angenommen werden, und zwar so, wie es eben ist.

Mensch und Wirtschaft

Eine der Motivationen, warum NAIKAN geübt wird, ist die klare Erkenntnis, dass NAIKAN die zwischenmenschliche Kommunikation verbessert. Dies hat natürlich immensen Einfluss auf Firmenstrukturen, die Arbeitswelt der Menschen und letztlich auf die Produktivität. Aus diesem Grund findet die NAIKAN-Methode immer mehr Anklang bei Firmen, Institutionen usw. Man lese hierzu auch im Punkt 4 Näheres zum Thema KODO-NAIKAN.

KODO-NAIKAN ist sozusagen ein NAIKAN-Kind, das speziell für Manager und Firmen entwickelt wurde.

NAIKAN schafft NAIKAN

Es gibt Christen, Buddhisten, aber sicher keine „NAIKAN-Menschen". Alles, was man sagen kann, ist: Es gibt Menschen, die NAIKAN geübt haben, und dabei ist es egal aus welcher Motivation. Diese Menschen machen mit und aus ihren Erfahrungen heraus einen Weg. Ihre Umgebung bemerkt Veränderungen, häufig besser, als es die ehemaligen Teilnehmer selbst benennen können. Diese Veränderungen werden vom Umfeld in der Regel als positiv wahrgenommen. Diese positiven Veränderungen bewegen das Umfeld – Frau, Eltern, Lebensgefährte, Arbeitskollegen usw. – selber eine Woche NAIKAN für sich in Anspruch zu nehmen. Aus diesem Grund kommt der weitaus größte Teil der Teilnehmer in eine Woche NAIKAN. Das bedeutet, NAIKAN bewirkt, dass es aus sich selbst heraus wächst.

3. NAIKAN von 8 bis 88 Jahren

von Josef Hartl

Ab wann und bis zu welchem Alter kann man NAIKAN durchführen?

Der jüngste meiner Teilnehmer war elf Jahre alt und übte einen Tag NAIKAN. Der jüngste Teilnehmer an einer NAIKAN-Woche war vierzehn Jahre alt und sein NAIKAN war ein voller Erfolg. Seine Mutter absolvierte zum gleichen Zeitpunkt ein Woche NAIKAN wie er. Dies geschah nach einem Vorgespräch mit mir und als Resultat ihrer Einsicht, was die Probleme ihres Sohnes betraf. Der Junge sniefte zu jener Zeit Benzin, rauchte und belog seine Umgebung, was das Vertrauensverhältnis in der Familie sehr belastete. Außerdem hatte er große schulische Probleme, er war auch einige Zeit in einem Heim für „schwer Erziehbare". Die Eltern waren geschieden, der Vater Alkoholiker. Die Mutter, als Alleinerzieherin auch für seine Schwester verantwortlich, war der Situation nur schwer gewachsen und teilweise trotz bestem Willen völlig überfordert.

Obwohl der Junge schwer „kämpfte", stand er die Woche durch – er schien mir von seinem Verhalten mehr im Alter von neun bis elf Jahren denn vierzehn. Nach NAIKAN schloss er die Pflichtschule positiv ab. Er wählte den Beruf des Koch-Kellners. Ich sprach mit seiner Mutter zwei Jahre nach der gemeinsamen NAIKAN-Woche der beiden.

Sie erzählte mir, dass ihr Sohn in den Monaten nach NAIKAN immer zugänglicher geworden wäre, und sie selbst immer achtsamer. Seit dem NAIKAN sniefte er nicht mehr und er hätte mit dem Rauchen aufgehört. Und dass er sich in dem Lehrberuf, den er gewählt hätte, sehr wohl fühle. Die Mutter hatte einen neuen Lebensgefährten und strahlte bei ihrem Besuch, den sie mir abstattete, Ruhe und Zufriedenheit für mich aus. Es ging ihr offensichtlich um vieles besser als zum Zeitpunkt der NAIKAN-Woche.

Obwohl Mutter und Sohn ihre NAIKAN-Woche im gleichen Haus und zum gleichen Zeitpunkt absolviert hatten, sprachen sie währenddessen nicht miteinander und vermieden, so weit es ging, den Kontakt zueinander. Trotzdem unterstützten sie sich allein dadurch, dass sie beide gleichzeitig übten. Beide hatten sie offensichtlichen Nutzen gezogen. Es war für mich sehr schön, die sanfte Begegnung und Freude der beiden beim ersten Zusammentreffen am Ende der NAIKAN-Woche mitzuerleben. Eine für mich spürbare Spannung, die vor der Woche zwischen den beiden bestanden hatte, war jetzt nicht mehr vorhanden.

Einige Jugendliche haben in den letzten Jahren bei uns NAIKAN geübt. Ich denke, dass ungefähr ab dem zwölften Lebensjahr eine Woche NAIKAN für Jugendliche machbar ist. Hier kommt es sicher auf den Umgang der NAIKAN-Leiter mit dieser Altersstufe an.

Aus Japan ist mir bekannt, dass auch Achtjährige schon mehrere Tage NAIKAN geübt haben. Meiner Ansicht nach wirkt sich hier die japanische Kultur und der daraus resultierende Umgang mit Kindern aus.

Jedoch für Europa möchte ich sagen, dass es ab vierzehn Jahren für Jugendliche wirklich völlig unbedenklich ist, NAIKAN zu üben. Wenn sich dreizehn- bis vierzehnjährige Mädchen und Jungen auf dem Babystrich das Geld für die Drogenbeschaffung „verdienen", können sie auch NAIKAN üben. Das klingt zwar sicher für manche Ohren hart, aber es ist die Realität, ob sie uns gefällt oder nicht.

Außer der klassischen Wochenform des NAIKANs gibt es noch viele Möglichkeiten, NAIKAN für Kinder „mundgerecht zu kochen".

Lesen Sie diesbezüglich die Erfahrungen und wie so ein „Gericht" entsteht von einer ehemaligen Wochen-NAIKAN-Teilnehmerin. Eva Vittori, Jg. 1958, ist wohnhaft in Wien, geschieden, und hat eine achtjährige Tochter. Sie übte eine Woche NAIKAN 1994, 1995 und 1996 und im privaten sowie schulischen Alltag.

„NAIKAN in der Schule

Meine erste Begegnung mit NAIKAN hatte ich im Frühsommer 1994. In einer Wiener Einkaufszeitung las ich über die Methode, eine Woche hinter einem Wandschirm zu sitzen und mittels dreier Fragen über sein bisheriges Leben nachzudenken. Totaler Reizentzug – nur das Leben, drei Fragen und der NAIKAN-Leiter. Ich war fasziniert und meldete mich sofort zu einem Informationsabend an. Ich – pausenlos den Mund offen und überall mit- und dreinredend – ich würde mich eine Woche der Stille und Reflexion überlassen!

Seit diesem ersten NAIKAN war und bin ich der Meinung, dass jeder Mensch mit einem Gutschein für einmal NAIKAN auf die Welt kommen sollte. Ich habe bis jetzt insgesamt dreimal NAIKAN praktiziert und versuche auch, diese Erfahrungen in mein Alltagsleben zu integrieren. Meines Erachtens ist jede Methode nur so gut, wie sie sich auch im Alltag anwenden lässt. (Eine Prüfung, die NAIKAN ganz leicht besteht.)

In der Zwischenzeit änderte sich nicht nur meine private Situation sondern ich beschritt auch

beruflich neue Wege – ich absolvierte die Pädagogische Akademie und bin jetzt in meinem vier-
ten Jahr in einer Hauptschule tätig, in diesem Schuljahr (97/98) erstmals als Klassenvorstand.
Diese 1. Klasse mit ihren 10-jährigen Mädchen und Buben stellt für mich als Klassenvorstand
eine große Herausforderung dar. Ich fühle mich berufen, den Kindern nicht nur Englisch und
Biologie sondern auch soziale Kompetenz beizubringen.

Tägliche Streitigkeiten und Konflikte zwischen den Kindern, Bösartigkeiten und Gehässigkeiten
in kleinerem und auch größerem Umfang vereitelten alle meine Maßnahmen, ein nettes
Klassenklima zu schaffen. Bis mir klar wurde, dass alle von mir – also von außen – verordneten
Maßnahmen und Ermahnungen nichts nutzen können, da nur der einsichtige Mensch in der
Lage ist, sein Verhalten entsprechend zu verändern.

Lange Zeit spielte ich mit dem Gedanken mit den Kindern NAIKAN zu üben, aber es war
mir nicht vorstellbar, wie das in der Praxis aussehen sollte. Ich konnte doch nicht einfach die
Tische wegräumen und Wandschirme aufstellen. Doch der Gedanke ließ mir keine Ruhe mehr
und so entwickelte ich NAIKAN für die Schule.

Einmal pro Woche habe ich eine Stunde „Soziales Lernen“ am Stundenplan, wo wir schon
viele Dinge zur Konfliktbewältigung ausprobiert und geübt hatten und jetzt wollte ich diese
Zeit nutzen, um zu lernen, Konflikte erst gar nicht entstehen zu lassen.

Im Sesselkreis erklärte ich ein neues „Spiel“. Jeder sollte die Augen schließen und sich erinnern,
wobei er oder sie am Vortag jemandem geholfen hätten. Die Kinder mussten ganz konkrete
Dinge nennen: „Gestern war ich zu meiner Mutter lieb“ war zu unscharf. „Gestern ging ich
anstelle meiner Mutter mit dem Hund spazieren“ oder auch „Gestern brachte ich meiner Mutter
eine Tasse Tee ans Bett“ oder „Ich half meiner Schwester bei der Mathe-Hausübung“ waren die
Antworten, die bald kamen.

Die zweite Frage (die eigentlich die erste ist, die ich aber absichtlich als zweites vorstellte) lau-
tete: „Wer hat dir gestern geholfen“ – und wieder fanden die Kinder schnell konkrete Beispiele.

Am überraschendsten für mich war, mit welcher Scharfsicht sich die Kinder der dritten Frage
stellten. „Wem hast du gestern Schwierigkeiten bereitet?“ Schon die erste Antwort zeigte mir, dass
Kinder ganz genau verstehen, dass es sich dabei nicht um absichtliche Bösartigkeiten handelt,
sondern eben um Schwierigkeiten, die sie mitverursachen, wenn sie etwas tun oder unterlassen.
„Ich habe Ihnen Schwierigkeiten bereitet, weil ich heute das Geld vergessen habe. Jetzt müssen Sie
eine Liste führen und sich wieder daran erinnern, mich morgen danach zu fragen.“

Die Kinder waren unglaublich ehrlich und offen mit ihren Antworten und es machte ihnen
sichtlich keine Probleme darüber zu sprechen. Alle meine Befürchtungen, es könnte zu komplex
oder zu kompliziert oder peinlich für sie sein erwiesen sich als haltlos.

Seit wir öfter NAIKAN machen und die Kinder dadurch ihren eigenen Anteil an Situationen
bzw. Streitigkeiten in der Klassengemeinschaft (und wahrscheinlich auch in ihren Familien)
erkennen, hat sich das Klassenklima sehr stark verbessert. Es sinkt dadurch die „Bereitschaft“, dem
anderen die Schuld zuzuschieben, es steigt die Einsicht selbstverantwortlich zu sein.

Ein besonders nettes Erlebnis mit NAIKAN hatten wir während eines einwöchigen Projektes,
das an unserer Schule durchgeführt wurde. Die Kinder waren den ganzen Tag in verschiedenen
Arbeits- und Projektgruppen unterwegs und trafen sich immer am Ende des Schultages in der
Klasse. Ich hatte für jedes Kind einen „Selbstbeobachtungsbogen“ vorbereitet, auf dem vermerkt

werden sollte, wieweit es mit der Arbeit vorangekommen war und ob es sich noch im Zeitplan befinde. Auf diesem Formular fanden sich auch unsere drei Fragen wieder. Und so hörte man bald lautes Durcheinanderrufen durch die Klasse: „Du, Melany, was habe ich dir heute geholfen?" „Boris, wo habe ich dir heute Schwierigkeiten gemacht?" „Lena, vergiss nicht, dass ich dir heute beim Malen geholfen habe."

NAIKAN lebt in unserer Klasse. Die Kinder setzen sich mit ihrer Verantwortung auseinander. Es ist schön, in dieser Klasse Vorstand zu sein."

Wie alt dürfen Sie werden, um noch NAIKAN üben zu können?

Unser ältester NAIKAN-Teilnehmer war 82 Jahre alt. Es gibt meines Wissens in Europa auch Menschen in höherem Lebensalter, die NAIKAN geübt haben.

Das Alterskriterium für NAIKAN liegt alleine in der Tatsache, ob sich der Mensch erinnern kann oder nicht. Die Erinnerungen können ruhig etwas „verwaschen" sein, das passiert auch jungen Menschen. Über NAIKAN lernen wir, unsere Erinnerungen aufzuhellen. Das ist eigentlich eine der herausragenden Qualitäten der Methode.

Im NAIKAN betrachten wir immer wieder in aller Ruhe dieselben Zeitperioden. Dadurch erhalten Menschen wieder Gesichter, das heißt, Ereignisse werden aus der Gesamtgeschichte geschält, erhalten Farbe und Form, Gefühl und Lebendigkeit. Deshalb kann natürlich auch ein 93-jähriger Mann oder eine 80-jährige Frau NAIKAN praktizieren.

Warum, wird sich so mancher Leser fragen, soll man sich in hohem Alter sein ganzes Leben noch einmal ansehen und sich somit mit dessen Sonnen- aber natürlich auch Schattenseiten konfrontieren?

Nun, die Antwort liegt für mich klar auf der Hand: Um Resümee zu ziehen. Um, wie es der Begründer der Methode ausdrückt, die ureigene Sicherheit zu erlangen, jetzt, hier, wenn es sein muss gleich in Frieden gehen zu können. Um das eigene Leben, ob es gut oder schlecht war, im klaren Licht der Tatsachen sehen und akzeptieren zu können. Das eigene Weltbild in letzter Minute noch einmal zu hinterfragen, kann absolut sinnbringende Wirkung haben.

Gerade bei alten Menschen lassen sich immer wieder Verbitterung, Einsamkeit und Rückzug als Folge schmerzhafter Erfahrungen bemerken. Mit NAIKAN besteht auch im hohen Alter noch die Möglichkeit, diese Gefühle zu Freude und Erfüllung im Herzen zu transformieren. Mit einem solchen Herzen und ohne Angst aus dem Leben zu gehen, ist jedem Menschen zu wünschen – und der beste Grund, auch in hohem Alter NAIKAN zu praktizieren.

(1) „Sensei" bedeutet übersetzt so viel wie „Lehrer". Im Japanischen wird dem Nachnamen einer Person immer ein Zusatz beigefügt, der Ausdruck von Achtung und Respekt ist. Diese japanische Höflichkeitsform verwenden wir auch in diesem Buch, jedenfalls immer in Verbindung mit dem Namen des NAIKAN-Begründers Ishin Yoshimoto.

(2) Lexikon der östlichen Weisheitslehren (1994, S.55):

„Buddhismus, die Religion des Erwachten; eine der drei großen Weltreligionen. Sie wurde im 6.-5. Jh.v.Chr. von dem historischen Buddha Shâkyamuni begründet. Als Antwort auf die Frage nach der Ursache der Verstrickung der Wesen in den Daseinskreislauf (Samsâra) und den Möglichkeiten ihrer Aufhebung – die zentrale Frage der ind. Philosophie zu Buddhas Zeiten – verkündete er die Vier Edlen Wahrheiten, die den Kern seiner Lehre ausmachen und die er im Augenblick der Erleuchtung (Bodhi) erkannt hat. Das Leben wird von Buddha als vergänglich (Anitya), nicht-wesenhaft (Anâtman, Skandha) und daher leidhaft (Duhkha) angesehen. Die Erkenntnis dieser Drei Merkmale des Daseins (Trilakshana) stellt den Anfang des buddhist. Weges dar. Die Leidhaftigkeit des Daseins ist bedingt durch Begehren (Trishnâ) und Unwissenheit (Avidyâ), durch deren Aufhebung eine Befreiung aus dem Samsâra erreicht werden kann. Diese Verstrickung der Wesen im Daseinskreislauf wird im Buddhismus durch die Kette des Bedingten Entstehens (Pratîtya-Samatpâda) erklärt. Das Beenden des Kreislaufs bedeutet das Verwirklichen des Nirvâna.

Der Weg dazu ist gemäß den Vier Edlen Wahrheiten der Achtfache Pfad, der die Schulung in Sittlichkeit (Shîla), Meditation (Samâdhi, Dhyâna), Weisheit und Einsicht (Prajñâ) umfasst.

Diese Grundgedanken des Buddhismus finden sich in allen buddhist. Schulen wieder, werden aber unterschiedlich interpretiert und liefern die Basis für die komplexen philosoph. Systeme des Buddhismus. [...]"

In Japan werden verschiedene Richtungen des Buddhismus praktiziert. Der Jôdo-Shin-Buddhismus ist heute die bedeutendste Schule des Buddhismus.

(3) Lexikon der östlichen Weisheitslehren (1994, S.171):

„Jôdo-shin-shû, jap., wörtl.: 'Wahre Schule des Reinen Landes', kurz Shin-shû (Shin-Schule) genannt. Schule des jap. Buddhismus, die von Shinran (1173-1262) begründet, aber erst von Rennyo (1415-1499) als Schule organisiert wurde. Sie basiert auf dem Sukhâvatî-Vyûha, dessen Kern die 48 Gelübde des Buddha Amitâbha (jap. Amida) bilden. Die Essenz der Lehre des Jôdo-shin-shû ist in der Verehrungsformel für Amida (Nembutsu) enthalten, die alle Tugenden des Buddha in sich vereint. Das Rezitieren dieser Formel erlaubt dem Gläubigen, im Reinen Land des Amida wiedergeboren zu werden und Buddhaschaft zu verwirklichen, selbst wenn er schlechtes Karma angesammelt hat. Dies ist auf die Hilfe des Amida zurückzuführen. Das wichtigste Element in der Praxis ist daher der unerschütterliche Glaube an die Macht des Buddha Amida.

Das Jôdo-shin-shû kennt kein mönchisches Leben, es ist eine Laiengemeinschaft. Eine Besonderheit der Schule besteht darin, dass das Amt des Abtes des Haupttempels und damit die Funktion als Oberhaupt der Schule erblich sind.

Heute ist das Jôdô-shin-shû die bedeutendste Schule des Buddhismus in Japan und besteht aus zwei Richtungen: Ôtani und Honganji, deren Haupttempel sich beide in Kyôto befinden. Diese Teilung geht ins 17. Jh. zurück; die Trennung beruht auf der unterschiedlichen Durchführung der Rituale. Beide Richtungen unterhalten große Universitäten.

Im Unterschied zur Jôdô-shû, für die das Rezitieren von Amidas Namen wesentlich für die Stärkung des Vertrauens in Amida ist, sieht die Shin-Schule darin einen Akt der Dankbarkeit des Individuums. Diese entsteht aus der Einsicht, dass der Buddha Amida seine ganze Macht für die Rettung dieses Individuums einsetzt. In der Shin-Schule wird ausschließlich Amida verehrt, der aber nicht für rein private Interessen angerufen werden darf.

Das Jôdô-shin-shû stellt die extremste Ausformung des ,leichten Weges' dar, bei dem sich der Übende auf die ,Kraft des Anderen' (Tariki), also des Amida verlässt. Außer dem absoluten Vertrauen in Amida wird keinerlei eigene Anstrengung, die Erleuchtung zu erlangen, gefordert. Das Vertrauen und Sich-Verlassen auf Amida allein bewirken die Erlösung.

In dieser Schule wird die alte buddhist. Idee, sich der Welt so weit wie möglich anzupassen, logisch weitergeführt: Wenn die Vertreter der Schule so leben wie alle anderen Menschen auch, d.h. als Laien, vermeiden sie es, Schranken zwischen sich und der Umwelt aufzubauen. Daher neigt die Shin-Schule auch dazu, alle religiösen Regeln abzuschaffen. So ist z.B. Heirat ein Weg, am Leben des einfachen Volkes teilzuhaben und sowohl der Welt als auch dem Buddha zu dienen."

(4) Lexikon der östlichen Weisheitslehren (1994, S.106):

„Erleuchtung, damit wird in Ermangelung eines geeigneteren Ausdrucks der Sanskrit-Terminus Bodhi (wörtl. 'Erwachen') und das jap. Satori oder Kenshô übersetzt; es hat allerdings nichts mit einer optischen Lichterfahrung zu tun. Vielmehr wird der Mensch dabei in einem Nu der Leere inne, die er selbst ist – ebenso wie das gesamte Weltall Leere ist -, und die allein es ihm ermöglicht, das Wahre-Wesen aller Dinge zu begreifen. Da 'Erleuchtung' immer wieder als 'Lichterfahrung' missverstanden wird und Lichterfahrungen fälschlicherweise für 'Erleuchtung' gehalten werden, ist der deutsche Terminus 'Erwachen' vorzuziehen, der die Erfahrung treffender umschreibt. Bei der hier erfahrenen 'Leere' handelt es sich nicht um eine nichtige Leerheit, sondern um das Unwahrnehmbare, Undenkbare, Unfühlbare, Unendliche jenseits von Sein und Nicht-Sein. Die Leere ist kein Objekt, das ein Subjekt erführe, geht das Subjekt selbst doch in dieser Leerheit auf.

Die Vollkommene Erleuchtung von Shâkyamuni Buddha ist der Beginn des Buddha-Dharma, also dessen, was 'Buddhismus' genannt wird. Der Buddhismus ist eine Religion der Erleuchtung schlechthin; ohne diese Erfahrung gäbe es keinen Buddhismus.

Wenn Erleuchtung (Satori, Kenshô), ihrem Wesen nach auch stets gleich ist, so gibt es doch höchst verschiedene Grade dieser Erfahrung. Vergleichen wir den Vorgang mit dem Durchbruch durch eine Wand, so kann die Erfahrung zwischen einem winzigen Loch (einem kleinen Kenshô) und dem völligen Zunichtewerden dieser Wand wie bei der vollen Erleuchtung des Shâkyamuni Buddha und allen Graden dazwischen schwanken. Die

Unterschiede an Klarheit und Genauigkeit der Sicht sind enorm, auch wenn in beiden Fällen die gleiche Welt geschaut wird.

Dieses Beispiel macht zwar die Unterschiede deutlich, es hinkt jedoch insofern, als es die Welt der Erleuchtung wie ein Objekt erscheinen lässt, das man selbst als Subjekt wahrnimmt. Und weiterhin erweckt es den irrigen Eindruck, als sei die Welt der Erleuchtung, der Leere, des Absoluten, von der Welt der Phänomene geschieden. Das ist aber nicht der Fall. Bei einer tiefen Erfahrung wird klar, dass Leere/Phänomene, Absolutes/Relatives, völlig eins sind. Das Erleben der Wahren-Wirklichkeit ist eben das Erleben dieses Einsseins. ‚Form ist nichts als Leere, Leere ist nichts als Form‘, heißt es im Mahâprajnâpâramitâ-Hridaya-Sûtra (Herz-Sutra) – das sind nicht zwei Welten. Durch tiefe Erleuchtung wird das Ego zunichte, es stirbt. Deshalb heißt es auch im Zen: ‚Du musst einmal auf dem Kissen sterben.‘ Die Folge dieses ‚Sterbens‘, des ‚Großen Todes‘, ist das ‚Große Leben‘, ein Leben in Freiheit und Frieden.“

(5) Zitiert nach: Cassettenaufnahme eines Vortrages von Ishin Yoshimoto-Sensei über die Entstehung von NAIKAN. Deutsche Übersetzung: Prof. Akira Ishii.

(6) Morita wurde Anfang des 20. Jh. von Prof. Masatake (Shoma) Morita entwickelt. Morita entstand aus Elementen des Zen-Buddhismus und westlicher Psychotherapie. „The aim of Morita instruction is not wipe away unpleasant feelings like anxiety, fears, self-doubts, shyness and forth. Such feelings are seen to be the natural consequence of a particular person in a particular situation. The goal of therapy is to help the client accept whatever feelings occur and then to go about doing what needs to be done in the situation. When we stop struggling with the reality of our experience we become free to act sensibly and constructively to make positive changes in our immediate world.“ (Reynolds 1989, S.5 f.)

(7) Lexikon der östlichen Weisheitslehren (1994, S.15):
„Anâtman, Skrt. (Pali: Anatta), Nicht-Selbst, Nicht-Wesenhaftigkeit; eines der drei Merkmale alles Seienden (Trilakshana). Die Anâtman-Doktrin ist eine der zentralen Lehren des Buddhismus und besagt, dass kein Selbst (Âtman) im Sinne einer unvergänglichen, ewigen, einheitlichen und unabhängigen Substanz innerhalb eines individuell Seienden existiert. So ist auch das Ich im buddhist. Sinn nichts als eine der fünf Daseinsgruppen (Skandha) zusammengesetzte, vergängliche und veränderliche, daher leidhafte empirische Persönlichkeit. [...]“

(8) Gottmann in: Zundel, Edith/ Fittkau, Bernd: Spirituelle Wege und Transpersonale Psychotherapie. 1989, S.93

(9) Lexikon der östlichen Weisheitslehren (1994, S.343):
„Shîla (Sîla), Skrt. (Pali: Sîla), ‘Verpflichtungen, Gebote’; bezeichnet die ethischen Richtlinien, die im Buddhismus das Verhalten von Mönchen, Nonnen und Laien bestimmen und die die Voraussetzung für jeden Fortschritt auf dem Weg zum Erwachen (Bodhi) bilden. Die zehn Shîlas für Mönche und Nonnen (Bhikshu, Bhikshunî) und

Novizen (Shrâmanera) sind: 1. Vermeiden von Töten; 2. Nicht Gegebenes nicht nehmen; 3. Vermeiden von unerlaubter sexueller Betätigung; 4. Vermeiden von unrech-
ter Rede; 5. Abstehen vom Genuss berauschender Getränke; 6. Vermeiden, nach
der Mittagsstunde feste Nahrung zu sich zu nehmen; 7. Meiden von Musik, Tanz,
Schauspiel und anderen Vergnügungen; 8. Abstehen von der Verwendung von Parfums
und Schmuckgegenständen; 9. Vermeiden, in hohen weichen Betten zu schlafen; 10.
Vermeiden, mit Geld und anderen Wertsachen in Berührung zu kommen. Die ersten
fünf Shîlas gelten auch für buddhist. Laien (Upâsaka, Upâsikâ), die an bestimmten Tagen
wie Uposatha die ersten acht einhalten.

Die Shîlas stellen eine natürliche Sittlichkeit dar, im Gegensatz zu den in den
Ordensregeln (Vinaya) vorgeschriebenen Regeln, die das Verhalten in allen seinen
Aspekten nach den Erfordernissen des Klosterlebens bestimmen.

Shîla als Sittlichkeit ist eines der drei Gebiete, die der Achtfache Pfad umfasst, ein
Bestandteil der Dreifachen Schulung (Trishiksha) sowie eine der Vollkommenheiten
(Pâramita)."

(10) Lexikon der östlichen Weisheitslehren (1994, S.174):

„Jûjûkai, auch Jûjûkinkai, jap. wörtl.: 'die Zehn Hauptgebote'; die Zehn Hauptgebote
des Mahâyâna-Buddhismus, von denen es eine exoterische und eine esoterische Form
gibt:

I. In ihrer exoterischen Form verbieten die Jûjûkai: 1. Leben zu nehmen; 2. Diebstahl;
3. Unkeuschheit; 4. Lügen; 5. Alkohol zu verkaufen oder zu kaufen (d.h. andere zum
Trinken zu veranlassen oder selbst zu trinken); 6. über schlechte Taten anderer zu sprechen; 7. sich selbst zu loben und andere zu verunglimpfen; 8. geistige oder materielle
Hilfe widerwillig zu geben; 9. Ärger; 10. die Drei Kostbarkeiten (Skrt. Triratna, Sambô)
zu lästern. Diese Gebote sind, mit Ausnahme des Keuschheitsgebots, für Mönche und
Laien die gleichen.

Das Halten der Gebote ist nicht allein aus ethischen Gründen wichtig. Die Gebote
sind die Grundlage einer spirituellen Praxis, da man auf dem Weg geistiger Schulung
nicht fortschreiten kann, wenn Herz und Geist nicht frei von der inneren Unruhe sind,
die ein gedankenloser, gegen diese Gebote verstoßender Lebenswandel mit sich bringt.
Ungeachtet ihrer Entschlusskraft sind jedoch nur wenige Novizen imstande, ein jedes
Gebot hochzuhalten, und so sind Übertretungen in diesem oder jenem Ausmaß unvermeidlich. Solche Übertretungen hindern jedoch nicht daran, den Weg zur Erleuchtung
zu beschreiten – vorausgesetzt, dass man sie eingesteht, wahrhaft bereut und sich
anstrengt, in Zukunft den Geboten gemäß zu leben. Mit dem Fortschreiten auf dem
Weg und durch zunehmende Kraft, Reinheit und Einsicht durch die meditative Praxis
(Zazen) werden es weniger Übertretungen. Was jedoch nach buddhist. Verständnis dauernden Schaden anrichtet, sich gar verhängnisvoll auf das geistig-seelische Fortschreiten
auswirkt, das ist der Verlust des Glaubens an Buddha, an die Wahrheit, die er durch das
Erlebnis seiner Vollkommenen Erleuchtung enthüllte (Dharma), und an die bekräfti-
genden Worte der Patriarchen (Sangha). In diesem Fall, so heißt es, ist Vollkommene
Erleuchtung und damit die Ausrottung der tiefsten Wurzel des Bösen, nämlich der
Unwissenheit (Avidya) und Verblendung, unmöglich.

II. Mit den Jûjûkai in ihrer esoterischen Form gelobt man: 1. nicht vom rechten

Dharma abzulassen; 2. das Streben nach Erleuchtung nicht aufzugeben; 3. nach nichts zu gieren und mit nichts zu geizen; 4. es nicht an Barmherzigkeit mit allen Geschöpfen fehlen zu lassen; 5. keine der buddhist. Lehren zu lästern; 6. an nichts festzuhalten; 7. keine falschen Vorstellungen zu hegen; 8. die Menschheit zum Streben nach Erleuchtung zu ermutigen; 9. die Lehre des Mahâyâna auch den Anhängern des Hînayâna darzulegen; 10. stets das Almosengeben für die Bodhisattvas zu üben."

Als Jûjûkinkai wird auch ein Praxisweg bezeichnet, den der japanische Zen-Meister Reiunken Shue Usami entwickelt hat. Jûjûkinkai basiert im Wesentlichen auf den Jûjûkai und integriert die Praxis von Zen-Buddhismus, Shin-Buddhistischen Übungen und NAIKAN.

(11) Lexikon der östlichen Weisheitslehren (1994, S.183 f.):

„Karma, Skrt., wörtl.: 'Tat'. Karma wird verstanden als 1. eine geistige oder körperliche Handlung; 2. die Konsequenz einer geistigen oder körperlichen Handlung; 3. die Summe aller Konsequenzen des Tuns eines Individuums in diesem oder einem vorangegangenen Leben; 4. die Kette von Ursache und Wirkung in der moralischen Welt.

Das Karma eines jeden entsteht aus seinen Samskâras. Dieses Potential leitet sein Verhalten und steuert seine Motive bei seinen gegenwärtigen wie auch zukünftigen Gedanken und Handlungen. So ist jedes Karma die Saat für ein weiteres. Die Früchte des Karma werden in Form von Freude oder Leid geerntet, je nach der Art der Gedanken oder Handlungen.

Obgleich jeder Mensch sich die Begrenzungen seines Charakters selbst auferlegt, weil sie durch seine vergangenen Gedanken und Handlungen entstanden sind, hat er die Wahl, diesen Tendenzen, die er geformt hat, weiter zu folgen oder sie zu bekämpfen. Die Willensfreiheit und die Möglichkeit der freien Wahl reflektieren in jedem die Freiheit des Âtman, des innewohnenden Bewusstseins. Hingabe an Gott, das Schaffen von gutem Karma und Auslöschen von schlechtem Karma lockert die Fesseln des Karma-Gesetzes. Nach der Erleuchtung wird kein neues Karma mehr erzeugt. [...]

(Pali: Kamma). Universelles Gesetz von Ursache und Wirkung, das nach buddhist. Auffassung auf folgende Weise wirksam wird: 'Die Tat (Karma) erzeugt unter gewissen Umständen eine Frucht (Phala); ist sie reif, dann fällt sie auf den Verantwortlichen nieder. Damit eine Tat Frucht bringt, muss sie moralisch gut (Kushala) oder schlecht (Akushala) und durch eine Willensregung bedingt sein, die, indem sie in der Psyche des Täters eine Spur hinterlässt, sein Geschick in die durch Vergeltung der Tat bestimmte Richtung lenkt. Da die Dauer des Reifens gewöhnlich die der Existenz überschreitet, hat die Vergeltung der Taten notwendigerweise eine oder mehrere Wiedergeburten zur Folge, die zusammen den Daseinskreislauf (Samsâra) ausmachen.' (Zit. n. A. Bareau, 1964, S.41)

Die Wirkung einer Tat, die körperlicher, geistiger oder sprachlicher Natur sein kann, wird also nicht in erster Linie durch den Vollzug einer Tat selbst, sondern vor allem durch die Tatabsicht bestimmt. Es sind die Tatabsichten, die eine karmische Wirkung entstehen lassen. Wenn eine Tat nicht vollzogen werden kann, aber die Absicht dazu besteht, erzeugt schon dies allein Wirkung. Ohne karmische Wirkung ist nur eine Tat, die man frei von Gier, Hass und Wahn ausführt. Dabei ist zu beachten, dass auch gute Taten, die 'Belohnungen' mit sich bringen, 'Karma' und somit eine neuerliche

Wiedergeburt bewirken. Um sich aus dem Kreislauf der Wiedergeburten zu befreien, muss man sich also 'guter' und 'schlechter' Taten enthalten.

Die Lehre vom Karma stellt keinen Determinismus dar: Die Taten bestimmen zwar die Art der Wiedergeburt, nicht aber die Handlungen eines Menschen; das Karma liefert nur die Situation, nicht die Antwort auf die Situation."

(12) Reynolds (1983, S.88) zieht dies in Zweifel: „The question is, of course, whether the recollections were initially coded and stored with such moral tones or whether the recollection process itself (the NAIKAN reflection) adds the moral shading to recalled events that were initially coded in amoral form." Auf welche Weise NAIKAN diese moralische Bewertung bewirken soll, bleibt allerdings offen.

(13) Zotz, Volker: Der Buddha im Reinen Land. 1991, S.33; S.8

(14) vgl. Reynolds, David K.: Naikan Psychotherapy. 1983, S.87

(15) Bindzus, Dieter/Ishii, Akira: Strafvollzug in Japan – Resozialisierung durch Behandlung. In: Zeitschrift für Straffälligenhilfe, Heft 1, Februar 1988, S.7)

(16) Lexikon der östlichen Weisheitslehren (1994, S.261):
„Nembutsu, jap. Rezitieren des Namens von Buddha Amitâbha; Meditationsübung der Schule des Reinen Landes (Reines-Land-Schule, Jôdo-shû, Jôdo-shin-shû). Die rezitierte Formel lautet ‚Namu Amida Butsu' (jap. Für ‚Verehrung dem Buddha Amitâbha). Wird es mit vollkommener Hingabe ausgeführt, kann das Nembutsu eine Wiedergeburt im Reinen Land des Amitâbha bewirken, was das höchste Ziel der Praxis dieser Schulen darstellt."

(17) Lexikon der östlichen Weisheitslehren (1994, S.470 ff.):
„Zen, jap.; eine Abkürzung des Wortes ‚Zenna' (auch ‚Zenno'), der jap. Lesart des chin. ‚Ch'an-na' (abgek. ‚Ch'an'), das wiederum die Übertragung des Sanskrit-Wortes Dhyâna ist und die Sammlung des Geistes und die Versunkenheit bezeichnet, in der alle dualistischen Unterscheidungen wie Ich/Du, Subjekt/Objekt, wahr/falsch aufgehoben sind. Zen lässt sich exoterisch und esoterisch definieren:
Exoterisch gesehen, ist Zen eine Schule des Mahâyâna-Buddhismus, die sich im China des 6. und 7. Jh. aus der Begegnung des von Bodhidharma nach China übermittelten Dhyâna-Buddhismus mit dem Taoismus entwickelte. Als solche ist Zen eine Religion, deren Lehren und Praktiken darauf gerichtet sind, zur Selbst-Wesensschau (Kenshô, Satori) und schließlich zu vollem Erwachen (Erleuchtung) hinzuführen, wie es Shâkyamuni Buddha nach intensiver meditativer Selbstschulung unter dem Bodhi-Baum erlebte. Wie keine andere Schule des Buddhismus betont das Zen die Vorrangigkeit der Erleuchtungserfahrung und die Nutzlosigkeit von rituellen religiösen Übungen und intellektueller Auseinandersetzung mit der Lehre für die Erlangung der Befreiung (Erleuchtung). Als kürzesten, aber auch steilsten Weg zum Erwachen lehrt Zen die Praxis

des Zazen, des ‚Sitzens in Versunkenheit‘.

Das Charakteristische des Zen lässt sich in vier kurzen Aussagen zusammenfassen: 1. ‚(Eine) besondere Überlieferung außerhalb der (orthodoxen) Lehre‘ (Kyôge-Betsuden); 2. ‚Unabhängigkeit von (heiligen) Schriften‘ (Furyû-Monji); 3. ‚(und das) unmittelbare Deuten (auf des) Menschen Herz‘ (Jikishi-Ninshin); 4. ‚(führen zur) Schau des (eigenen) Wesens (und zur) Buddha-Werdung‘ (Kenshô-Jôbutsu). Diese prägnante Charakterisierung des Zen wird von der Zen-Tradition Bodhidharma, dem 1. Patriarchen des Zen in China, zugeschrieben, während manche modernen Gelehrten vermuten, dass sie eher von dem späteren Zen-Meister Nan-ch'üan P'u-yüan (jap. Nansen Fugan) stammt.

Der Legende nach begann die ‚besondere Überlieferung außerhalb der orthodoxen Lehre‘ mit der berühmten Predigt von Shâkyamuni auf dem Geierberg (Gridhrakûta). Damals soll der Buddha, als eine große Schar von Jüngern sich um ihn versammelt hatte, um seine Darlegung des Dharma zu hören, nur schweigend eine Blüte in die Höhe gehalten haben. Einzig sein Schüler Kâshyapa begriff und lächelte – angesichts der Geste seines Meisters war er urplötzlich zur erleuchteten Sicht durchgebrochen und hatte damit die Essenz der Lehre des Buddha erfasst (siehe dazu auch Nenge-Mishô). Damit hatte die erste Übertragung der ‚wortlosen Lehre‘ des Zen von Herz-Geist zu Herz-Geist (Ishin-Denshin) stattgefunden. Der Buddha bestätigte Mâhâkâshyapa, wie sein erleuchteter Schüler von nun an genannt wurde, als 1. Indischen Patriarchen in der Übertragungslinie. Im Zen, das oft auch als die ‚Schule des Buddha-Geistes‘ bezeichnet wird, spielt die ‚plötzliche Erleuchtung‘ (Tongo) seither eine hervorragende Rolle.

Über eine ungebrochene Kette der Übertragung soll der Buddha-Dharma bis auf den 28. ind. Patriarchen, Bodhidharma, weitergegeben worden sein. Die ind. Periode und die von späteren chin. Texten angeführte Traditionslinie wird von den Historikern als ‚legendär‘ bezeichnet, da keinerlei historische Dokumente über sie vorliegen. Für das Zen selbst, in dem die von jedem erleuchteten Meister (solange er nicht lau geworden ist) leicht überprüfbare Echtheit der Erleuchtungserfahrung im Vordergrund steht, spielt die Historizität der früheren Patriarchen keine Rolle. Hier ist Wirklichkeit im wahrsten Sinn des Wortes ‚das, was wirkt‘, die ‚lebendige Wahrheit‘ – die nichts gemein hat mit der toten ‚Realität‘ (d.h. ‚Dinglichkeit‘, von lat. res: Ding) der gesicherten Daten, auf die die Wissenschaften eine ihnen unbegreifliche Wirklichkeit reduzieren möchten.

Als Bodhidharma Anfang des 6. Jh. seine Linie des Dhyâna-Buddhismus von Indien nach China übertrug, wurde er damit zum 1. Patriarchen der chin. Linie des Zen. Im Laufe der Übertragung bis auf den 6. chin. Patriarchen, Hui-neng (638-713), entwickelte sich aus der Verbindung der geistigen Essenz des Dhyâna-Buddhismus mit der dem Buddhismus in vielen Aspekten kongenialen Lehre und Lebensart des Taoismus jene Form der geistigen Schulung, die wir heute als Zen bezeichnen. Dies ist vor allem das Zen der auf Hui-neng zurückgehenden Südlichen Schule, welche die Lehre von der plötzlichen Erleuchtung (Tongo) betont. Eine andere Schulrichtung des Zen, die Nördliche Schule, die auf Shen-hsiu, einen ‚Rivalen‘ von Hui-neng, zurückging und die allmähliche Erleuchtung (Zengo) lehrte, war nur von kurzer Lebensdauer.

Mit Hui-neng und seinen Dharma-Nachfolgern (Hassu) begann die große Zeit des Zen, die vor allem in der T'ang-, aber auch noch zu Beginn der Sung-Zeit eine Vielzahl von großen Meistern hervorgebracht hat. [...]

Von diesen Linien gelangten zwei, nämlich die Rinzai-Schule und die Sôtô-Schule, im 12. bzw. Anfang des 13. Jh. nach Japan, wo sie bis heute lebendig sind. Während das Zen in China nach der Sung-Zeit niederging und durch eine Vermischung mit der Reines-Land-Schule des Buddhismus während der Ming-Zeit als echte Linie der Übertragung des Buddha-Dharma ‚von Herz-Geist zu Herz-Geist‘ aufhörte zu existieren, erlebte es in Japan eine neue Blüte. Dôgen Zenji, der das Sôtô-Zen nach Japan brachte, sowie Eisai Zenji, Shinchi Kakushin, Shômyô u.a., die in der Tradition der Rinzai-Schule standen, begründeten zusammen mit einigen nach Japan eingeladenen chin. Zen-Meistern die jap. Zen-Tradition. [...] Eine der hervorragendsten Gestalten des jap. Zen war Hakuin Zenji, der das jap. Rinzai-Zen im 18. Jh. nach einer Zeit des Niedergangs reformierte und ihm zu einem neuen Aufschwung verhalf.

Da seit einigen Jahrzehnten auch Menschen aus dem Westen in Japan Führung auf dem Zen-Weg suchen, übermitteln heute jap. Meister ihr Dharma auch Europa und den USA, und es gibt bereits einige westliche Dharma-Nachfolger. So könnte es sein, dass Zen einen weiteren Schritt auf seiner Wanderung über die Kontinente macht. Die Tatsache, dass einige Menschen im Westen inzwischen von einem oberflächlichen intellektuellen Interesse zu einer echten Zen-Praxis unter Anleitung autorisierter Meister fortgeschritten sind, lässt vermuten, dass das Zen auch im Abendland Wurzeln schlagen und Früchte tragen kann.

Esoterisch gesehen, ist Zen keine Religion, sondern die nicht definierbare, nicht vermittelbare (Fukasetsu), von jedem einzelnen nur für sich selbst erfahrbare Wurzel - frei von jeglichen Namen, Bezeichnungen und Begriffen -, aus der als Ausdrucksform dieser Erfahrung alle Religionen erst entspringen. In diesem Sinne ist Zen an keine religiöse Tradition, auch nicht an die buddhistische, gebunden. Es ist die von den großen Weisen, Heiligen und Religionsstiftern aller Zeiten und Kulturen erfahrene und mit den verschiedensten Namen bezeichnete ‚Ur-Vollkommenheit‘ alles Seienden, die der Buddhismus die ‚Identität von Samsâra und Nirvâna‘ genannt hat. Das Zazen ist daher keine ‚Methode‘, die den in Unwissenheit (Avidyâ) lebenden Menschen zum ‚Ziel‘ der Befreiung hinführt, sondern unmittelbar Ausdruck und die Aktualisierung der in jedem Menschen in jedem Augenblick gegenwärtigen Vollkommenheit.“

(18) Lexikon der östlichen Weisheitslehren (1994, S.311 f.):

„Rôshi, jap., wörtl.: ‚alter (verehrungswürdiger) Meister‘; Bezeichnung für einen Zen-Meister. Die traditionelle Schulung im Zen findet unter einem Rôshi statt, der auch Laie (Mann oder Frau) sein kann, also nicht unbedingt ein Mönch sein muss. Aufgabe des Rôshi ist es, seine Schüler auf dem Weg zu Erleuchtung (siehe auch Kenshô, Satori) zu leiten und zu inspirieren, wozu natürlich Voraussetzung ist, dass er selbst tiefe Erleuchtung (Daigo-Tettei) erfahren hat. [...]“

(19) Lexikon der östlichen Weisheitslehren (1994, S.191 f.):

„Kôan, jap., wörtl.: ‚öffentlicher Aushang‘; im Chinesischen (kung-an) bedeutet es ursprünglich einen juristischen Präzedenzfall. Im Zen ist es eine Formulierung aus einem Sûtra oder einer Darlegung der Zen-Erfahrung (Teishô), eine Episode aus dem Leben alter Meister, ein Mondô oder Hossen, die alle jeweils auf die Letzte-Wahrheit hindeuten. Das Wesentliche eines jeden Kôan ist das Paradoxon, also das, was ‚jenseits (griech. para) des Denkens (griech. dokein)' ist, was logisches, begriffliches Verstehen transzendiert. Das Kôan ist also kein ,Rätsel', da es nicht mit dem Verstand zu lösen ist; zu seiner ,Lösung' bedarf es eines Sprunges auf eine andere Ebene des Begreifens.

Etwa seit Mitte des 10. Jh. wurden Kôan im Zen systematisch als Mittel der Schulung eingesetzt. Da sich das Kôan jeder Lösung mit den Mitteln des Verstandes entzieht, macht es dem Zen-Schüler die Grenzen des Denkens deutlich und zwingt ihn schließlich, sie in einem intuitiven Sprung zu transzendieren, durch den er sich in der Welt jenseits aller logischen Widersprüche und dualistischen Denkweisen wiederfindet. Aus dieser Erfahrung heraus kann der Schüler dem Meister im Dokusan seine eigene Lösung des Kôan spontan und ohne Rückgriff auf Hörensagen demonstrieren. Das Wort oder der Ausdruck, in das sich das Kôan auflöst, wenn man damit als einem geistigen Schulungsmittel ringt, wird Wato (chin. hua-tou) genannt; es ist die ,Pointe' des Kôan. In dem berühmten Kôan ,Chao-chou, Hund' ist z.B. das Mu das Wato; manche längeren Kôan haben mehrere Wato. [...]

Im allgemeinen wird die Kôan-Praxis mit der Rinzai-Schule in Verbindung gebracht (Kanna-Zen), doch wurden Kôan in China wie in Japan auch in der Sôtô-Schule (Mokushô-Zen) verwendet. Durch die Kôan-Schulung wird zunächst verhindert, dass der Schüler nach einer ersten Erleuchtungserfahrung (Erleuchtung, Kenshô, Satori) wieder ins Jedermanns-Bewusstsein (Bonpu-no-Jôshiki) zurückfällt; darüber hinaus helfen sie ihm, seine Erfahrung zu vertiefen und auszuweiten.

Man unterscheidet innerhalb der in der Rinzai-Schule vorgenommenen Systematisierung der Kôan-Schulung fünf Arten von Kôan: Hosshin-, Kikan-, Gonsen-, Nantô- und Go-i-Kôan.

1. Hosshin-Kôan (hosshin: jap. für Dharmakâya, Trikâya) sind Kôan, die dem Schüler zu einem Durchbruch zur erleuchteten Sicht verhelfen und ihm helfen, in der Welt des Wahren-Wesens, des Buddha-Wesens (Busshô), heimisch zu werden.

2. In den Hosshin-Kôan geht es um die Welt der ,Nicht-Unterschiedenheit', doch darf der Schüler auf dieser Erfahrungsebene nicht stehenbleiben. Die Kikan-Kôan (jap. kikan: ,Hilfsmittel, Werkzeug') sollen das Vermögen des Schülers zur Unterscheidung in der Nicht-Unterschiedenheit schulen.

3. Bei den Gonsen-Kôan (jap. gonsen: ,Klärung der Worte') geht es um den jenseits von lexikalischer Definition und begrifflicher ,Repräsentation' liegenden tiefsten Sinn und Gehalt der Aussprüche und Formulierungen der alten Meister.

4. Die Nantô-Kôan (jap. nanto: ,schwer zu bestehen') schließlich sind solche Kôan, die, wie schon ihr Name sagt, besonders schwer zu lösen sind.

5. Hat der Schüler die verschiedenen Kôan der Klassen 1-4 bewältigt, dann wird er mit Go-i, den Fünf Graden (der Erleuchtung) von Meister Tung-shan Liang-chieh (jap. Tôzan Ryôkai) sein Wahres-Begreifen noch einmal gründlich auf die Probe gestellt.

Nach seiner ersten Erleuchtungserfahrung, oft mit dem Kôan ,Chao-chou, Hund', beginnt die Kôan-Schulung ,im Raum' (jap. shitsu-nai); am Ende der Kôan-Schulung steht das Sich-Vertrautmachen mit dem wahren Gehalt von Regeln und Geboten wie den Jûjûkai und den verschiedenen Bedeutungsebenen der ,Drei Kostbarkeiten' (Sambô). Hat ein Schüler die Kôan der verschiedenen Grade zur vollen Zufriedenheit seines Meisters bewältigt, so hat er damit eine der wesentlichen Voraussetzungen zum Erhalten von Inka-Shômei erfüllt."

(20) Lexikon der östlichen Weisheitslehren (1994, S.191):

„Kinhin, jap.; Übung des Zen im Gehen, wie es in Zen-Klöstern zwischen den einzelnen Sitzzeiten (Zazen) geübt wird.

In der Rinzai-Schule geht man schnell und energisch, oft im Laufschritt, während in der Sôtô-Schule ein Kinhin im ‚Zeitlupentempo‘ geübt wird. In der auf den modernen Zen-Meister Daiun Sôgaku Harada zurückgehenden Linie des Zen wird eine etwa in der Mitte zwischen diesen beiden Extremen liegende Gangart geübt."

(21) Lexikon der östlichen Weisheitslehren (1994, S.386 f.):

„Tariki, jap., wörtl.: ‚Kraft des Anderen‘; Erlösung durch die Kraft eines Anderen. Gemeint ist hier die Kraft des Buddha Amitâbha, der nach Überzeugung der Schulen des Reinen Landes all jene, die seinen Namen voller Hingabe rezitieren und ihm absolut vertrauen, erlöst und in seinem Reinen Land (Sukhâvatî) wiedergeboren werden lässt.

Tariki wird gebraucht im Gegesatz zu Jiriki (‚eigene Kraft‘). Im Sinne dieser Unterscheidung wird vor allem das Zen als eine Jiriki-Schule bezeichnet."

(22) Lexikon der östlichen Weisheitslehren (1994, S.169):

„Jiriki, jap., wörtl.: ‚eigene Kraft‘; ein Ausdruck, der die Bemühung bezeichnet, Erleuchtung durch eigene Anstrengungen (z.B. Zazen) zu verwirklichen. Jiriki wird gewöhnlich im Gegensatz zu Tariki gebraucht, was so viel bedeutet wie ‚Kraft des Anderen‘. Es heißt, dass die Anhänger einiger buddh. Schulen darauf vertrauen, dass der bloße Glaube an Buddha (i. allg. in seiner Manifestation als Amithâbha) und die Anrufung seines Namens zu einer Wiedergeburt in einem ‚Buddha-Paradies‘ (Reines Land) und damit zur Erlösung des Gläubigen führt (Amidismus). Dies ist eine Haltung, die die Kraft des Buddha-Prinzips, den Menschen zu erlösen, in den Vordergrund stellt und deshalb als Tariki, ‚Kraft des Anderen‘, bezeichnet wird. Im Gegensatz dazu setzen andere Schulen des Buddhismus wie z.B. das Zen auf das Vermögen, durch eigene Anstrengungen, d.h. durch meditative Schulung (Zazen) die Erleuchtung zu verwirklichen und damit Befreiung zu finden – was man als Jiriki bezeichnet.

In einem tieferen Verständnis ist jedoch, wie das Zen betont, jedes Lebewesen und Ding von Anbeginn mit Buddha-Wesen (Busshô) begabt. Aus dieser Sicht ist die Gegenüberstellung von Jiriki und Tariki als eine künstliche anzusehen, die zwar auf eine Akzentverschiebung in der religiösen Praxis hinweist, letztlich jedoch hinfällig ist. Einerseits bedarf es nämlich auch auf einem Tariki-Weg eigener Anstrengung, um sich für die ‚Erlösungskraft‘ des vermeintlich ‚Anderen‘ zu öffnen, andererseits ist die ‚eigene Anstrengung‘ des Übenden auf einem Jiriki-Weg nichts anderes als eine Manifestation der ‚Kraft des Anderen‘."

(23) Lexikon der östlichen Weisheitslehren (1994, S.97 ff.):

„Dôgen Zenji, auch Dôgen Kigen oder Eihei Dôgen, 1200-1253, jap. Zen-Meister, der die Tradition der Sôtô-Schule nach Japan übertrug; wohl der bedeutendste Zen-Meister Japans. Er gilt als eine der größten religiösen Persönlichkeiten Japans und wird dort von allen buddh. Schulen wie ein Heiliger oder Bodhisattva verehrt. Außerdem wird er oft als Philosoph missverstanden und als der ‚tiefgründigste und eigenwilligste Denker‘ bezeichnet, den Japan hervorgebracht hat. Dabei wird übersehen, dass seine Schriften, auch wenn darin die tiefsten existentiellen Fragen des Menschen angesprochen werden, nicht etwa eine Existenzphilosophie darstellen. Was Dôgen schreibt, entspringt nicht philosoph. Spekulation, ist nicht das Ergebnis von Denkprozessen, sondern Ausdruck einer unmittelbaren inneren Erfahrung der lebendigen Wahrheit des Zen. [...]“

(24) Als Schrein werden die heiligen Stätten bezeichnet, die in der religiösen Tradition des Shintoismus stehen, im Unterschied zum Begriff Tempel, die in der Tradition des Buddhismus stehen. Der Shintoismus ist die älteste Religion in Japan. In Japan ist es durchaus üblich, mehreren Religionen zugleich anzugehören.

(25) Dieser Beitrag ist erschienen in der Zeitschrift NAIKIDO, Ausgabe Jänner 1996.

BUCH II

DAS BUCH
DES GRAUENS
UND DER TRÄNEN

132

Einführende Worte zum Buch
von Josef Hartl

Sie sollen trocken sein, die Worte, welche Sie in dieses Buch geleiten. Trocken wie Holz, das ein heißes, explosives Feuer gibt. Und sie sollen brennen. Innerlich sollten Sie Feuer fangen für dieses Thema, damit endlich etwas Bewegung in den starren Umgang und die Schwarzweißmalerei bezüglich Schuld, Sühne, Besserung und Begrenzung kommt.

Sie sind eingeladen, sich selber ein Bild zu machen vom Gefängnis. Von den ausgeschöpften und unausgeschöpften Möglichkeiten im Umgang mit Schuld und Sühne. Sie sind aufgefordert, einmal nachzudenken und in sich hinein zu spüren. Vielleicht ertappen Sie einen Racheengel in sich. Vielleicht auch einen Skeptiker oder einen Vogel Strauß, der gerne den Kopf in den Sand steckt, um der Bequemlichkeit und des oberflächlichen Seelenfriedens willen. Vielleicht entdecken Sie einen Menschen, der verzweifelt um das ach so passende Weltbild kämpft. Es darf nicht verrückt werden, dieses Weltbild – vorher wird die Welt verrückt gemacht, oder?!

Nun, ich fordere Sie auf, das gesamte Buch zu lesen, und seien Sie vorsichtig mit voreiligen Meinungen zum Thema – es könnte doch anders sein, als Sie es sich im altbewährten und bequemen Lesesessel beim Glas Portwein zum Entspannen vorstellen.

Noch etwas zum Schluss, verehrte Leser. Wie es heißt, hat der Staat die Pflicht, die Bürger so gut er nur kann zu schützen. Es geht um die Opfer, und deshalb geht es um das Thema: Wie werden Täter geschaffen? Ob das in unsere Seinswahrnehmung passt oder nicht – das ist und bleibt eine Tatsache.

Anmerkung zur überarbeiteten Auflage 2005

Alle Angaben im Buch II „Das Buch des Grauens und der Tränen" entsprechen dem Informationsstand der Erstausgabe 1998.

Änderungen der rechtlichen Rahmenbedingungen sowie Weiterentwicklungen der NAIKAN-Zusammenarbeit mit der Justizanstalt Gerasdorf wurden nicht in die überarbeitete Auflage 2005 eingearbeitet.

Das NAIKAN-Gefängnis existiert nach wie vor nur auf dem Papier.

1 DIE GEGENWART

1. WARUM DIE ANWENDUNG DER NAIKAN-METHODE FÜR GEFÄNGNISINSASSEN UND DIE GESELLSCHAFT SINNVOLL UND ZIELFÜHREND IST

von Josef Hartl

Dass der Mensch einer sehr materialistisch ausgerichteten Spezies angehört, wird uns einmal mehr bewusst, wenn wir uns mit den Themen Kriminalität, Asozialität und Fehlverhalten, Strafe und Ächtung, beziehungsweise Besserung und Humanität beschäftigen. Gandhi, dieser große spirituelle und politische Zeitgenosse meinte, dass der Umgang der Menschen mit den Tieren einen Spiegel ihres Wesens darstellt.

Wie sieht da die Bilanz aus, wenn wir den Umgang der Menschen untereinander betrachten? Da bestiehlt der Dieb den anderen nicht aus Hunger, sondern aus Gier oder dem Gefühl, immer zu kurz gekommen zu sein. Aufgrund dieser Empfindung glaubt seine kriminelle Seele, ein Anrecht auf das Gut des anderen zu haben, setzt sich zumindest über alle Normen hinweg, die uns Menschen, die wir öfters zu sogenannten Trieb- oder Tiermenschen werden, ein Zusammenleben ermöglichen.

Natürlich setzen hier beim Bestohlenen Groll, Wut und Rachebedürfnis ein, die über die berechtigte Forderung, sein Eigentum zurückzuerhalten, hinaus die tollsten Wirkungen entfalten. Der Mensch mit seiner berechtigten Forderung nach Materialrückgabe wird zum „Tiermenschen", fordert darüber hinaus Rache, Sühne und dergleichen. Die Triebfeder des Diebes ist im Gierverhalten und der Nichtsozialisation zu suchen.

Suchen wir nach der Triebfeder des Rachebedürfnisses und der Sühne, so stoßen wir ebenfalls an die Grenzen der gelebten Ideen von Sozialsein, Ethik und Gemeinschaftsempfinden. Es ist eine Realität, dass die Menschen auf diesem Globus manchmal schon so etwas wie Menschen sind, aber sehr oft noch Tiermenschen, die sich ethisch gesehen untereinander noch viel mieser verhalten, als dies Tiere gegenüber ihren Artgenossen tun.

Von Menschen geschaffene Gesetze dienen als Rahmenbedingungen, die den Menschen wie den Tiermenschen die Möglichkeit eines Zusammenlebens verschaffen sollen. Gesetze sind aber sicher nicht der letzten Weisheit Kern, um unser Zusammenleben zu regulieren. Denn trotz dieser Gesetze haben wir jedes Jahr Mord, Raub, Diebstahl, und egal wo auf dieser Erde, die Angst vor Sanktionen verhindert nicht, dass Kinder missbraucht werden oder Betrügereien an der Tagesordnung sind. Gefängnisse sind ein notwendiges Mittel, und ich möchte sagen: Sie sind ein Spiegel von uns Menschen, der uns zeigt, wie wenig wir noch die Fähigkeit haben, mit unserer eigenen Spezies in Kommunikation zu treten.

Im Grunde haben wir uns erst einige Millimeter von unseren Höhlen, vor denen wir mit Keulen standen, entfernt. Ein Beweis dafür ist sicher das Nichtvorhandensein der Gefängnisrealität in unserem Bewusstsein. In der Bevölkerung wird diese Realität tabuisiert, wenn es um Eigenanteile und Lösungsansätze zur Beseitigung dieser Übel geht. Nur ein kleiner Kreis von Menschen beschäftigt sich mit Kriminalität und Lösungsversuchen im tieferen Kern. Meist wird dieses Thema von Politikern nur zur Stimmungsmache benützt, Medien benutzen Mordgeschichten als tolle Aufmacher, und Zeitungen können so ihre Auflagen steigern. Es gibt doch nichts Schöneres als einen Amokläufer, einige Tote und Gewalt in Zeitungen oder sogar live gefilmt.

Ich habe in den letzten Jahren kaum fundiert recherchierte Artikel bezüglich Kriminalität und „Gefängniskultur" in den Medien gefunden. Von Fachleuten, das sind Justizpersonal, Bewährungshelfer usw., wurden Beschwerden über verzerrte Darstellungen zu diesen Themen in den Medien präsentiert. Weiten Teilen der Bevölkerung dienen Mord-, Raub- und Betrugsgeschichten in den Tageszeitungen als Ventil und Trost, um ihre oft frustrierend empfundene Lage zu ertragen. Kriminalität, über die Medien wahrgenommen, hat auch eine starke Kompensationsfunktion für uns Menschen!

Mensch oder Tiermensch – das ist hier die Frage

Sie glauben, dass ich hier ein zu düsteres Bild von unserer Spezies zeichne? Nun, die Realität alleine in Österreich zeigt, dass wir auf 7,5 Millionen Einwohner etwa 7.500 Strafgefangene jährlich haben. Diese leben in Gefängnissen wie den Strafvollzugsanstalten Stein, Garsten, dem Landesgerichtlichen Gefangenenhaus Wien usw. Der Großteil der Inhaftierten besitzt dort sicher keinen Fernsehapparat, und die WC-Anlagen befinden sich nach wie vor in den Schlafräumen = Haftäumen. Die Inhaftierten sind Diebe, Mörder, Süchtige, Dealer, Gewaltverbrecher usw. Diese Menschen gingen in unsere Schulen, besitzen oft Geschwister, die nicht kriminell sind, haben Eltern, die sich für sie schämen und vielleicht Ihre Nachbarn sind. Das sind Menschen, die Kinder zeugten, gearbeitet haben und der eine oder andere mag letztes Jahr an Ihrem Nebentisch in einem Restaurant gesessen haben. Sie könnten sogar die gleiche Speise vom gleichen Kellner serviert bekommen haben. Jetzt jedoch ist er ein Häftling und Sie sind Herr oder Frau Staatsbürger, der/die nie etwas mit ihm gemein hatte, außer vielleicht den gleichen U-Bahn-Waggon benutzt zu haben. Glauben Sie das wirklich?! Merken Sie, worauf ich hinaus will?

Kriminalität ist ein Produkt unseres eigenen Unvermögens, mit uns selbst und unseren Mitmenschen umzugehen. Kriminalität ist von uns allen mitproduziert, oder anders ausgedrückt, es ist ein Teil unserer Unfähigkeit, in ausgereifter Form kommunizieren zu können. Oder können Sie ausschließen, dass keine Ihrer Handlungen jemals Anlass für eine Kränkung bei einem Menschen darstellte, die das Tüpfelchen auf dem i war oder die Kette der Kränkungen so verdichtete, dass dieser Mensch in seiner Gekränktheitswahrnehmung Amok lief und einen Arbeitskollegen verdrosch – könnte doch sein, oder?

Betrachten wir die Sache einmal aus einem anderen Blickwinkel. Betrachten wir uns nicht als passive Außenstehende, die über Gesetzesbrecher verständnislos den Kopf schütteln, sondern sehen wir uns als Vollmitglieder der gesamten Gesellschaftsstruktur mit ihren Auswüchsen, als aktiven Teil in dieser Struktur. Wenn wir uns als aktiven Teil in der Gesellschaft begreifen, fällt es uns schon etwas schwerer, den Mörder zu vergessen, und den Dieb, der vielleicht einmal unser Schulkollege war, auf zehn Jahre hinter Gitter zu schicken. Es ist sicher keine so einfache Lösung wie dies der Fall ist, wenn wir uns auf Gesetze und deren Einhaltung berufen und damit hat es sich schon für uns: Also im Bereich des Ich-hab-mit-Dieben-nichts-zu-tun bleiben. Auch würde der Moment der Tabuisierung in unserem Geist oder eine gewisse Art des Schubladendenkens wegfallen – was uns sicher mehr zum Menschen denn zum Tiermenschen machen würde.

Um uns einen Meter mehr von unseren Höhleneingängen zu entfernen und den Knüppel vielleicht in der Gesamtsippe ad acta zu legen, müssen Inhaftierte wie Nichtinhaftierte einen Wandlungsprozess durchmachen, der sich als erstes in ihrem Bewusstsein, das aus dem Denken und den Trieben besteht, vollziehen muss.

Egal, welche Gesetzesauflagen wir schaffen, es können nur Übergangsgesetze sein, die natürlich sehr der augenblicklichen Realität entsprechen, doch das Ziel kann, meiner Meinung nach, nur eine gefängnis- sprich kriminalitätsfreie Gesellschaft sein. Dies sehe ich als verwirklichbare Vision, nicht als wirklichkeitsfremde Utopie, denn sonst hieße das für mich als Mensch, der sich als aktives Gesellschaftsmitglied empfindet, mir einen Entwicklungsstillstand zu verschreiben, der sich automatisch, bin ich doch Mitglied der Gesellschaft, auf diese übertragen würde!

Aber auch die Realität und unser Unvermögen, also die oft immanente Hilflosigkeit bezüglich dieses Themas, der wir oft ausgeliefert scheinen, nicht wahrnehmen zu wollen und nur in Visionen zu schweben wäre ein negatives Übertragungsmoment und würde den positiven Bewältigungsversuchen eine weitere Mauer vor die Nase stellen.

Dass NAIKAN einen sehr kostengünstigen und effizienten Beitrag zur Lösung des Kriminalitätsproblems leisten kann, wird in den folgenden Kapiteln ausführlich dargestellt. Gerade die niedrigen Kosten der Methode sind für die Anwendung im Gefängnis ein bestechendes Argument. Es liegt aber auf der Hand, dass bei der Durchführung oder Nichtdurchführung von Resozialisierungsprogrammen das Emotionale, sprich das Rache- und Sühnebedürfnis, viel wichtiger als die materielle Seite ist. Denn ganz gleich wie teuer die Resozialisierung sein mag, der Gesellschaft (Volkswirtschaft) kommt ein eingesperrter Häftling immer teurer als die Resozialisierung. Hier meine ich nicht nur, dass Mütter der Opfer und Täter gleichermaßen Tränen weinen und die Geschwister der Opfer und Täter sich gleichermaßen grämen.

Um der Realität gerecht zu werden, darf ich oft nicht von Resozialisierung und

Reintegration sprechen, sondern von Integration und Sozialisierung. Denn realistisch gesehen sind und waren viele Inhaftierte noch nie sozial oder integriert. Sie müssen das Gefühl fürs Soziale und die Zugehörigkeit zu einer Gesellschaft mit Normen und Verhaltensmustern, die zugunsten eines möglichst reibungslosen Zusammenlebens geschaffen wurden, erst entwickeln.

Ein Asozialer ist schlichtweg nicht zu resozialisieren, er kann höchstens sozialisiert werden. Was das für Menschen, die mit Menschen im Gefängnis arbeiten, für ein Aufgabenfeld bedeutet und wie schwierig dies unter diesen Umständen ist, wird Ihnen sicher klar werden, wenn Sie eine Giftschlange im gereizten Zustand davon überzeugen müssen, dass sie nicht nur den tödlichen Biss unterlassen, sondern auch die Giftproduktion einstellen soll.

Der Beweggrund für die Viper, Gift zu produzieren bzw. den Hass, die Gier oder die einzig gelernte Verteidigungsart zu lassen, findet sich im Feindempfinden oder Überlebenstrieb der Schlange. Den Beweggrund, Diebstahl, Raub u.ä. zu unterlassen und die Geisteswelt dahinter aufzugeben, findet der Kriminelle nur, wenn er eine Aussicht und Wahrnehmungsfähigkeit in sich entwickeln oder zulassen kann, die ihm in seinen Empfindungen ohne den Hass, die Gier und die erlernten Verteidigungsmechanismen ein lebenswertes Dasein in Aussicht stellen.

Wir als Nichtkriminelle können den Nährboden dafür mit aufbereiten, indem wir den Sühne- und Rachegedanken immer mehr aus unserem Bewusstsein entfernen lernen und uns bewusst werden, dass die Tränen der Opfer und die Tränen der Angehörigen von Tätern nicht mit Geld wettgemacht werden können. Auch sollte uns bewusst werden, dass wir als Menschen diesen grausamen Kreislauf der Opfer-Täter-Polarisierung und die daraus hervorgehenden Resultate (Leiden) nicht werden stoppen können, wenn unsere einzige angebliche Bemessungsgrundlage die materielle Welt darstellt – was ich sehr in Frage stelle.

Wenn aber schon materielle Erwägungen unser Tun und Handeln bestimmen, so sollten wir gerechterweise auch die Ergebnisse des Rechenstiftes umsetzen, die uns sagen, dass Integrations- und Sozialisationsprogramme dem Staat billiger kommen als Straftäter zu langjährigen Haftstrafen zu verurteilen. Dies müsste aber in großem Stil durchgeführt werden und nicht wie bisher in Form von Alibihandlungen, bei denen zehn Prozent der Kriminellen einen Sonderstatus und therapeutische Maßnahmen erhalten, damit wir am Rest unser Sühnebedürfnis stillen können. Die Lebenshaltung, die wir durch das Praktizieren der NAIKAN-Methode erreichen können, fordert uns geradezu heraus, im Umgang mit dem Thema Kriminalität, Integration und Sozialisation in diese Richtung zu gehen, ohne abgehobenes scheinhumanistisches Gedankengut in unseren Köpfen zu produzieren.

Hierzu möchte ich Ihnen eine wahre Geschichte erzählen, die mir Prof. Akira Ishii bei meinem Japanaufenthalt 1993 erzählte. Nach einem Vortrag an der Universität und einem gemeinsamen Abendessen fuhr ich mit Prof. Ishii in einem Taxi Richtung Minato-Ku. Wir wollten noch etwas zu trinken mit nach Hause nehmen, es war spät und eine heiße Juninacht in Tokyo. Prof. Ishii veranlasste den Taxilenker, zu einem

Gemischtwarenladen zu fahren, der Tag und Nacht geöffnet hatte. Dort holte Prof. Ishii einige Getränkedosen und Snacks.

Er kam mit dem freundlichen Chef des Gemischtwarenladens zum Taxi und stellte ihn mir als eine Person vor, die in den letzten Jahren selbst mehrere Wochen NAIKAN geübt hatte, dies im Zuge einer Auseinandersetzung von Selbstverwirklichung. Später ließ mich Prof. Ishii wissen, dass dieser Mann vor einigen Jahren in seinem Geschäft überfallen, bewusstlos geschlagen und ausgeraubt worden war. Der Täter, ein Mann zwischen 20 und 30 Jahren, wurde dingfest gemacht und zu einer mehrjährigen Haftstrafe verurteilt.

Als Opfer und Geschädigter nahm der Mann an der Gerichtsverhandlung teil und erbat sich Besuchserlaubnis beim Täter, die ihm gewährt wurde. Der Geschäftsmann erzählte dem Täter, also jenem, der ihn bewusstlos geschlagen und beraubt hatte, von NAIKAN, worauf dieser im Gefängnis NAIKAN übte. Prof. Ishii meinte lakonisch, dass der Täter heute entlassen wäre und seit einigen Jahren bei jenem Geschäftsmann als Angestellter im Laden arbeitete.

Nun, diese Geschichte kann Ihnen sicher mehr über die tiefgreifenden Wirkungen der NAIKAN-Methode sagen, als so manches schematisch dargestellte Fallbeispiel mit genau ausgearbeiteten Therapiestadien. Hier möchte ich auch überleiten zu einem Typus Häftling, der in vielen Gefängnissen der Welt seinen Platz hat und häufig nicht in Erscheinung tritt, wenn es um Integration oder im entferntesten um Therapie oder Wiedereingliederung geht.

Aus politischen oder aus Gewissensgründen in Gefangenschaft sein: Was bedeutet das?

Menschen sind oft jahrelang im Gefängnis, weil sie einer Gedankenrichtung angehören, die das politische Regime nicht duldet. Das kann Christen in einem kommunistisch orientierten Regime oder in einer Diktatur genauso passieren wie Menschen islamischer Konfession, Buddhisten oder Menschen anderer Glaubensrichtungen oder politischen Meinungen. Hier wirken die Angst und der Hass auf die Andersartigkeit der Mitmenschen auf einen Teil der Gesellschaft, nämlich den, der eingesperrt ist, besonders schlimm. Als Ergebnis dieser ungerechten Inhaftierung können wir in vielen Fällen beobachten, dass die hasslosen Opfer zu fanatischen Hassern werden. Dies geschieht natürlich, um die Situation zu ertragen, aber das ist in letzter Konsequenz egal.

Der Hass des Marxisten auf den Demokraten, den er einsperrt, ist in seiner Wirkung gleich wie der Hass des eingesperrten Demokraten auf den Marxisten. Anders ausgedrückt: Beide können ein Magengeschwür oder Gallensteine aufgrund ihres Hasses in sich züchten. Worin besteht der Unterschied zwischen dem Hass eines Nationalsozialisten auf die Juden und dem Hass der Juden auf die Nationalsozialisten? Beide Male ist es Hass – die Motivation zählt für das zerstörerische Ergebnis sehr wenig. Ein Jude, der im KZ lebte und zu den wenigen Glücklichen gehört, diese Ungerechtigkeit überlebt zu haben, wird ein Leben viel besserer Lebensqualität führen, wenn er sich mit seinen Peinigern ausgesöhnt hat, als einer, der ewig Nationalsozialisten oder heutige Deutsche hassen muss, weil er damals schreckliche Qualen erleiden musste. Da wird mir jeder Psychologe recht geben.

Die Aussöhnung mit den Peinigern, das Verzeihen, macht aus dem Peiniger, in diesem Fall dem Nazi, aber auch sicher keinen Gerechten. Konkret kann das für politisch Gefangene bedeuten, dass das Anwenden der NAIKAN-Methode, und wenn es nicht anders möglich ist auch ohne NAIKAN-Leiter, zwar keinen direkten Einfluss auf die Inhaftierung hat, jedoch die Gefangenen weniger seelischen Schaden nehmen und das Zurückkehren in die Gesellschaft nach der Inhaftierung erleichtert wird.

Es sei hier darauf hingewiesen, dass dies eine äußerst tiefe Anstrengung seitens des Übenden erfordert, aber auf der anderen Seite Menschen in solchen Extremsituationen höchstwahrscheinlich viel leichter seelischen Schaden erleiden, wenn sie diese Anstrengungen nicht auf sich nehmen. Wichtig erscheint mir lediglich, dass es Menschen mittels der NAIKAN-Methode möglich ist, solche Transformationen durchzuführen und in solchen Fällen der Hass, sei er aufgrund der Umstände auch noch so menschlich, nicht die Wurzel ihrer Seele speist. Denn ist dies der Fall, dann könnten aufgrund dieses Hasses aus den Opfern von heute die Täter von morgen werden.

2. NAIKAN IM STRAFVOLLZUG INNERHALB UND AUSSERHALB EUROPAS

von Dr. Dieter Bindzus, Universität Saarbrücken

Strafen, d.h. das Vergelten von schwerem sozialschädlichem Verhalten, ist so alt wie die Menschheitsgeschichte. Lange Zeit waren Leibes- und Todesstrafen nahezu die einzige Reaktion der Gemeinschaft darauf. Erst die Neuzeit brachte ein Umdenken. Die Idee der Wiedereingliederung des Rechtsbrechers in die Gesellschaft brach sich in Europa langsam Bahn, nicht zuletzt auch von der Erkenntnis getragen, dass die alten Strafmechanismen nicht mehr griffen. Symbol des neuen europäischen Denkens waren die Zuchthäuser – Zuchthuis (1595) bzw. Spinhuis (1597) – in Amsterdam/Holland. Mittel der Wiedereingliederung: (harte) Arbeit, die neben der Resozialisierung immer noch in erster Linie der Vergeltung dienen sollte. Erst in unserem Jahrhundert hat sich schrittweise auch im Strafvollzug die Erkenntnis durchgesetzt, dass sinnvolle Arbeit ein Stück Erfüllung menschlichen Lebens darstellt.

Für den Strafvollzug bedeutete das: Weg von eintöniger und als Strafübel gewollter Arbeit, hin zu Aus- und Weiterbildung der Strafgefangenen verbunden mit dem Zweck, diesen nach ihrer Haftentlassung ein Leben in der freien Gesellschaft ohne Begehung neuer Straftaten zu ermöglichen.

Danach wurden vor allem im europäischen Strafvollzug mit großem finanziellem und ideellem Aufwand Aus- und Weiterbildungsprogramme für Strafgefangene aufgelegt.

Gleichzeitig wurde die Idee der Sozialtherapie geboren. Sie trat mit dem Anspruch an, Schwerstkriminalität gleichsam wie eine Krankheit heilen zu können. Die Holländer (1925) und die Dänen (1931) verankerten – stark beeinflusst von den aus den USA kommenden Konzepten – als erste Länder in Europa die Sozialtherapie gesetzlich. Danach entstanden im übrigen Europa sozialtherapeutische Anstalten. Beispielhaft seien hier nur die Sonderanstalten Mittersteig (1963) in Österreich und San Vittore (Mailand) in Italien genannt.

In Deutschland gründete man in den siebziger Jahren neun sozialtherapeutische Anstalten und nahm die Sozialtherapie für Schwerstkriminelle als Maßregel ins Strafgesetzbuch (§ 65 StGB) auf. Parallel dazu verstärkte man überall in Europa im Strafvollzug die Ausbildungs- und Beschäftigungsprogramme. Auch das Behandlungskonzept der in dieser Zeit gegründeten Sonderanstalt für schwerstkriminelle Jugendliche in Gerasdorf (Österreich) basiert bis heute auf einem am Grundgedanken der Sozialtherapie ausgerichteten Behandlungskonzept, in dem die Berufsausbildung eine vorrangige Stellung einnimmt.

In Deutschland widmete man in Zweibrücken (Rheinland-Pfalz) Anfang der siebziger Jahre mit Unterstützung der Bundesarbeitsverwaltung eine Strafvollzugsanstalt in eine reine Ausbildungsanstalt mit über 200 Haftplätzen um. In den achtziger Jahren verlor die Sozialtherapie mehr und mehr an Stoßkraft, weil sie die in sie gesetzte Erwartung – eine erhebliche Verminderung der Rückfallkriminalität – nicht so schnell im befriedigenden Umfang erfüllen konnte. (1)

In Deutschland führte das sogar dazu, dass die Sozialtherapie aus dem Maßnahmenkatalog des Strafgesetzbuches ersatzlos gestrichen wurde. Danach hat man überall in Europa die an die Sozialtherapie gestellten Ansprüche in jeder Hinsicht zurückgeschraubt. Sozialtherapeutische Programme beschränken sich seitdem zumeist auf ein einfaches soziales Training. Mit diesem sollen die Strafgefangenen in die Lage versetzt werden, mit den nach ihrer Entlassung auftretenden allgemeinen Alltagsschwierigkeiten wie Arbeits- und Wohnraumbeschaffung fertig zu werden. Das reicht aber für eine erfolgreiche Wiedereingliederung in die Gesellschaft nicht annähernd aus und führt vor allem nicht zu geringeren Kriminalitätsrückfallziffern.

Beibehalten wurden fast überall in Europa zu Recht die Ausbildungsprogramme. Was ihren Umfang und ihre Intensität betrifft, stagnieren auch sie inzwischen erheblich. Das hat vor allem zwei Gründe: Der Prozentsatz der Rückfallkriminalität, der mit einer während der Strafhaft erworbenen Berufsausbildung entlassenen Strafgefangenen, liegt nach allgemeiner Einschätzung nicht oder nur unwesentlich niedriger als bei den Strafgefangenen, die ohne Ausbildung geblieben sind. Noch gewichtiger ist der Umstand, dass ein großer Prozentsatz der qualifiziert ausgebildeten Strafgefangenen nach ihrer Entlassung nicht in den Berufen arbeiten, für die sie in der Strafanstalt ausgebildet wurden.

Die Begründung hierfür liegt auf der Hand: Nachteilig wirkt sich vor allem aus, dass die Strafgefangenen ihre Ausbildung in der schützenden Umgebung der Strafanstalt erhalten haben und dort nicht gelernt haben, sich später draußen in der rauhen

Wirklichkeit der Arbeitswelt zu behaupten.

Die zweite Ursache ist in ihrer Auswirkung noch schwerwiegender: Bei ihrer Entlassung kehren die Strafgefangenen überwiegend in ihr asoziales oder sogar kriminelles Milieu zurück, in dem sie vor ihrer Inhaftierung gelebt hatten, ohne dass ihr bereits zu diesem Zeitpunkt nur schwach ausgebildetes oder verkümmertes Vermögen, sich in der freien Umwelt – vor allem auch im Berufsleben – mit gesellschaftlich zulässigen Strategien zu behaupten, in der Strafanstalt weiter- oder überhaupt erst entwickelt wurde.

Kriminelle sind, obwohl aus ihrem kriminellen Auftreten rein äußerlich oft das Gegenteil hervorzugehen scheint, instabile und unsichere Persönlichkeiten, die auf Schwierigkeiten im Alltagsleben falsch, d. h. häufig mit der Begehung von Straftaten, eine Verhaltensweise, die sich ihnen oft aufgrund ihrer Lebenseinstellung und Lebensumstände fast aufdrängt, reagieren.

In der Strafanstalt erworbene berufliche Fähigkeiten, die für die Resozialisierung von sehr wichtiger Bedeutung sind, reichen aber allein noch nicht aus, um dieses soziale Defizit auszugleichen. Entlassene Strafgefangene müssen über ein im Vergleich zum – normalen – Bürger ungleich größeres Potential an auf charakterlichen Fähigkeiten beruhenden Verhaltensstrategien verfügen, um sich nach ihrer Entlassung in ihrem kriminalitätsgefährdeten Umfeld ohne Begehung neuer Straftaten zu behaupten.

Diesem Dilemma wollte man im europäischen Strafvollzug ursprünglich mit der, nicht zuletzt auch aus finanziellen Erwägungen, inzwischen leider ins Abseits gedrängten Sozialtherapie begegnen.

Wie wurde und wird man nun aber außerhalb Europas mit dem schwierigen Problem der Wiedereingliederung von Strafgefangenen in die Gesellschaft nach dem (vermeintlichen) Scheitern der Sozialtherapie fertig? In den USA hat man darauf mit bloßer Resignation reagiert. Der Behandlungsvollzug wurde in Realität durch einen Verwahrvollzug („ware house system") ersetzt. Dabei glaubt man, die Länge des Verwahrvollzuges durch einen auf militärischen Drill beruhenden Schockvollzug („shock incarceration") in speziellen Camps („correctional boot camps") verkürzen zu können. Die Hoffnung, mit dem Schockvollzug gleichzeitig auch die Rückfallziffern senken zu können, hat sich mittlerweile zerschlagen (2). Das Ergebnis dieser Entwicklung: Am Jahresende 1994 befanden sich in den Anstalten des Bundes- und der Staaten bei einer Bevölkerung von 249 Millionen 1.053.738 Amerikaner (1980: 329.821) in Straf- bzw. Untersuchungshaft (3).

Erfreulicheres gibt es insoweit aus Japan zu berichten. Die entsprechenden Zahlen lauten hier für 1994: Bevölkerung von knapp über 120 Millionen 45.573 Straf- bzw. Untersuchungsgefangene (1986: 55.348) (4).Was machen die Japaner nun anders oder besser im Strafvollzug?

Zweifellos ist Japan trotz steigender Industrialisierung aufgrund seiner größeren gesellschaftlichen Geschlossenheit besser als die auf dem Individualismus beruhende Gesellschaftsordnung der USA in der Lage, das Entstehen von Kriminalität bereits im Vorfeld abzufangen. Eindeutig verstehen es die Japaner auch besser, ihren entlassenen Strafgefangenen bei der Entlassung ein mehr an Rüstzeug mitzugeben, um sie von sich aus oder aber auch durch entsprechende Nachbetreuung zu befähigen, nach der Entlassung ein Leben ohne Straftaten zu führen. Dazu leistet die nachfolgend näher dargestellte NAlKAN-Resozialisierungsmethode einen erheblichen Beitrag. Mit der NAlKAN-Resozialisierungsmethode haben die Japaner Europa ein Angebot gemacht; wir Europäer sollten es zugunsten unserer straffällig gewordenen Mitbürger erproben. Es darf in der EU keine gesellschaftliche Anstrengung unterbleiben, die Strafgefangenen als Randgruppe wieder in die Gesellschaft zu integrieren.

NAlKAN-Resozialisierungsmethode (5)

Bei der Betrachtung der Wiedereingliederungsmaßnahmen fällt auf, dass die japanischen Strafvollzugsbehörden und die Mehrzahl der Vertreter der Wissenschaft sozialtherapeutischen Experimenten im Strafvollzug verhalten bis ablehnend gegenüberstehen. Nach meiner Meinung ist das aus japanischer Sicht verständlich, da man in Japan – vielleicht sogar zu Recht – nie den übertriebenen europäischen Optimismus der siebziger Jahre geteilt hat, mit der Sozialtherapie ein wirksames Mittel zur Bekämpfung der Rückfallkriminalität gefunden zu haben. Einzige Ausnahme bildet insoweit die psychotherapeutische Behandlungsmethode NAIKAN (6), die in Japan – darüber wird später noch zu berichten sein – bereits seit langer Zeit mit großem Erfolg bei der Bekämpfung der Rückfallkriminalität von Strafgefangenen angewandt wird (7) (8) (9).

Wegen der relativ schnell und einfach zu erlernenden Anwendungstechnik sowie der großen Wirksamkeit bei geringem finanziellem Aufwand sollte NAIKAN in europäischen Strafvollzugsanstalten eine Chance erhalten, zumindest im Experiment – in allerersten Anfängen ist das schon, auch darüber wird später noch zu berichten sein, der Fall – in der Praxis erprobt zu werden.

NAIKAN bedeutet sich selbst sehen (NAI – Inneres, KAN – beobachten), frei kann man es auch mit „innere Selbstbeobachtung" übersetzen. Als Therapiemethode ist es vor etwa fünfzig Jahren von Ishin Yoshimoto in Japan entwickelt worden (10). Als Behandlungsmethode beruht NAIKAN auf der einfachen Erkenntnis, dass jeder Mensch sich selbst und seine Umwelt nur aus eigener Sicht her sieht, die zwangsläufig einseitig und unvollständig sein muss, weil sie allein von den Bedürfnissen des Einzelnen bestimmt wird – selbst bei Menschen, die viel über sich selbstkritisch nachdenken.

Ziel der NAlKAN-Methode ist es, dem Menschen ein möglichst vollständiges Bild seiner selbst dadurch zu vermitteln, dass er sich selbst bewusst wird – die eigene Sicht ist ihm mehr als hinreichend bekannt – gleichsam wie ein äußerer Beobachter mit den Augen seiner Mitmenschen sehen lernt. Die bewusste Sicht seiner Selbst aus der Sicht seiner Umwelt bringt dem Menschen nur Positives: Er sieht sich so, wie er tatsächlich ist, und nicht so, wie er gerne sein will oder sein sollte. Das führt wiederum dazu, dass der Mensch sich als Individuum besser zu akzeptieren lernt und eventuell vorhandene neurotische Schuldgefühle und Verhaltensweisen selbst abbauen kann. Die mehr der Realität entsprechende gewonnene Selbsteinsicht führt gleichzeitig zu einem angemesseneren Verständnis für die Sorgen und Probleme anderer und ermöglicht auch eine bessere Bewältigung der eigenen Konflikte, die ihrerseits wieder zu klareren Zukunftsperspektiven führen kann. Das wichtigste ist aber, dass die vollständigere Selbsteinsicht – darin liegt der eigentliche Therapieansatz für den Strafvollzug, begründet nach den Ergebnissen der NAIKAN-Forschung, positive soziale Verhaltensweisen bei den NAIKAN-"Behandelten" bewirken.

Bestechend einfach und wenig kostenaufwendig ist die etwa eine Woche lang dauernde NAIKAN-Therapie, die in der Regel nur auf freiwilliger Basis durchgeführt wird. Sie beginnt mit einer eingehenden Einweisung des Probanden in die Zielsetzung und Methode der Behandlung durch den Therapeuten, der wissenschaftlich nicht vorgebildet sein muss. Danach wird der Proband im Strafvollzug in einer Einzelzelle untergebracht, wo er soweit als nur möglich von der Außenwelt isoliert ist.

Der Proband erhält dort von dem Therapeuten die Anweisung, sich während der Sitzungen, die bis zu sechzehn Stunden täglich dauern können, an seine Erlebnisse und Erfahrungen mit den wichtigsten Bezugspersonen seines engsten Lebenskreises – in der Regel beginnend mit der Mutter – aus verschiedenen Lebensabschnitten zu erinnern. Dabei hat der Proband jeweils nacheinander für verschiedene Bezugspersonen und bei den einzelnen Bezugspersonen wiederum für verschiedene Zeitabschnitte, d.h. beginnend in der Vergangenheit und in der Regel endend in der Gegenwart, Antwort auf drei Fragen zu finden: erstens, was diese Personen (an Positivem) – dabei kann es sich auch um ganz kleine Dinge handeln – für ihn getan hat, zweitens er für sie und schließlich drittens, welche Schwierigkeiten er ihnen bereitet hat, wobei auf letzterer in der Regel der Schwerpunkt liegt.

Die Frage, welche Schwierigkeiten diese Bezugspersonen ihm selbst bereitet haben, wird mit voller Absicht nicht gestellt, weil sich der Proband mit diesen Schwierigkeiten in der Vergangenheit in der Regel fast unablässig beschäftigt hat und eine solche Beschäftigung kein NAIKAN, d. h. Innere Selbstbeobachtung aus der Sicht eines äußeren Beobachters, darstellt. Während der Sitzungen sucht der Therapeut den Probanden alle ein bis zwei Stunden auf. Dabei lässt er sich berichten, woran sich dieser in der Zwischenzeit erinnert hat. Nur wenn der Proband keine echte Selbstbeobachtung betreibt, er sich möglicherweise in Vorwürfen oder Schuldzuweisungen an andere verliert, absichtlich oder unbewusst keine Bereitschaft zeigt, sich an eine bestimmte Periode seines Lebens zu erinnern oder sich auch nicht konkret genug erinnert, greift der Therapeut aufklärend und helfend ein.

Bei positivem Therapieverlauf, der immer wieder von Phasen der Unfähigkeit, sich zu erinnern unterbrochen werden kann, zeigen sich mit dem langsamen, stufenweisen Verstehen und Erkennen der eigenen Persönlichkeit, d. h. einer Verringerung der Spanne zwischen Vorstellung und Realität über dieselbe, bei dem Probanden zumeist die ersten Anzeichen der Bereitschaft, die Einstellung und das Verhalten zu sich und seiner Umwelt zu verändern. In diesem Stadium wird der Proband bisweilen von Schuld- und Trauergefühlen befallen, die im Therapieverlauf aber durch weitere Erinnerungsübungen mit zunehmender Selbsterkenntnis und Selbstakzeptanz und ohne ernsthafte seelische und körperliche Gefährdung für den Probanden nach und nach verschwinden und schließlich in ein Gefühl des Verstehens und der Verantwortung zunächst gegenüber den Bezugspersonen und schließlich auch gegenüber der Umwelt übergehen.

Besonders Strafgefangene, darunter auch hartgesottene „yakuzas" (Mitglieder der organisierten Unterwelt) leiden oft unter schlechten Kindheitserinnerungen, die sich in der Tiefe ihrer Seele als ein Mangel an Zuwendung und Liebe niedergeschlagen haben. Wie sich bei NAIKAN sehr schnell zeigt, ist das meist eine zumindest übertriebene subjektive Beurteilung, die aber als negative Folge oft zur Ursache des kriminellen Verhaltens des Strafgefangenen geworden ist: Nicht erfüllte Fürsorge- und Liebeserwartungen gegenüber den engsten Bezugspersonen erzeugten bei ihm diesen und schließlich der gesamten Gesellschaft gegenüber so starke Ablehnungs- und Hassgefühle, die ihm jede Möglichkeit der Einsicht in die Eigenverantwortung nahmen und ihn schließlich glauben machten, ausschließlich nur Dritte und nicht er selbst hätten seine negative Situation verursacht.

Aus dieser Einstellung kann sich der Strafgefangene in der Regel nicht mehr selbst befreien. NAIKAN kann aber dem Strafgefangenen helfen, den Teufelskreis dieser einseitigen und zumeist auch nur subjektiven Sichtweise aus eigenem Antrieb zu überwinden.

Nun ist die These, dass Nachdenken über die kriminelle Vergangenheit Strafgefangene auf den rechten Weg bringen kann, alles andere als neu. Beruht doch schließlich das Pennsylvanische System, das 150 Jahre den Strafvollzug in aller Welt beeinflusst hat, auf der Überzeugung, dass der Strafgefangene durch strenge Einzelhaft bei Tag und Nacht ohne jede Arbeit und Beschäftigung außer mit der Bibel durch Nachdenken zu innerer Einkehr, zur Buße und zur Versöhnung mit Gott gebracht werden kann. Doch verkennt dieses im Ansatz richtige System, dass der alleingelassene Strafgefangene – das erkannten erfahrene Strafvollzieher alsbald nach Einführung des Pennsylvanischen Systems – sich aufgrund seiner einseitigen Sicht der Wirklichkeit mehr und mehr in seine Hass- und Ablehnungsgefühle gegen die Gesellschaft verstrickt und nur mit Führung sich aus dieser selbst befreien kann.

Führung wird dem Strafgefangenen bei der NAIKAN-Methode in allen drei Stufen, die bezüglich der einzelnen Bezugspersonen und bei diesen wiederum für die verschiedenen Abschnitte jeweils nacheinander abgewickelt werden, durch die Hilfestellung des Therapeuten zuteil. Der Erinnerungsprozess der ersten Stufe, in der der Strafgefangene Antwort auf die Frage zu geben hat, was die betreffende Bezugsperson (an Positivem) für ihn getan hat, führt bei richtiger Selbstbeobachtung – eine solche wird durch die Anwesenheit des Therapeuten im gesamten Behandlungsprozess garantiert – dazu, dass der Strafgefangene erfahrene Zuneigung und Liebe, die verschüttet worden waren, noch einmal erlebt. Durch diesen Erinnerungsprozess tritt in der Regel schon eine deutliche Stabilisierung der seelischen Verfassung des Strafgefangenen ein. Das schafft bei ihm gleichzeitig die Bereitschaft, sich mit seinen negativen Lebenserfahrungen auseinanderzusetzen.

Diese wird in der zweiten Stufe des Erinnerungsprozesses, in der sich der Strafgefangene mit der Frage zu beschäftigen hat, was er (Positives) für die jeweilige Bezugsperson getan hat, in Anbetracht der zumeist nicht allzu positiven Ergebnisse noch verstärkt. Den höchsten Grad an Klarheit über seine tatsächliche seelische Verfassung erreicht der Strafgefangene auf der dritten Stufe des NAlKAN-Prozesses, in der er sich bewusst zu machen hat, welche Schwierigkeiten er der jeweiligen Bezugsperson bereitet hat.

Erst auf dieser Stufe ist der Strafgefangene auch bereit, die im vorangegangenen NAlKAN-Prozess bereits bewusst gewordenen Tatsachen – solche sind natürlicherweise gerade in der Gruppe der Strafgefangenen in großer Häufigkeit und Schwere vorhanden – aus seinem Leben auch für sich zu akzeptieren. Hat der Strafgefangene dieses Stadium bezüglich der abgefragten in Betracht kommenden Bezugspersonen und Beobachtungszeiträume bis zu einem lebensentscheidenden Punkt durchlebt, der früher oder später während der NAlKAN-Therapie auftreten kann, ist er in der Lage, sich von seiner negativen Vergangenheit zu lösen. Diese Befreiung von seiner negativen Vergangenheit ermöglicht es ihm, für die Zukunft neue positivere Verhaltensweisen zu entwickeln, d. h. für ihn als Strafgefangenen, nach seiner Entlassung ein Leben in sozialer Verantwortung ohne Straftaten zu führen.

In die Japanischen Strafvollzugs- und Fürsorgeerziehungsanstalten (Jugendanstalten) ist die NAlKAN-Therapie bald nach ihrer Begründung durch Ishin Yoshimoto erfolgreich eingeführt worden. Nach Schätzungen von Ryoji Takeda, der sich wissenschaftlich als erster mit der NAlKAN-Therapie im Strafvollzug auseinandergesetzt hat, sind mit ihr von 1954 bis 1975 etwa 100 000 jugendliche und erwachsene Straftäter behandelt worden. Zahlen darüber, in wievielen Strafvollzugsanstalten die NAlKAN-Therapie derzeit in Japan

Die Anfänge des NAIKAN im japanischen Strafvollzug in den 50er Jahren: Ishin Yoshimoto-Sensei leitet das NAIKAN von Häftlingen, während sie arbeiten, in der Strafvollzugsanstalt Nara, Japan.

angewandt wird, sind in letzter Zeit nicht veröffentlicht worden. Nach Angaben des Begründers Ishin Yoshimoto hatten aber bereits im Juni 1962 von insgesamt 60 japanischen Strafvollzugsanstalten 29 NAIKAN als Therapiemethode übernommen.

Lediglich bezüglich der Fürsorgeerziehungsanstalten (Jugendanstalten) sind mir neuere Zahlenangaben bekannt: Nach unveröffentlichten Angaben des „Correction Bureau" (Strafvollzugsabteilung im japanischen Justizministerium) wurde 1985 in 24 von insgesamt 53 Fürsorgeerziehungsanstalten NAIKAN als Therapiemethode angewandt, wobei nach eigenen Angaben der Anstalten 16 von ihnen die NAIKAN-Therapie in den Mittelpunkt ihrer Behandlung stellten. In den Fürsorgeerziehungsanstalten, in denen die NAlKAN-Therapie angewandt wird, ist die Teilnahme an der NAlKAN-Therapie im Rahmen des allgemeinen Behandlungsprogramms für alle Insassen obligatorisch.

Den Erfolg der NAlKAN-Therapie im japanischen Strafvollzug belegen zwei vom „Correction Bureau" veröffentlichte Untersuchungen. Nach einer Untersuchung aus dem Jahr 1960 an 3975 Strafgefangenen und 405 kriminellen Jugendlichen aus Fürsorg eerziehungsanstalten (Jugendanstalten), die mit NAIKAN therapiert wurden, zeigte sich nur bei 15,7% der Strafgefangenen und bei 32,0 % der kriminellen Jugendlichen, die sich im Gegensatz zu den Strafgefangenen der Behandlung nicht freiwillig unterzogen, keine feststellbar positive Wirkung.

Noch aussagekräftiger bezüglich des Erfolges der NAlKAN-Therapie ist die Untersuchung aus den Jahren 1958 -1964 über die Rückfallhäufigkeit (11) von 1851 mit und 7321 ohne NAIKAN-Behandlung aus fünf verschiedenen Strafvollzugsanstalten entlassenen Strafgefangenen. Bei einer durchschnittlichen Rückfallrate von 40,4 % betrug bei den Strafgefangenen ohne NAlKAN-Behandlung der entsprechende Anteil 45,2 %, während der Anteil der Rückfälligen bei NAlKAN-Behandelten

Ishin Yoshimoto-Sensei beim NAIKAN-Gespräch mit einem Häftling in der Strafvollzugsanstalt Nara, Japan.

Strafgefangenen nur bei 21,6 % lag. Die um 23,6 %-Punkte niedrigere Rückfallquote der NAIKAN-Behandelten Strafgefangenen ist selbst in Anbetracht der Tatsache signifikant, dass es sich bei ihnen – abgesehen von dem sicherlich zahlenmäßig nicht unbeträchtlichen Anteil von Strafgefangenen, die sich durch die NAlKAN-Behandlung lediglich vor der Arbeit drücken wollten (12) – um echt besserungswillige Strafgefangene handelte.

Trotz der großen Erfolge verläuft die Durchführung der NAlKAN-Therapie im japanischen Strafvollzug durchaus nicht ohne Reibung und Widerstände. Der hauptsächliche Hintergrund für die Anwendung der NAlKAN-Therapie in größerem Umfange hat zum großen Teil immer noch seinen Grund in dem Umstand, dass das japanische Strafvollzugsrecht eine Freistellung von gesunden Strafgefangenen von der generellen Arbeitspflicht, soweit es sich um Strafgefangene handelt, die zu einer Freiheitsstrafe mit Arbeitszwang verurteilt worden sind, nicht vorsieht. Nur über eine äußerst extensive Auslegung der Bestimmungen über die Befreiung von der Arbeitspflicht – einer solchen widersetzt sich das „Correction Bureau" zwar nicht, versucht sie aber auch nicht gegenüber in dieser Hinsicht restriktiv handelnden Anstaltsdirektoren durchzusetzen – ist es den Strafvollzugsanstalten möglich, gesunde Strafgefangene für eine ganze Woche von der Arbeit freizustellen.

Von der Wirksamkeit der NAlKAN-Therapie überzeugte Kreise im Strafvollzug möchten aus diesem Grund die Möglichkeit der Freistellung von der Arbeitspflicht für die NAlKAN-Behandlung bereits seit Jahren im Rahmen einer Strafvollzugsreform im Strafvollzugsgesetz verankert sehen. Verschwiegen werden soll an diese Stelle nicht, dass es auch in Japan immer noch nicht gelungen ist, das Vorurteil vollständig abzubauen, dass die NAlKAN-Therapie in ihrem Kern – die Widersinnigkeit dieses Arguments glaube ich mit den vorangegangenen Ausführungen bewiesen zu haben – nichts anderes als religiöse Beeinflussung sei. Dieses Argument wird meist darauf gestützt, dass der Begründer der NAlKAN-Therapie Ishin Yoshimoto NAIKAN als Mittel anbot und selbst nutzte, zu tieferen religiösen Einsichten und Erkenntnissen zu kommen.

Der europäische Leser wird sich nun sicherlich die Frage stellen, ob und inwieweit die NAlKAN-Therapie auch zur Behandlung von Strafgefangenen in Europa geeignet ist. Vom heutigen Wissensstand ist die Frage meiner Meinung nach eindeutig positiv zu beantworten. NAIKAN hat gegenüber den bereits im Strafvollzug eingesetzten anderen Therapieformen wie Gestalt- und Gesprächspsychotherapie in Form der Einzel- und Gruppentherapie sowie der Psychoanalyse eine Reihe von Vorteilen:

Gegenüber der Gruppentherapie besteht der Vorteil darin, dass der Proband seine „Schwachstellen" nicht vor anderen Probanden offenbaren und sich von diesen kritisieren lassen muss. Dies kann aufgrund der damit verbundenen schweren seelischen Konflikte, auch nach den Sitzungen auf engstem Raum in einer Zelle zusammenleben zu müssen, ohne sich zur seelischen Aufarbeitung der Sitzungen in eine private Sphäre zurückziehen zu können, schwierig sein. Gruppentherapie ist in Strafvollzugsanstalten auch noch durch den weiteren Umstand erschwert, dass der Strafgefangene keine Schwächen zeigen darf, um in der Gefangenensubkultur bestehen zu können. Ohne größere Kosten zu verursachen, werden diese Nachteile von der NAlKAN-Therapie als Einzeltherapie vermieden.

Gegenüber der Gesprächstherapie und Psychoanalyse hat NAIKAN den entscheidenden Vorteil der kurz und klar überschaubaren Behandlungsdauer, der sich nicht zuletzt auch deshalb noch kostensparend auswirkt, weil der Therapeut gleichzeitig bis zu zehn Probanden betreuen kann. Die erstaunlich kurze Behandlungsdauer bei der NAlKAN-Therapie ergibt sich daraus, dass bei ihr – wie ausgeführt – ein Analyse nicht stattfindet, ob eine den Probanden seelisch belastende oder gefährdende Situation fremd- oder eigenverschuldet ist. NAIKAN nimmt den Menschen so, wie er ist, ohne danach zu fragen, warum er so geworden ist. Wegen der kurzen Behandlungsdauer ist bei der NAlKAN-Therapie ein Abbruch nahezu ausgeschlossen. Bei anderen Therapien kann ein solcher schwere seelische Schäden auf Seiten des Abbrechenden nach sich ziehen und einer Resozialisierung entgegenwirken.

Schließlich wirkt sich bei der Anwendung der NAlKAN-Therapie auch noch der Umstand kostengünstig aus, dass bei ihr nicht – wie teilweise bei den anderen Therapien – eine längere, möglicherweise sogar akademische Ausbildung des Therapeuten und seines Ausbilders erforderlich ist, weil besondere analytische und technische Kenntnisse nicht erworben zu werden brauchen.

In Europa stellten Prof. Ishii und ich NAIKAN erstmals vor zehn Jahren als Therapiemethode für Strafgefangene vor. Dabei ließen wir damals die Beantwortung der Frage der Anwendbarkeit der NAlKAN-Therapie im europäischen Strafvollzug noch bewusst offen, weil wir Zweifel daran hatten, ob europäische Strafgefangene psychisch und physisch in der Lage sind, über einen Zeitraum von einer Woche bei täglich bis zu 16 Stunden ohne größere Proband-Therapeut-Interaktion durchzuhalten. Zwischenzeitlich ist die NAlKAN-Therapie auch auf diesen Aspekt hin – wenn auch nur in bescheidenen Anfängen – in der Bundesrepublik Deutschland und in Österreich an Strafgefangenen erprobt wurden. In der Justizvollzugsanstalt für Jungtäter in Vechta (Oldenburg) hat der NAIKAN erfahrene Therapeut und Anstaltspfarrer Finkbeiner, der auf wissenschaftlichen Kongressen in Japan bereits zweimal über seine Erfahrungen im NAIKAN in Deutschland berichtet hat (13), über zehn Jahre die NAIKAN-Therapie mit wissenschaftlichen Methoden erprobt.

Seinen ersten Versuch begann er 1976 mit zwei ehemals alkoholabhängigen Strafgefangenen, von denen einer Analphabet war und beide unter starker Konzentrationsschwäche litten. Der Versuch sollte einen Hinweis darauf geben, ob sich Strafgefangene mit sehr defizitärer Sozialisation aus dem typischen Unterschichtmilieu, ohne Verbalisierungs- und Reflexionsfähigkeit auf die schwierigen psychischen und physischen Anforderungen der NAIKAN-Therapie einstellen können. Zu ihrer eigenen und des Therapeuten Überraschung waren beide Strafgefangene dazu voll in der Lage. Noch drei Jahre danach berichtete einer von ihnen, in dieser relativ kurzen Zeit der Therapie ein entscheidend anderes Verhältnis zu seinem Vater gefunden zu haben.

Im März 1981 folgte dann ein Versuch mit einem drogenabhängigen, wegen Verstoßes gegen das Betäubungsmittelgesetz verurteilten Strafgefangenen. Ziel war es herauszufinden, ob der bei der NAIKAN-Therapie sehr schnell einsetzende innere Prozess auch sehr labile Drogenabhängige befähigt, die für NAIKAN notwendige innere und äußere Disziplin über einen längeren Zeitraum aufzubringen. Die Fragestellung kann aufgrund dieses und der noch zu schildernden Versuche in Österreich eindeutig bejaht werden.

Im weiteren Zeitraum bis 1985 hat Finkbeiner die NAIKAN-Therapie an weiteren acht Strafgefangenen in verschiedenen Kursen – wie er die Therapie nennt – erprobt. Bei der Auswahl der Strafgefangenen versuchte er dabei diese nach sozialer Herkunft (Unter- und Mittelschicht), Bildungsstand (Analphabet – Realschulabschluss), Drogenabhängigkeit (Nichtdrogenabhängige – Drogenabhängige: Alkohol, Medikamente, Halluzinogene, Heroin u.a.) und Strafdauer (ein Jahr bis mehrere Jahre Jugend- bzw. Freiheitsstrafe) möglichst breit zu fächern. Alle NAIKAN-Therapien verliefen erfolgreich oder wurden zumindest von den Probanden subjektiv so empfunden, was bei der im allgemeinen äußerst negativen Lebenseinstellung von Strafgefangenen schon als sehr großer Fortschritt angesehen werden kann.

Fallbeispiel (14):

Im Zeitpunkt der NAIKAN-Behandlung war der Proband seit etwa achtzehn Monaten inhaftiert. Als ein dringendes Problem schilderte er einen Familienkonflikt. Seine Eltern lebten getrennt, zwischen beiden fühlte er sich hin- und hergerissen. Da er aus einer intakten Sinti-Sippe stammte und selbst schon Verantwortung innerhalb derselben zu tragen hatte, hingen mit der Klärung des Konfliktes weitreichende Konsequenzen zusammen. Bei seinen NAIKAN-Übungen stand der Proband unter der schweren psychischen und physischen Belastung, dass er diese – er war mit mehreren Strafgefangenen zusammen in einer Gemeinschaftszelle untergebracht – erst morgens früh zwischen ein und drei Uhr ausführen konnte. Trotzdem hatte er bereits nach vier Tagen NAIKAN die

Klärung seines Problems gefunden, die er bereits seit Haftbeginn angestrengt gesucht hatte. Sein Entscheidung gab er dann an seine Familie weiter. Sie hat sich bis heute – seit etwa zwei Jahren – als tragfähig erwiesen.

Bis jetzt ist die NAIKAN-Therapie in Europa (leider) immer noch in der Erprobungsphase. Die Auswertung der bisher durchgeführten Therapieversuche lässt zwar noch keine empirisch angelegte Erfolgskontrolle zu, doch rechtfertigt sie die Annahme, dass sich die in Japan gemachten positiven Erfahrungen und Ergebnisse mit der NAIKAN-Therapie bei der Behandlung von Strafgefangenen zur Verringerung der Rückfallkriminalität trotz der kulturellen Unterschiede nach Europa übertragen lassen.

3. DER ÖSTERREICHISCHE STRAFVOLLZUG – EIN KREISLAUF DER HILFLOSIGKEIT?!

von Josef Hartl

Der Strafvollzug, das ist ein Staat im Staat, behaupte ich einmal ganz subjektiv. Wird ein Mensch aufgrund der gesetzlichen Vorgaben durch ein Gericht zu einer Strafe, die Freiheitsentzug vorsieht, verurteilt, so muss er diese in einer dafür vorgesehenen Strafvollzugsanstalt oder Justizanstalt, wie die Gefängnisse heute auch bezeichnet werden, verbüßen.

Hierzu gibt es ein Strafvollzugsgesetz, das die Umstände, unter denen der Freiheitsentzug stattfindet, äußerlich regelt. Doch wie sollte es auch anders sein, es geht natürlich hier auch um die Auslegung solcher Regeln, also des Strafvollzugsgesetzes. Gesetze sind Worte auf Papier geschrieben, die erst durch die Anwendung von Menschen, also durch das Handhaben zu Fleisch und Blut werden. Dass es dabei einen Spielraum im Umgang mit Gesetzen gibt, der vieles an Möglichkeiten im Positiven wie Negativen zulässt, davon will ich hier berichten: Von Menschen im Strafvollzug, die aus Fleisch und Blut sind, und vom Fleisch und Blut des Strafvollzugs.

Um keine Irrtümer zu schaffen: Wir haben es hier mit zwei Schuhen zu tun, die sehr wohl ein ganzes Paar bilden: erstens das Strafgesetz, zweitens das Strafvollzugsgesetz. Ersteres befasst sich mit Schuld und Unschuld und Ausmaß der Strafe bei Schuldzuerkennung. Zweiteres befasst sich mit Schuld, also der Durchführung einer verhängten Freiheitsstrafe oder, soweit ich Bescheid weiß, mit der „Überwachung" von Bewährungsstrafen etc.

Die oberste Instanz für beides ist das Justizministerium. Hier gibt es eine Strafgesetzabteilung sowie eine Strafvollzugsgesetzabteilung.

Dies erscheint mir doch als recht wichtiger Teil, denn für Laien mag das alles wohl einerlei erscheinen. Genau hier scheint mir aber die erste und größte Leiche im Keller begraben – eben in diesem Einerlei! Denn geht es um Gesetze, so halten wir uns ja sowieso daran, sind alle pflichtbewusste Gesetzestreue – und wollen nicht mehr damit zu tun haben!? Und geht es um so etwas Ominöses wie Strafvollzugsgesetze, so wollen wir davon überhaupt nichts wissen. Die betreffen ja sowieso nur Diebe, Mörder, Süchtige, Kindesmisshandler und andere Kriminelle, ja, und vielleicht noch einige politische schwarze Schafe, die der Korruption anheimgefallen sind, also auch Kriminelle, und mit denen haben wir ja wirklich nichts zu tun. Um die Schuldigen sollen sich die „Zuständigen" kümmern. Die bezahlen wir ja auch mit unseren Steuern, oder etwa nicht?! Nun, ich muss sagen, dieser Standpunkt hat schon etwas für sich. Es ist, wie ich meine, ein sehr realer, will heißen: so ist es in diesem Land und wahrscheinlich auch in vielen anderen. Er stimmt, dieser Standpunkt, und trotzdem stimmt er auch wieder nicht.

Wer sind also die sogenannten Zuständigen für die Schuldigen, die den Auftrag des Kümmerns übernommen haben? Da hätten wir Polizei, Kriminalpolizei, Staatspolizei, Richter, Staatsanwälte, Rechtsanwälte, Geschworene – diese sind auch steuerzahlende Staatsbürger, die Zuständige für diesen Bereich bezahlen – und natürlich Justizbeamte, Ministerialbeamte, Sekretäre bei Gericht und im Justizministerium. Nicht zu vergessen die Bewährungshelfer, Jugendfürsorger für sozial desolate Familien im Vorfeld der Kriminalität, einige Gefängnisseelsorger, Sozialarbeiter, und für die kranken Kriminellen einige Psychotherapeuten. Zu erwähnen wären noch Personen mit Helfersyndrom aus karitativen Vereinen, die sich um obdachlose Ex-Häftlinge kümmern, und einige Vermittlungspersonen auf Arbeitsämtern, die nach dem Strafvollzug das Menschenmaterial bekommen, um es einer anständigen Arbeit zuzuführen. Das wären also die zuständigen „Kümmerer" für die Schuldigen, und diese bezahlen wir ja ohnedies für das Kümmern um die Schuldigen und ihre Schuldfrage.

So oder so ähnlich stellt sich dem Bürger dieses Landes das Kapitel Strafvollzug dar. Ja, wie sollte er es denn auch anders wissen? Er hat dann noch die Meinung der öffentlichen Medien, denen natürlich daran liegt, objektiv und sachlich zu informieren – denn Sachlichkeit und Objektivität erhöhen die Auflagenzahl von Zeitungen! Zynismus beiseite, aber den Medien käme sehr wohl ein Teil Arbeit zu, um die Informationsleiche aus dem Keller der Justitia zu holen.

Da geht es also darum, dass der Straftäter sowie das Personal im Strafvollzug in einem Bereich leben, der völlig aus dem übrigen Bewusstsein der Staatsbürger getilgt ist. Die, um die sich gekümmert werden soll, also die Schuldigen, und die, die sich darum kümmern, also das Justizpersonal, haben hierfür genau zugewiesene Rollen. Und dieses Rollenverhalten wird auch eingehalten und gelebt.

Dafür gibt es bestimmte Plätze, sprich Gefängnisse bzw. Gerichtssäle, Anwaltskanzleien, Obdachlosenheime für Haftentlassene ohne Wohnung, und Polizeistationen für vor und nach der Haft; dann, wenn die Räuber, Diebe, Betrüger und Süchtigen wieder rückfällig werden. Diese Orte gibt es zwar in diesem Land, leider, denkt so mancher, aber sie sind uns unbekannte Orte, sogenannte Tabuzonen, nur Zuständige für die Schuld dürfen sie frequentieren. Ein Staat im Staat also!

Nun, man möge mich steinigen, aber ich behaupte felsenfest, dass unser augenblicklicher Umgang mit der Schuldfrage das neue Verbrechen, die Schuld in sich birgt. Und zwar das Umgehen von etwa 80% der Menschen mit der Schuldfrage in diesem Land. An dieser Stelle möchte ich die Verbindung zwischen den beiden Schuhen Strafgesetzgebung und Strafvollzug herstellen.

Erstens muss es Menschen geben, die sich etwas zuschulden kommen lassen, damit wir so etwas wie ein Strafgesetz brauchen. Erst wenn es solche Menschen gibt, benötigen wir ein Strafvollzugsgesetz. Und somit wären wir am Anfang: Wir haben doch nicht Schuld, wir brechen ja keine Gesetze. Es sollen sich doch die bezahlten Zuständigen mit den Schuldigen befassen.

So lange wir so mit dem Thema Schuld und Vergehen umgehen, verhindert das vorweg, dass jemals die Menschen mit der Frage von Schuld in einer konstruktiven Art verfahren. Damit überlassen wir die Lösung der Schuldfrage einigen wenigen, die natürlich überlastet damit sind. So entsteht der Staat im Staat, den ich eingangs angesprochen habe. Schwarze und weiße Schafe! Wenn wir alle schwarzen Schafe im Stall haben, sprich in den Gefängnissen, so wären ja nur mehr die weißen hier. Also wäre naheliegend, dass wir sie ab jetzt ewig eingesperrt lassen, und so würden die schwarzen aussterben, da nur mehr die weißen da sind, und die sind ja alle unschuldig!

Ich glaube, nicht einmal der dümmste meiner Leser glaubt diese Theorie, oder etwa doch?! Das Verhalten und die Meinung vieler Menschen scheinen in diese Richtung zu gehen.

Der Umgang mit der Entstehung des Potentials im Menschen, das ihn zur Tat führt – wie sie auch immer gelagert ist und die letztgültig als Schuld bezeichnet wird –, ist des Pudels Kern. Das Baby von heute, männlichen Geschlechts und 8 Monate alt, kann in 20 Jahren

a.) ein Mörder sein,

b.) mit 18 die Strafgesetzgebung mitbestimmen, indem es Politiker ins Parlament wählt, oder

c.) sich entschließen, eine Laufbahn als Justizwachebeamter einzuschlagen.

Die Eltern, das soziale Umfeld usw. bilden diese oder jene Entscheidung mit, was nicht heißt, dass der Mensch nicht letztgültig selbst entscheidet. So lange wir die Lösung der Schuldfrage aus Bequemlichkeit, Angst, Hilflosigkeit und anderen, wenn auch noch so menschlichen Eigenschaften heraus einigen Wenigen überlassen, beteiligen wir uns auch sozusagen unbeteiligt mit am Vakuum, das in jenem Staat im Staat entsteht! In diesem Vakuum gibt es eine 75%ige Rückfälligkeit von jugendlichen Straftätern, die, zählte man die Ausländer dazu, welche nach Strafverbüßung ins Heimatland abgeschoben werden, bei etwa 80% oder darüber liegen würde. Ist das nicht eine beschämende Zahl und ein Beweis der Hilflosigkeit der Menschen in diesem Lande, die ihresgleichen sucht?

Solange im Geiste der Menschen so mit der Frage von Schuld umgegangen wird, wie dies zur Zeit der Fall ist, haben wir eine Strafgesetzgebung, die Sühne und nicht Besserung in den Vordergrund stellt. Das beinhaltet den augenblicklichen Strafvollzug, und der produziert 75% rückfällige jugendliche Straftäter. Um das zu ändern, gehört einmal eine sachliche Information über die Tatsachen der Gesetzgebung und des Strafvollzuges her.

Hierzu gehört eine anständige Presse und nicht die reißerisch verzerrten Artikel und die Medienberichterstattung, die wir zum Teil haben. Geht es um Auflagen von Zeitschriften und Einschaltquoten im Fernsehen – ja, leider! Die meisten Journalisten auf diesem Gebiet sind denkbar fragwürdig! Aufgrund der Medienberichterstattung könnte man annehmen, jeder Inhaftierte erhält Therapie und lebt ein mehr als gutsituiertes Leben hinter Gittern.

Doch laut österreichischem Gesetzbuch sieht die Sache anders aus!

Den Anspruch auf Psychotherapie hat meines Wissens nach nur ein sogenannter Maßnahmenhäftling. Das sind geistig abnorme Rechtsbrecher und Süchtige. Diese Therapie (im Gesetz: Vorbeugende Maßnahme) muss bei der Urteilsverkündung ebenfalls bestimmt werden, und hierfür gibt es 3 spezielle Paragraphen (15).

§21/1 und § 21/2 betreffen Verbrechen, die von Menschen begangen wurden, die entweder unzurechnungsfähig sind, oder zum Zeitpunkt der Tat unzurechnungsfähig waren, oder ihre Tat aus einer „geistigen oder seelischen Abartigkeit" heraus verübt haben.

§22 gilt Süchtigen, wobei das Strafausmaß nicht mehr als 2 Jahre betragen darf.

§23 gilt Wiederholungstätern, deren Taten als „schwere Straftat" eingestuft werden, der Gesetzgeber bezeichnet sie als „gefährliche Rückfallstäter".

Das bedeutet im Klartext, dass nur etwa 10% der in Österreich Inhaftierten Anspruch auf Therapie haben. Der Rest, also etwa 6.500 Häftlinge, wird einige Zeit weggesperrt, um dann sozusagen geläutert durch das Wegsperren nach Strafende entlassen zu werden. So will es die Gesetzgebung. Wir haben also gesunde Mörder, Süchtige, Diebe, gesunde Betrüger, Räuber und andere Menschen, die sogenannte kriminelle Handlungen setzen – also den gesunden Kriminellen als eine Kategorie Menschen in diesem Staat. Und psychisch kranke Mörder, Süchtige, Diebe, Betrüger, Räuber usw. als eine andere Kategorie!

Es gibt also den „nur" Kriminellen, den „gesunden" Kriminellen, und den „kranken" Kriminellen. Ist das nicht grotesk?

Ein Beispiel aus der Praxis, passiert 1998 in Niederösterreich: Ein 15-jähriger Junge geht in die Schule und erschießt seine Lehrerin „aus heiterem Himmel". Dieser Junge ist ein sogenannter gesunder Mörder. Der Staat in Form eines Geschworenengerichts verurteilt ihn zu 8 Jahren Haft ohne irgendwelche Zusätze. Das heißt, wenn alles glatt geht, lernt der Bursche einen Beruf und lebt die nächsten fünf Jahre im Gefängnis, erhält wegen guter Führung ein Drittel seiner Strafzeit auf Bewährung und wird mit etwa 21 Jahren entlassen. Wenn alles glatt geht. Er ist ja im ganzen gesehen ein gesunder Mörder. Also keine Therapie, der Mord wurde von einer gesunden, aber kriminellen Seele verübt, und die büßt ja sowieso im Gefängnis.

Das hört sich so an, als sagte der Arzt zum Patienten: ‚Legen sie sich acht Tage ins Bett und die Grippe vergeht von alleine, denn in Wirklichkeit sind sie nicht krank, ich schätze ihren Organismus nämlich so ein, dass er mit den Grippeviren schon selber fertig wird, und im übrigen habe ich dafür zu sorgen, dass Sie ihre Umgebung nicht anstecken.'

Ich denke, dass das bei einer Grippe auch so wirkt. Wir als Staat leisten uns das aber bei einer Krankheit, die Kriminalität heißt, und bei der es erwiesenermaßen 75% Rückfälligkeit gibt. Und das mit der einfachen Gesetzgebung: kriminell ist nicht krank. Also, wo keine Krankheit diagnostiziert wird, braucht es keine Therapie. Das bedeutet, eine nicht diagnostizierte Lungenentzündung kann sich von selber heilen oder eben undiagnostiziert zum Tode führen. Ein unbehandelter Beinbruch führt zu Verkrüppelung des Beines und meist zu weiteren Unfällen usw.

So lange kriminell nicht krank ist, kann diese Krankheit nicht geheilt werden, das liegt für mich auf der Hand. Was natürlich nicht bedeuten muss, dass jede Krankheit auch geheilt werden kann. Doch ohne Therapie wird man die Pest auch nicht in den Griff bekommen, also bleiben wir ihr ausgeliefert und sehen in unserer resignativen Haltung weg, um sie ertragen zu können. Was für mich zur Folge hat, dass sich so lange nichts an den Rückfallsziffern ändern wird, solange die Gesellschaft sich nicht durchringt, eine Strafgesetzgebung zu etablieren, die ein Strafvollzugsgesetz beinhaltet, in dem

a.) Mechanismen in Gang gesetzt werden, die allgemein für alle Kriminellen gültig sind,

b.) zur Schuldeinsicht der Täter führen,

c.) zur Korrektur des Verhaltens und

d.) zu der daraus resultierenden Lebenshaltung ohne neue Schuldbegehung führt.

Das würde an einen Punkt führen, der für alle Kriminellen ein Anrecht auf Psychotherapie beinhaltet, da sie auch als krank gesehen würden. Und natürlich kann nicht jede Therapie erfolgreich verlaufen, doch ich erinnere mich an einen Wortwechsel, den ich vor Jahren mit einem hohen Beamten aus dem Justizministerium hatte. Ich sagte zu jenem Mann, der seit über 20 Jahren in der Strafvollzugsabteilung im Justizministerium tätig ist, folgendes: „Meiner Meinung nach wird jeder Häftling, der länger als 6 Monate in einer österreichischen Haftanstalt zubringt, psychisch krank, falls er es nicht ohnehin schon ist, bevor er dort hinkommt. Wie denken Sie darüber?" Die Antwort war: „Ich gebe ihnen vollkommen recht!" – „Und was gedenkt man bei ihnen im Ministerium dagegen zu tun?" Er zuckte hilflos mit den Schultern und zeigte mir die Innenflächen seiner Hände. Worte wie Geldmangel, allgemeines Klima in der Bevölkerung usw. kamen über seine Lippen. Ich dachte an die Opfer der Rückfallstäter, die uns beschert sind in der Zukunft!

Seit 20 Jahren bin ich mit dem österreichischen Strafvollzug bekannt. Ich erlebte ihn als ein Tauziehen zwischen Illusion und Resignation. Wenn Herr Dr. Bindzus im vorigen Kapitel von einem Scheitern der Sozialtherapie spricht, so denke ich, stimmt es nur zum Teil. Denn natürlich sind die Illusionisten unter den Vertretern der Sozialtherapie bei sogenannten Kriminellen gescheitert, nicht jede Methode der Therapie ist auch geeignet! Sie übersahen meiner Ansicht nach auch, dass nicht alles therapiert werden kann.

Mit dieser Aufschrift auf ihren Fahnen aber traten sie in den 70er Jahren an. Nicht jetzt und gleich kann jeder Kriminelle erfolgreich eine Therapie absolvieren, das haben sie dabei vergessen zu sagen. Aber deswegen ins Mittelalter des Strafvollzuges zurückzufallen und ein absolutes Scheitern zu proklamieren, finde ich nicht richtig zu diesem Zeitpunkt! (Soweit ich weiß, sieht es Dr. Bindzus ebenfalls nicht so krass!)

Die sozialtherapeutische Richtung ist die einzig diskussionswürdige – es ist eine Frage der Zeit. Das Ziel einer gefängnisfreien Gesellschaft ist das einzig humane, wenngleich es sich nur langsam und mit viel Geduld sowie ohne Illusionen verwirklichen lassen wird. Auch sind wir das den Opfern schuldig – ich denke hier an die Opfer vom nächsten Jahr, die es realistischerweise geben wird. Jedoch beginnt die Verwirklichung der gefängnisfreien Gesellschaft in unseren Familien, in unserer geistigen Haltung, und endet realistischerweise bei der humanen Haltung gegenüber den derzeitigen Tätern im Gefängnis. *Das heißt nicht, dass die Täter ihrer Schuld entbunden werden.* Hier geht es wohl zuerst darum, Möglichkeiten zu schaffen, dass sich so mancher Täter seiner Schuld erst wirklich bewusst werden kann, und zwar über eine Form des Strafvollzuges, der dies ermöglicht.

Ein Strafvollzug, in dem sich die wenigen engagierten Angestellten nicht wie die illusionären Überreste der sozialtherapeutischen Zeit und Aufbruchsstimmung aus den 70er Jahren vorkommen. Ein Strafvollzug, in dem sich der Großteil der Beamtenschaft nicht als die zuständigen Racheengel der Bevölkerung wahrnehmen muss, und der jetzt eben die bezahlte Dreckarbeit für diese macht. Ein Strafvollzug, der die Einsicht in ihre Schuld bei Häftlingen fördert und nicht über immer rigider werdende Maßnahmen das kranke Potential von Hass, Neid und Ausgrenzung noch anheizt. Hierzu müssen wir aus der Ebene des ‚Hütet euch vor den Gezeichneten‘ und ‚Auge um Auge, Zahn um Zahn‘ herauskommen. Es scheint mir höchst an der Zeit, in diesem ausgehenden Jahrtausend die alttestamentarische Energie hinter uns zu lassen.

4. DIE JUSTIZANSTALT FÜR JUGENDLICHE GERASDORF

(Daten von der Justizanstalt Gerasdorf, Anmerkung am Schluss von Josef Hartl)

Eröffnung: 16.03.1970

Vollzugszweck: Einzige Justizanstalt für Jugendliche in Österreich für den Vollzug
                          von Freiheitsstrafen in der Dauer von mindestens 6 Monaten an
                          männl. Jugendlichen und jungen Erwachsenen

Jugendliche: 14 bis 19 Jahre (JGG = Jugendgerichtsgesetz)

Erwachsene: 19 bis 27 Jahre (dem Jugendstrafvollzug gerichtlich Unterstellte
                          und vom BMfJ (Bundesministerium für Justiz) klassifizierte junge
                          Erwachsene)
                          Dzt. jüngster Insaße 16 Jahre, ältester Insaße 25 Jahre

Belagsfähigkeit: 124 Haftplätze (Einzelräume) nach dem geplanten und bereits
                          begonnenen Umbau

Zuständigkeit: - Vollzug von Freiheitsstrafen an männlichen
                            Jugendlichen, deren Strafzeit 6 Monate übersteigt
                          - Vollzug von mit Freiheitsentziehung verbundenen
                            vorbeugenden Maßnahmen gem. § 21/2 StGB
                            (Strafgesetzbuch) an geistig abnormen
                            zurechnungsfähigen männlichen Jugendlichen
                          - Vollzug von Freiheitsstrafen an jungen Erwachsenen
                            (bis 27 Jahre) über besondere Anordnung des
                            Gerichtes oder des BMfJ
                          - Vollzug von Verwaltungsstrafen im Anschluss an eine
                            Freiheitsstrafe
                          - Untersuchungshäftlinge, die in erster Instanz verurteilt
                            wurden und ein Rechtsmittel (Nichtigkeit und/oder
                            Berufung) eingebracht haben

Berufsausbildung/
Arbeitstraining: 10 Lehrberufe – Berufsschule des Bundes mit Öffentlichkeitsrecht
                          – 10 bis 15 Lehrabschlussprüfungen durchschnittlich pro Jahr
                          – Bäcker, Maurer, Friseur, Orthopädieschuhmacher, Tischler,
                          Schlosser, Spengler, Maler und Anstreicher, KFZ-Mechaniker,
                          KFZ-Spritzlackierer (dzt. nicht), Gärtner.

Soziales Lernen in der Gemeinschaft:	5 Abteilungen: 1 Zugangsabteilung; 1 Maßnahmenvollzugsabteilung (§21/2 StGB) und 129 StVG (Strafvollzugsgesetz; Straffällige mit psychischen Besonderheiten): Wohngruppenvollzug; 2 „Normalvollzugsabteilungen"; 1 Entlassungsvollzugsabteilung: Wohngruppenvollzug. In Planung: 8 Wohngruppen.
Gefangenenstand vom 22.03.1998:	115 Insaßen, davon: 38 Jugendliche 34 vom Gericht dem Strafvollzug Unterstellte 29 Erwachsene 11 Untergebrachte 2 Untersuchungshäftlinge 1 Verwaltungsstrafgefangener 50 Lehrlinge insgesamt, der Rest sind Hilfsarbeiter und Unbeschäftigte
107 Mitarbeiter vorgesehen, Dzt. Personal:	1 Jurist (= Anstaltsleiter) 89 JustizwachebeamtInnen (davon 3 leitende Beamte [Offiziere]) 4 Vertragsbedienstete in Arbeitsbetrieben 1 Vertragsbedienstete im Kanzleidienst 4 SozialarbeiterInnen 2 PsychologInnen 1 Teilzeitlehrer (Baumeister) 1 Praktischer Arzt 1x/ Woche 1 Zahnarzt 1x/ Woche 1 Teilzeittherapeutin 1 Seelsorger 1x/ Woche Freizeitbetreuer von anderen Institutionen oder privat (BMfUfF, VHS u.a.)
Tagesablauf für Insaßen:	06.30 Uhr wecken 07.00 Uhr Frühstück 07.30 Uhr Arbeits- bzw. Schulbeginn (Mo-Fr) 11.30 Uhr bis 12.30 Uhr Mittagessen 15.00 Uhr Arbeitsschluss (Winter); 16.00 Uhr Arbeitsschluss (Sommer)

15.00 Uhr bis 16.00 Uhr Bewegung im Freien (Winter);
16.00 Uhr bis 18.00 Uhr Bewegung im Freien (Sommer)
16.00 Uhr bis 22.00 Uhr Freizeit (Sa bis 18.00 Uhr); Winter
18.00 Uhr bis 22.00 Uhr Freizeit (Sa bis 18.00 Uhr); Sommer

Sozialpädagogische Angebote:	Keramikwerkstatt, Kunsttherapie (Malen unter therapeutischer Anleitung) Naikan (Reflexionsmethode zur Aufarbeitung persönlicher Defizite) Group counselling (Gesprächsgruppen mit Strafgefangenen – Dzt. drei Gruppen) Kirchliches Seminar (gemeinsame Gruppenaktivität: PastoralassistentInnen – Strafgefangene) Pedalkontakt (Radfahren mit blinden jungen Erwachsenen)
Freizeitangebote:	Sportgruppen (Fußball, Radfahren, Bodybuilding, Schwimmen, Tischtennis, Familytennis u.a.) Bastelgruppe (Airbrush, Tiffany, Drechseln, Masken, Weihnachts-Osterschmuck u.a.) Diskussionsgruppen (Zeitgeschichte, religionsphilosophische Betrachtungsweisen) Bibliothek, Musikgruppe, Theatergruppe u.a. Kleine Galerie (Bilderausstellung mit Diskussionsmöglichkeit) Spiele (Gesellschaftsspiele, Schach) Gruppenausgänge (Kino, Theater, Konzerte, Schifahren, Eislaufen u.a.)

Ich möchte dem noch beifügen, dass das Jugendstrafvollzugsgesetz nicht dem des „Erwachsenenstrafvollzugsgesetzes" gleichzusetzen ist. Die jugendlichen Straftäter haben gewisse „Vergünstigungen" gegenüber den Erwachsenen. In der JA (Justizanstalt) Gerasdorf sind Jugendliche jeder Täterstruktur, vom „kleinen Dieb" bis zum sadistischen Mörder.

Diese befinden sich, außer wenn sie im Maßnahmenvollzug in der dafür vorgesehenen Abteilung sind, bunt gemischt in den Abteilungen. Auf die Freizeitaktivitäten besteht zwar ein allgemeines Anrecht, jedoch unterliegt die Teilnahme an Freizeitaktivitäten bzw. Gruppenausgängen genauesten Regelungen. Auch wird genau geprüft, wer, wann, wo teilnimmt und teilnehmen darf, vor allem wenn es sich um Freizeitaktionen (Gruppenausgänge) handelt – die selbstverständlich unter „Bewachung" von Justizwachebeamten stattfinden – bei denen die Straftäter mit der Bevölkerung in Berührung kommen.

5. NAIKAN MIT KRIMINELLEN JUGENDLICHEN IN DER JUSTIZANSTALT GERASDORF

von Josef Hartl

1995 im Oktober erhalte ich einen Anruf des Anstaltspsychologen Dr. Heribert Recher von der JA Gerasdorf. Er bekundet Interesse an der NAIKAN-Methode als Möglichkeit der Resozialisierung, Therapie, bzw. bittet um grundlegende Information. Nachdem sich im Frühjahr 1995 die österreichischen NAIKAN-Zentren zu einem Netzwerk bezüglich Information, gemeinsamer Projektarbeit und „Schulung" neuer Leiter zusammengeschlossen haben, kontaktierte ich meinen Kollegen Franz Ritter, der mir und der Anstalt geographisch am nächsten war. Wir informierten in der Folge das Fachteam über die Methode, und es entstand wider Erwarten sehr schnell ein laufendes Projekt. Anlass für dieses Projekt war zu jener Zeit eine ziemlich starke Drogenproblematik in der Anstalt, und ein, sagen wir einmal, über die normalen Maße hinaus wahrgenommenes Aggressionspotential bei den Inhaftierten.

Es wurde zu einer Informationsgruppe über die NAIKAN-Methode am 14. November 1995 (14 Kandidaten) für Insaßen mit Drogendelikten von der Anstalt vorgeschlagen, und ein Interessent mit einem Mord als Delikt nahm zusätzlich am 20. November an einer weiteren Informationsgruppe teil.

Am 21. November hatten wir also sechs freiwillige Wochen-NAIKAN-Teilnehmer, wovon fünf wegen Drogenhandel oder Missbrauch von Drogen (Heroin, Amphetamine, Haschisch, LSD etc.) oder der daraus entstehenden Folgekriminalität inhaftiert waren, und einer eine Freiheitsstrafe wegen Mordes verbüßte. Ein Kandidat beendete schon am Nachmittag des ersten Tages sein „NAIKAN", die anderen fünf unterzogen sich der vollen Zeit, also einer Woche der NAIKAN-Methode.

Die NAIKAN-Leiter Josef Hartl (links) und Franz Ritter (rechts) vor der Strafvollzugsanstalt für Jugendliche Gerasdorf in der Anfangszeit des dortigen NAIKAN-Projektes 1995. Seither findet dort regelmäßig NAIKAN statt. Es gibt eine kontinuierliche Arbeit mit den Insaßen in Form von Tages-NAIKAN, Wochen-NAIKAN und Informationsveranstaltungen.

158

In Zusammenarbeit mit Dr. Franz Brandfellner vom Konfliktforschungsinstitut Gablitz erarbeiteten wir speziell zu diesem Projekt sechs Fragen für ein Tiefeninterview, das einer Längsschnittuntersuchung dienen sollte, bei der eine mögliche Veränderung in der Grundhaltung der NAIKAN-Teilnehmer, sollte eine solche tatsächlich passieren, festgestellt werden kann.

Die NAIKAN-Woche begann am 21.11.1995 um 7.30 Uhr und endete am 27.11.1995 um 13.00 Uhr. Direkte „NAIKAN-Zeit" war täglich von 7.30 Uhr bis 18.30 Uhr, danach Einschluss in den Einzelhafträumen. Während der gesamten Woche gab es keinen Kontakt mit anderen Menschen, außer mit den NAIKAN-Leitern!

Die Bedingungen für die Teilnehmer waren außerdem wie folgt:

1. freiwillige Teilnahme
2. keine Außenkontakte – kein Telefon, Erhalten von Briefen nur in Übereinstimmung mit den NAIKAN-Leitern, keine Vorführungen zu irgendwelchen Anstaltsaktivitäten und keine Arztbesuche
3. keine Ansprache durch Vollzugsbeamte oder Mithäftlinge
4. keine Arbeit – trotzdem Lohnfortzahlung, aber Verzicht der Teilnehmer auf jede Vergünstigung allgemeiner Art
5. die Zellentüren in die jeweilige Abteilung sollten tagsüber aufgeschlossen sein, die Gefangenen sollten aber selbst entscheiden, in ihren Hafträumen zu bleiben und jegliche Kontakte mit Mithäftlingen in der Abteilung zu meiden
6. kein Besuch des Fernsehraums am Abend, keine Freizeitaktivitäten, bis hin zum Verzicht der einstündigen Bewegung im Freien (Spaziergang) im Hof
7. kein Lesen, Radiohören etc.

Tiefeninterviews mit kriminellen NAIKAN-Teilnehmern –
ein beeindruckender Prozess

Am 21. November 1995 morgens bei Beginn des NAIKANs, am 27. November 1995 unmittelbar nach der Teilnahme an der Woche NAIKAN und Mitte Mai 1996, also 6 Monate nach der Teilnahme am Wochen-NAIKAN, stellten wir den Jugendlichen folgende 6 Fragen:

1. Wie spürst Du die Haft?
2. Wie geht's Dir mit der Sucht?
3. Wie geht's Dir mit Deinen Eltern (Familie, Menschen Deiner Umgebung)?
4. Wie geht's Dir, wenn Du an die Zukunft denkst?
5. Wie geht's Dir damit, warum Du da bist (Straftat)?
6. Wie geht's Dir mit Dir selber?

Wir hatten für jeden Befragungsdurchgang etwa 30 Minuten pro Person an Zeit anberaumt. Die Befragten sollten möglichst unbefangen und spontan antworten. Es war uns nicht erlaubt, Tonbandmitschnitte zu machen, also machten wir eine möglichst wortgetreue Mitschrift. Die Tiefeninterviews sind unredigiert und der Wortlaut wurde von uns wiedergegeben.

Sehen Sie nun anhand der 3 „Fallbeispiele", wie sich die Woche NAIKAN bei den Tiefeninterviews ausgewirkt hat.

FALLBEISPIEL 1:
16 Jahre, kommt aus Tirol, Delikt: Mord, Strafzeit: 8 Jahre / 6 Jahre noch offen

FRAGE	1. Durchgang 21.11.95 bei NAIKAN-Beginn	2. Durchgang 27.11.95 bei NAIKAN-Ende	3. Durchgang Mitte Mai '96, 6 Monate danach
1. Wie spürst Du die Haft?	*Nicht so gut. Angst vor der Zukunft macht mir zu schaffen. Muss viel daran denken.*	*Leichter, frischer, als wäre ich erst kurz eingesperrt – alles neu. Mehr Freude. Die Kleinigkeiten sind mehr wert. Bin leichten Herzens.*	*Haft ist erträglich. Ist wie es ist.*
2. Wie geht's Dir mit der Sucht?	*Möchte mich manchmal zuschütten, wenn Probleme auftauchen. Angst vor der Reaktion in der Zukunft.*	*Es gibt größere Probleme.*	*Kein Thema für mich.*
3. Wie geht's Dir mit Deinen Eltern (Familie, Menschen Deiner Umgebung)?	*Geht mir gut. Sehe viel, was meine Mutter in Wirklichkeit ist und was sie tut. Dass sie zu mir hält.*	*Intensiver – habe erst gesehen, was sie gemacht haben und was ich wirklich gemacht habe. Habe Schuldgefühl, dass ich so wenig und sie so viel gemacht haben. Indem ich hier etwas aus der Zeit mache und später ein anständiges Leben führe, kann ich zumindest jetzt etwas Positives tun.*	*Gut. Viele Briefe / Telefon. Ich sehe mit anderen Augen. Verstehe sie (Mutter) besser als früher.*
4. Wie geht's Dir, wenn Du an die Zukunft denkst?	*Angst und Probleme. Mutter will meine Tat vertuschen und möchte dort weitermachen, wie es vorher war und das geht nicht.*	*Schwer vorzustellen, weil sie doch noch weit weg ist. Ich lebe im Jetzt und das ist entscheidender.*	*Zuversichtlich, dass ich alles machen werde, dass ich ein schönes, geregeltes Leben hab. Habe mich mit den falschen Freunden eingelassen. Keine Gefährdungen, da es unwahrscheinlich ist, dass ich sie wieder treffe.*
5. Wie geht's Dir damit, warum Du dasitzt (Straftat)?	*Es verblasst – egal ist es nicht. Muss damit leben lernen.*	*Bin auf viel draufgekommen, was ich vorher nicht sehen wollte!*	*Trauer, überwiegt. Ich bin einfach sehr traurig darüber.*

160

6. Wie geht's Dir mit Dir selber?	*Resignation und es wird schon wieder werden. Manchmal denke ich: noch 6 Jahre, dann denke ich aber, andere haben's auch geschafft.*	*Ausgeglichen! Das Verhältnis zu den anderen Menschen und insbesondere zu der Ziehmutter. Hat mir geholfen, vieles klarer zu sehen.*	*Inzwischen geht es mir gut. Wollte mich anfangs aufgeben. Hab aber schon ein Menschenleben verschwendet, kann nicht noch ein zweites wegwerfen.*

FALLBEISPIEL 2:

21 Jahre, kommt aus Linz, Oberösterreich, Delikte: Körperverletzung, Suchtgiftmissbrauch, Einbruch, 3x vorbestraft, Strafzeit: 16 Monate, 2 davon verbüßt.

FRAGE	1. Durchgang 21.11.95 bei NAIKAN-Beginn	2. Durchgang 27.11.95 bei NAIKAN-Ende	3. Durchgang Mitte Mai '96, 6 Monate danach
1. Wie spürst Du die Haft?	*Schwerste Haft – sehe die Haft nicht nur als Bestrafung. Bin früher antreten gegangen, mache die Lehre fertig! Die Leute packe ich nicht ganz – für die ist's wie ein Zeltlager – für mich nicht. Ich denke mehr als Erwachsener. Stehe vor einer Art Mauer.*	*Sehe es als Chance. Sachen sind klarer geworden, warum sich alles entwickelt hat und wie es weiter geht, warum ich mich wie verhalte.*	*Sie zieht an mir vorbei. Sie trifft mich nicht richtig. Man soll die Feste feiern, wie sie fallen. Probiere mein Leben unter Kontrolle zu bringen.*
2. Wie geht's Dir mit der Sucht?	*Mich regen Harntests, die nicht stimmen, auf. Komme mit Sucht klar, nur Rauchen von Zigaretten geht mir auf den Hammer.*	*Geht mir nicht schlecht. Meine Linie zwischen Ge- und Missbrauch habe ich wieder gefunden! Stehe dem Ganzen kritisch gegenüber.*	*Habe keine Sucht. Habe mir Gedanken gemacht. Glaube noch immer, dass LSD mir innere Räume öffnet, wenn ich es gebrauche (Gebrauch / Missbrauch). Die lange nüchterne Periode (in der Haft) zeigt mir, dass ich vor der Haft in einer Phase war, wo ich nicht mehr die gesehenen Realitäten (LSD-Erfahrungen) ins reelle Leben übertragen konnte.*

3. Wie geht's Dir mit Deinen Eltern (Familie, Menschen Deiner Umgebung)?	Bin anscheinend in ein Selbsterfahrungsprojekt reingerutscht. Es gefällt mir ihr Besuch – und dass sie Geld einlegen. Verbessertes Verhältnis!	Verschiedene Handlungsweisen der Mutter verstehe ich. Freu mich, dass ich sie wieder seh, aber nicht mehr. Nur weil ich zu denken angefangen habe und gewisse Sachen besser verstehe, entschuldigt das nicht gewisse Handlungsweisen. Obwohl ich auch zu entschuldigen gelernt habe.	Die Leute werden älter.
4. Wie geht's Dir, wenn Du an die Zukunft denkst?	Beschissen – weiß nicht, wie es weitergehen soll. Wenn ich die Lehre fertigmache, ist's positiv. Stehe vor einer Mauer. Freundin weg.	Im Gefängnis ist's leichter über Zukunft zu reden. Handlungen sehen oft anders aus. Doch glaube ich ziemlich sicher zu wissen, dass ich nicht mehr ins Gefängnis gehe.	Weil ich freiwillig in die Haft gegangen bin, habe ich das Gefühl, mir hier eine gute Ausgangsposition für die Lehre und die Drogentherapie geschaffen zu haben. Mache jetzt eine Drogentherapie mit Naikan, so sehe ich es.
5. Wie geht's Dir damit, warum Du dasitzt (Straftat)?	Frag mich, warum ich das gemacht habe. Bin früh in diese Scheiße hineingerutscht. Versuche ein Änderung.	Viele Sachen, die nicht geahndet wurden – weil nicht erwischt. Dafür sitze ich wegen Sachen, die „verkehrt" sind und teilweise unschuldig.	Ja. Es ist es.
6. Wie geht's Dir mit Dir selber?	Selbstmordgedanken. Suche sehr. Destruktion, optimistisch, aggressive Phasen. Schwarze Mauer mit blauen Durchlässen.	Ich bin super! Geht mir leiwand.	Je mehr ich mich kennenlerne, desto „lustiger" finde ich mich. Lustiger = annehmbarer, komme mit mir klar. Sehe Ereignisse anders, die früher passiert sind. Jedoch hat mich nicht nur Naikan geändert. Ich finde, wenn Leute das Naikan ernst nehmen und eine positive Änderung wollen, dann wird auch Naikan den positiven Weg zeigen. Für Leute, die negativ denken und keine Änderung wollen, wird Naikan nicht helfen können, denn man muss sich selber ändern.

FALLBEISPIEL 3:

20 Jahre, kommt aus einer Kleinstadt in der Steiermark, extremer Haschisch-Konsument, Delikte: Diebstahl, Einbruch, Körperverletzung, Drogenverkauf, Strafzeit: noch 7 Monate bis Strafende

FRAGE	1. Durchgang 21.11.95 bei NAIKAN-Beginn	2. Durchgang 27.11.95 bei NAIKAN-Ende	3. Durchgang Mitte Mai '96, 6 Monate danach
1. Wie spürst Du die Haft?	*Holte mir vom Psychiater Tabletten, andere sagten, bist teppert, du bist völlig weggetreten, Schlaftabletten, Beruhigungspulver. Die Haft derpackst nicht, besonders jetzt vor Weihnachten. Bei der Familie werden 6-10 Leute daheim sein.*	*Naja. Es geht. Vor Weihnachten ist Arsch. Mir ist schon besser gegangen. Der Einschluss geht mich am meisten an.*	*Jetzt geht's scho, geh bald heim. Wurde besser durch Naikan. Fühl mich besser. Tu mir leichter, wenn ich mit Leuten rede, kann mein Problem sagen. Was meine Eltern getan haben, war für mich früher selbstverständlich. Aber jetzt bin ich draufgekommen, was sie getan haben.*
2. Wie geht's Dir mit der Sucht?	*Wenn was da ist, kiff ich. Ich kann nicht nein sagen, bin labil.* *Hab im Juli Ausgang gehabt mit guten Vorsätzen. Aber der Bruder und ein Freund haben mich abgeholt. Hab drauf gepfiffen, war 2 Tage high, weiß nix mehr davon. Schluckte 75 Tabs (Beruhigungstabletten). Beim Hereinkommen wurde ich beim Schmuggeln von 25 Tabletten erwischt. Rohypnol enthemmt, ich hatte eine Lederjacke, wusste nicht von wem und wie sie zu mir kam. Ich bin dann bumm zu, hab oft mitgeraucht (Haschisch), dann erst eingebrochen.*	*Wenn was da ist, nimm i was.*	*Jetzt will ich zur Zeit nix, kann mir nichts bieten. Draußen ist die Versuchung größer. Werde aber nicht mehr jeden Tag bumm zu sein. Vielleicht am Wochenende ein bisschen kiffen. Wie es war, wird's nimmer sein.*

163

3. Wie geht's Dir mit Deinen Eltern (Familie, Menschen Deiner Umgebung)?	*Kommt besser, geht gut, Eltern jetzt 50 Jahre alt. Meine Eltern haben immer alles gemacht, Mutter machte es, wenn ich es sagte. Hab mich nie um etwas kümmern müssen. Was soll ich tun, wenn sie sterben? Meine Brüder sind auch vorbestraft.*	*Kommt besser, geht gut, Eltern jetzt 50 Jahre alt. Meine Eltern haben immer alles gemacht, Mutter machte es, wenn ich es sagte. Hab mich nie um etwas kümmern müssen. Was soll ich tun, wenn sie sterben? Meine Brüder sind auch vorbestraft.*	*Kommt besser, geht gut, Eltern jetzt 50 Jahre alt. Meine Eltern haben immer alles gemacht, Mutter machte es, wenn ich es sagte. Hab mich nie um etwas kümmern müssen. Was soll ich tun, wenn sie sterben? Meine Brüder sind auch vorbestraft.*
4. Wie geht's Dir, wenn Du an die Zukunft denkst?	*Möchte bei den Industriemontagen arbeiten. Will nicht arbeiten, aber es bleibt mir nichts anderes über. Maurer taugt mir nicht, werde aber die Lehre abschließen. Bei mir zu Hause kennt mich jeder, keine Chance auf einen Arbeitsplatz.*	*Ich weiß nicht, was ich machen werde. Ich weiß, wie das ist im Häfn. Wenn ich draußen bin, denk ich wieder ganz anders.*	*Bin nicht optimistisch. Herinnen wird geschaut auf mich. Einerseits geht's, andererseits bin ich nicht so optimistisch. Draußen hab ich niemand, dem ich vertrauen kann. Meine Mutter versteht mich nicht. Brauche gleich Arbeit, wenn ich rauskomm. Gut dass ich Beruf gelernt hab. Wenn ich keine Arbeit habe, zweifel ich an mir selber, dann scheiß ich drauf.*
5. Wie geht's Dir damit, warum Du dasitzt (Straftat)?	*Will nichts sagen.*	*Kannst eh nix machen, am Arsch geht mir schon, dass ich wegen einem Blödsinn sitz.*	*Werd ich nicht mehr machen. Mein Vater hat mich eh geholt, auch um 4 Uhr früh, manchmal hab ich ihn nicht angerufen, statt dessen ein Auto gestohlen.*
6. Wie geht's Dir mit Dir selber?	*Ich hab's noch zu nichts gebracht. Habe nichts. Liegt an mir selber. Früher hieß es, mit den Nachbar-Buam derfst net spielen. Ältere Brüder waren aggressiv. Ich war deshalb viel mit meinen Brüdern unterwegs, hab andere provoziert und sie haben sie für mich verprügelt. Falsches Milieu, später hab ich mir die gleichen Typen gesucht.*	*Mein seelisches Wohlbefinden ist nicht gerade das beste.*	*Bin noch nicht so weit. Hoff schon aber... Jetzt reißt's mich hin und her. Lernen, muss mich zwingen, ist eh nur für mich gut, wenn ich draußen wär, würde ich's nicht tun. Ist ein guter Häfn, wird eh viel gemacht. Wär gut gewesen, wenn ich früher angefangen hätte mit Naikan. Weiß nicht, wie es sein wird, wie es gehen wird.*

Das Ergebnis aus einem Zwischenresümee
der ersten NAIKAN-Woche in der JA Gerasdorf

Eine Nachbesprechung mit dem Betreuer Kurt Filipek, Leiter des Sozialen Dienstes der Anstalt, und dessen Rücksprache im Fachteam brachte ein interessantes Ergebnis.

1. Die Anstalt wünschte die Weiterführung des Projektes mit NAIKAN.
2. Einer der Haupthemmschuhe – die Materie: Was kostet so etwas, kam hier schon zum ersten Mal zur Sprache.
3. Wir als NAIKAN-Leiter wollten natürlich weiterarbeiten, da wir gerade bei den jugendlichen Straftätern noch eine reellere Chance als bei den „alten Hasen" der Inhaftierten sehen, ihnen Hilfestellung bieten zu können.
4. Als außerhalb der Anstaltsstruktur stehende Personen sehen wir die immense Wichtigkeit, die Bediensteten in unser Tun einzubeziehen. Information und Miteinbindung der Wachebeamten, der Werkstättenleiter usw. in die Arbeit schien uns sehr wichtig. Wir sahen schon zu diesem Zeitpunkt sehr klar, dass der „Erfolg", ob sich die NAIKAN-Methode in der Anstaltskultur etablieren können würde oder nicht, von der Kommunikationsebene zwischen uns, dem Personal und den Inhaftierten abhängig war. Schaffen wir es, dem nicht direkt im Prozess des NAIKAN stehenden Personal die Sinnhaftigkeit und das Verständnis bezüglich der Wirkung, dem Verlauf und den Konsequenzen zu vermitteln?

Das war uns zu diesem Zeitpunkt eine wichtige Frage, denn davon hing in letzter Konsequenz der direkte Erfolg ab. Wir benötigen die konstruktive Mitarbeit aller Beteiligten. Denn allein der Umstand des Inhaftiertseins mit all seinen Konsequenzen ist natürlich kontraproduktiv, was das Umgehen mit einem Wesenskern im Menschen angeht, der bereit ist, sich zu öffnen. Und die inhaftierten Wochen-NAIKAN-Teilnehmer wiesen diese Bereitschaft auf. Sie bekundeten zu diesem Zeitpunkt, dass sie den „Prozess" weiterführen wollten. Also sie wollten mehr an Entwicklung, waren bereit, weiter mit NAIKAN zu arbeiten.

Hier hörte ich auch zum ersten Mal die Frage vom Anstaltsleiter Hofrat Gandolf: „Wieviel NAIKAN verträgt denn die Anstalt?" Diese Frage kam interessanterweise von dem Mann, der der Motor dafür war, dass NAIKAN in der Anstalt angeboten wird. Hofrat Gandolf hatte den Anstaltspsychologen beauftragt, uns zu kontaktieren. Nun wollten die Insaßen und auch wir NAIKAN-Leiter weiter und in die Tiefe arbeiten, und nun kamen auch schon die Sorgen des obersten Verantwortlichen – hatte er sich vielleicht zu weit vorgewagt? War die Öffnung vielleicht zu weit gegangen? War es vielleicht zu positiv, dass da anstatt Resignation Motivation von verschiedenen Seiten aufzutauchen begann im Geist der Menschen? Wieviel „Therapie", Wandlung, Optimismus verträgt eine Justizanstalt im Klima der 90er Jahre nach der oft proklamierten angeblich fehlgeschlagenen Liberalisierung (sozialtherapeutische Ansätze) in der Ära Broda?

All dies war für mich sehr deutlich spürbar. Doch Herr Hofrat Gandolf bewies Engagement und Mut, er ließ sich weiter auf das Projekt NAIKAN in „seiner" Anstalt ein.

Für das Jahr 1996 wurde eine Mixform aus Wochen- und Tages-NAIKAN als Angebot in der Anstalt eingeführt. Tages-NAIKAN hatte die Dauer von 7.30 bis 16.00 Uhr im ansonsten gleichen Setting wie Wochen-NAIKAN und fand 1x im Monat statt. Wie sich das bei den Wochen-NAIKAN-Teilnehmern konkret weiterentwickelte, möchte ich hier in der Folge an 2 „Fällen" dokumentieren.

Fall Nr. 1:

Manfred (Name geändert), 20 Jahre alt, ein extremer Haschisch-Konsument, der in Gerasdorf zum 3. Mal eine Haftstrafe verbüßte, diesmal wegen Diebstahl, Einbruch, Körperverletzung, Drogenverkauf, hatte zum Zeitpunkt der Teilnahme an der NAIKAN-Woche noch 7 Monate Resthaftzeit. Seine Antworten vor und nach dem Wochen-NAIKAN und 6 Monate danach beim Tiefeninterview sind unter den drei vorhergehenden Fallbeispielen zu finden. Während der Woche war er sehr im Schwanken und kämpfte des öfteren mit dem Gedanken, die Woche abzubrechen. Ein typisch „milieu-geschädigtes Großkind", das nie wirklich sozial war, bei dem also auch keine Re-sozialisierung möglich war. Hier ging es um Sozialisierung und Integration.

Wider Erwarten entwickelte sich Manfred aber extrem positiv. Er kam weiter regelmäßig zum Tages-NAIKAN in den nächsten 6 Monaten. Es kam ihm immer mehr sein Nichterwachsensein und seine Unselbständigkeit ins Bewusstsein. Auch kam immer deutlicher seine Angst vor der Entlassung zum Vorschein, seine Gefühle, hier teilweise hilflos zu sein. Vor der NAIKAN-Woche war er sehr stark im Rollenbild des Clowns. Die Devise war, nichts ernst zu nehmen und auf alles rundherum in dieser Rolle zu reagieren, um Unsicherheiten und Hilflosigkeit zu verbergen. Indem er sich aus der Wochen-NAIKAN-Erfahrung weiter mit seiner „Art" und seinen Gefühlen bis hin zum konkreten Handeln in Jetzt-Situationen einließ, kam wirklich „anderes" in seiner Person zum tragen. Zum „anderen" sage ich einmal: Ernsthaftigkeit.

Beim Tages-NAIKAN begann er wieder die Mutter-, dann die Vaterbeziehung zu untersuchen. Hier machte ich eine Notiz: ‚Manfred macht O.K., nichts Neues in seiner Sicht, aber ernsthaft.' Beim 3. Tages-NAIKAN im März arbeitete er mit einem Thema. Das Thema hieß Gefängnis, und er untersuchte anhand der 3 NAIKAN-Fragen:

1. Was tut das Gefängnis für mich (welche Funktion erfüllt es in meinem Leben)?
2. Was tue ich für das Gefängnis (gebe ich von mir an diese Struktur, Beamte, Gefangene usw.)?
3. Welche Schwierigkeiten bereite ich dem Gefängnis (also den Mithäftlingen, Wachebeamten usw.)?

Anhand dieser Fragen untersuchte er sein Verhalten während seines jetzigen Gefängnisaufenthaltes sehr konkret, indem er sich immer periodenweise 3 Monate der Haftzeit von der Verhaftung bis zum gegenwärtigen Zeitpunkt betrachtete.

Ich hatte ein Gespräch nach dem Tages-NAIKAN mit ihm, in dem wir über die Lebensumstände der Inhaftierten in der Haftanstalt Stein sprachen. Bei einer nochmaligen Verurteilung nach seiner Entlassung würde er sicher in eine Anstalt für sogenannte Erwachsene kommen und nicht mehr in den Jugendstrafvollzug.

Eine Notiz von mir besagt: ‚Manfred war sehr ruhig und hörte aufmerksam zu. Er zeigte Betroffenheit über die Realität in der JA Stein. Er ist übrigens total mit der bevorstehenden Entlassung konfrontiert und sieht sein Dilemma des nicht Erwachsenseins immer genauer.' Diese Notiz stammt aus der Gesprächsrunde vom 29.3.96. Beim nächsten Tages-NAIKAN am 10. Mai kam das wahre Gesicht des Manfred noch viel mehr zum Vorschein. Ich notierte mir zu seinem Prozess: ‚Manfred hat große Angst vorm „Losgehen" (so heißt das in der Gefangenensprache, wenn ein Häftling entlassen wird).

Manfred versuchte während dieses Tages-NAIKANs einen realistischen Plan zu machen. Erstens, wie er jetzt in den letzten zwei Monaten seiner Haftzeit schon die Zeit danach unterstützen kann, um wieder Fuß zu fassen – selbständig zu werden.

Zweitens erarbeitete er sich eine Struktur für die Zeitdauer von einem Jahr ab Haftentlassung. Drittens animierte ich ihn, sich eine Stunde mit seinen Hoffnungen und Träumen zu beschäftigen. Zum Schluss des Tages-NAIKANs stellte ich ihm die Frage: Was tust du, wenn alles, was du dir vornimmst, schiefläuft? Also wenn die klassische Form für einen Drogenrückfall bzw. Kriminalitätsrückfall gegeben wäre. Manfred sieht sein Dilemma und nimmt sich trotzdem ernst. Er ging bei der Frage nicht in die Clownrolle, nein, er schluckte und sah aus wie ein begossener Pudel.'

Manfred hat zu kämpfen begonnen, nun galt aber der Kampf nicht mehr der angeblich schlechten Gesellschaft, wie er es früher tat, sondern Manfred kämpfte mit sich und um sich!

Am 24.5.96 absolvierte er sein letztes Tages-NAIKAN in der JA Gerasdorf. Er bekam zwei Mal „Hafturlaub", um sich auf seine Entlassung besser vorbereiten zu können und Arbeit zu suchen. Hier war es für die Wachebeamten und für den Sozialen Dienst erstaunlich, dass Manfred nüchtern und zeitgerecht zurück kam, was bei seinen vorigen Haftstrafen beim „Hafturlaub" keineswegs der Fall gewesen war. Auch schaffte er die Gesellenprüfung als Maurer, diesen Beruf hatte er während seiner Haftzeit gelernt. Er verließ die Anstalt und ging in seine alte Umgebung zurück. Es ist ihm zu wünschen, dass er den Kampf gegen sich und für sich, den er aufgenommen hatte, auch gewinnt. Bis jetzt scheint es zu glücken. Zum Zeitpunkt meines Schreibens befindet er sich meines Wissens in keinem Gefängnis!

Fall Nr. 2:

Kemal (Name geändert), 19 Jahre, Türke in Österreich geboren, kommt aus Wien. Delikte: Einbruch, Suchtgiftverkauf, ist fünfmal vorbestraft. Haftzeit insgesamt 44 Monate, wenn alle bedingten Haftstrafen vom Gericht widerrufen werden sollten. Hat zum Zeitpunkt seiner ersten NAIKAN-Woche sieben Monate Haftstrafe verbüßt.

Seine Antworten vor und nach der NAIKAN-Woche sind wirklich erstaunlich:

FRAGE	1. Durchgang 21.11.95 bei NAIKAN-Beginn	2. Durchgang 27.11.95 bei NAIKAN-Ende
1. Wie spürst Du die Haft?	*Es geht jetzt, aber ich weiß nicht, wie es nachher wird.*	*Jetzt denke ich nicht daran, nur manchmal, wenn ich einschlafe. Sitze, weil ich zu Gift gekommen bin. Ich Trottel bin jetzt da. Mit 14 / 15 dachte ich, Heroin ist das Gefährlichste, aber dass ich da bin, ist die Auswirkung von Heroin.*
2. Wie geht's Dir mit der Sucht?	*Seit ich eingesperrt bin, habe ich 1 / 2 Rohypnol genommen und 2 / 3 Zug Haschisch geraucht. Heroin fehlt mir psychisch. Wenn ich an Freiheit denke, denke ich an gutes feeling, Heroin. Im Knast würde ich Heroin sofort nehmen. 3 Wochen hatte ich einen Entzug. Heroin habe ich geraucht und gesnifft. Denke oft an Heroin.*	*Diese Woche habe ich gar nicht daran gedacht. Habe schon psychische Probleme, körperliche Schwäche, würde nicht nein sagen, wenn es mir jemand anbietet.*
3. Wie geht's Dir mit Deinen Eltern (Familie, Menschen Deiner Umgebung)?	*Seit ich im Häfn bin, habe ich drei, vier Mal Besuch bekommen. Haben mir Vorwürfe gemacht zu Anfang. Ich habe Besuch abgebrochen. Habe drei Monate Besuch verweigert. Bei der Verhandlung sagte Mutter, lass dich besuchen, und ich stimmte wieder zu. Telefonisch 1x im Monat und schreiben nicht. Mutter und Geschwister fehlen mir schon – Vater nicht so.*	*Habe es meiner Mutter schwer gemacht. Sie denkt an mich und macht sich Sorgen. Fühl mich als Arschloch. Zu Vater kann ich nicht mehr sagen, er ist mein Vater, bin mit seiner Hilfe auf die Welt gekommen. Schlecht aufgewachsen wegen seinem Alkoholkonsum.*
4. Wie geht's Dir, wenn Du an die Zukunft denkst?	*Denke einmal so und einmal so. Arbeit, oder Mafia, denke verschieden, habe mich noch nicht entschieden. Habe keine Ahnung. Bin schon 9x eingesperrt und denke, ich komme wieder. Wenn ich die Lehre abschließe, vielleicht habe ich eine Chance. Aber mit den Drogen ist es ein Problem, denke an Heroin.*	*Habe viel nachdenken können in dieser Woche. Werde die Bäckerlehre abschließen, dann in einer Fabrik viel arbeiten, Nachtdienste, viel Überstunden, viel Geld verdienen. Kleinen Betrieb aufmachen, Geld verdienen, die Eltern in die Türkei schicken und ihnen jeden Monat Geld schicken.*
5. Wie geht's Dir damit, warum Du dasitzt (Straftat)?	*Kindereien.*	*Habe keine Angst. Weiß nicht! Ist eh gerecht, dass ich da bin. Die Leute vergiftet und mich selber. Unnötige Straftaten, Angeberei, Geldnötigung, wichtig machen, Blödsinn. Hätte ich nicht machen sollen, ohne Geld kann man auch leben, Suchtgift, Heroin wechselt den Menschen, man wird Verbrecher.*

6. Wie geht's Dir mit Dir selber?	*Bin zufrieden – viel Training. Komme in den Trainingsraum. Mit den Leuten gibt es Probleme. Nicht mehr reden – wenn ich ein Problem mit Zellengenossen habe.*	*Ich geniere mich vor den Leuten, die gehört haben, dass ich im Gefängnis sitze, besonders in (meiner Heimat) würde ich im Boden versinken. Manche rufen „Verbrecher", „Heroindealer". Gestern habe ich gedacht, wenn ich nicht in der Stadt gewohnt hätte, hätte ich vielleicht nicht diese Probleme. Am Land sind sie ruhiger, gibt keine Drogen.*

Kemal fasste innerhalb kurzer Zeit großes Vertrauen zu mir und öffnete sich mir wie ein kleines Kind, das keine Angst hat, geschlagen zu werden. Hier kam mir meine Vergangenheit, wie dies öfters der Fall ist, sehr zugute. Ich erklärte Kemal schriftliches NAIKAN und vereinbarte mit ihm, dass er dieses weiterführen sollte. Ich erhielt um den 10. Dezember 1995 einen Brief von Kemal, in dem er mir sein schriftliches NAIKAN schickte.

Umseitig finden Sie die Abdrucke dieses schriftlichen NAIKAN.

Am 1. Februar 1996 nahm er beim ersten Tages-NAIKAN teil und erzählte mir, dass er angesucht hatte um eine weitere Aussetzung des Widerrufs seiner bedingten Freiheitsstrafen. Er wollte unbedingt auf eine Drogentherapiestation überstellt werden. Der Grüne Kreis, eine Institution der Drogentherapie, war sein Ziel. Und das wurde ihm gewährt. Im März erhielt ich einen weiteren Brief von Kemal, den Sie ebenfalls umseitig abgedruckt finden.

1.12.95
Freitag

In der Früh bittete ich (beim wecken) den Beamten das Licht von Draußen abzudrehen. Er tat es, Dank! Dann ging ich (frisch) in die Betrieb wo ich unbedingt arbeiten muß und mein Lehre abschliessen will als Bäcker. Mit mein Freund vorher habe ich Wurzler gespielt um Ausbacken, Ofenputzen, Brote einzahlen, vesage wischen. – habe verloren. Das sind viel Arbeit, aber er war kein Ego und ist keiner, da hat er mich ausgelacht und mir geholfen. Sehr leiwand von ihm. Keiner hatte Tabak mit da mußte ich von andere Betrieb schnorren. Wir haben dann nach Arbeit Karten gespielt und beim spielen war ich gut aber mein Freund der mir geholfen hatte, hatte minuspunkte gehabt – ich habe geschummelt und ihm die Jolly-karte unterm Tisch zwischen Fussfinger gegeben, trotzdem hat er verloren. Nacher war ich wegen Arbeit sehr müde und ging in mein Zelle schlafen. und jetzt schreibe ich halt.

Nochwas die vergangene Tage mußte ich für TEST-lernen. Ich tat es, – Erfolg, bekam ein guten zweier (2), nächste Woche ist noch ein Test, es war gar nicht schwer.

Das WAR'S

170

In der Früh wurde ich von den Beamten 3mal schlafend ertappt. Trotzdem hat er mir keine Freizeiteinschluss gegeben. war toll von ihm.

2.12.95
Samstag

Dannach habe ich für mich meine Zelle geputzt. Während der Putzen kam mein Freund zu mir (bei dem ich die Wette verloren habe) und fragte ob ich Zucker, Milch und Kaffee brauche? und ich JA! ich habe ja gerade davon geträumt. Gr. Ausspeise ist erst nächste Woche. Nach Mittagessen (11^{30}) schlief ich bis 16^h, dann in den Freizeitraum habe mir den Film "TWO THING'S" von Jacki Chan angeschaut. Kurz vor Einschluss wollte ich von ein andere Beamte Briefpapier haben - er sagte "Komm morgen". Beim Einschluss lernte ich dann für die nächste Test (am 6.12.95) Es ist viel, muss fasst 6 Buchseiten auswendig lernen. Und jetzt vor schlafen 23^h schreibe ich!

3.12.95
Sonntag

Heute ist der beste Tag in Häfn. bin bis 13ʰ geschlafen dann habe ich mich geduscht. Um elf Uhr war dann Essen. Rindfleisch-Semmelknödel-Grünsalat. Nach essen Einschluss bis 15ʰ habe gelernt für Test. Beim Freizeit war ich bei ein Yugo er Ladete mich auf ein Kaffee ein und wir haben Hip-Hop gehört. später hats Video gespielt von Patrick Swaze Tür-steherfilm war nicht schlecht. Nach der Film bevor Einschluss Lachten die österreicher mich aus weil ich Jacke angehabt habe, und unten (Oberkörper) nichts gehabt habt. Ich habe nichts gesagt, ich glaube das wird sich bald verändern, da kann man sich einfach nicht zurückziehen. Bei Einschl. habe ich gegessen und jetzt bin ich beim Schreiben⸮ Ich höre mir nach die Hits von Ö3 dann geho ich schlafen

In der Früh bittete ich den HA meine Wäsche zu waschen und in mein Zelle reinzugeben. Er tat es aber sehr spät. Nachher ging ich ins Betrieb. Ich habe heute die ganze Tag alleine gearbeitet weil mein Ofen-partner in der Schule war. Nach Mittagessen trainirten wir 1 Stunde für Body und Kampfsport (ähnl. wie Kickboxen) mit die anderen Bäcker. Um 13ʰ war Dienstschluss ging in Zelle lese ich ein Fitness-heft (Sport-revue) über Training, aß Brot und trank Tee. 16ʰ ist dann die Tür aufgegangen, habe mir den Serie „Baywatch" angeschaut. später war ich dann bei ein Bosnier wir haben geraucht und über draussen geredet. Was er machen wollte – und was ich. 18³⁰ Einschluss habe die Wäsche aufgehängt das sie trocknen und ich mir in der früh anzieh kann, ein bißchen zusammengeräumt und Nacher gelernt. Jetzt ist es 10ʰ Uhr und ich muss schlafen!

5.12.95
Dienstag

Wie ich aufgestanden bin habe ich nichts zu Rauchen gehabt. Habe mir dann nach Aufsperren einbildshen Tabak von ein Yugo aufgestellt. Dann wie immer in die Betrieb. Beim Mittagessen habe ich ~~mit~~ Semmeln mitgehen lassen für eine der mir Tabak gegeben hat. Nach der Arbeit fehlte jemanden 1 Glas, der chef sagte das ich es war, aber ich war es nicht und ich habe gewusst wer es war wollte mich nicht reinmischen, ich sagte: Ich war es nicht wer sagt das" und der Chef: Keiner, aber ich bestimme das du es warst." da habe ich ihm „jaja" gesagt und duschen gegangen. Nach Arbeit bekam ich Besuch von 3 Freunden, ich habe mich sehr gefreut, das sie an mich gedacht und mich besuchen gekommen sind. Wir haben dann eine Stunde über alles geredet, einer geht sogar in Therapie (Gr. Kreis). Sie versprachen sie kommen diese Woche Sonntag und bringen mir Rap-kassetten mit. Die sind alle Ex-Vorbestraft. Wegen Graffitis und Drogen. Beim Freizeit war ich (u.a. von Betrieb) bei ein Kollege wir redeten über Test von Morgen und hörten leise Musik. Beim Einschluss habe ich dann mein Abendessen gegessen und jetz muss ich erden! Weil ich jetzt für Morgen lernen muß dann gehe ich eh schlafen.

174

6.12.95
Mittwoch

Heute haben wir kein Arbeit sondern Schule. Ehe der
Schule habe ich von 7ʰ-8ʰ mich selbst überpruft das ich
nicht vergesse was ich gelernt habe für den heutigen Test.
Ich habe dabei geschummelt in Bank ein paar Stichwörter
(Fremdwörter) geschrieben weil ich mir sie nicht merken könnte.
Beim Schularbeit hat uns der Ausbilder 1 Std. Zeit gegeben
und ich habe ein zweier bekommen, ich habe die beste Note
heute vor allem. Nachher in der Zelle habe meine Tür mit Tanne
geschmückt. Dann im Freizeit habe mir den Baywatch angeschaut
und irgend jemand hat mir etwas weggestohlen weil ich nicht zu-
gesperrt habe. Später habe ich Papiere geholt das ich dies schreibe
Bei Einschluss habe ich so halbe Stunde mit Zellennachbar von
Fenster zu Fenster fantasiert über unmögliche Sachen! (Häfnwach)
Dann habe ich zusammengeräumt und Zeitschriften gelesen.
Es ist 20ʰ und beende es für heute!

Ich habe mich in der früh verschlafen und bekam
Einschluss (FZ-verbot). In der Arbeit habe ich vielleicht 2 Std
ohne Pause durchgearbeitet, ich wollte mir eine Rauchen
weil ich sehr stressig war. Der Geselle-Chef kam zu mir
und bedrohte mich rauszuschmeißen, ich solle kein
Rauchpause machen „di oavet is no wihtiger". Später
kam ein Anruf und ich solle in die Magazin mein
Recorder holen, ich habe mich sehr gefreut. Im Mittag
hats wenig Essen gegeben habe mit den Beamten
Ärger gehabt weil wir viel Arbeiten und viel Kalorie
verlieren und es gbt wenig Essen. Nachher war
ich Ausspeisen und in die Zelle, der Beamte sagte
„du hast Einschluss weist eh warum" Da habe ich Musik
gehört gelesen gegessen und Gedanken gemacht.

BITTE ich möchte nicht mehr schreiben,
aber ich mache natürlich MIT euch weiter!

PS: 6S MARKE BEIGELEGT

ich wünsche dir viel Erfolg
und viel Spaß

Patient   ~~Cornel~~

P.S. Briefmarken liegen bei
und Liebe Grüsse an Franz

Europäisches Naturschutzjahr 1995

Postkarte

Hallo Josef   15.03.96

Wie geht's dir so? mir geht es, naja super
kann man nicht sagen bin in Frankenau,
kennst du vielleicht ein Therapeut namens
Klaus hier, er kennt dich nicht. Ich habe
ihm über dich erzählt was du machst, ich
meine jetzt Naikan, er kennt das Wort überhaupt nicht, ich habe ihm nicht alles erklären
können weil ich in solche Sachen schwer rede.
Ich hätte jetzt eine bitte von dir, kannst du
mir bitte so ein Heft über Naikan schicken
damit ich es ihm und andere Leute zeigen
kann, die interresieren sich, wie das so ist.
Vielleicht machen's die dann später.
Aber ich bin wirklich froh daß ich weg von
Häfn und hier bin. Ausführungen ohne Achta-
ist doch Toll, vielleicht werde ich Betreuer od.
Therapeut irgendwann. Na, OK ich muss jetzt enden

177

Ich schickte ihm Zeitschriften, die über NAIKAN informieren, und telefonierte auch einmal mit ihm. Das war im April 1996. Im Herbst 1997 hatte ich ein Gespräch mit dem Leiter und Therapeuten Dr. Thomas Legel vom Grünen Kreis. Ich erkundigte mich nach Kemal. Herr Legel teilte mir mit, dass Kemal seine Therapie beim Grünen Kreis abgeschlossen hätte und jetzt in ambulanter Nachbetreuung stünde. Ich hörte seitdem nichts mehr von Kemal und hoffe, ihn auch nicht wieder zu sehen – zumindest nicht in der JA Gerasdorf, wo er so oft zu „Gast" war!

Zu Gast sind wir nach wie vor mit dem NAIKAN in der JA Gerasdorf, nun das dritte Jahr, und was sich hier im bescheidenen Ausmaß tut, können Sie dem folgenden chronologischen Zeitablauf entnehmen. Bescheiden für das, was sich meiner Ansicht nach alles machen ließe, und sehr viel, weiß man um die Schwierigkeit der Thematik. Viel auch, wenn man bedenkt, wie scheu der Mensch Neuem gegenüber steht und wie angstbesetzt Neues für Menschen in der Justiz erst ist. Und hier spreche ich von beiden Seiten, den Inhaftierten sowie den Menschen, die im Justizapparat arbeiten. Zu einer Ehe gehören immer zwei, und Gefangene wie Wachebeamte gehören zusammen wie Pech und Schwefel, oder um es in einem noch klareren Bild auszudrücken, wie die Faust aufs Auge bzw. das Auge für die Faust, je nach Blickwinkel und Annäherung an das Thema.

Chronologischer Zeitablauf des NAIKAN-Projektes
in der JA Gerasdorf, Oktober 1995 bis Mai 1998

Oktober 1995
Die NAIKAN-Methode wird auf Ersuchen der JA Gerasdorf dem dortigen Fachteam durch die beiden NAIKAN-Leiter Franz Ritter und Josef Hartl vorgestellt.
14. November 1995
Nach Überlegungen des Fachteams und Gesprächen mit den NAIKAN-Leitern wird 14 Kandidaten die NAIKAN-Methode vorgestellt und ihnen die Teilnahme an einer NAIKAN-Woche angeboten.
20. November 1995
Nochmaliges Erklären der NAIKAN-Methode führt zum Entschluss von 6 Kandidaten, eine Woche NAIKAN zu absolvieren.
21. bis 27. November 1995
Letztendlich nehmen 5 Insaßen der JA Gerasdorf an dieser ersten NAIKAN-Woche teil.
11. Dezember 1995
Nachbesprechung und Resümee mit den 5 Teilnehmern am Wochen-NAIKAN. Der Anstaltsleitung wird die Fortführung nahegelegt und eine Kombination von Wochen- und Tages-NAIKAN wird als Modellversuch beschlossen.
1. Februar 1996
Das erste Tages-NAIKAN findet statt. Teilnehmerzahl: 7 Personen.
16. Februar 1996
Eine informelle Gesprächsrunde mit den Teilnehmern von Wochen- und Tages-NAIKAN sowie von Interessenten wird durchgeführt.

23. Februar 1996
Tages-NAIKAN, Teilnehmerzahl: 4 Personen.
15. März 1996
Tages-NAIKAN, Teilnehmerzahl: 4 Personen.
29. März 1996
Informelle Gesprächsrunde und Erfahrungsaustausch von „ehemaligen" Teilnehmern.
10. Mai 1996
Tages-NAIKAN, Teilnehmerzahl: 5 Personen.
24. Mai 1996
Tages-NAIKAN und Information zum kommenden Wochen-NAIKAN. Teilnehmerzahl: 6 Personen.
24. Mai bis 29. Juni 1996
Die zweite NAIKAN-Woche mit diesmal 3 Teilnehmern wird durchgeführt.
Juli 1996
Treffen in der JA Gerasdorf mit Vertretern aus der JA Favoriten, Dr. Bindzus von der Universität Saarbrücken, Gabriel Felder vom Verein Rainbow, Italien, sowie dem Fachteam der JA Gerasdorf und den NAIKAN-Leitern der 3 österreichischen NAIKAN-Zentren. Thema: NAIKAN als konkrete Möglichkeit zur Sozialisation im Strafvollzug der EU-Länder.
August 1996
Prof. Akira Ishii hält vor versammeltem Justizpersonal der JA Gerasdorf einen Vortrag bezüglich der NAIKAN-Methode und Anwendung im inner- und außerjapanischen Raum, speziell im Strafvollzug.
22. September 1996
Tages-NAIKAN, Teilnehmerzahl: 3 Personen.
20. Dezember 1996
Tages-NAIKAN, Teilnehmerzahl: 8 Personen.
21. März 1997
Tages-NAIKAN, Teilnehmerzahl: 4 Personen.
25. April 1997
Tages-NAIKAN, Teilnehmerzahl: 5 Personen.
30. Juli 1997
Tages-NAIKAN, Teilnehmerzahl: 3 Personen.
10. Oktober 1997
Tages-NAIKAN, Teilnehmerzahl: 3 Personen.
November 1997
4 Vorträge – je einer pro Abteilung – vor allen Insaßen der JA Gerasdorf, um NAIKAN neuerlich vorzustellen, werden vom NAIKAN-Leiter Josef Hartl gehalten.
21. November 1997
Tages-NAIKAN, Teilnehmerzahl: 8 Personen.
19. Dezember 1997
Tages-NAIKAN, Teilnehmerzahl: 5 Personen.
Jänner 1998
Ein Gespräch zwischen NAIKAN-Leitern und Fachteam findet statt, um Gegebenheiten und weiteres Vorgehen mit NAIKAN in der JA Gerasdorf zu erörtern. Der NAIKAN-Leiter Franz

Ritter scheidet für 1998 aus der Arbeit aus und wird durch Martin Wundsam, der Josef Hartl 1998 in der NAIKAN-Arbeit unterstützt, ersetzt. Eine Kombination zwischen Tages-NAIKAN und 3 Tagen NAIKAN im Block wird beschlossen.

23. März 1998
Tages-NAIKAN, Teilnehmerzahl: 3 Personen.

29. Mai 1998
Tages-NAIKAN, Teilnehmerzahl: 6 Personen.
Es werden an diesem Tag die Neuzugänge der letzten 2 Monate über die NAIKAN-Methode informiert. Jeder „Neuzugang" (neu in die Anstalt aufgenommener Insaße) soll in Zukunft über die NAIKAN-Methode an Tages-NAIKAN-Terminen von den NAIKAN-Leitern informiert werden.

6. WEDER ILLUSION NOCH RESIGNATION – EIN RESÜMEE AUS DEM NAIKAN-PROJEKT IN DER JUSTIZANSTALT GERASDORF

von Josef Hartl

Seit November 1995 hatten die Insaßen der JA Gerasdorf zweimal die Möglichkeit, an einer NAIKAN-Woche zum Zweck ihrer Persönlichkeitsentwicklung in Richtung „Entkriminalisierung" teilzunehmen. Beim ersten nahmen fünf und beim zweiten Mal drei Insaßen diese Gelegenheit wahr.

Fünfzehnmal führten wir Tages-NAIKAN durch. Die Gesamtteilnehmerzahl beläuft sich auf 75. Dabei gab es auch regelmäßige Teilnehmer, also Insaßen, die bereit waren, einen Entwicklungsprozess zu durchlaufen.

Beispiel: Felix (Name geändert) nahm das erste Mal am 10.5.1996 am Tages-NAIKAN teil, absolvierte vom 24. bis 29.6.1997 eine Woche NAIKAN und nahm dann wieder an den Tages-NAIKAN am 30.7., 10.10., 21.11. und 19.12.1997 teil.

Da er um Auslieferung in seine Heimat angesucht hatte (er ist serbischer Staatsbürger), war seine begleitete NAIKAN-Arbeit mit Dezember 1997 beendet. Ich will hier nicht näher in das spezielle Fallbeispiel einsteigen. Es ist jedoch interessant, dass Felix nicht nur gegenüber Personen NAIKAN übte, sondern in den Tages-NAIKAN nach der NAIKAN-Woche auch mit Themen arbeitete. Hier untersuchte er anhand der drei Fragen aus dem NAIKAN Themen wie: Verhalten gegenüber Autoritäten, Verhalten in der Haftanstalt, Umgang mit Lüge und Manipulation, Umgang mit fremdem Eigentum (Stehlen). Das was Felix und anderen nur möglich, weil es ein Angebot einer „prozessorientierten" NAIKAN-Arbeit in der JA Gerasdorf gibt. Dieses Angebot ist für mich einer der Angelpunkte beim Resümee über die NAIKAN-Arbeit im Gefängnis!

Kriminelle Menschen haben meiner Meinung nach eine derart gestörte Persönlichkeitsstruktur, dass eine Woche NAIKAN oft zu wenig ist, um ihnen den Weg aus ihrem schädigenden Verhalten gegenüber der Umwelt und sich selbst zu weisen. Dabei möchte ich aber ganz klar in den Raum stellen, dass es durchaus so sein kann! So nämlich, dass die Teilnahme an einer Woche NAIKAN sehr wohl diese Wurzel für die Änderung des Verhaltens im sogenannten Kriminellen freilegen kann. Ich kann jedoch nicht behaupten, dass das zwingend so ist.

In der Regel braucht es eine gewisse Pflege des nach und nach freigelegten Potentials durch NAIKAN, damit es so zum Tragen kommt, dass Kriminelle nicht mehr rückfällig werden. Daher bin ich mit dem derzeitigen Stand der NAIKAN-Arbeit in Gerasdorf über-aus zufrieden. Jeder, der in die Anstalt kommt, um hier seine Strafe zu verbüßen, bekommt erstens innerhalb der ersten 6 Wochen eine Information und Einführung in die NAIKAN-Methode. Diese Einführung mache ich mit einer Gruppe der sogenannten Neuzugänge an Tagen, an denen ich Tages-NAIKAN leite. Also hat grundsätzlich jeder Inhaftierte die Möglichkeit, am Tages-NAIKAN teilzunehmen. Zweitens ist die NAIKAN-Arbeit in der JA Gerasdorf eine Prozessarbeit, die über die gesamte Haftzeit durchgeführt werden kann. Das heißt, wir führen jeweils 2 Monate in Reihenfolge Tages-NAIKAN und sodann 3 Tage NAIKAN im Block durch. Dieses Angebot kann vom Inhaftierten, wenn er für sich einen Sinn darin erkennt, über Jahre durchgeführt werden. Sollte sich ein großes Bedürfnis nach der Form des Wochen-NAIKAN zusätzlich zum laufenden Angebotes ergeben, so nehme ich derzeit die Bereitschaft der Anstalt wahr, darauf zu reagieren.

Wir haben über die augenblickliche Handhabung des NAIKANs in dieser speziellen Gefängnisstruktur eine möglichst kostengünstige und zeitunaufwendige Form gefun-den, die ohne Zweifel durchführbar ist, ohne dass sie die allgemeinen Richtlinien des Gefängnisses stört. Es wird gegenwärtig das Minimum an Zeit und Struktur aufgewendet, um die NAIKAN-Arbeit in der Anstalt am Leben zu erhalten. Hier meine ich: so am Leben zu erhalten und durchzuführen, dass sie auch Sinn macht und Aussicht auf Erfolg im bescheidenen Rahmen hat!

Dieses „Minimum" ist für so manchen darin „Agierenden" das absolute Maximum, auch das sehe ich sehr klar. Der Zeit- und Vorbereitungsaufwand in der Relation zum „Verdienst" der NAIKAN-Leiter befindet sich in einer Ebene, die an Selbstausbeutung grenzt. Es bedarf auch eines großen Idealismus von so manchen Personen aus dem Personal, etwa dem Projektbetreuer Kurt Filipek oder dem Anstaltsleiter Hofrat Gandolf, der dieses Projekt als Hauptverantwortlicher für die Anstalt gut heißt und nach außen vertritt, damit es weiter dieses Angebot geben kann.

Doch es ist offensichtlich, dass es beim derzeitigen Stand des Bewusstseins der Bevölkerung sowie dem gesellschaftspolitischen Umgang mit den Themen Kriminalität, Strafgesetz und Vollzug nach wie vor Idealisten braucht, damit es nicht Rückschritte groben Ausmaßes gibt. Und ich spreche hier von Idealisten, nicht von Utopisten und blauäugigen Träumern. Ein blauäugiger Träumer würde, so glaube ich, nicht fünfzehn Jahre als Sozialarbeiter in der harten Gefängnisrealität zubringen können, ohne daran zu verzweifeln. Hier ist schon eine gewisse Realitätsbezogenheit nötig. Und dass trotzdem nicht bloß ein zynischer, resignativer Haufen Fleisch übrigbleibt, der sich gegen Neues – und NAIKAN ist neu im österreichischen Strafvollzug – sträubt, sondern ein Mensch, der Offenheit und auch

Engagement beweist, finde ich wirklich bemerkenswert. Es beweist aber auch, dass noch vieles zu erledigen ist im Strafvollzug, und die NAIKAN-Arbeit in diesem Sinne gerade erst begonnen hat. Wir können von einem ersten positiven Zwischenergebnis sprechen.

Die Grenzen, an die wir mit NAIKAN in der JA Gerasdorf gestoßen sind

Erstens:

Die Lehrwerkstätten und die Berufsausbildung gehen im pädagogischen Programm der Anstalt über alles. Trotz dieses Programms gibt es jedoch eine sehr hohe Rückfälligkeit, gebe ich hier einmal zu bedenken. Also scheint eine Berufsausbildung für die Insaßen zu wenig zu sein. Es ist noch nicht gelungen, diese Einsicht den Werkstättenleitern in vollem Ausmaß zu vermitteln. Außerdem ist eine seit 20 Jahren ausgerichtete Struktur nicht von heute auf morgen zu wandeln, das bedarf eines langen vorsichtigen Prozesses. Ohne diese Wandlung, die in der gesamten Ausrichtung des Strafvollzugs – Innovation statt Resignation – ihre Wurzel haben muss, bleibt man im Idealismus des Einzelnen hängen. Wandlung kann nur durch Bündelung der Einzelkräfte vollzogen werden. Wenn diese Bündelung nicht erfolgt, bleibt der mit der NAIKAN-Methode begonnene Prozess in seinen Kinderschuhen stecken.

Zweitens:

Der Geldmangel ist ein Problem. Die externe Arbeit von uns NAIKAN-Leitern sollte wirklich zeit- und leistungsgerecht entlohnt werden. Davon sind wir gegenwärtig weit entfernt.

Hier sehe ich den alten Mechanismus des Staates: Wenn seine institutionalisierten Reaktionen auf Ereignisse an Grenzen stoßen, nützt der Staat gerne die Einzelinitiativen von privater Seite. Dadurch sind die Institutionen nicht wirklich in vollem Ausmaß zu einer Reflexion ihres Tuns gezwungen.

In diesem Falle die Justiz: So lange sie Menschen mit Selbstausbeutungstendenzen findet, die durch ihre Arbeit das Vakuum aufbessern, welches durch die Hilflosigkeit der Justiz geschaffen wird, kann sie der vollständigen Reflexion ihres Tuns ausweichen.

Mir stellt sich des öfteren die Frage, ob die Gefängnisse als ausführende Institutionen des Staates eine wirkliche Bereitschaft aufweisen, sich zu wandeln. Also: Will das Gefängnis mehr als das Kurzzeitziel des Einsperrens (Wegsperrens) erfüllen?

Hier wird jede Initiative, die zu einer Wandlung der Tradition führen könnte, auf Schwierigkeiten stoßen. Das liegt meiner Meinung nach in der Natur der Sache und führt wiederum zum Ausgangspunkt meiner Ausführungen zurück:

Der einzelne Mensch und dessen Bewusstsein zum Thema sind es, die ein gesellschaftspolitisches Klima bilden, in dem Besserung möglich oder nicht möglich gemacht wird. Eine Besserung, die über die einzelnen Sternschnuppen von gebesserten Kriminellen – also nicht mehr rückfällig Werdende – hinausgeht! Wächst das Einzelbewusstsein in diesem

Sinne, wird auch der Widerstand des einzelnen Menschen in der Institution Gefängnis – egal ob auf der Seite der Häftlinge oder des Personals – Neuem gegenüber geringer werden. Und dass es hier auch Widerstände gegen die NAIKAN-Methode gibt, sollte nicht verheimlicht werden. Das hat aber meiner Meinung nach nichts mit dem NAIKAN selbst zu tun, sondern liegt im Neuen und dem oben genannten Umgang mit Neuem in der Institution Gefängnis.

Die nächsten Ziele mit der NAIKAN-Methode und das natürliche Ergebnis, das aus den Erfahrungen damit kommen muss, sind eine klare Sache:

Erstens: Aufgrund der „Klientel" (kriminelle Persönlichkeiten) und der strukturellen Gegebenheiten (Gefängnis), in dem die Klientel lebt, ist NAIKAN noch mehr als sonst als prozessorientierte Arbeit zu sehen und nicht als zeitlich isoliertes Ereignis in Form von einer Woche NAIKAN zu handhaben.

Diesen Prozess können am besten Menschen leiten, die in die Struktur eingebettet sind. Also muss ein klares Ziel die Ausbildung von NAIKAN-Leitern aus dem Personal des Gefängnisses sein. Hier kommen Justizwachebeamte, Sozialarbeiter und Psychotherapeuten in Frage. Wobei meiner Meinung nach die Wachebeamten am meisten direkten Kontakt mit den Insaßen habe und mir daher am geeignetsten erscheinen. Sie haben auch außerhalb einer NAIKAN-Woche bzw. eines 3-Tages- oder Tages-NAIKANs den größten Einblick in die persönliche Befindlichkeit der Inhaftierten und können so am effektivsten darauf reagieren. Dies kann bei Verständnis der NAIKAN-Methode ohne große zeitliche bzw. finanzielle Aufwendungen passieren. NAIKAN hat sich für mich dann in der Gefängnisstruktur bewährt, wenn der NAIKAN-Prozess auch von Justizwachebeamten durchgeführt wird, und zwar dadurch, dass sich

a) Beamte der Justiz ganz persönlich auf den Prozess einlassen und
b) anschließend eine Ausbildung zum NAIKAN-Leiter absolvieren, die etwa 2 bis 3 Jahre dauern wird. Das könnten auch Sozialarbeiter bzw. Psychologen machen.

Zweitens: Aufgrund der derzeitigen Realität bezüglich Strafvollzug, Umgang mit Verbrechern, Opfer-Täter Polarisierung usw. liegt es nach wie vor an sogenannten Idealisten und Einzelpersonen, damit eine Entwicklung in den Gefängnissen vorwärts getrieben wird, die die Opfer der Zukunft schützt. Aus diesem Grunde bin ich persönlich auch weiterhin bereit, in die Arbeit mit NAIKAN auf dem Boden der Justiz Zeit und Engagement zu investieren, obwohl ich mich dadurch immer im Grenzbereich zur Selbstausbeutung befinde. Doch je besser das Produkt ist, desto mehr lohnt es sich dafür zu kämpfen. Und dass die NAIKAN-Methode auch vom finanziellen Standpunkt her ein absolut günstiges Spitzenprodukt für den Steuerzahler und die Justiz darstellt, werde ich in Folge anhand einiger Rechnungen kurz erläutern!

7. EINE INTERESSANTE RECHNUNG FÜR DEN STEUERZAHLER UND DEN STAAT

von Josef Hartl & Mag. Cäcilia Weiermair

Eine Justizstrafvollzugsanstalt, deren höchstes Ziel nicht die Besserung der Insaßen ist, kostet den Steuerzahler eine schöne Stange Geld. Noch fokussierter ausgedrückt: Das Rachebedürfnis lassen sich der Österreicher und die Österreicherin etwas kosten. Rache ist teuer und relativ sinnlos, bezieht man die Triebbefriedigung im Menschenreich nicht mit ein. Doch wollen natürlich auch die animalischen Triebe befriedigt werden, und hier setzt, wie wir mittlerweile wissen, jede Vernunft und Logik aus im angeblich hochintelligenten Wesen Mensch.

Von der Tierwelt wissen wir, dass sie ihren Trieben freien Lauf lässt – die Naturgesetze sind angeblich hart und grausam. In etwa so: Beißt du mich, so beiße ich zurück. Das sind wie gesagt die Verhaltensweisen von Tieren. Nun, der Mensch hat sich den indirekten Biss über Gefängnisse angeeignet und die Ächtung seiner Artgenossen, falls sie die indirekten Bisse überleben. Ich weiß nicht, ob die einzelnen Steuerzahler mit dem Preis einverstanden sind, die solche indirekten Bisse kosten, wenn sie erfahren, dass es da auch noch andere Möglichkeiten gibt, die vielleicht billiger wären. Zumal es ja doch einige menschliche Artgenossen gibt, die sich von der Tierwelt und der „indirekten Tierwelt" entfernt zu haben scheinen. Im übrigen gibt es in der Tierwelt zwar manchmal Todesbisse, jedoch die Abart eines Gefängnisses besitzt die Tierwelt nicht. Das scheint der Preis für den Verlust unseres Pelzes zu sein und der Tatsache, dass wir statt jener Haare noch nicht die geeignete Masse an Gefühl und Intellekt entwickelt haben, um uns die Zwischenlösung Gefängnis ersparen zu können.

Tatsächlich scheinen wir im Entwicklungsstand dort zu sein, dass wir diese Zwischenlösung noch benötigen. Doch wie gehen wir damit um? Es kann eine billige Sache werden, die sich auf lange Sicht erübrigt, oder aber wir können die Zwischenlösung Gefängnis als eine Endlösung betrachten, ohne Aussicht auf Zukunft und Entwicklung, dann ist's allerdings teuer.

Die Rückfallsquote in der Jugendkriminalität, die in diesem Fall der „Erwachsenenkriminalität" um nichts nachsteht, befindet sich bei 70-75%. In dieser Quote sind Ausländer nicht berücksichtigt, die nach Verbüßung der Haftstrafe in ihr Herkunftsland abgeschoben werden. Ansonsten hätten wir eine Zahl von etwa 80%! Die Justiz als Firma auf dem freien Markt, die an ihrem Erfolg gemessen würde, wäre also schon viele Jahre im Konkurs. Besser, sie wäre als Privatbetrieb liquidiert. Nur ist das eben bei diesem Thema nicht machbar, denn das „Material" gäbe es trotzdem, und wohin mit den Kriminellen, wenn die erfolglose Firma in Konkurs ist?! Also sperren wir nicht die Firma zu, sondern das Thema ein! Tatsache ist, dass die Firma, also die Institution Justiz, ihren Auftrag nur teilweise erfüllt und sich über die Schwierigkeiten der Arbeitsbedingungen die Haare rauft, anstatt innovativ tätig zu werden. Ich muss das einmal so provokativ schreiben, um uns die tatsächliche Szenerie klarer vor Augen zu führen.

Was wollen wir von einer Firma erwarten, die so uninteressant agiert? Denn wenn sie Erfolg hat, wird sie nicht beachtet, und wenn sie über Ablenkungsmanöver (Wegsperren) berichtet, wird sie gelobt. Würde die Justiz in einer gängigen Tageszeitung berichten, dass sie in die Resozialisierung von einem jugendlichen Häftling die Summe von ATS 646.515,- (EUR 46.984,08) investiert hat, denn das ist die Summe, die dieser jugendliche Straftäter kostet, wenn er 1 Jahr in der JA Gerasdorf verbringt, so würden die Wellen hoch schlagen. Wie kann man auch in ein Stück kriminelles Fleisch eine Investition tätigen? Doch könnte man es nicht als Rücksichtnahme auf die zukünftigen Opfer tun? Wäre doch denkbar, oder? Vor allem wenn wir uns an die horrende Rückfallsziffer von 75% erinnern.

Im Vergleich liegt in Japan die Rückfälligkeit nach Dr. Bindzus und Prof. Ishii bei 45,2%, und bei Investition in ein NAIKAN-Programm bei 21,6%. Das ist also eine Senkung der Rückfälligkeit um mehr als 50%. Beziehen wir den anderen gesellschaftlichen Umgang der Japaner mit Kriminalität ein und gehen wir in Österreich im Fall der Zuhilfenahme der NAIKAN-Methode von einer Senkung der Rückfälligkeit um 25% aus, so kommen wir noch immer auf beachtliche Zahlen. Bei 100 Inhaftierten wären das statt 75 Rückfälligen nur noch 50. Ziehen wir die Kosten eines Aufenthaltes in der JA Gerasdorf heran, so würde das so aussehen:

Kosten eines Häftlings pro Tag: ATS 1.771,- (EUR 128,70)
Kosten eines Häftlings pro Jahr: ATS 646.515,- (EUR 46.984,08)

Bei 25 Insaßen mit der Strafdauer von weniger als einem Jahr wäre das eine Ersparnis für den Staat von ATS 16,162.875,- (EUR 1,174.601,93). Hier gehe ich wie gesagt von einer 25%igen Senkung der Rückfallsquote aus, nicht wie im japanischen Strafvollzug erwiesen von einer 50%igen Senkung. Das erscheint mir sehr realistisch. Wir haben ja das Vorbild des japanischen Strafvollzuges und zollen unserer anderen Mentalität eine 25% Marke weniger, was noch immer genug Individualismus in unserem Umgang zulassen würde.

Gehen wir davon aus, dass es in Österreich 7.500 inhaftierte Menschen im Jahr gibt – in etwa dieser Höhe bewegt sich die offizielle Zahl – und dass Maßnahmen gesetzt werden, die eine Senkung der Rückfälligkeit von 25% bewirken, so kämen wir auf eine Zahl von 300 Häftlingen weniger! Das wären für den Steuerzahler um ATS 193,945.500,- (EUR 14,094.569,16) weniger Ausgaben. Lassen Sie es sich auf der Zunge zergehen: Einhundertd reiundneunzigmillionenneunhundertvierundfünfzigtausendfünfhundert Schilling Steuern weniger für Häftlinge in einem Jahr.

Dass der japanische Strafvollzug kein Zuckerlecken für die Häftlinge darstellt und kei- nesfalls falsch verstandene bzw. illusionistische Therapiemethoden anwendet, kann ich mit Bestimmtheit behaupten. Das höchste Ziel des japanischen Vollzugsbeamten ist die Häftlinge zu bessern, und dabei werden sie von ihrer Schuld = Tat nicht entbunden und auch nicht der Verantwortung dafür. Doch es gibt auch ein Nachher und eine wirkliche Möglichkeit für die Täter, dass sie verstehen lernen, warum sie so sind wie sie sind! Und wie soll sich ein Krimineller ändern, wenn er nicht einmal weiß, warum er zum Kriminellen geworden ist? Über das Anwenden der NAIKAN-Methode an sich selber ist es dem Kriminellen möglich, a.) sich zu begreifen, b.) Schuldeinsicht daraus zu entwickeln, c.) sich zu verändern, d.) keine Opfer mehr zu produzieren, e.) wieder ein volles Mitglied der Gesellschaft zu werden mit allem, was das soziale Menschsein ausmacht.

Wie könnte also ein NAIKAN-Projekt für die Zukunft im EU-Rahmen aussehen? Dazu stellte ich eine Rechnung unter Mithilfe von Frau Mag. Cäcilia Weiermair an.

Finanzierungsplan für ein NAIKAN-Resozialisierungsprojekt

Ziele:

* wissenschaftliche Dokumentation
* Arbeit von NAIKAN-Leitern mit jeweils 12 Häftlingen pro Anstalt im Zeitraum von 13 Monaten in dreimaliger Wiederholung, also insgesamt 3 Jahre und 3 Monate
* Parallel dazu eine Ausbildung für 6 Justizbeamte pro Anstalt im gleichen Zeitraum zu NAIKAN-Leiter

Projektdauer: 13 Monate

Arbeit der NAIKAN-Leiter vor Ort:

	ATS 9.600
2 Tage Vorinformation der Teilnehmer (vor Projektstart)	(EUR 697,66)
	ATS 28.800
3 Tage Tiefeninterviews (vorher, zwischendurch, nachher)	(EUR 2.092,98)
Naikan-Tag/10 Stunden (ATS 600 pro Stunde und Leiter, EUR 43,60), zwei Leiter für 12 Teilnehmer, (ATS 12.000 pro Tag, EUR 872,07), 20 Tage Naikan im Jahresverlauf	ATS 240.000 (EUR 17.441,48)

Supervision, Kommunikation, Dokumentation:

3 Supervisionsstunden für das Gesamtteam pro Monat (ATS 1.000 pro Stunde, EUR 72,67)	ATS 36.000 (EUR 2.616,22)
24 Tage inhaltliche Aufarbeitung und Koordination zur wissenschaftlichen Dokumentation des Projektes, ein Tag pro Naikan-Leiter/Monat (ATS 9.600 pro Monat, EUR 697,66)	ATS 230.400 (EUR 16.743,82)

Overhead – Projektabwicklung – Administrative Betreuung:

	ATS 182.000
10 Stunden pro Woche à 350 pro Stunde, EUR 25,44	(EUR 13.226,46)
Overhead (Büromiete, Telekommunikation, Kopien, Porto, Leasingraten für Computer, Fax usw. 8.000 pro Monat, EUR 581,38)	ATS 96.000 (EUR 6.976,59)

Koordination des Gesamtprojekts

Wissenschaftliche Dokumentation und inhaltliche Aufarbeitung, Koordination zwischen Naikan-Leitern, Haftanstalt und Partnern, 15 Stunden pro Woche à 600 pro Stunde, EUR 43,60	ATS 468.000 (EUR 34.010,89)

Wissenschaftliche Betreuung

Längsschnittuntersuchung, Auswertung der Interviews und Protokolle (Teil-Evaluierung)	ATS 120.000 (EUR 8.720,74)

Ausbildung für 6 Justizbeamte zu Naikan-Leitern:

Dienstfreistellung von abwechselnd 3 Beamten für die Ausbildung vor Ort zu den jeweiligen Tages-Naikan und Wochenblöcken. 2 Naikan-Wochen pro Jahr für alle 6 Beamte à 8.500 inkl. Kost und Logis, EUR 617,72	ATS 102.000 (EUR 7.412,63)
Gesamt für 13 Monate:	ATS 1,512.800 (EUR 109.939,46)
Gesamt für 3 Jahre 3 Monate:	ATS 4,538.400 (EUR 329.818,39)

Pro Anstalt kostet die Arbeit im Zeitraum von etwas mehr als 3 Jahren mit 36 Insaßen (20 Tage NAIKAN pro Jahr) plus wissenschaftlicher Dokumentation plus Ausbildung von 6 NAIKAN-Leitern die Summe von ATS 4,538.400,- (EUR 329.818,39). Diese Summe bezahlt der Staat für 7 rückfällige Häftlinge, die 1 Jahr im Gefängnis verbringen.

Bei 36 Häftlingen und einer Rückfallsrate von 70% würden im Normalfall 25,2 Häftlinge rückfällig. Bei einer Senkung der üblichen Rückfallsquote um 25% wären es um 9 Häftlinge weniger, nämlich 16,2, und die Kosten wären für das gesamte Projekt gedeckt – geht man von der augenblicklichen Realität aus.

Die 6 ausgebildeten Justizbeamten könnten während ihrer gesamten Dienstzeit eine Anstalt mit etwa 200 Häftlingen durch die NAIKAN-Methode betreuen, dies neben dem allgemeinen Justizdienst, hier liegen uns viele Erfahrungen aus Japan vor.

Dieses Projekt könnte natürlich auch in zwei oder drei verschiedenen Anstalten parallel durchgeführt werden, und so könnte man mit relativ niedrigen Kosten die Erfahrungen, die mittels der NAIKAN-Methode in Japan so positiv sind, in den europäischen Raum übertragen. Und wie gesagt, ich nehme hier in jeder Rechnung um 25% weniger Erfolg als in Japan an, um absolut realistisch zu bleiben!

Rache ist also ein teures Kapitel und natürlich eines, das im Wesen Mensch seinen Stellenwert fordert – wir sollten die Triebe in uns nicht unterschätzen. Dass es hier idealere Zwischenlösungen gibt, greifen wir noch einmal im Kapitel 3, Punkt 3 auf: Das „Gefängnis der Zukunft" – keine Illusion, keine Resignation. Hier wird eingegangen auf die Triebe und das Rachebedürfnis des Menschen, wie bedauerlich diese auch immer sein mögen oder auch nicht. Trotzdem oder gerade deswegen wird ein Weg aus dem Dilemma des Strafvollzuges ganz konkret aufgezeigt: durch ein Gefängnis, in dem speziell mit der NAIKAN-Methode gearbeitet wird.

2 ERFAHRUNGSBERICHTE

1. NAIKAN IN DER TODESZELLE

Ein Erfahrungsbericht des Mörders Toda Naoyoshi vor seiner Hinrichtung

Radio Osaka sendete am 28.3.1960 das Interview eines Reporters mit einem zum Tode Verurteilten. Im Mittelpunkt stand die durch NAIKAN gewonnene Selbsterkenntnis des Delinquenten. Das Interview fand 1 1/2 Jahre nach Verkündigung des Urteils statt, als der Verurteilte 33 Jahre alt war.

Zunächst die Hintergründe: In den 50er Jahren hatte der Verurteilte Toda Naoyoshi den Geschäftsführer einer Firma, Herrn Kishimoto in eine einsame Gegend gelockt, mit dem Vorwand, ihm Gold verkaufen zu wollen. Mit Hilfe eines Komplizen brachte Naoyoshi ihn um, um in den Besitz von rund 400,- DM Bargeld und eines Schecks von umgerechnet 66.000,- DM zu kommen. Nach zwanzigtägiger Flucht wurde er auf Hokkaido verhaftet. Er bekannte zuerst zwar, das Geld gestohlen, nicht aber den Mann umgebracht zu haben und schob die Tat auf seinen Komplizen.

Am 24.12.1956 verkündete das Landesgericht sein Todesurteil. Der Mittäter bekam lebenslänglich. Die erste Reaktion des zum Tode Verurteilten war Entsetzen, Hoffnungslosigkeit und Aggression. Im darauffolgenden Mai wurde er vom Gefängnis Kochi nach Takmatsu überwiesen, wo er unter rund tausend Sträflingen der einzige zum Tode Verurteilte war. Erst dadurch realisierte er das Ausmaß seiner Schuld und erschrak vor sich selbst. Als ihn eines Tages Ishin Yoshimoto, der Begründer von NAIKAN, aufsuchte, begann er NAIKAN zu üben. Die Gespräche zwischen den beiden, die hier in Auszügen wiedergegeben sind, gingen der Radiosendung voran.

Ishin Yoshimoto: Wollen Sie nun bis zur Vollstreckung des Urteils ihre Tage nutzen, um NAIKAN zu üben und innere Ruhe zu finden?
Toda Naoyoshi: Auch ein Tropfen Wasser ist Barmherzigkeit von Buddha. Mein Wasser beim Baden wird von den Steuergeldern rechtschaffener Bürger bezahlt. Ich habe in meinem Leben wenig Gutes getan. In dieser sechs qm großen Zelle habe ich mich zum ersten Mal als Mensch, der Toda heißt, erlebt. Wenn ich nun ins Jenseits hinüber wechsle, fühle ich mich von Buddha umarmt. dafür bin ich

mit Dankbarkeit erfüllt. Im Buddhismus sagt man: `Mit der Geburt beginnt man zu sterben und begegnet man jemandem, so muss man von ihm Abschied nehmen.` Meine schlechten Taten werden dadurch, dass ich jetzt bestraft werde, bereinigt. So habe ich im künftigen Leben – wenn auch in Millionen Jahren – eine bessere Zukunft vor mir. Da ich an der Schwelle zwischen beiden Welten stehe, lebe ich jeden Tag voll Dankbarkeit.

Unter der Leitung des NAIKAN-Leiters, Herrn Yoshimoto, und eines Beamten übte der Verurteilte jeden Tag NAIKAN. Ein Jahr später:

Frage: Es ist jetzt ein Jahr her, seitdem Sie mit NAIKAN begonnen haben. Können Sie mir Ihre Eindrücke schildern.

Toda Naoyoshi: Wenn ich darüber nachdenke, was ich meinem Opfer und seiner Familie angetan habe und meinem Mittäter und seiner Familie, so ist die Todesstrafe verglichen mit meiner Schuld noch zu wenig. Allein die Tatsache, dass ich die Kinder meines Opfers seelisch verletzt habe, rechtfertigt diese Strafe. Das habe ich durch NAIKAN erkannt.

Mein Verständnis vom Buddhismus hat sich völlig verändert, seit ich NAIKAN kenne. Für mich bedeutet das einen gewaltigen Sprung. Am Anfang wollte ich versuchen, meine Vergangenheit zu vergessen. Aber NAIKAN zwang mich, die Vergangenheit „auszugraben". Das war sehr schmerzhaft für mich. Ich war mit Angst vor Schuld erfüllt. Ich stieß an eine Wand. Buddha lies mich durch seine Barmherzigkeit diese Mauer durchstoßen. Alles ist durchdrungen von Buddhas Stimme. Mit Freude erkannte ich, dass das wirkliche Leben unbegrenzt ist. Buddha führt selbst solch einen 'schmutzigen Menschen' wie mich ins Jenseits. Die Stimme, die das Urteil verkündete, ist die Stimme von Buddha. Auch in bezug auf mein Sterben erkenne ich einen großen Unterschied. Früher schrie ich, dass man mich bald töten solle. Aber nach NAIKAN ist das ganz anders.

Frage: Jeder Mensch hat Angst vor dem Tod. Haben Sie nicht gedacht, dass Ihr Urteil durch die Berufung milder ausfallen würde?

Toda Naoyoshi: Ich habe nicht gedacht, dass die Strafe milder wird oder so, sondern dass ich in dieser Welt noch länger leben kann, weil ich von Buddha gebraucht werde. Aber im Dezember habe ich zweimal ganz klar von Buddha geträumt, der sich mir zeigte. Da wusste ich dass die Todesstrafe bestehen bleiben würde. Genau am Tag meines Traumes berief der Richter eine letzte Sitzung ein, wie mir mein Rechtsanwalt später mitteilte. Nach dem Traum kehrte Ruhe in mich ein.

Frage: Was haben sie in bezug auf ihr Opfer gefühlt?

Toda Naoyoshi: Wenn ich an die Gefühle der Familie des Opfers gegenüber denke, wenn sie meinen Namen in der Zeitung lesen...... (Er weint).

Ein Jahr später. Der Verurteilte Toda verbringt seinen vierten Frühling im Gefängnis. Am 3. März wies der oberste Gerichtshof den Antrag auf Revision ab. Da ein Journalist von Radio Osaka die NAIKAN-Gesprächsaufzeichnungen gehört hatte, suchte er den Verurteilten in der Vollzugsanstalt auf, um Fragen an ihn zu richten. Der Reporter hatte einen Brief von Toda erhalten, der nun auf die Vollstreckung des Urteils wartet. Der zum Tode Verurteilte steht ihm in der blauen Gefängniskleidung gegenüber. Der Journalist bedankt sich für den Brief.

Der Radiojournalist: Der Tod ist Ihnen nah. Was denken sie über die Hinrichtung, die Ihnen das Leben nimmt?

Toda Naoyoshi: Es ist bereits zu viel für mich, dass ich auch nur eine Sekunde lebe. Deswegen kommt der Tod auch immer näher. Das trifft nur für einen guten Menschen in der normalen Gesellschaft zu, nicht aber für eine Tier wie mich .... Eine Sekunde, die ich lebe – das ist mein Leben. Dafür bin ich dankbar.

Der Radiojournalist: Taucht vor Ihren inneren Augen noch die Szene des Mordes an Ihrem Opfer auf?

Toda Naoyoshi: Ich esse und schlafe mit Geistern, und deshalb bin ich immer mit einem Geist zusammen und rede mit dem Toten. Es gibt keinen Moment, in dem ich ihn vergesse. Als ich verhaftet wurde, dachte ich immer daran, mich zu erhängen. Ich wollte mich immer selbst umbringen, um alles vergessen zu können. Als ich die Vorbereitungen dafür traf, merkte ich gar nicht mehr, wie das Essen schmeckt. Ich war besessen vom Gedanken, mich zu töten. Ich wollte alles vergessen. 365 Tage im Jahr verbringe ich mit dem Geist meines Opfers. Jeden Morgen und Abend bete ich für ihn, seine Mutter, seine Familie. Und bitte immer um Verzeihung. Aber es ist wirklich schade...
Wenn es eine Magie geben würde, meinen Kopf mit meinem Opfer, Herrn Kishimoto, auszutauschen. ... Es ist wirklich schade. ...
Hätte ich nur etwas gestohlen, so könnte ich arbeiten, es zurückgeben.

Der Radiojournalist: Heute ist ein schöner Frühlingstag. Wenn sie angesichts Ihres bevorstehenden Todes über Ihre Kindheit nachdenken, an was erinnern Sie sich zuerst?

Toda Naoyoshi: Ich bin tief beeindruckt, wenn ich daran denke, dass ich als Kind gespielt habe. Ich denke auch an meine Kinder, an meine Mutter. .... Bitte fragen Sie mich nicht weiter. ....

Der Radiojournalist: Wen möchten Sie sehen? Ihre Mutter?

Toda Naoyoshi: Ich möchte keine spezielle Person sehen. ... Doch! Wenn es erlaubt würde, dann möchte ich die Mutter meines Opfers sehen. Ich möchte mich von Herzen bei ihr entschuldigen und mich verabschieden.

Der Radiojournalist: Geht es Ihrer Mutter gut?

Toda Naoyoshi: Ja. Sie ist gläubig und lebt gesund.

Der Radiojournalist: Weiß Ihre Mutter noch nichts von der Entscheidung des Obersten Gerichtshofes?

Toda Naoyoshi: Nein. Ich möchte ihr davon nichts sagen. Meine Mutter ist achtzig Jahre alt. Auch sie steht vor dem Tod. Wenn es möglich wäre, möchte ich, dass sie glaubt, ich sei an einer Krankheit gestorben. Das ist mein Wunsch.

Der Radiojournalist: Bekommen Sie Briefe von Ihrer Familie?
Toda Naoyoshi: Ja. Meine Mutter schreibt mir alle zehn Tage. Das sind inzwischen ungefähr 200 Briefe. ..... Am 12.1. habe ich einen Brief bekommen, in dem steht: „Ich bin beruhigt, dass du gesund bist. Uns geht es gut." Mit dem NAIKAN-Leiter hatte ich Gelegenheit, NAIKAN zu üben. Früher hatte ich zwar Menschengestalt, aber das Herz eines Tieres. Deswegen war der Prozess für mich schmerzhaft. Mit NAIKAN aber wurde mein Herz gereinigt. So ist es für mich jetzt leichter. Ich bin bereit, jederzeit zu sterben. Irgendwann stirbt jeder Mensch.
Der Radiojournalist: Sie glauben an ein späteres Leben? Was für ein Mensch wollen Sie in einem späteren Leben werden?
Toda Naoyoshi: Ich glaube nicht, dass ich so leicht in die Welt der Menschen wiedergeboren werde. Aber falls ich nach Millionen Jahren wieder in Menschengestalt geboren werde, möchte ich ein einfaches Leben führen, das ich der Wahrheitssuche widmen werde. Ich brauche kein gutes Essen, keine schöne Frau .....
Der Radiojournalist: Möchten Sie Ihrer Mutter etwas sagen?
Toda Naoyoshi: Es tut mir wirklich leid. Es gibt keine größere Schuld, die man gegenüber seiner Mutter auf sich laden kann, die einen versorgt und aufgezogen hat. Ich kann nur um Verzeihung bitten... Es tut mir leid.....
Der Radiojournalist: Was möchten Sie Ihren Kindern sagen?
Toda Naoyoshi: Meine Kinder sollen mit dem Gefühl großer Liebe leben. Diese Liebe sollen sie nicht für sich selbst in Anspruch nehmen. Sie sollen sie denjenigen weitergeben, die sie benötigen. Das möchte ich meinen Kindern wünschen.
Der Radiojournalist: Haben Sie noch etwas zu sagen?
Toda Naoyoshi: Ich bitte um Verzeihung. Die Gesellschaft, meine Eltern, meine Kinder, für die schlechte Tat, die unwiderrufbar ist.

Dieser Artikel ist erschienen in der Zeitschrift DAO, Ausgabe Maerz/April Nr. 2/96.

2. DER WANDEL EINES MAFIABOSSES DURCH NAIKAN

Ein Erfahrungsbericht des Ex-Yakuza Hashiguchi Yushin

„Ich bin Hashiguchi Yushin, ich habe seit drei Jahren auf diesen Tag gewartet, dass ich Sie so sehen kann. Ich bin kein Dozent oder Lehrer. Bis vor zwei Jahren und vier Monaten habe ich wie Sie Gefangenenkleidung getragen und immer gegen die Regeln in der Anstalt verstoßen und immer gestritten. Ich trage die Last, zehnmal vorbestraft zu

sein. Jetzt aber lebe ich in der Gesellschaft, und ich arbeite, um zu leben. Ich bin nicht mit dem Gedanken hergekommen, einen Vortrag zu halten. Ich lebe jetzt als ein Mitglied der Gesellschaft, und ich möchte den Menschen der Gesellschaft herzlich danken, dass sie solch einen unbedeutenden Menschen wie mich mit Wärme akzeptiert haben. Ich möchte diese Herzlichkeit der Menschen in der Gesellschaft Ihnen hier mitteilen.

Sie haben sicher erwartet, dass Sie einen Film sehen oder eine Schau sehen. Und jetzt bin ich gekommen und rede über NAIKAN. Es kann sein, dass Sie enttäuscht sind. Aber ich möchte, dass Sie den Ruf meines Herzens hören und nicht wieder in dieses schmerzhafte Leben im Gefängnis zurückkommen. Sie warten sicher darauf, dass Sie von hier entlassen werden, um dann wieder zu rauchen und Alkohol zu trinken und auch zu ihren Eltern zurückzugehen. Ich war auch so, aber ich bin wieder zurückgekommen in die Vollzugsanstalt. Wenn ich Sie sehe, fühle ich, dass die Person, die ich in der Vergangenheit war, da sitzt. Und ich möchte nicht, dass Sie den Weg gehen, den ich gegangen bin. Ich möchte, dass Sie den Prozess meiner Übung verstehen. Ich bin früher auf der Straße gegangen mit dem Stolz, dass ich ein krimineller Bandenchef bin. Wenn ich jetzt zurückdenke, dann denke ich, dass ich in den Augen der Leute in der Gesellschaft ganz komisch ausgesehen haben muss.

Ich möchte Ihnen zuerst mitteilen, wie ich zum NAIKAN gekommen bin. Ich habe, vielleicht wie Sie, immer gegen die Regeln in der Vollzugsanstalt verstoßen. Wenn ich schlechter Laune war, dann habe ich z.B. die Misosuppe vom Beamten weggestoßen. Am 16. Juli vor drei Jahren habe ich angefangen, NAIKAN zu machen. Vorher habe ich ein Tonband gehört, ein Tonband von NAIKAN eines zum Tode Verurteilten. Ich war in der Einzelzelle und ich konnte nicht Radio hören und ich konnte keine Bücher lesen, weil ich gegen die Regeln der Anstalt verstoßen hatte. An diesem Tag hat man auf dem Tonband etwas gespielt, und ich konnte etwas hören. Zuerst dachte ich, es sei Musik, aber ein Mensch hat mit weinerlicher Stimme geredet. Das war eine Aufnahme des zum Tode Verurteilten, und zwar kurz vor der Vollstreckung. Ich habe damals gedacht: 'Wenn du jetzt weinst, warum hast du jemand getötet? Wenn du nicht getötet hättest, dann müsstest du jetzt nicht weinen.' Wenn ich jetzt zurückdenke, dann sehe ich, wie unverschämt mein Gedanke war.

Ich dachte, ich hätte die Stimme vergessen, aber es muss mich beeindruckt haben, denn in meinem Kopf blieben die Gedanken. Einige Tage später sagte der Beamte, der für mich zuständig war, dass er mir Bücher geben würde, wenn ich Langeweile hätte. Ich habe gedacht, er würde mir einen Roman bringen. Aber das Buch, das er mir gegeben hat, war ein NAIKAN-Bericht. In dem Buch stand, dass es von Yoshimoto-Sensei war. Ein komischer Mann, habe ich gedacht. Dann habe ich angefangen zu lesen, doch alles stank nach Bonzen. Ich habe das Buch weggeworfen, doch das Buch prallte von der Tür zurück. Nach drei Stunden habe ich angefangen zu lesen, weil es so langweilig war. Und ich habe fast das ganze Buch gelesen und habe vage verstanden, wie man NAIKAN macht. Wenn man aber fragt: Was hat sich verändert, so dass ich NAIKAN gemacht habe? Das kann ich nicht so richtig beantworten, das kann ich nicht wirklich sehen.

Nach 12 Uhr, am 16. Juli, hat mein Tanto-San (das ist der Beamte, der für mich zuständig ist) ein Lied von einem Tonband gespielt. Ich sagte ihm, nach meiner Entlassung würde ich ihm meinen Dank zeigen. Und während ich das Lied gehört habe, habe ich bemerkt, dass ich auf der Bank gesessen habe im Schneidersitz und gegenüber meinem verstorbenen Vater mich selbst geprüft habe. Dann habe ich gedacht: Warum habe ich solch dummes NAIKAN gemacht? Ich wollte das nicht. Ich habe dann auf der Bank geschrien, damit ich dieses NAIKAN vergessen kann. Aber egal wie laut ich geschrien habe, es ging mir nicht aus dem Kopf. Und dann habe ich automatisch angefangen, NAIKAN zu machen. Deswegen weiß ich nicht, was der Anlass war.

Sie werden dann später auch sicher fühlen, oder Sie haben schon gefühlt, außerhalb der Jugenderziehungsanstalt oder hier in der Jugendstrafanstalt, dass Sie solch ein Leben nicht mehr führen wollten. Ich habe auch so gedacht. Fast alle Mitglieder von einer kriminellen Bande haben eine Zeit, wo sie nicht mehr Mitglieder sein wollen. Wenn ein solcher zu mir kam, dann sagte ich immer, ich hätte akzeptiert, aber dann habe ich immer gesagt, dass er mir nie wieder unter die Augen treten dürfe. Meine Brüder in der Bande haben auch immer so gesagt und mein ehemaliger Chef hat das auch gesagt. Ich glaube, es gibt keinen Menschen, der denkt, dass er von einer kriminellen Bande weggehen möchte. Ich bin überzeugt, dass Sie alle irgendwann an irgendeinem Moment, nachdem Sie Bücher gelesen haben oder nachdem Sie meine Worte gehört haben, einen Prozess gehen ähnlich dem, wie ich ihn gegangen bin.

Ich habe also angefangen, NAIKAN zu machen. Warum war ich so verkorkst? Je mehr ich meinem Vater und meiner zweiten Mutter Trotz entgegengebracht habe, desto mehr habe ich Freude verspürt. Ich war so ein seltsamer Mensch. Am 18. Juli brachte ein Nachbar meiner Stiefmutter einen Brief von ihr mit und erklärte, wie es war, bevor meine zweite Mutter das Bewusstsein verloren hatte. Ich war sehr beeindruckt, als ich den Brief gelesen habe. Meine Stiefmutter hatte gesagt: „Das war die Schuld meiner Erziehung, dass Isamo-San so geworden ist. Wenn ich das Herz von Isamo-San als mein Herz gehabt hätte, wäre Isamo-San nicht so geworden. Das war mein Fehler. Ich werde bald zur Mutter von Isamo-San gehen, aber ich weiß nicht, wie ich berichten kann über ihn, und wie ich seinem Vater darüber berichten kann. Wenn ich darüber nachdenke, kann ich nichts essen, kann ich nicht schlafen." Nachdem sie das gesagt hatte, verlor sie das Bewusstsein. Als ich das gelesen hatte, schmolzen die Ressentiments, die in meinem Herz wie Eis geblieben waren. Ich konnte das nicht stoppen. Ich habe sie seit meinem elften Lebensjahr gehasst bis ich 34 Jahre alt geworden bin, aber ich habe gewusst, mit welchem Gefühl für mich meine Stiefmutter mich erzog. Es tat mir furchtbar leid, das war mein Fehler, ich bat um Verzeihung.

Ich habe entschieden, wenn ich je zurückginge, auch wenn ich Bettler werden müsste, ich würde nie in die kriminelle Bande zurückgehen. Das würde ich für meine Stiefmutter tun. Und ich wollte mit meiner Mutter leben. So habe ich es ihr in einem Brief geschrieben und ihn abgeschickt, aber bevor dieser Brief ankam, habe ich ein Telegramm bekommen, in dem mir berichtet wurde, dass meine Mutter gestorben war. Das war am 25. Juli. Als ich das las, weinte ich sehr. Als ich dann in die Zelle zurückging, habe ich mit allem geworfen, was in der Zelle war. Tanto-San kam daraufhin. Er hatte Angst, dass *ich verrückt geworden sei. Ich sagte: „Es gibt keinen Gott, keinen Buddha in der Welt. Obwohl ich entschieden habe, dass ich von der kriminellen Bande weggehe und mit meiner Mutter zusammenlebe, ist meine Mutter gestorben." Tanto-San sagte mir daraufhin, wenn ich jetzt ein solches Verhalten an den Tag legte und meine Mutter mich sähe, wie traurig würde sie darüber sein, vor allem nachdem sie meine Entscheidung gehört hätte, von der kriminellen Bande wegzugehen. Nachdem er mir das gesagt hatte, konnte ich mich entschuldigen, konnte ich mich verbeugen, sehr folgsam. Das war mir auch deshalb möglich, weil ich vorher ein bisschen NAIKAN gemacht hatte.*

In der folgenden Nacht habe ich ohne zu schlafen die ganze Nacht NAIKAN gegenüber meiner Mutter gemacht, und ab dem nächsten Tag ist mein NAIKAN immer tiefer geworden. Nachdem ich 42 Tage NAIKAN geübt hatte, habe ich gedacht, dass NAIKAN doch keine so dumme Sache wäre. Wenn ich noch tiefer ginge, bekäme ich sicher irgendwas. Am Anfang hatte ich gedacht: 'Ich konnte in einer kriminellen Bande sehr hoch aufsteigen. Wenn ich nun NAIKAN mache, dann werde ich sehen, wie lange ich bei NAIKAN durchhalten kann.' Das kam von meiner Halsstarrigkeit. So habe ich NAIKAN angefangen. Ich habe dann sechs Monate mit voller Kraft NAIKAN geübt, bis ich entlassen wurde. Aber nach 42 Tagen habe ich entschieden, NAIKAN ohne Essen, ohne Schlafen, ohne Trinken zu machen. Auch wenn ich deswegen sterbe, es würde nichts ausmachen. Doch Tanto-San hatte große Angst um mich, und der Abteilungschef der Erziehungsabteilung ebenfalls, und sie haben gesagt: „Hashiguchi, du musst essen, du musst schlafen, wenn du nur NAIKAN machst, wirst du verrückt." Aber ich habe geantwortet: „Nein, ich werde nicht verrückt, ich werde nicht sterben, ich möchte mit voller Kraft NAIKAN machen." Nachdem ich auf diese Weise drei Tage NAIKAN gemacht habe, ging es mir schließlich sehr schlecht. Da habe ich gedacht: 'Ich gehe zum Fenster und atme tief durch.' Das war bei Tagesanbruch.

Nachts wird eine ohnehin schon dunkle Welt noch dunkler, mit Tagesanbruch aber immer wieder hell. Als ich das erkannte, bin ich plötzlich müde und hungrig geworden. In dem Moment hatte ich verstanden. Mein Vater, meine Brüder, Beamte, Lehrer haben immer gesagt, dass ich dies und jenes nicht machen soll, und ich habe nie zugehört. Auch bei NAIKAN haben Tanto-San und der Abteilungschef mir gesagt, dass ich essen soll und schlafen soll. Weil ich trotzdem ohne Essen und ohne Schlafen gemacht habe, bin ich müde und schläfrig und hungrig geworden. Mein ganzes Leben war so. Ich habe nur an mich gedacht und ich habe nie an andere Menschen gedacht. Ich war ein ganz schlechter Mensch, auch in der kriminellen Bande. Das habe ich zum ersten Mal bemerkt. Ich war schlecht auch als Bandenmitglied.

Danach habe ich weitere 6 Monate NAIKAN geübt. Fast jeden Tag habe ich einen Brief bekommen von Yoshimoto-Sensei. Er hat immer gefragt, ob ich mit voller Kraft, ohne Verlust einer einzelnen Sekunde NAIKAN mache, ob ich mit dem Bewusstsein der Vergänglichkeit NAIKAN mache. Ich habe jeden Tag einen Brief bekommen. Und ich habe mich bedankt für den Brief und habe weiter mit voller Kraft NAIKAN gemacht.

Man versteht durch NAIKAN die menschlichen Triebe und Gefühle. Vor NAIKAN habe ich folgende schlechte Vorsätze gehabt. Ich habe einem meiner Bandenbrüder befohlen, zwei Polizisten zu töten. Wenn ich zurückkäme, würde ich mich um ihn kümmern, deswegen bräuchte er keine Angst zu haben. Er hat versprochen, das zu machen.

Am 28. Juli war der Tag, an dem mein Bruder entlassen wurde. Wenn ich ab 16. Juli nicht NAIKAN gemacht hätte, wären zwei Polizisten in Ebozuki getötet worden. Vielleicht wäre ich auch wieder wegen Anstiftung zum Mord ins Gefängnis zurückgekommen. Weil ich NAIKAN gemacht habe, habe ich am 26. Juli meinen Bruder getroffen und ihm gesagt, dass er meinen Befehl vergessen solle. Er hat das aber nicht geglaubt. Er hat mit einer Geste gezeigt, dass er gedacht hat, dass ich das nur sagte, um einen guten Eindruck zu schinden. Aber es war mir ernst. Ich habe den Abteilungschef gebeten, dass er einige Momente das Zimmer verlässt und versprochen, keine Schwierigkeiten zu machen. Er hat das Zimmer verlassen.

Da habe ich mich bei meinem Bruder entschuldigt für das, was ich ihn gelehrt habe und für die Befehle, die ich erteilt habe, und ich habe mich verbeugt. Dann hat er mich gebeten, mit dem Verbeugen aufzuhören. Er fragte, ob ich das alles tatsächlich so meinte. Ich bejahte. Er sagte: „Ich habe verstanden, ich werde dann nicht wieder zu Ihnen kommen. Es ist nicht einfach zu verstehen, aber wenn es für dich und mich besser ist, machen wir es so." Ich sagte: „Verzeih bitte, dass du solch einen schlechten Chef wie mich gehabt hast." Ich habe mich zum ersten Mal entschuldigt.

Es wurden durch die kriminelle Bande andere Menschen getötet. Ich glaube, ich war schuldig daran. Ich habe in der Strafvollzugsanstalt gehört, dass ein Mitglied getötet worden ist. Ich habe vor NAIKAN gedacht, dass ich an dem Täter Rache üben würde. Nach NAIKAN, wenn ich in der Stadt bin, wo sein Grab ist, gehe ich immer zu ihm und bitte um Verzeihung und sage: „Wenn ich noch früher den Weg mit NAIKAN gefunden hätte, wärst du nicht getötet worden." Ich bekräftige den Entschluss, dass ich mein ganzes Leben lang NAIKAN verbreiten werde, und wenn auch nur ein einziger Jugendlicher in einer Strafvollzugsanstalt dadurch resozialisiert werden und als normaler Mensch in der Gesellschaft ohne Straftat in der Gesellschaft leben könnte.

Sie sind jung. Entscheiden Sie während Sie noch jung sind, dass Sie NAIKAN machen und einen menschlichen Weg gehen! Der Mensch muss sowieso sterben. Wenn man auf der Tatami-Matte sterben kann und nicht unter dem Schwert stirbt, ist man wesentlich glücklicher. In verschiedenen Veranstaltungen halte ich Vorträge. Viele Bandenmitglieder kommen, weil sie meinen Namen kennen. Zuerst schreien sie mich nieder. Aber nachdem sie meine Rede gehört haben, verlieren sie den Willen zum Niederschreien und gehen ganz leise nach Hause. Ich sage immer in meinem Vortrag: Sollte jemand nach meiner Rede zu mir kommen, mich angreifen und versuchen, mich zu töten, werde ich mit einem Lächeln sterben. Ich habe ohne Grund Menschen verletzt und geschlagen. Der Erfolg davon kommt jetzt auf meinen Körper in anderer Form zurück. Ich werde nie wieder Widerstand leisten müssen. Ich werde umfallen mit Freude.

Auch wenn man NAIKAN gemacht hat, aber nicht weiter täglich NAIKAN übt, dann wird man wieder aggressiv und wütend. Aber das ist ein oberflächliches NAIKAN. Wenn NAIKAN tiefer geht, wird es selbstverständlich, sich vor den Menschen zu verbeugen. Durch diese Haltung verschwinden Angst und Sorgen.

Als ich in der Strafvollzugsanstalt in Miyasaki war, habe ich gehört, dass viele Leute sagten, wenn ich rauskäme, dann würden sie mich töten. Als ich das gehört habe, habe ich mich sehr gefreut. Die Beamten haben sich große Sorgen gemacht. Aber ich habe gesagt, sie bräuchten keine Angst zu haben. Ich würde mich auch freuen, wenn ich nach der Entlassung vor dem Gefängnis getötet würde. Ich sei glücklich. Weil mein Herz so gereinigt sei, wolle ich möglichst schnell ins Grab gehen, wo mein Vater und zwei Mütter auf mich warteten. Ich habe mich vom Anstaltsleiter, vom Abteilungsleiter und den anderen Beamten verabschiedet und habe die Anstalt verlassen.

Draußen stand meine Frau allein mit zwei Taschen. Als ich mit meiner Frau zurückging, war ich sehr glücklich und sehr froh. Früher, wenn ich entlassen wurde, kamen viele Autos und viele Bandenmitglieder, um mich zu empfangen. Verglichen mit dieser Situation wirkte es vielleicht sehr einsam. Aber so glücklich war ich noch nie.

Wir haben nur 1.200 Yen gehabt. Wir haben drei Tage Reis und dann Süßkartoffeln gegessen. Aber wir haben sehr eifrig gearbeitet und ich habe Schrott eingekauft. Ich als ehemaliger Bandenchef ging mit meinem Schrott zum Metallhändler. Sie werden denken, dass ich das nicht ertragen konnte, aber für mich war das selbstverständlich. Hätte ich eine Party veranstaltet, sofort wären 20.000 Yen kriminelles Geld gekommen. Aber ich wollte solches Geld nicht haben. Ich habe an einem Tag 40 Yen, 50 Yen verdient und mit dem Geld habe ich Süßkartoffeln gegessen. Meine Frau war auch zufrieden. Dann haben viele Leute gesehen, dass ich jetzt tatsächlich resozialisiert war, und etwa 45 Personen haben mir jeweils 3.000 Yen geschenkt. 100.000 Yen wurden mir einfach geschenkt. Ich habe ein Fahrrad, das ich für 150 Yen vom Metallhändler gekauft hatte, repariert und mit dem Fahrrad Sojasauce und Miso verkauft, von Tür zu Tür. Mein Herz war voller Gefühl des Dankes. Ich ging hinaus voller Freude. Aber es gab kaum Menschen, die von mir etwas kauften, das ist zu teuer und so weiter. Sie haben mich zurückgestoßen. Früher hätte ich ihnen gedroht, aber meine Gedanken, dass ich viele Fehler gemacht habe, meine Reue, das ist geblieben.

Heute, nach zwei Jahren und drei Monaten kann ich als Mitglied der Gesellschaft Reis essen, jeden Morgen, jeden Abend, wenn es kalt ist, wenn es heiß ist. Ich denke an Sie im Gefängnis, daran, dass Sie vor dem Frühstück nackt untersucht werden müssen, dass es sehr kalt ist. Im Vergleich zu Ihnen kann ich drei Mal am Tag warmen Reis essen. Wenn ich an das denke, möchte ich kein luxuriöses Leben haben. Ich möchte mit voller Kraft arbeiten und wenn ich etwas gespart habe, möchte ich auf meine Kosten reisen, nach Hokkaido und Kyushu, und Sie besuchen und über NAIKAN reden. Und während ich noch lebe, möchte ich NAIKAN verbreiten und meinen Dank zeigen. Ich wünsche, dass Sie körperlich gesund bleiben und mit seelischer Gesundheit entlassen werden und als Mitglieder der Gesellschaft leben können. Vielen Dank für Ihre Aufmerksamkeit."

Dieser Vortrag wurde gehalten in der Jugendstrafanstalt Nara, Japan, und liegt als Cassettenaufnahme in Japanisch und deutscher Übersetzung vor. Leider ist nicht angegeben, wann der Vortrag gehalten wurde. (Übersetzung aus dem Japanischen: Prof. Akira Ishii. Cassettenabschrift und Überarbeitung: Johanna Schuh.)

3. DIE WENDE DES ENGELBERT H.

Ein Erfahrungsbericht aus der JA Gerasdorf von Engelbert H.

„Die letzten paar Jahre hatte ich in der Justizanstalt Gerasdorf und zuvor in der Justizanstalt Graz-Jakomini verbracht. Mein Name ist Engelbert, mittlerweile bin ich im fünfundzwanzigsten Lebensjahr und komme ursprünglich aus der Weststeiermark.

Ende 1996 habe ich in der Haftanstalt Gerasdorf die Bekanntschaft von Josef und Franz gemacht, welche jugendliche Straftäter hier betreuten. Als ich von Naikan erfuhr, hatte ich eine ablehnende Einstellung der Therapie gegenüber. Dennoch wollte ich erst einmal genaueres darüber wissen, und so entschloss ich mich erstmals, an einem Tagesnaikan teilzunehmen.

So wurde ich gebeten, über meine Familie in gewissen Zeitabständen und bezugsweise nachzudenken. Was ich nicht für gut befand, weil ich stets der Meinung war, dass man die Vergangenheit ruhen lassen sollte. Trotz meiner Meinung und der damaligen Einstellung weigerte ich mich nicht, weiter an den Naikantagen teilzuhaben.

Mit der Zeit begann ich, mir über das ganze wirklich ernsthafte Gedanken zu machen. Denn ich erkannte Handlungen an mir, die ich nicht für korrekt hielt. Abgesehen davon erkannte ich in dieser Zeit, dass, wenn ich mein Leben ändern will, ich rasch handeln musste. Anfangs suchte ich nach Personen aus meinen Bekanntenkreis, an welche ich mich erinnern konnte, die in meinen Augen Gutes getan hatten. So begann ich mit der Zeit, einem humanen Denken nachzueifern, um meine Fehler wettzumachen.

Meine Kindheit war sicherlich nicht viel anders als sie es bei anderen war. Meine Eltern behaupteten, dass ich ein Engelchen gewesen sei, was aber nicht ganz der Realität entspricht, insofern ich mich selbst daran erinnere. So fallen mir immer wieder anderwertige Erlebnisse ein.

In der Kindergartenzeit entwickelte sich ein egoistischer Trieb. Denn Spielsachen, die mir gefielen, sollten für andere tabu sein und das wurde auch des öfteren mit einem Handgemenge bereinigt, wo ich aber nicht immer als Sieger hervorging.

Schlimmer wurde es in der Volksschulzeit, zumal ich mir nicht klar wurde, warum man mich in diese Schule schickte. Eine Erleichterung waren nur die Wochenenden, welche ich dazu nutzte, mit meinem Fahrrad irgendwohin aufzubrechen, wo es für mich etwas Interessantes zu beobachten gab. So zog es mich in Wälder, wo es Ruinen gab, förmlich hin. Aber auch Militärübungen hatten zum damaligen Zeitpunkt eine magische Anziehung auf mich, welche ich am Piebersteinersee-Areal beobachten konnte. Gegen Ende der Volksschulzeit hatte ich mich in ein Mädchen verliebt, doch als dieses eines Tages behauptete, ich hätte etwas an ihrer Schultasche beschädigt, war ich schwer getroffen. Weil ich wenigstens diesmal mit reinem Gewissen war.

Meine große Liebe verschwand mir aus den Augen, weil sie in das Gymnasium gehen konnte und ich meines Lerneifers wegen in die Hauptschule musste. Unter anderem versuchte ich mich auch als Ministrant in der nahe gelegenen Pfarre zu engagieren. Eines Sonntags wurde ich jedoch Zeuge, als einer meiner Freunde, welcher ebenfalls Ministrant war, einen Zehner aus der Opferschale entwendete. Als es ihm bewusst wurde, dass ich ihn dabei ertappt hatte, ging er zum Opferstock zurück und entwendete einen zweiten Zehner. Welchen er mir in die Hand drückte und danach lief er davon. Anfangs war ich verwirrt, legte den Zehner dann aber zurück. Über den Vorfall musste ich tagelang nachdenken, dennoch hatte ich meinen Freund nicht verraten. Aber er verließ einige Wochen darauf die Pfarre und beendete somit seinen Dienst in der Kirche, wobei ich versuchte, den Vorfall zu verdrängen.

Mein Wille in der Schule blieb derselbe und ich kam wie immer so gerade noch mit heiler Haut in die nächste Klasse. Nach der Schule suchte ich mein Elternhaus auf, um das tägliche späte Mittagsmahl zu mir zu nehmen und danach machte ich mich auf meine abenteuerlichen Radtouren quer durch den Bezirk. Obwohl meine Eltern mir Taschengeld gaben, reichte dies längst nicht mehr aus für meine Wünsche, so dass ich ständig meine Sparbüchse plünderte und später auch noch aus der Brieftasche meiner Mutter einen Zwanziger oder gar einen Fünfziger entwendete, wenn sich etwas mehr Geld darin befand. Münzen, welche mir meine Schwester gab zum Sammeln, hielten nicht lange bei mir, weil ich rasch dahintergekommen war, dass auch Bankbeamte gerne sammelten und mich dafür gut löhnten. Gegen Ende der Hauptschulzeit beschloss ich, mich dann auch noch von meiner Briefmarkensammlung zu trennen, welche einst meinem Großvater gehört hatte, wobei ich aber dieses Mal die Zustimmung meiner Eltern hatte. An einem Herbsttag kam meine Mutter etwas später als sonst nach Hause, und sie erzählte mir, dass ein freundlicher Bursche sie bestohlen hatte, worüber sie sehr traurig war, weil sie so gut mit ihm geplaudert hatte. Darüber hatte ich sehr viel nachgedacht, denn auch ich hatte ihr an diesem Tag etwas Geld aus der Tasche entnommen, so dass ich plötzlich Schuldgefühle hatte. So versuchte ich, von nun an meine Wünsche in einen mir angemessenen finanziellen Rahmen anzupassen und einen vorerst ehrlichen Weg einzuschlagen.

Das letzte Schuljahr kümmerte mich noch weniger als alle anderen zuvor. Wichtig war mir nur, dass keine Note höher war als vier in meinem Abschlusszeugnis. Schulbücher waren nicht so ganz mein Fall, statt dessen verbrachte ich stundenlang auf meinem Zimmer, wo ich Sachbücher aus der nahen Stadtbücherei, wo ich Stammkunde war, durchlas. Schließlich kam die Zeit, wo man darüber nachdenken sollte, was man eines Tages werden möchte. Meine beiden Wünsche hielten aber meine Eltern für absolut furchtbar, zumal ich Hirte auf einer Alm sein wollte und mein zweiter Wunsch ein Klosterbruder zu werden war. Schließlich wurde ich dann in einem Betrieb, welcher sehr bekannt war in unserem Bezirk, als Koch-Kellnerlehrling aufgenommen. Wo ich aber keine sehr große Hilfe anfangs war, denn meine Kochkenntnisse waren so gut wie keine. Mein Chefkoch hatte wenig Verständnis für mich und er schickte mich des öfteren aus Strafe in den Keller, wo ich Tiefkühlhäuser und Hochkühlschränke zu säubern hatte.

Das erste Lehrjahr war so eine Qual für mich, dann kam etwas anscheinend noch schlimmeres auf mich zu. Ich musste nämlich in die Berufsschule nach Bad Gleichenberg. So wurden meine Gedanken, für immer von der Schule verschont zu sein, kläglich enttäuscht.

In der Landesberufsschule Bad Gleichenberg verbrachte ich vorerst zwei Monate in einem an der Schule angeschlossenen Heim. Mit zwei weiteren Burschen musste ich mir dort ein kleines Zimmer teilen. Meinen Notenstand hatte ich in keinem Schuljahr zuvor schlechter abgeschlossen, unter anderem gönnte ich mir dort auch den Genuss von Alkohol und Tabak. Wenn man auch nicht schulisch davon sprechen kann, ließ ich mich als Klassensprecher feiern und es war eine wunderbare Zeit.

Nach der Rückkehr aus der Berufsschule holte mich meine Chefin gnadenhalber aus der Küche und so arbeitete ich im Service weiter, wo ich mich mit Freuden an der Arbeit betätigte und mir nichts zuschulden kommen ließ. Gegen Ende des dritten Lehrjahres war ich dann selbst so weit, wieder in die Küche zu wollen, und arbeitete mich dort dann auch recht gut ein, so dass mir mein Chefkoch meine bisherigen Fehler verziehen hatte. Das dritte Lehrjahr in der Berufsschule war dann recht einfach zu bestehen. Was ich dem Kopierer zu verdanken hatte, welcher Schummelzettel recht handlich und klein ausdrucken konnte. So war auch mein damaliger Notenstand zur allgemeinen Verwunderung recht gut. Für diese meine Frechheit sollte ich aber die Rechnung noch präsentiert bekommen, und so war es dann auch im vierten und letzten Berufsschuljahr. Denn ich schaffte es nicht, das Abschlusszeugnis positiv abzuschließen aufgrund meiner fehlenden Fachkenntnis in den verschiedensten Bereichen.

Im Lehrbetrieb konnte ich ein halbes Jahr länger arbeiten als gewöhnlich, so musste ich nach viereinhalb Jahren den Betrieb wechseln. Zwanzig Kilometer von meinem Elternhaus entfernt wurde ein recht nobler Gasthof eröffnet, wo ich mich beworben hatte und dann auch anfing zu arbeiten. Nach zwei Monaten harter Arbeit entschloss ich mich die Arbeitsstelle zu verlassen, aufgrund der schlechten Bezahlung.

Gegen Ende meines dritten Lehrjahres war es mir gelungen, den Führerschein der Klassifikation B/C und E zu erwerben. Es war nun mein größter Wunsch, als Lastkraftwagenfahrer durch das Land zu fahren. Mit meinen zwanzig Jahren bewarb ich mich bei ca. fünf Fuhrparks, aber alle lehnten meine Arbeitswilligkeit ab, weil ich erst mit einundzwanzig Jahren berechtigt war, in das Ausland zu fahren.

Als Notlösung kam mir ein neuer Gedanke, und so suchte ich in Graz die Belgierkaserne auf, wo ich mich zum Bundesheerdienst meldete. Zu meiner Verwunderung war ich drei Tage später in Kärnten bei der Goigingerkaserne eingerückt als Grundwehrdiener. In Bleiburg ist eine der kleinsten Kasernen von Österreich und es waren ca. zweihundert Kasernenangehörige inklusive den jeweiligen Grundwehrdienern. Mit meinen Kumpeln verstand ich mich recht gut und so hatten wir recht viel Spaß während der ersten zwei Monate in der Grundausbildung. Danach mussten wir in das System übergehen, wo mein Wunsch, zu den Kraftfahrern zu kommen, nicht erfüllt wurde, und so landete ich als Ordonnanz im Offizierskasino mit zwei weiteren Burschen. Aufgrund meiner Gastgewerbequalifikation hatte ich dort für den ordentlichen Ablauf zu sorgen. An den

Wochentagen konnte ich dem Kasernentrott gegen sechzehn Uhr dreißig entgehen und Samstag und Sonntag hatte ich zumindest dienstfrei.

Die Wochenenden nutzte ich stets, nach Hause zu fahren in die Weststeiermark, wo ich bei meinen Eltern wohnte und danach nächtlich zumeist mit irgendwelchen Freunden Billard oder Dart spielen war. Des öfteren beteiligte ich mich auch mit meinem Auto an irgend welchen Wettfahrten quer durch den Bezirk. Mein Auto hatte ich vergöttert, aber auch Spazierfahrten der sanften Art machte ich gerne. Bei solchen Spazierfahrten nahm ich des öfteren einen Freund mit, welchen ich Siegfried nennen will (Name geändert). Er bat mich ständig Sportvereine anzufahren, wo er Hütten und Gebäude aufbrach, um Getränkekisten zu entwenden. Die ersten paar Mal war ich geschockt und empört. Aber ich konnte wahrhaftig seine Tat nicht verhindern, dann dafür hatte ich ihn zu gerne. Als ich ihm aber eines Tages kund tat, ihn nach einem Einbruch anzuzeigen, wenn er nicht aufhören würde, was ich aber ohnehin nicht tat, unterließ er vorerst wieder solche Aktivitäten mit mir. Was auch ein wenig damit zu tun hatte, dass ich mich einige Wochen von ihm löste. Als ich an einem Wochenende wieder von der Kaserne nach Hause gekommen war, suchte ich das Lokal auf, in dem ich meine Lehre gemacht hatte, und hier traf ich Franz, einen Freund von mir, welcher mir berichtete, dass Siegfried wieder in kriminelle Machenschaften verwickelt war. So suchte ich Siegfried auf, welcher mit einem Freund ebenfalls im Lokal an einem Tisch saß.

Mein Versuch, ihnen ihre korrupten Handlungen auszureden, schlug fehl, statt dessen konnten sie mich dazu animieren, als ihr Organisationsleiter zu agieren und sie hätten auch noch andere Freunde, welche mitmachen würden. Von der Idee einer Organisation war ich selbst so derart überrascht, dass ich bereit war mitzumachen. Und nach einer Fahrt nach Voitsberg waren wir plötzlich sechs Burschen, welche den Wunsch hatten, auf verbrecherische Weise reich zu werden. In der Kaserne fand ich noch einen anderen Freund, welcher sich bei meiner Organisation als Mitglied beteiligen wollte, und von ihm kam die Idee, die Rottenmanner Werkzeugmacherfabrik zu überfallen.

Diese unsere Treffen waren stets an den Wochenenden, wo wir unserer Meinung für den Einsatz üben mussten. So kam es im Bezirk Voitsberg zu zahlreichen kleineren Einbrüchen an Wochenendhäusern und Sportvereinen. Einige Monate darauf wurde dann die Rottenmanner Werkzeugmacherfabrik überfallen. Was sich für uns als großer Flop herausstellte, weil wir nur zwölftausend Schilling erbeutet hatten und dies gerade die aufwendigen Kosten der Vorbereitungen abdeckte. Es blieb dann auch nur mehr bei Einbrüchen im Bezirk Voitsberg und der näheren Umgebung. Wo wir auch in Zwaring bei Pöls Übungen für große Überfälle planten, die aber niemals stattfanden.

In der Kaserne entwickelten sich ganz andere Schwierigkeiten, es fehlte ständig Geld in der Wechselgeldkassa und ich versuchte es vorerst von meiner Privatkassa abzudecken. Später machte ich einige Meldungen. Gegen Ende meines Präsenzdienstes fehlte jedoch eine größere Summe und ich beschwerte mich wiederum, wobei ich auch einen Verdacht, aber keine Beweise gegen einen Burschen hatte. Worauf man mich aus dem Kasino verwies, deswegen wurde ich auch nicht wie die meisten meiner Kollegen befördert.

Im Bezirk Voitsberg wurden längst nicht mehr nur an Wochenenden Einbrüche *von meiner Organisation verübt und so versuchte ich immer wieder an Samstagen Hehlerware zu einem guten Preis zu verkaufen. Dabei half mir auch hin und wieder mein Freund in der Kaserne, welchem ich Radios und sonstiges mitbrachte. Wobei uns zwei davon gestohlen wurden von einem Grundwehrdiener. Dieser wiederum wurde beim Wiederverkauf von der Polizei gestellt und er behauptete, die Ware von mir gekauft zu haben. Wodurch ich beim Verhör meine Einbrüche gestanden hatte, aus Naivität. Meine verbrecherischen Freunde und ich wurden auf freiem Fuß angezeigt. Dies war aber bereits nachdem ich meinen Präsenzdienst abgeleistet hatte. Die Exekutive versprach mir, dass ich nur eine Vorstrafe bei Gericht bekommen werde, dem konnten ich und meine Freunde nicht ganz Glauben schenken, und so hatten wir beschlossen, Österreich zu verlassen.*

Wie in einem schlechten Kriminalfilm hatten wir weder Geld noch sonst etwas, was wir besaßen, und so entschlossen wir uns als krönenden Abschluss, die Goigingerkaserne in Bleiburg zu überfallen, wo ich meinen Präsenzdienst abgeleistet hatte.

Glücklicherweise kam es dazu ebenfalls nie, denn als wir das Gelände im Februar begutachteten, wollten wir noch einen kleinen Abstecher nach Slowenien machen, um Tabak einzukaufen. Dass wir nicht über die Grenze fahren durften, war niemandem von uns bewusst. Beim Verlassen von Österreich gab es keine Probleme, die Zöllner hatten uns durchgewunken, und als wir wieder ins Landesinnere zurück wollten, kontrollierten uns die slowenischen Zöllner genauer, wobei sie bei der Überprüfung der Personalien feststellten, dass wir international ausgeschrieben waren. So wurden wir nach Österreich überstellt, Siegfried und ich fanden uns in der Haftanstalt Graz-Jakomini zwei Tage später ein. Bei meiner Verhandlung ein halbes Jahr später erhielt ich einen Schuldspruch von fünf Jahren und acht Monaten Haft. Und ein weiteres halbes Jahr danach wurde ich nach Gerasdorf überstellt, wo es mir möglich war, eine weitere Lehre zu machen. Anfangs dachte ich an Fluchtversuche und hatte mehrmals Suizidgedanken, abgesehen davon war mein größter Wunsch, eine neue noch größere Organisation zu gründen, um es allen zurück zu zahlen, welche mir meiner Meinung nach Böses angetan hatten.

Desto länger jedoch meine Haft andauerte, desto mehr Gedanken machte ich mir darüber, warum ich dies wohl alles getan hatte, und meine Denkweise wurde immer humaner. Als ich jedoch mit Naikan begonnen hatte, wurde mir richtig bewusst, was ich alles in meinem Leben falsch gemacht hatte. Besonders schlimm getroffen hat mich aber auch, dass mir aufgrund meiner Inhaftierung der Führerschein entzogen wurde.

In meinem Fall hätte ich Verbrechen nie nötig gehabt, aber das was ich besaß beziehungsweise meine Familie war für mich so derart gewöhnlich, dass mir nie richtig bewusst geworden war, dass es mir gut ging.

In den Haftanstalten wurde ich mit sehr vielen Arten von Verbrechen vertraut gemacht, und ich kann heute jedem, der ein Verbrechen vor hat, getrost mitteilen, dass sich Verbrechen niemals gelohnt hat und sich auch sicherlich nie lohnen wird.

In diesem Sinne möchte ich mich auch bei Josef und Franz von Naikan bedanken, welche mir halfen, die richtige Lebenseinstellung zu finden, eine Garantie für eine

Naikantherapie kann niemand abgeben, weil diese Therapie von jedem Teilnehmer selbst abhängt und seiner Mitarbeit, wer jedoch bereit sein wird mitzuarbeiten, der wird mit großer Sicherheit mit Naikan Erfolg haben!"

3 DIE ZUKUNFT

1. EIN GEFÄNGNIS FÜR INNEN UND AUSSEN ODER: EIN NAIKAN-GEFÄNGNIS FÜR WIEN

von Julia Gruber

Im Juni 1997 beendete ich mein Architekturstudium mit einem ungewöhnlichen Diplomentwurf: einer Haftanstalt mit NAIKAN als Resozialisierungshilfe. Themenwahl und Ausführung entstanden aus einer persönlichen Entwicklung heraus, die im Winter des Vorjahres ihren Anfang nahm.

Die Semesterferien hatten soeben begonnen und ich machte mich mit ein paar Freunden auf den Weg nach Taizé, einem kleinen Ort in der Burgund im Westen von Frankreich. Hunderttausende junge Leute zieht es jährlich in das ökumenische „Baracken"-Kloster von Frère Roger und seinen Mitbrüdern, wohl wegen der improvisierten, einladenden Atmosphäre, den meditativen Gesängen und der bunten Vielfalt von Menschen aus der ganzen Welt.

Gegen Ende der Woche, die ich schweigend verbrachte, stellte sich bei mir eine außergewöhnliche Erfahrung ein. Ich war in entspannter Verfassung und verabschiedete mich schon innerlich von dem Ort. Plötzlich begann sich in mir ein kraftvolles Bild zu formen. Ich befand mich in einer braunen, wohligen Höhle, die mir Schutz bot, aber auch eine deutliche Begrenzung und Trennung vom Außen bildete. Mit der Zeit entdeckte ich an einer Stelle der zottigen Höhlenwand ein verspiegeltes Loch, wie ein Schiffsfenster. Ich sah hindurch und verlor mich in unendlicher, himmlischer Weite und Glückseligkeit. Später sah ich eine kleine, nackte Gestalt die Höhle verlassen und in die Ferne schweben. Es gab weder einen Grund, noch eine Möglichkeit, sich anzuhalten, keine Schwerkraft, keine Begrenzungen oder Unterschiede, nur überflutendes, orangefarbenes Licht. Dieser Zustand von innerer Freude, ruhig und explosiv zugleich, prägt mich bis heute.

Mit der Erinnerung an dieses Erlebnis und in kläglicher Verfassung reiste ich einige Monate später für eine Woche zu den Kleinen Schwestern von Bethlehem, einem kontemplativen christlichen Orden in den Salzburger Bergen. Schwester D. nahm sich meiner an und riet mir zu einem Zwiegespräch mit Gott in mir anhand von Bibelstellen. Warum nicht Ihm meine Meinung schreiben und dann meine Feder für Seine Antwort zur Verfügung stellen? Ich ließ mich darauf ein und zu meinem größten Erstaunen begannen sich Sätze zu schmieden, deren Inhalt, Wortwahl und Form mir ganz neu waren. Ich war zutiefst angesprochen und fasziniert, übte und lernte verschiedene Arten von inneren Stimmen kennen – Stimmen der Angst und solche, denen ich vertrauen wollte. Sie beantworteten mir auch Fragen. So erfuhr ich, dass mein Diplomentwurf ein Haus der „Stille" werden sollte, das den Menschen hilft, ihren eigenen Rhythmus wiederzufinden und dann ihren Alltag zu verändern. Nicht ganz klar war mir jedoch, welcher Art nun dieses Meditationszentrum oder Kloster sein würde.

Zurück in Wien stieg ich in die U-Bahn, um mich an einen geeigneten Bauplatz führen zu lassen. Station Keplerplatz, zwei Straßen weiter, hatte ich ihn gefunden: die Straßenbahnremise Favoriten, ein städtebauliches Brachland. Trotz oder wegen meiner intensiven Bemühungen, alles zu hören und richtig zu machen, ließ mich die innere Stimme nach einigen Wochen wieder allein.

In der darauf folgenden Zeit wandte ich mich mehr den Menschen, der Architektur und den letzten Prüfungen zu. Mitte Jänner führte ich bei einer kinesiologischen Sitzung ein langes Gespräch über das kommende Diplom. Beim Verabschieden sagte ich leichtfertig zu meiner Bekannten: „Na hoffentlich wird's kein Gefängnis!" – und wie vom Blitz getroffen schauten wir uns an. Das Rätsel war gelöst. Diese Art von Rückzugsort sollte es also werden. Ein Gefängnis als ein Haus der Wandlung und Meditation. Nach dieser unerwarteten Wende begann ich eine Therapieform zu suchen, in der die heilsame Wirkung des Schweigens gezielt eingesetzt wird. Eine Therapeutin aus der Jugendstrafanstalt Gerasdorf erwähnte im Gespräch nebenbei NAIKAN. In der folgenden Nacht träumte ich von Constanze, einer Freundin. Ich rief sie kurzerhand an und erklärte ihr meine Situation. „Du, ich habe da einen Bekannten – den Josef. Hast du schon etwas von Naikan gehört?" Es folgten erste Gespräche mit Josef Hartl, Ex-Häftling und jetzt selbst Naikan-Leiter in Wien: „Wenn du etwas für Naikan tust, helfe ich dir mit deinem Gefängnis." Seine einzige Bedingung lautete: „Probiere es selbst aus."

Ende Februar erlebte ich eine weitere, stürmische Schweigewoche im Kloster in den Bergen. Schmerzhaft wurde mir klar, dass sich Erlebnisse wie in Taizé durch Brav-sein und Bemühen nicht erzwingen lassen. Das anschließende Naikan in Steinegg verlief ruhig und ohne große Emotionen. Erinnerungen kamen, so manches zwanghafte Verhalten und alte Vorwürfe wurden sichtbar. Den streng gegliederten Tagesablauf empfand ich als große Hilfe, ebenso den gemeinsamen Raum. Fazit von der Woche: Meine Abhängigkeit vom Lob anderer Menschen. Sich selbst und die eigenen Gefühle nicht zu ernst nehmen. Anschauen und annehmen, was da ist. Und sich Zeit dafür lassen.

Der folgende Entwurfsprozess war mit viel Recherche und Diskussionen verbunden. Thema und Bauplatz waren von Anfang an umstritten (ein Gefängnis mitten in der Stadt und dann noch auf dem Dach eines Bahnhofes...).

Ich besuchte zwei Haftanstalten in Wien und knüpfte Kontakte zu Angehörigen und Insaßen, die mir in ungewohnter Offenheit aus ihrem Leben erzählten: von den kleinen Freuden, dem Tätowieren, den Drogen und ihrer Sehnsucht nach Freunden. Sie schilderten mir die Eintönigkeit ihres Alltags, wie sie gegen Stumpfsinn, Einsamkeit und Aggression ankämpften und ihrem Verhältnis zum Wachpersonal. Ihre Geschichte, ihre

Unverbesserlichkeit, Reue oder Hilflosigkeit. Und ich sah, wie wenig Hilfe es selbst für therapiewillige Personen gibt, aber auch wie schwer es den Menschen fällt, Verantwortung für das eigene Handeln zu übernehmen. Bei allen Gesprächen beeindruckte mich die schonungslose Ehrlichkeit meiner Gesprächspartner einer Fremden gegenüber.

Durch die Hilfe vieler wurde der Entwurf nach und nach ausgearbeitet und in Plänen und Modellen aufgeschlüsselt. Mitte Juni präsentierte ich mein Diplom in der Aula der Hochschule vor versammelter Studenten- und Professorenschaft und freute mich über die vielfältigen Diskussionen, die von der Arbeit provoziert wurden. Das Spektrum reichte von Misstrauen („Was ist das für eine Person, die sich mit so einem Thema beschäftigt?") und einer ablehnenden Haltung dem realistischen Anspruch des Projekts gegenüber, bis zu betroffener Anteilnahme am Schicksal der Inhaftierten bzw. Würdigung der architektonischen Komposition. Ich ziehe nun einen Schlussstrich unter die Geschichte des Projekts. Ob es zu einer Fortsetzung kommt, bleibt abzuwarten.

2. DAS GEFÄNGNIS DER ARCHITEKTIN

von Josef Hartl

Genau erinnere ich mich noch an jenes NAIKAN-Forum, bei dem ich Julia Gruber das erste Mal traf. Es war das erste Forum im Februar 1997, das in unserem neu eröffneten Stadtzentrum durchgeführt wurde. Kalt war es, auf den frisch nach Reisstroh riechenden Tatami-Matten saßen etwa 14 bis 20 Teilnehmer im Kreis, um am Forum teilzunehmen. Julia war mit ihrer Freundin Constanze, einer ehemaligen Wochen-NAIKAN-Teilnehmerin, gekommen. Sie schien sehr aufmerksam und interessiert, ich glaube, sie stellte bezüglich NAIKAN auch einige Fragen.

So richtig ins Gespräch und zum Kern der Sache kamen wir erst nach dem Forum. Wie so oft saß ich nachher mit einem Teil der Forumsbesucher in einem nahegelegenen Kebabhaus, um weiter zu diskutieren. Constanze stellte uns nochmals vor, sie wies auf den besonderen Zweck und das spezielle Interesse der Julia bezüglich NAIKAN hin. Während ich mein Hühnerdönersandwich aß, erzählte mir Julia über ihre Pläne mit der Diplomarbeit in der Architektur und dem Gefängnis.

Ein Haus wollte sie also planen, wo Stille herrschte und sich Innen und Außen trafen, vereinten, bzw. sich Stille transformierte in Lebendigkeit, wie auch immer! Ich erfuhr auch mehr diffus, eher schemenhaft und vage, warum sie solche Pläne hatte, also ihre Art der Motivation. Während sie erzählte dachte ich: „Aha, einen Häfn will sie also planen, die junge, hübsche Studentin. Etwas Besonderes soll es diesmal sein, etwas Aufregendes also. Eine Eins plus will sie mit ihrem Diplom erwerben, die Musterschülerin." Wie ein braves Mädchen mit einem vergrabenen Kraftpotential, gleich einem Pulverfass im Bauch, saß sie mir gegenüber da. Absolut gutbürgerlich in der Sprache – fast

Schönbrunner Deutsch in der Wortwahl – und kontrolliert in Gestik und Gehabe.

Wenn sie es echt schafft, einen NAIKAN-Knast zu planen, der Hand und Fuß hat und noch dazu Sinn macht, dachte ich, so soll sie meine Unterstützung haben. Es wäre eine weitere Möglichkeit, die NAIKAN-Methode unter einem Kreis Menschen (Studenten der Architektur etc.) bekannt zu machen. Aber die Rechnung sollte nicht ohne den Wirt gemacht werden. Denn geht es ums Gefängnis, ist bei mir Misstrauen und Vorsicht die Mutter der Porzellankiste. Ich wollte nicht eine Sozialromantikerin auf ihrem verkappten Helfertrip, noch eine karrieregeile Architekturstudentin fördern und meine Zeit mit einem abgehobenen NAIKAN-Projekt vergeuden.

Also ließ ich die Katze gleich aus dem Sack und teilte Julia mit, dass ich sie mit meinem Wissen nur dann unterstützte, wenn sie vorher selber eine Woche NAIKAN absolvierte. Sie sollte sich schon einlassen auf den NAIKAN-Prozess, wenn sie so ein spezielles Bauwerk hierfür planen wollte. Auch sollte sie etwas die Welt der Gefangenen kennenlernen, fand ich.

Spontan sagte sie zu, an einem Wochen-NAIKAN teilzunehmen, was mich ehrlich gesagt etwas überraschte. Erst am Nachhauseweg wurde mir die Dimension bewusst, auf welche ich mich da eingelassen hatte.

Ich, der selber einige Jahre hinter Gittern verbracht hatte, war dabei, eine Gefängnisplanung tatkräftig zu unterstützen. Wohin war ich über mein NAIKAN, meine Innenschau geraten? Sicher, ich könnte sagen, das Leben spielt eben immer groteske Stücke. Aber das Leben, das bin in diesem Fall ich, dachte ich! Alte Schmerzen, Widerstände und Einsamkeit in der Erinnerung kamen wieder, als ich auf dem Nachhauseweg in der U-Bahn die Situation nochmals überdachte. Sicher, ich arbeite heute mit der NAIKAN-Methode im Gefängnis, aber eben in einem schon bestehenden. Die Arbeit in einem sowieso schon vorhandenen Gefängnis und das Planen eines neuen, auch wenn es eines mit der NAIKAN-Methode als Möglichkeit der menschlichen Weiterentwicklung oder Therapie bzw. Reintegration oder wie auch immer ist, sind doch zwei Paar Schuhe. Das eine ist etwas völlig anderes als das zweite!

Doch hier sah ich auch eine gewisse Chance für die Zukunft. Eine Vision kann nur Realität werden, wenn man sie zulässt. Und ich spürte, dass die Vision der Julia Gruber, wenngleich ich sie zu diesem Zeitpunkt noch nicht so wirklich kannte, eine Ähnlichkeit mit Visionen meinerseits aufwies, die, sagen wir einmal, Gefangenschaft bzw. Gefangenheit angeht. Ja, wir schienen zum Teil deckungsgleiche Visionen zum Thema Stille, Einsamkeit, Gefangensein in uns zu haben und gefühlsmäßig verwandt zu sein. Mit solchen Gedanken und etwas im Gefühl meiner Vergangenheit steckend ging ich an diesem Tag, es war schon nach Mitternacht, schlafen.

Einige Tage später hatte ich mit Julia, sie war in Begleitung ihres Freundes, mein nächstes Zusammentreffen. Sie kamen zu mir ins Zentrum, es war nach einem langen Arbeitstag etwa 22 Uhr. Ich war sehr aufgekratzt, schnell im Kopf, und hatte mich zum „Thema" bereits entschlossen. Julia nahm meine sie überrollende Art sehr gut, sie hatte vor allem ihr Ziel im Auge. Ich wollte sie noch etwas „testen", was ihre Motivation angeht. In den Tagen davor stellte sich mir immer wieder die Frage: Warum will sie ausgerechnet ein Gefängnis planen, ihr Diplom mit so einem Bauwerk machen?! Mir war das wirklich nicht ganz klar, zumal ich von ihrer Vision in Taizé nicht wirklich etwas wusste und ich sie als Person auch nicht wirklich kannte.

Also war ich eher sehr rauh in Gehabe, Ton und Wortwahl, und ließ Julia wenig Raum. Ihre Reaktion war aber wie gesagt klar, bestimmt, und wir vereinbarten ihre Teilnahme am nächsten Wochen-NAIKAN, wofür ich ihr ein Anmeldeformular mit auf den Nachhauseweg gab.

Sie akzeptierte meine Art des sie „Überrollens", sie akzeptierte die Bedingung, die an meine Mithilfe geknüpft war (Teilnahme am Wochen-NAIKAN), sie akzeptierte meine herbe, um nicht zu sagen gossenhafte, ans Gefängnis erinnernde Sprache – alles ohne ein Zeichen der Berührtheit, Verletztheit oder des Widerspruches von sich zu geben. Wird eine interessante NAIKAN-Woche, dachte ich, nachdem ich alleine beim Tee saß und Julia mit ihrem Freund, es war auch an diesem Tag etwa 0.30 Uhr geworden, das Zentrum verlassen hatte.

Die wurde es dann auch. Julia absolvierte eine Woche NAIKAN, ohne äußerliche Zeichen des Widerstandes im Prozess des nach Innengehens. Ich hörte keine Seufzer des Erleichtertseins, als sich die Woche dem Ende näherte. Ich nahm sie absolut nicht nach außen orientiert wahr. Ja, ich glaube, außer zu ein oder zwei kurzen Spaziergängen und zur Toilette hat sie den Raum, in dem sie mit einer kleinen Gruppe die Woche verbrachte, nie verlassen.

Sie war brav. Fleißig sah sie sich die Mutter-, Vater-, Geschwisterbeziehungen an und außen war ihr nicht viel an Emotion anzumerken. Trotzdem hatte ich das Gefühl, da sitzt ein Vulkan. Da ist ein Feuer eingesperrt. Da will jemand etwas sagen und weiß nicht wie. Da ist jemand zu brav! Da glaubt jemand, wenn man sich an die Regeln hält, dann gibt es auch die Belohnung.

Ein Gefühl begleitete mich die ganze Woche über, das ich einmal damit beschreiben möchte, dass ich nie die Julia Gruber zu Gesicht bekam, die ich in einer anderen Ebene spürte. Es trennte uns ein unsichtbarer Nebel, und doch herrschte so etwas wie Vertrauen über die gegenseitige Akzeptanz von unseren beiden grundverschiedenen Welten. Ich spürte, dass es da eine NAIKAN-Teilnehmerin namens Julia Gruber gab, die auch irgendwo weinte, einsam war, viele große Ängste hatte, Frustrationsgefühle kannte oder etwas bzw. jemandem, und sei es einem Ereignis, einem Gefühl, nachlief, das sie nicht einzuholen imstande war.

All das war für mich mehr und mehr präsent, wenn ich zu ihr etwa alle eineinhalb Stunden zum Gespräch kam. All dies war über das „oberflächliche" NAIKAN-Gespräch zum jeweiligen Thema für mich spürbar, und doch gab es einen klaren Unterschied gegenüber allen anderen Menschen, die ich bis zu diesem Zeitpunkt beim NAIKAN-Prozess begleitet hatte.

Bei vielen Menschen läuft der NAIKAN-Prozess so ab, dass ich Ebenen ihres Wesens wie Einsamkeit, Frustation, Freude, Trauer usw. spüre bzw. an vielen kleinen Zeichen sehe. Diese Ebenen drücken sich zwar nicht direkt im Gespräch aus, aber ich sehe bzw. nehme diese Zeichen wahr, etwa im Tonfall der Stimme, dem mehrmaligen Verlassen des geschützten Platzes beim Ansehen bestimmter Lebensabschnitte oder dem Verlangen, einmal länger als vorgesehen zu sprechen, also Redefluss, oder auch nichts sagen zu wollen.

All dies vermittelte Julia nicht. Sie antwortete brav, gemäß Vereinbarung hielt sie sich kurz und blieb beim Wesentlichen im Gespräch. Sie wollte manchmal noch etwas zufügen, wusste aber selber nicht, was es war, konnte es nicht in Worte fassen – das spürte ich! Und indem sie korrekt als Person war und einen ehrlichen braven Charakter ihr eigen nannte, schwieg sie.

Und das erzeugte Anspannung, erzeugte Einsamkeit, machte für mich ein Gefühl des Eingesperrtseins spürbar. Ich nahm Isolation wahr. Eine schier unsichtbare Mauer um die Julia Gruber tat sich für mich auf. Eine Mauer, die Julia, so schien es mir, spürte und doch nicht fassen konnte.

Einmal suchte ich ihren Blick. Ich wollte diesem Wesen offen und in liebender Güte und Wärme begegnen, es tat mir doch sehr leid, dieses Wesen in seiner Isolation und Einsamkeit. Ich wollte ihm ein Angebot machen, die Mauer zu durchbrechen oder einfach einmal hinter sich zu lassen. Ich sah in ein breites etwas indianisch anmutendes Gesicht mit hohen Jochbeinen, ein wenig blass an Farbe, eine hohe Stirn mit einer kräftigen jedoch schönen Nase. Eine schwarze Haarpracht, starkes vitales Haar, das zu einem Zopf geflochten war, schmückte sie. Ich sah in ihre Augen. Sie waren klein, schienen mir braun – jedoch achtete ich nicht auf die Farbe, sondern auf die Lebendigkeit ihrer Seele wollte ich schauen. Die Seele wurde abgeschirmt durch doch erheblich dicke Brillengläser wie mir schien. Die Seele war sehr, sehr weit hinten, sie bemühte sich sehr, einen Kontakt mit mir herzustellen.

Wir sahen uns offen und ruhig in die Augen, doch trafen wir uns nicht wirklich. Sie ging mir verloren, ihre Seele, in der Weite einer inneren Ruhe und der Ausdehnung in die Unendlichkeit der Einsamkeit und Isolation. Ja, vielleicht gäbe es nur dort für sie ein Licht und eine Sicherheit, dachte ich, während ich meine Augenlider niederschlug, um sie nicht unnötig zu kompromittieren. Ich wollte ja das Gegenteil. Ich wollte ja das Wesen berühren, aber vielleicht war es dieses mein Wollen – auch wenn es im Positiven meinerseits war -, das die Berührung des Wesens letztendlich verhinderte. Mit einem Gefühl des absoluten Gefangenseins in der eigenen Stille, Weite und Ruhe, das ich von ihrem Platz nach diesem Gespräch ohne Worte mitnahm, verließ ich den Raum und trauerte etwas um dieses Wesen.

Hier wurde mir zum ersten Mal klar, was die wirkliche Motivation der Julia Gruber war, die sie bewog, ein Gefängnis zu planen, in dem sich durch Stille, in dem Fall NAIKAN – Innenschau, ein Prozess entwickeln konnte, der Menschen helfen sollte, zwischen Innen und Außen eine Verbindung zu schaffen. Mir wurde auch klar, dass eine Architekturstudentin dies am besten über ein Bauwerk zustande bringen könnte, und dass die Julia Gruber nicht umsonst Architektur studiert hatte. Materie ohne Menschen – eine Art des Ausdrucks, die nicht unbedingt die Berührung mit anderen Menschen braucht und somit auch viele Auseinandersetzungen nach innen fordert, Auseinandersetzung mit der Form und über die Form mit den Ängsten und dem eigenen

Unvermögen des in Kontakttretens. Sie wird, dachte ich, eine gute Architektin und hat zur Zeit sicher den richtigen Beruf gewählt. Sie hat auch ihr entsprechend das richtige Bauwerk in Planung. Was mir nicht klar war ist, ob sie das auch klar sehen konnte.

Ein Jahr später. Julia hat ihr Gefängnis geplant, die Diplomarbeit war ein toller Erfolg und wir bleiben weiter in Kontakt. Sie absolvierte eine Shiatsu-Ausbildung bei uns im Zentrum. Einmal erzählte sie mir von ihrer Vision – diesem Gefühl von Freiheit ohne Grenzen und dass sie dem nachgelaufen sei, es wiederhaben wollte. Mir fiel dazu ein, dass man auch in der sogenannten Freiheit der Freiheit nachlaufen kann und dadurch ein Gefangener seiner selbst ist. Zu ihr sagte ich: „Lerne, nicht zu wollen und trotzdem zu tun, und du wirst deine Vision nicht erleben, sondern leben!"

Anlässlich dieses Buches bat ich Julia um eine Fassung ihrer Version, warum das „NAIKAN-Gefängnis" ihre Diplomarbeit wurde. Sie schreibt, wie Sie sich vielleicht erinnern, unter anderem folgendes aus ihrem Erlebnis, das sie in Taizé hatte:

„Gegen Ende der Woche, die ich schweigend verbrachte, stellte sich bei mir eine außergewöhnliche Erfahrung ein. Ich war in entspannter Verfassung und verabschiedete mich schon innerlich von dem Ort. Plötzlich begann sich in mir ein kraftvolles Bild zu formen. Ich befand mich in einer braunen, wohligen Höhle, die mir Schutz bot, aber auch eine deutliche Begrenzung und Trennung vom Außen bildete. Mit der Zeit entdeckte ich an einer Stelle der zottigen Höhlenwand ein verspiegeltes Loch, wie ein Schiffsfenster. Ich sah hindurch und verlor mich in unendlicher, himmlischer Weite und Glückseligkeit. Später sah ich eine kleine, nackte Gestalt die Höhle verlassen und in die Ferne schweben. Es gab weder einen Grund, noch eine Möglichkeit, sich anzuhalten, keine Schwerkraft, keine Begrenzungen oder Unterschiede, nur überflutendes, orangefarbenes Licht. Dieser Zustand von innerer Freude, ruhig und explosiv zugleich, prägt mich bis heute."

Ein Jahr später nachdem ich ihr NAIKAN begleitet hatte und sich ihr Blick, ihre Seele durch die Weite dem Kontakt entzogen hatte, erfuhr ich von diesem Erlebnis durch Julias Schreiben! Ich denke, um diese Weite in einer Innengerichtetheit erleben zu können bedarf es einer Außengerichtetheit, um Erfahrungen welcher Art auch immer machen zu können, die den Prozess in umgekehrter Richtung auch ermöglichen. Um Harmonie und Freiheit dauerhaft im Wesen zu integrieren und nicht Gefangener dieser Zustände zu werden, muss der Mensch auch lernen, sie wieder loszulassen. Und um, ich sage einmal, Zustände oder Erfahrungen verstehen zu lernen benötigt man einen Weg, der konkret und am eigenen Leben festzumachen ist. Hier bietet der NAIKAN-Prozess eine ideale und konkrete Möglichkeit!

Das NAIKAN-Gefängnis als Diplomarbeit war ein konkreter Schritt der Julia Gruber aus dem eigenen Gefängnis. Weiter mit NAIKAN zu arbeiten kann ein Schritt sein, dass Julia mit oder ohne Architektur ein immer freierer Mensch im Wesen wird und sich an keinerlei Ausdrucksmöglichkeit mehr binden muss, um dies für sich zu spüren. Etwas tun, ohne das Wollen daran zu heften. Tun, um zu tun.

Dies war letztgültig der Grund, warum ich ihr beim Planen des nachstehend beschriebenen „NAIKAN-Gefängnisses" mit meinem Wissen über Gefangenschaft behilflich war. Freiheit entsteht in uns dort, wo wir über unsere persönlichen Erfahrungen hinaus einer Sache dienen. Und ob innerhalb oder außerhalb eines Gefängnisses, die NAIKAN-Methode regt den Menschen an, nicht über die Mauern zu klagen, sondern die Entstehungsgeschichte der Mauern aufzudecken und dient somit der Freiheit des Menschen innerhalb und außerhalb eines konkreten Gefängnisses!

Was unsere beiden Visionen angeht, die ich zu spüren glaubte, so denke ich, dass wir beide das Gefangensein in der Selbstisolation genauso erfahren haben wie den Geschmack von Freiheit. Dass die Visionen einzigartig sind und doch Deckungsgleichheiten aufweisen, beweist das gemeinsam geplante Gefängnis mit dem Zweck der wiederzugewinnenden Freiheit.

Dies ist eine Realität von uns allen. Es besteht aufgrund der augenblicklichen Entwicklung des Wesens Mensch die Notwendigkeit von Gefängnissen. Unsere Vision kann aber nur eine gefängnisfreie Gesellschaft sein! Wäre dem nicht so, würde der Mensch seine Freiheit verlieren, um wieder ins dunkle Zeitalter des Tieres zu verfallen. Jede Vision kann nur dann Realität werden, wenn sie auch von dieser ausgehend begonnen wird in ihrer Verwirklichung. Schritt um Schritt und ohne sich der Zeit als Gegebenheit zu beugen. Es geht hier nicht um Zeit, sondern darum, das Ziel nicht aus den Augen zu verlieren.

3. DAS „GEFÄNGNIS DER ZUKUNFT" – KEINE ILLUSION, KEINE RESIGNATION

von Julia Gruber & Josef Hartl

Ein Gefängnis für die Zukunft geplant zu haben beweist schon, dass wir uns keinerlei Illusionen hingeben. Es ist ein Gefängnis bar jeder Illusion, jeder Sozialromantik, aber auch bar jeder Resignation.

Ein Gefängnis der Sachlichkeit, der Zweckgerichtetheit und eines, das trotzdem nicht den humanistischen Ansatz vermissen lässt. Eines, in dem die Gesellschaft, der Staat wirklich reagieren und nicht resignieren bzw. in Halbherzigkeiten steckenbleiben!

Humanistisch bedeutet für uns nicht, dass man den Häftlingen die Haft möglichst „erleichtert". Etwa über Genehmigungen, private TV-Geräte, CD-Player oder dergleichen besitzen zu dürfen. Und ihnen damit nach der Haftzeit reelle Chancen auf Arbeit zu nehmen, weil die Grundstimmung in der Bevölkerung über solche, häufig falsch verstandenen, Vergünstigungen ins Negative „angeheizt" ist!

Sozialtherapie ist möglich, es müssen nur die Methoden und der Umgang mit dem Thema genauestens untersucht werden. Auf das Wie kommt es an, und hier liegen viele Möglichkeiten brach. Nur weil aus Übereifer und Blauäugigkeit in der Vergangenheit Fehler gemacht wurden, ist es einfach nicht gerechtfertigt, in das genaue Gegenteil zu verfallen – das ist einfach zu teuer. Man sehe dazu den Bericht und die Zahlen von Dr.

Bindzus in Kapitel 1 Punkt 2 die USA betreffend. Das sogenannte Warenhaussystem, in dem die Häftlinge einfach für einige Jahre wie „Waren" abgelegt werden, bewirkte eine immense Kostenexplosion und eine Steigerung der Häftlingszahlen um 800.000 in den letzten 10 Jahren. Darüber hinaus ist es die pure Hilflosigkeitserklärung eines Staates, und unmenschlich dazu. Der Mensch ist keine Ware, nicht einmal ein Mörder darf als Ware bezeichnet werden!

Also: keine Illusion und keine Resignation. Wo steht nun das Bewusstsein der Bevölkerung? Wieviel Sühnebedürfnis ist vorhanden, dem Rechnung getragen werden muss?

Ich bin überzeugt, dass sich mit dem vorliegenden Gefängnis mitsamt seiner Ausrichtung auf Reintegration und Resozialisierung mittels NAIKAN die Rückfallsziffern der Insaßen um 25-50% gegenüber den gegenwärtigen Ziffern senken lassen würden. Und trotzdem würde der Sicherheit der Gesellschaft, dem moralischen Gefüge von Schuld und Unrecht und der „Sühne", so zweifelhaft sie in meinen Augen auch sein mag, Rechnung getragen.

Julia Gruber beschrieb in einem Kurzstatement ihr Gefängnismodell so:

Leben hinter Gittern.

Wie sieht ein Gebäude aus, in dem Menschen leben müssen? Es gibt kaum eine Situation, in der Menschen der Architektur mehr ausgeliefert sind, als beim Gefängnisbau.

Therapieren statt wegsperren.

Bloßes Aufbewahren von Menschen ist im Ganzen gesehen die teuerste Art des Strafvollzugs.

NAIKAN (jap.=Innenschau).

Ist eine Methode aus Japan, die dem Haftinsaßen in reizabgeschotteten Räumen die Möglichkeit bietet, mit fachlicher Begleitung seine Vergangenheit zu ordnen.

Der Bauplatz.

Gefängnisse haben gesellschaftliche Relevanz. Resozialisierung soll Platz mitten in der Stadt finden. Die Überbauung der Remise Favoriten verdichtet die städtebauliche Struktur. In der Remise entstehen Arbeitsplätze für die Häftlinge.

3-stufiger Vollzug.

Der Delinquent hat die Möglichkeit, bei „Therapieerfolg" in eine Kategorie höheren Freiheitsgrades aufzusteigen.

Gebäude.

Der 3-Stufen Vollzug ist sowohl in den Baukörpern als auch in der Haftraumausstattung ablesbar. Stufe 1 und 2 (je 240 Insaßen) bilden ein introvertiert abgeschlossenes Haus mit vorgelagerten Sekundärzonen. Stufe 3, das Freigängerhaus (70 Häftlinge) ist vom 1. Haus getrennt und bereits in den Blockraster der Umgebung integriert. Die verschiedenen Kategorien sind durch eine Zone mit öffentlichen Funktionen und Verwaltung verbunden. Der 3. Stufe sind drei Wohneinheiten für Familien von Insaßen und ein Naikan-Therapiezentrum für Angehörige und Justizbeamte zugeordnet.

Bewegung im Raum.

Der Entwurf bietet vielfältige Schwellensituationen, um der Armut an räumlichen Erlebnissen in Gefangenschaft entgegenzuwirken.

Zum Beispiel: Nach der Aufnahme werden die Häftlinge über eine Brücke in den Gefangenentrakt geführt. In den Hafträumen bieten Erker die Möglichkeit, „vor die Mauer" zu treten.

Innen und Außen wechseln oft miteinander ab, so erfolgt etwa die Erschließung der Wohneinheiten über Außenstiegen.

Im Besucherzentrum treffen Häftling und Angehörige mitten über der Gasse mit Sicht in die Straßenachsen zusammen.

Der „Therapiebereich" im Naikan-Zentrum (bei Stufe 3) wird von Terrassen umlagert.

Architektur und Resozialisierung.

Die einzelnen Baukörper sind Stationen des Häftlings auf dem Weg zurück in die Gesellschaft.

Stufe 1: Die Einzelzellen sind in einem traditionellen, zweigeschossigen Gefangenentrakt untergebracht. Die Häftlinge können sich nur innerhalb der Zelle frei bewegen. Bei versperrter Zellentüre ist der Kontakt mit den Mithäftlingen nicht möglich.

Stufe 2: Hier sind neun Einzelräume zu Wohneinheiten zusammengefasst, in denen sich die Insaßen frei bewegen können. Versperrt wird nur die Wohnungstür.

Stufe 3: Die Freigänger wohnen in Reihenhäusern mit je 10 Einzelräumen. Versperrt wird die Haustüre.

Offene Vollzugsstruktur.

Am Ende des Umwandlungsprozesses steht ein gemeinsames Naikan-Zentrum für Insaßen, Justizbeamte und Angehörige.

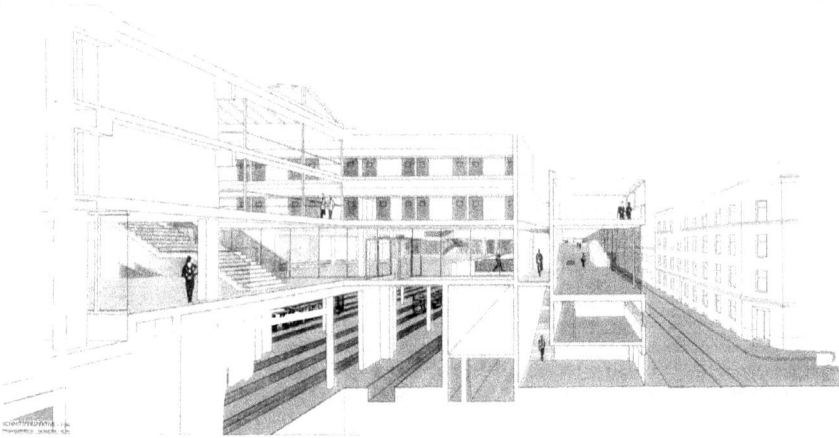

Bild 1: Schnittperspektive. Vollzug der Stufe 1 und Eingangszone.

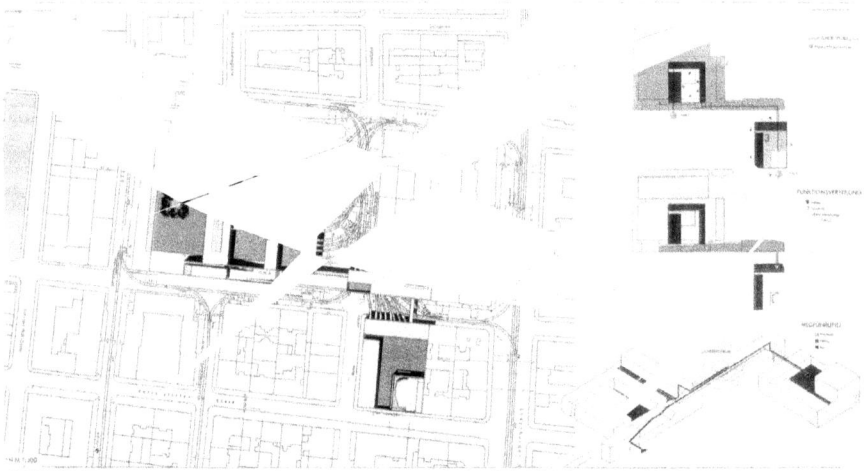

Bild 2: Lageplan – Remise in Favoriten, Wien.

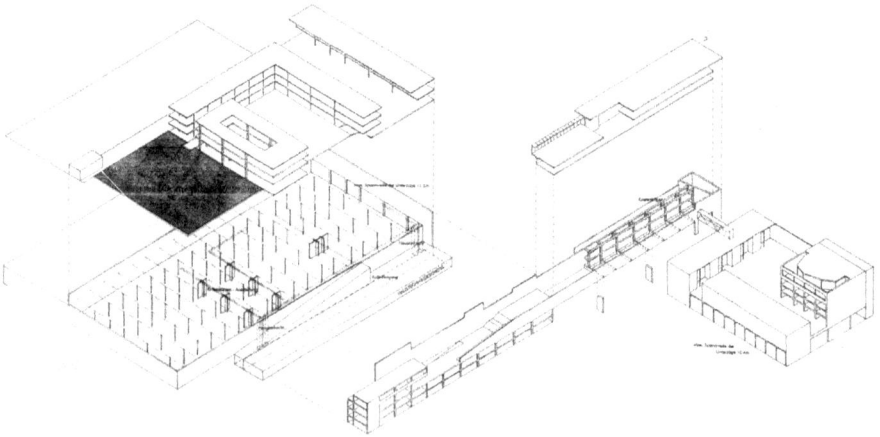

Bild 4: Explosionsaxonometrie Konstruktion.

214

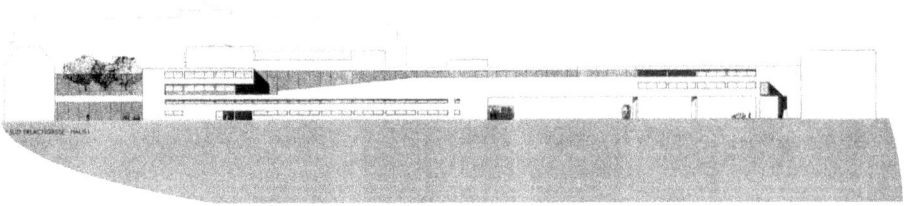

Bild 5: Ansicht Süd. Verwaltungsbereich.

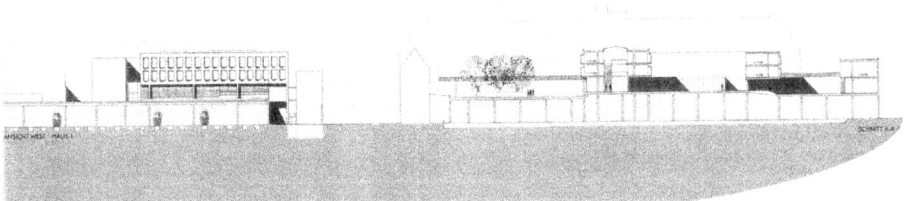

Bild 6: Ansicht West (l.) und Schnitt A-A (r.) – Vollzug der Stufe 1.

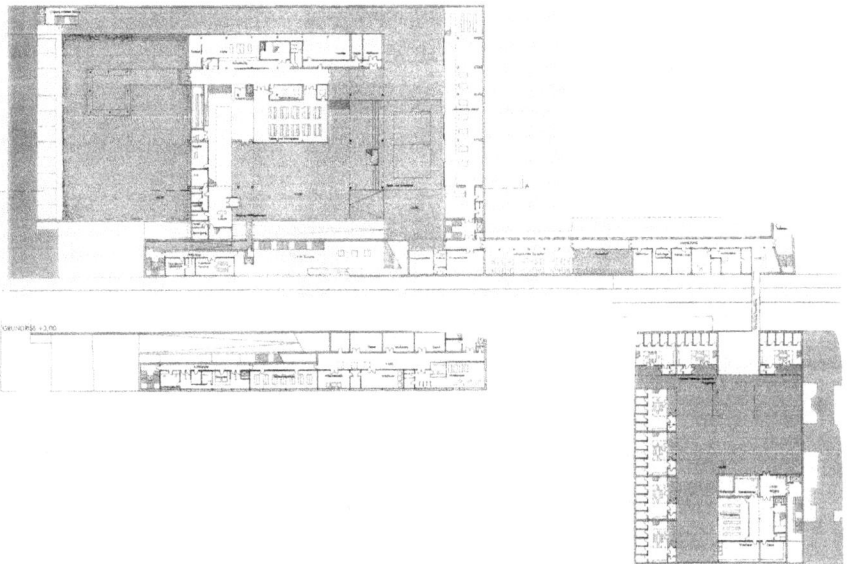

Bild 7: Grundriss +6,00 – Remisendach.

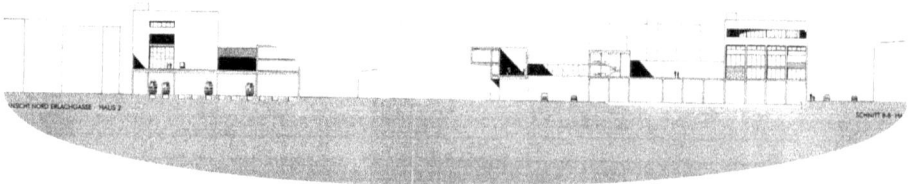

Bild 8: Ansicht Nord (l.) und Schnitt B-B (r.) – Vollzug der Stufe 3.

Bild 9: Ansicht West (l.) und Ansicht Süd (r.) – Vollzug der Stufe 3.

Bild 10: Grundriss +11,00 – 1. Obergeschoß.

216

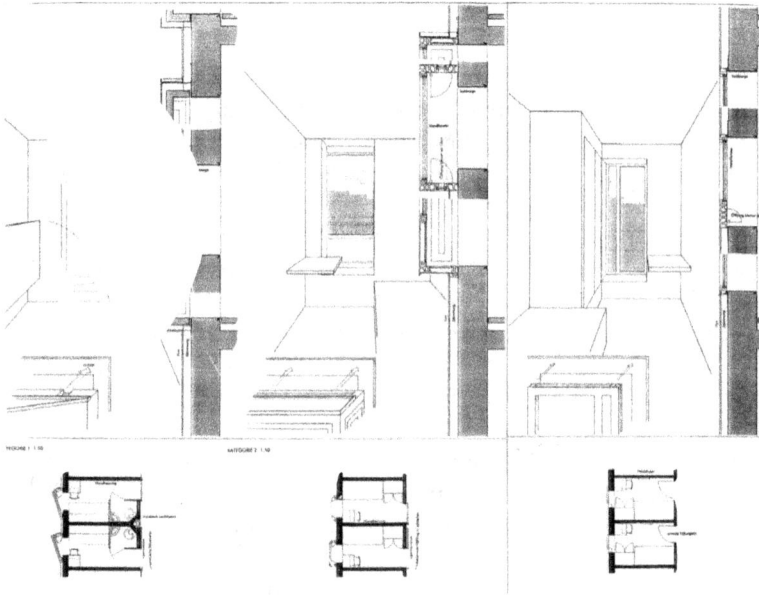

Bild 11: Gestaltung der Hafträume (v.l.n.r.: Haftraum Stufe 1, Stufe 2, Stufe 3).

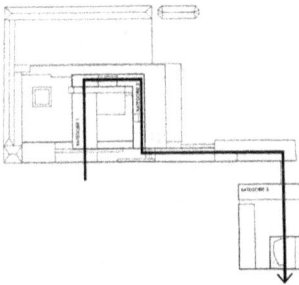

Bild 12: Weg des Delinquenten während der Haftzeit.

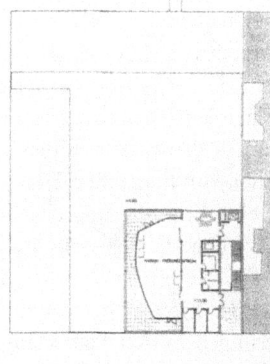

Bild 13: Grundriss +15,00 – Naikan-Zentrum

Nun zu unserem Entwurf eines 3-Stufen-Vollzuges im Detail

Die Insaßen des Gefängnisses müssen nach Abzug der in Untersuchungshaft verbrachten Haftzeit noch eine Freiheitsstrafe von mindestens 2 Jahren zu verbüßen haben. Wir haben es also mit Kriminellen von schwererem Täterprofil zu tun.

Jeder Insaße hat Anspruch auf eine spezielle „Therapie" mittels der NAIKAN-Methode. Das „Therapie-Programm", besser: Reintegrationsprogramm mit NAIKAN wird je nach Haftdauer in Häufigkeit und Intensität auf den einzelnen Insaßen abgestimmt. Justizwachebeamte, die in der NAIKAN-Methode geschult sind, führen das Reintegrationsprogramm mit den einzelnen Häftlingen durch. Ihnen beigestellt sind 2 bis 4 Sozialarbeiter und ein Psychotherapeut, die ebenfalls in der NAIKAN-Methode geschult sind.

Jeder der Häftlinge beginnt seine Haftzeit in der 1. Stufe und bleibt während dem ersten Drittel seiner Strafzeit auch dort. Ein Aufsteigen in die 2. Stufe und danach in die 3. Stufe ist frühestens nach diesem Strafdrittel möglich. Ein Aufsteigen ist auch nur bei Teilnahme am Reintegrationsprogramm möglich. Wird von seiten des Häftlings das Reintegrationsprogramm nicht angenommen, verbringt er seine gesamte Haftzeit in der 1. Stufe.

Der Insaße kann auch über die Zeit seines ersten Strafdrittels hinaus in der 1. Stufe „angehalten" werden, wenn seine Persönlichkeitsentwicklung und sein Verhalten noch nicht genügend Veränderung aufweisen. Das entscheidet das Betreuungsteam, bestehend aus Wachebeamten, die als direkte Betreuungspersonen durch das NAIKAN-Leiten fungieren, Sozialarbeitern und Psychotherapeut.

Das höchste Ziel dieses Gefängnis ist die Besserung des Insaßen. Ein allgemeines Anrecht auf die Teilnahme am Reintegrationsprogramm besteht für alle Häftlinge. Das ist der humanistische Kern.

Zwei Annahmen sind hier grundlegend: Einerseits hat der Insaße den Willen, sich einer „speziellen Therapie" zu unterziehen und nimmt am Programm teil. Andererseits erkennt der Staat an, dass Kriminelle Menschen sind, die in ihrem Sozialverhalten krank sind. Aber: Das entbindet den einzelnen nicht von seiner Schuld!

Wir gehen von folgendem Standpunkt aus: Die Haftbedingungen sollen verschärft werden und eine Erleichterung soll nur nach sichtbarer Besserung und Verhaltensänderung gewährt werden. Gleichzeitig soll ein adäquates „Therapieprogramm" geschaffen werden, das für alle Inhaftierten zu gleichen Bedingungen zugänglich ist. Das ist besser als das derzeitige System, in dem einige wenige Inhaftierte zu bevorzugten Kranken mit Erleichterungen in den Haftbedingungen gemacht werden („Maßnahmenhäftlinge"(15), in dem aber der Großteil der Inhaftierten im resignativen Aufbewahrungsvollzug sitzen.

Dieser Aufbewahrungsvollzug unter scheinbar humanen Bedingungen ist inhumaner als ein harter Strafvollzug mit echten Besserungschancen und kostet auf Dauer einfach viel mehr Steuergelder!

Die 1. Stufe:

Die Haftbedingungen in dieser Stufe sind in Anlehnung an extrem rigide Strafvollzugsbedingungen anderer Länder entstanden. Es gibt ausschließlich Einzelhafträume und Arbeitspflicht in Werkstätten. Außer beim Arbeiten und der täglichen Bewegung im Freien (1 Stunde Spaziergang im Gefängnishof) gibt es keinen Kontakt zu den Mithäftlingen.

Zweimal im Monat gibt es eine Freizeitgestaltung (Sport in der Gruppe). Zweimal im Monat gibt es Besuchserlaubnis für Angehörige. Zweimal wöchentlich können die Insaßen Briefe an Angehörige schreiben. Untersagt sind der Besitz von Privateigentum sowie Einkäufe vom privaten Geld (falls vorhanden), ausgenommen Toilettartikel.

Die geleistete Arbeit wird jedoch angemessen entlohnt, so wie eine übliche Erwerbstätigkeit auf dem Arbeitsmarkt. Die Sozialversicherung ist ebenfalls wie bei einer üblichen Erwerbstätigkeit geregelt, Beiträge und Leistungen laufen sozusagen weiter. Das beinhaltet auch das Recht der Angehörigen (Frauen, Kinder...) auf Krankenpflege und Gesundheitsversorgung, wie das auch bei Nicht-Inhaftierten üblich ist. Bei Nicht-Teilnahme am Reintegrationsprogramm kommt es zur Streichung von Sozialleistungen für Inhaftierte und damit auch deren Angehörige. Wochen-, Tages- und schriftliches NAIKAN werden in den Hafträumen durchgeführt.

Die Hafträume sind funktional und haben in der 1. Stufe darüber hinaus keinerlei zusätzliche oder erleichternde Einrichtungsgegenstände. Es herrscht ein allgemeines Rauchverbot.

Die 2. Stufe:

Die Insaßen befinden sich in Einzelhafträumen, die zu Wohneinheiten zusammengeschlossen sind. Diese Wohneinheiten sind in Anlehnung an den heute gängigen Wohngruppenvollzug in einigen europäischen Ländern gestaltet.

Privateigentum (Kleidung etc.) ist in beschränktem Ausmaß erlaubt. Die Häftlinge verwalten sich selbst: Küche, Wäscherei etc. Sie werden mehr in die Selbstverantwortung geführt. Besuchsmöglichkeit von Angehörigen gibt es wöchentlich, die Schreiberlaubnis ist unbeschränkt, eine kleine Summe Bargeld zum Einkauf von Büchern, Toilettartikeln etc. ist erlaubt. Gruppenaktivitäten, die die Kommunikation unterstützen, werden gefördert.

Von 22 bis 6 Uhr werden die Einzelhafträume versperrt, ansonsten sind die Wohneinheiten offen. Es herrscht auch hier allgemeines Rauchverbot.

Die Teilnahme am Reintegrationsprogramm ist verpflichtend. Bei Nicht-Teilnahme gibt es eine stufenweise Erschwernis der Haftbedingungen bis hin zur Rückversetzung in die 1. Stufe. Wochen-, Tages- und schriftliches NAIKAN werden wie in Stufe 1 in den Hafträumen durchgeführt. Die Häftlinge der Stufen 1 und 2 haben absolut keinen Kontakt zu Insaßen in der Stufe 3.

Die 3. Stufe:

Diese Stufe wurde in Anlehnung an den skandinavischen Strafvollzug von uns entwickelt. Hier befinden sich Inhaftierte, die aufgrund ihres Verhaltens und ihres Persönlichke itsentwicklungsprozesses reif für den Entlassungsvollzug sind.

Die Inhaftierten kommen nicht automatisch in die 3. Stufe, etwa weil sie sich im letzten Drittel ihrer Haftzeit befinden. Wer nicht willens ist an sich zu arbeiten und dies nicht über sein alltägliches Verhalten beweist, der befindet sich auch im letzten Strafdrittel noch in der 1. Stufe. Hier ist auch die Gesellschaft nicht willens, etwas für die Häftlinge zu tun, was über das Angebot hinaus geht, am Reintegrationsprogramm teilzunehmen.

Diejenigen, die sich für die 3. Stufe und den Entlassungsvollzug qualifiziert haben, werden mit vielerlei Maßnahmen unterstützt und auf ein Leben in der Gesellschaft bestmöglich vorbereitet.

Die Insaßen leben in kleinen Wohneinheiten und arbeiten untertags auf dem „freien Markt" außerhalb der Anstalt in Betrieben. Hier stellt auch der Staat ein angemessenes Kontingent (einen prozentuellen Anteil) an Arbeitsplätzen zur Verfügung. Die Inhaftierten dürfen auch einen kleinen Teil der Freizeit bei ihren Familien bzw. Angehörigen verbringen. Oder sie können diese Zeit dazu verwenden, sich einen neuen Bekanntenkreis aufzubauen.

In das NAIKAN-Reintegrationsprogramm werden auch die Angehörigen – falls vorhanden – einbezogen. Wenn die Angehörigen dazu bereit sind, am angebotenen Programm in dieser Stufe teilzunehmen, gibt es die Möglichkeit der sogenannten „Wochenendfamilien". Dafür sind Räume in der Anstalt vorgesehen. Hier wird eine „Verschmelzung" von Innen und Außen angestrebt. Die gängigen Rollenbilder von Gut und Böse verschwinden und ein „neuer" Umgang mit Schuld und Sühne wird angestrebt. Die Häftlinge können in vollem Umfang Besitzer ihres Privateigentums sein, sofern dies die Anstaltsstruktur nicht stört.

Wochen-, Tages- und schriftliches NAIKAN sowie eine Form der Gruppenarbeit mit NAIKAN unter Einbeziehung der Angehörigen finden im dafür vorgesehenen NAIKAN-Zentrum statt. Das NAIKAN-Zentrum der Anstalt dient auch der Schulung des Justizpersonals zu NAIKAN-Leitern. Außerdem kann es fallweise als NAIKAN-Zentrum für den „freien Markt" genutzt werden.

In der 3. Stufe sollten die Insaßen in voller Selbstverantwortung – natürlich unter Aufsicht – leben!

Nach der Entlassung aus dem Gefängnis soll es Nachbetreuungsgruppen für Insaßen geben, die von Ex-Häftlingen geleitet werden können. Außerdem sollen alle Inhaftierten, die mehr als drei Jahre inhaftiert waren, eine Bewährungsphase auf fünf bis zehn Jahre erhalten. Bei Verstoß gegen die Bewährungsphase sollte ein Jahr Freiheitsentzug und mehr erfolgen. Nach zweimaliger Rückfälligkeit sollte es für Häftlinge nicht mehr möglich sein, aus der 1. Stufe aufzusteigen.

Die Bewährungsphase und ein Gefängnisaufenthalt sollten keinen Einfluss auf ein späteres Fortkommen haben – wie z.B. Führerscheinentzug, Aberkennung des Wahlrechts auf Zeit, Vermerke im Leumundszeugnis, die für Arbeitgeber einsichtig sind usw. Diese Maßnahmen sollten aber nur bei Ex-Häftlingen Gültigkeit haben, die ein Reintegrationsprogramm bis zum Ende durchlaufen haben und eine Bewährungsfrist haben. Für Häftlinge ohne

Einsicht in ihr schädigendes Verhalten bzw. ohne Besserungswillen sollten solche Chancen nicht geschaffen werden!

Der Lohn der Inhaftierten und die allgemeinen Sozialleistungen (Krankenversicherung, Pensionsversicherung) sollten während der Haftzeit weiter laufen. Die Häftlinge sollten jedoch verpflichtet werden, einen adäquat errechneten Teil der entstehenden Kosten zu übernehmen. Das System der USA zu kopieren, würde eine Kostenexplosion bedeuten. Das skandinavische System zu imitieren ergäbe nur Teilerfolge und würde auf große Widerstände in der Bevölkerung stoßen.

Anhand der augenblicklichen Tatsachen – Bewusstsein der Bevölkerung, reale Wirtschaftssituation usw. – würde ein Gefängnis, wie wir es vorschlagen, von der Bevölkerung akzeptiert. Es verspräche aufgrund der Erfahrungen mit NAIKAN im japanischen Strafvollzug (der unter „schlechteren" Bedingungen als in unserem Modell eine Rückfallsziffer von ca. 26% aufweist) eine reale Erfolgsaussicht. Die Senkung der Rückfallquote um 25-50% wäre wirklich realistisch. Jeder kann sich vorstellen, was das an Geld und in letzter Konsequenz an Opfern „einsparen" würde. Und geht es letztendlich nicht um den Schutz der Opfer vor Verbrechen, die es aufgrund der Erfahrungen morgen, übermorgen, in 10 Jahren realistischerweise geben wird?!

Es ist einer Gesetzgebung und einem Strafvollzug in einem Rechtsstaat des angehenden 21. Jahrhunderts nicht würdig, nur die Erfüllung des Gesetzes im Auge zu haben, ohne die Besserung seiner kriminell gewordenen Bürger als oberstes Ziel anzustreben. „Nur" dem Recht Genüge zu tun birgt keine wirkliche moralische Kompetenz und hat die geistige und humanistische Essenz einer Eintagsfliege.

4. BRIEF EINES HÄFTLINGS

Im Zuge der Vorbereitung für ihre Diplomarbeit besuchte Julia Gruber zwei Gefängnisse. Sie sprach dort mit Häftlingen über ihre Gefängnisentwürfe, und einer der Strafgefangenen schrieb ihr den umseitig abgedrucken Brief.

Graz, 97-06-08

Liebe Julia!

In 10 Tagen wirst Du Dein Projekt präsentieren, was, meinem Gefühl nach, auch gut verlaufen wird, zumal die Planung alles beinhaltet, was so einen "Bau" ausmacht!
Dies war auch einer der Gründe, warum ich mich erst jetzt melde. Hinzu kommt, daß Deine Vorstellungen mit jenen übereinstimmen, wie sie derzeit schon in Deutschland umgesetzt werden, wo am 1. Juli letzten Jahres das erste private Gefängnis in Rostock eröffnet wurde!
Eine Frage möchte ich Dir aber trotzdem noch beantworten, nämlich, wie ein "humaneres" Gefängnis aussehen könnte, und zwar in Form einer Geschichte:

"Das Wesentliche"

Ein Löwe geriet in Gefangenschaft und wurde in ein Lager gebracht, wo er zu seinem Erstaunen noch andere Löwen antraf, die schon jahrelang dort waren, einige sogar ihr ganzes Leben, denn sie waren dort geboren.
Er lernte bald die sozialen Betätigungen der Lagerlöwen kennen. Sie schlossen sich in Gruppen zusammen. Eine Gruppe bestand aus den Gesellschaftslöwen; eine andere ging ins Showgeschäft; wieder eine andere betätigte sich kulturell, um die Bräuche, die Traditionen und die Geschichte jener Zeiten zu bewahren, als die Löwen in Freiheit lebten. Andere Gruppen waren religiös – sie kamen zusammen, um zu berauschende Lieder zu singen von einem künftigen

Dschungel ohne Zäune. Einige Gruppen fanden Zulauf von denen, die sich von Natur aus für Literatur und Kunst interessierten; wieder andere waren revolutionär gesonnen, sie trafen sich, um sich gegen ihre Wärter zu verschwören oder gegen andere revolutionäre Gruppen Pläne zu schmieden. Ab und zu brach eine Revolution aus, die eine oder andere Gruppe wurde ausgelöscht, oder alle Wärter wurden umgebracht und durch andere ersetzt.

Als sich der Neuankömmling umsah, bemerkte er einen Löwen, der sich tief in Gedanken versunken schien, ein Einzelgänger, der keiner Gruppe angehörte und sich meistens von allen fernhielt. Es war etwas Seltsames um ihn, das sowohl die Bewunderung der anderen hervorrief, aber auch ihre Feindseligkeit, denn seine Gegenwart erzeugte Angst und Selbstzweifel. Er sagte zu dem Neuankömmling: „Schließ dich keiner Gruppe an. Diese armen Narren kümmern sich um alles, bloß nicht um das Wesentliche."

„Und was ist das?" fragt der Neuankömmling.

„Über die Art des Zaunes nachzudenken."

Alles Gute + liebe Grüße

Joh.

223

(1) vgl. zur Entwicklung der Sozialtherapie, Bindzus, Dieter, „Sozialtherapie im europäischen Strafvollzug – Erfolg oder Misserfolg?" in: Sonderheft der Zeitschrift für Strafvollzug und Straffälligenhilfe, 1980, S. 89 ff.

(2) National Institute of Justice, A National Survey of Aftercare Provisions for Boot Camp Graduates, 1996, S. 1

(3) Bureau of Justice Statistics Bulletin, U.S. Department of Justice August 1995

(4) Government of Japan, Summary of the White paper of Crime 1995, S. 10 f.

(5) Die Darstellung ist weitgehend dem Aufsatz Bindzus, Dieter / Ishii, Akira, „Strafvollzug in Japan Resozialisierung durch Behandlung", in: Zeitschrift für Strafvollzug und Straffälligenhilfe, 1980, S. 3 ff. entnommen, der bis zum heutigen Tag an Aktualität noch nichts verloren hat.

(6) Japanische Naikan Gesellschaft (Hrsg.), Naikan gakkai happyo ronbunshu (Sammelband der auf den NAIKAN-Kongressen erstatteten Berichte) Bd. 1-9, Nara, Tokyo 1978-1987, Okumura, Nikichi / Sato, Koii / Yamamoto, Haruo (Hrsg.) Naikanryoho (NAIKAN-Therapie), Tokyo 1972; Sato Koji (Hrsg.), Zenteki ryoho Naikan-ho (Zen-Therapie und NAIKAN-Methode), Tokyo 1972 Miki, Yoshihiko, Naikan ryoho nyumon (Einführung in die NAIKAN-Therapie), Osaka 1976; Kusunoki, Shozo, Kokoro no tanken-Naikan ho- (Die Erforschung der Herzens-NAIKAN-Methode), Tokyo 1977, Takemoto, Takahiro (Hrsg.) Meiso no Seishin-ryoho – NAIKAN-Ryoho no riron to iissai (Psychische Therapie in der Meditation – Theorie und Praxis der NAIKAN-Therapie), Tokyo 1984; Reynolds K., NAIKAN Therapie, in: Corsini, Raymond J. (Hrsg.), Handbuch der Psychotherapie, Bd. 2. S. 769 ff.; Bindzus, Dieter / Ishii, Akira, Strafvollzug in Japan, S. 76 ff. die ihre in diesem Buch vertretenen Ansichten im vorliegenden Aufsatz in größerem Umfang modifizieren bzw. in Einzelheiten sogar revidieren.

(7) Als Therapiemethode wird NAIKAN auch bei psychosomatischen Problemen, sozialen Schwierigkeiten, Neurosen, Suchtkrankheiten einschließlich Drogen und Alkoholismus angewandt; keine geeignete Behandlungsmethode ist NAIKAN bei Psychosen, Senilität und anderen organischen Hirnsyndromen. Vergessen werden sollte nicht, dass NAIKAN auch in großem Umfang von gesunden Menschen als Mittel zur Weiterbildung ihrer Persönlichkeit bzw. Einsichtsfähigkeiten benutzt wird (vgl. Reynolds, David K. NAIKAN-Therapie in: Corsini, Raymond J. (Hrsg.), Handbuch der Psychotherapie, Bd. 2, S. 776

(8) Takeda, Ryoji, The Participation of Private Citizens in Crime Prevention – The Case of the Naikan ho in Japan, in: UNAFEI, Resource Material Series, Nr.2 (1971), S. 145 ff. Takeda, Ryoji, Naikan ho to innai shogu (Behandlung und NAIKAN-Therapie in Jugendanstalten), in: Chubu kyosei, Bd. 6 (1975), Nr 3, Uzushio (Zeitschrift der Strafvollzugsanstalt

Tokushima) Nr. 163 (Sonderband für NAIKAN) Tokushima 1964; Yashima (Zeitschrift der Strafvollzugsanstalt Takamatsu), Nr. 137 (Sonderband für NAIKAN) Nara 1978; Yamato (Zeitschrift des NAlKAN-Zentrums der Jugendanstalt Hokkai) 1977 u.a.

(9) Darüber hinaus wurde und wird NAIKAN mit noch größerem Erfolg in Jugendanstalten angewandt, in denen in Japan die öffentliche Erziehung für kriminelle Jugendliche durchgeführt wird (s. Takeda, Ryoji, Naikan – ho to innai shogu (Behandlung und NAIKAN – Therapie in Jugendanstalten) In: Chubu-Kyosei, Bd. 6 (1975) Nr. 3.

(10) vgl. Reynolds, David K., NAIKAN-Therapie in: Corsini, Raymond J. (Hrsg.), Handbuch der Psychotherapie, Bd 2, S. 770; Takeda, Ryoji, The Participation of Private Citizens in Crime Prevention – The Case of the Naikan-ho in Japan -, in: UNAFEI, Resource Material Series, Nr.2 (1971), S.145 f.

(11) Rückfall nach dieser Untersuchung bedeutet, dass der Strafgefangene innerhalb eines Zeitraums von fünf Jahren nach seiner Entlassung erneut eine Freiheitsstrafe zu verbüßen hatte.

(12) Takeda, Ryoji, Naikan-ho (NAIKAN-Methode), in: Sato, Koji (Hrsg.), Zen-Therapie und NAlKAN-Therapie (jap.), S. 203

(13) Finkbeiner, Lothar, NAlKAN Erfahrung als Westeuropäer (jap.), Sammelband der auf dem 3. NAIKAN Kongress erstatteten Berichte, Tokyo 1980, S. 12 f., ders., NAIKAN in der Bundesrepublik Deutschland. NAIKAN als neue wirksame Methode und seine Effizienz für Strafgefangene und den normalen Bürger (jap.), Sammelband der auf dem 7. NAlKAN Kongress erstatteten Berichte Tokyo 1984, S. 48 ff.

(14) Finkbeiner, Lothar, NAIKAN in der Bundesrepublik Deutschland (jap.), a.a.O. S. 49 ff.

(15) Österreichisches Strafgesetzbuch:
„Unterbringung in einer Anstalt für geistig abnorme Rechtsbrecher – §21. (1) Begeht jemand eine Tat, die mit einer ein Jahr übersteigenden Freiheitsstrafe bedroht ist, und kann er nur deshalb nicht bestraft werden, weil er sie unter dem Einfluss eines die Zurechnungsfähigkeit ausschließenden Zustandes (§11) begangen hat, der auf einer geistigen oder seelischen Abartigkeit von höherem Grad beruht, so hat ihn das Gericht in eine Anstalt für geistig abnorme Rechtsbrecher einzuweisen, wenn nach seiner Person, nach seinem Zustand und nach der Art der Tat zu befürchten ist, dass er sonst unter dem Einfluss seiner geistigen oder seelischen Abartigkeit eine mit Strafe bedrohte Handlung mit schweren Folgen begehen würde. (2) Liegt eine solche Befürchtung vor, so ist in eine Anstalt für geistig abnorme Rechtsbrecher auch einzuweisen, wer, ohne zurechnungsunfähig zu sein, unter dem Einfluss seiner geistigen oder seelischen Abartigkeit von höherem Grad eine Tat begeht, die mit einer ein Jahr übersteigenden Freiheitsstrafe bedroht ist. In einem solchen Fall ist die Unterbringung zugleich mit dem Ausspruch über die Strafe anzuordnen."
„Unterbringung in einer Anstalt für entwöhnungsbedürftige Rechtsbrecher – §22. (1) Wer

dem Missbrauch eines berauschenden Mittels oder Suchtmittels ergeben ist und wegen einer im Rausch oder sonst im Zusammenhang mit seiner Gewöhnung begangenen strafbaren Handlung oder wegen Begehung einer mit Strafe bedrohten Handlung im Zustand voller Berauschung (§287) verurteilt wird, ist vom Gericht in eine Anstalt für entwöhnungsbedürftige Rechtsbrecher einzuweisen, wenn nach seiner Person und nach der Art der Tat zu befürchten ist, dass er sonst im Zusammenhang mit seiner Gewöhnung an berauschende Mittel oder Suchtmittel eine mit Strafe bedrohte Handlung mit schweren Folgen oder doch mit Strafe bedrohte Handlungen mit nicht bloß leichten Folgen begehen werde. (2) Von der Unterbringung ist abzusehen, wenn der Rechtsbrecher mehr als zwei Jahre in Strafhaft zu verbüßen hat, die Voraussetzungen für seine Unterbringung in einer Anstalt für geistig abnorme Rechtsbrecher vorliegen oder der Versuch einer Entwöhnung von vornherein aussichtslos erscheint."

„Unterbringung in einer Anstalt für gefährliche Rückfallstäter – §23. (1) Wird jemand nach Vollendung des vierundzwanzigsten Lebensjahres zu einer mindestens zweijährigen Freiheitsstrafe verurteilt, so hat das Gericht zugleich seine Unterbringung in einer Anstalt für gefährliche Rückfallstäter anzuordnen, 1. Wenn die Verurteilung ausschließlich oder überwiegend wegen einer oder mehrerer vorsätzlicher strafbarer Handlungen gegen Leib und Leben, gegen die Freiheit, gegen fremdes Vermögen unter Anwendung oder Androhung von Gewalt gegen eine Person, gegen die Sittlichkeit, nach §12 des Suchtgiftgesetzes 1951 oder wegen einer oder mehrerer vorsätzlicher gemeingefährlicher strafbarer Handlungen erfolgt, 2. Wenn er bereits zweimal ausschließlich oder überwiegend wegen Handlungen der in Z. 1 genannten Art zu Freiheitsstrafen in der Dauer von jeweils mehr als sechs Monaten verurteilt worden ist und deshalb vor Begehung der nunmehr abgeurteilten Handlungen, jedoch nach Vollendung des neunzehnten Lebensjahres mindestens achtzehn Monate in Strafhaft zugebracht hat und 3. Wenn zu befürchten ist, dass er wegen seines Hanges zu strafbaren Handlungen der in Z. 1 genannten Art oder weil er seinen Lebensunterhalt überwiegend durch solche strafbare Handlungen zu gewinnen pflegt, sonst weiterhin solche strafbare Handlungen mit schweren Folgen begehen werde. (2) Von der Unterbringung ist abzusehen, wenn die Voraussetzungen für die Unterbringung des Rechtsbrechers in einer Anstalt für geistig abnorme Rechtsbrecher vorliegen. (3) Die Anhaltung in einer Anstalt für geistig abnorme Rechtsbrecher nach §21 Abs.2 oder in einer Anstalt für entwöhnungsbedürftige Rechtsbrecher steht der Strafhaft (Abs.1 Z. 2) insoweit gleich, als die Zeit der Anhaltung auf die Strafe anzurechnen ist. (4) Eine frühere Strafe bleibt außer Betracht, wenn seit ihrer Verbüßung bis zur folgenden Tat mehr als fünf Jahre vergangen sind. In diese Frist werden Zeiten, in denen der Verurteilte auf behördliche Anordnung angehalten worden ist, nicht eingerechnet. Ist die Strafe nur durch Anrechnung einer Vorhaft verbüßt worden, so beginnt die Frist erst mit Rechtskraft des Urteils. (5) Ausländische Verurteilungen sind zu berücksichtigen, wenn die Voraussetzungen des §73 vorliegen und anzunehmen ist, dass der Täter auch von einem inländischen Gericht zu einer Freiheitsstrafe von mehr als sechs Monaten verurteilt worden wäre und die zur Erfüllung der Voraussetzungen des Abs.1 Z. 2 erforderliche Zeit in Strafhaft zugebracht hätte."

„Dauer der mit Freiheitsentziehung verbundenen vorbeugenden Maßnahmen – §25. (1) Vorbeugende Maßnahmen sind auf unbestimmte Zeit anzuordnen. Sie sind so lange zu vollziehen, wie es ihr Zweck erfordert. Die Unterbringung in einer Anstalt für entwöhnungsbedürftige Rechtsbrecher darf jedoch nicht länger als zwei Jahre dauern, die Unterbringung in einer Anstalt für gefährliche Rückfallstäter nicht länger als zehn Jahre. (2) Über die Aufhebung der vorbeugenden Maßnahme entscheidet das Gericht. (3) Ob die Unterbringung in einer Anstalt für geistig abnorme Rechtsbrecher oder in einer Anstalt für gefährliche Rückfallstäter noch notwendig ist, hat das Gericht von Amts wegen mindestens alljährlich zu prüfen. (4) Ob die Unterbringung in einer Anstalt für entwöhnungsbedürftige Rechtsbrecher aufrecht-zuerhalten ist, hat das Gericht von Amts wegen mindestens alle sechs Monate zu prüfen."

DAS BUCH
DES HERZENS
UND DES WIRKENS

Einleitende Worte zum Buch

von Josef Hartl

Wie erleben sich Menschen vor, während und nach einer Woche NAIKAN bzw. nachdem sie öfter ein Wochen- oder Tages- NAIKAN durchgeführt haben? Was nehmen sie wahr, fällt ihnen besonders auf? Wie reagieren sie nachher auf die Menschen in ihrer Umgebung? Fällt auch Menschen, Angehörigen, Partnern, Freunden, Kindern, Arbeitskollegen etwas Besonderes auf bei Menschen, die NAIKAN gemacht haben?

Im folgenden Buch erzählen Menschen Genaueres darüber. Zuerst plante ich, diese Berichte zu kommentieren, kenne ich doch die einzelnen „Fälle", „Schicksale" und „Geschichten" sehr gut. Von den 31 folgenden Berichten über NAIKAN bzw. Jujukinkai habe ich bis auf fünf Menschen alle persönlich während ihres Wochen- bzw. Tages-NAIKANs oder ihrer Jujukinkai-Woche begleitet; mit ihnen innerlich gelacht, geweint, Schmerz gefühlt oder Erleichterung.

Auch wenn ich manche in diesem Leben nie wieder sehen werde, wir bleiben in einer tiefen Ebene verbunden. Manche von ihnen sind meine Freunde geworden und andere treffe ich manchmal nach Jahren wieder, zufällig oder weil sie wieder einmal NAIKAN für sich üben.

Nun, nachdem ich die verschiedenen Erfahrungsberichte gelesen hatte, verging mir ehrlich gesagt der Gusto aufs Kommentieren. Ich würde mich vor diesen Menschen schämen, wenn ich das, was sie zu sagen haben, noch kommentieren würde und es so einer Bewertung unterzöge. Warum? Sie sagen „es", und sie sagen es ehrlich. Sie stehen in aller Öffentlichkeit mit Namen und Person zu ihrer Geschichte, ohne exhibitionistische Motivation.

Es ist manchmal ergreifend, manchmal banal oder schlichtweg für einen Außenstehenden nicht fassbar, und doch – liest man einen, zwei, drei Berichte, liest man sich immer tiefer und tiefer rein in die einzelnen Lebensberichte – so beginnt es, spürbar zu werden. Ich und sicher auch so mancher Leser findet sich wieder in der Freude, dem Schmerz, der Ängstlichkeit oder der Ungeduld, den Hoffnungen und dem Kampf, bis hin zum Erkennen der Sinnlosigkeit so manchen Kampfes, den wir glauben, jetzt, hier, heute führen zu sollen, zu müssen, gezwungen sind. Das Leben schlichtweg wird durch diese Berichte spürbar, und der NAIKAN-Prozess, der uns unser Leben klarer, offener, wertungsfreier vor Augen führt.

Für mich persönlich war das Lesen dieser NAIKAN-Erfahrungsberichte von einem zahlenmäßig kleinen Teil „meiner" ehemaligen NAIKAN-Teilnehmer wie eine Anregung, bei mir selber noch tiefer nach innen zu schauen.

Auf telefonische, schriftliche oder mündliche Bitte bekamen wir die nun folgenden Erfahrungsberichte zugesandt. Sie wurden bis auf einige wenige, die in der von uns früher herausgegebenen NAIKIDO-Zeitschrift abgedruckt sind, noch in keinem Medium veröffentlicht. Wir geben sie absolut unredigiert und so, wie wir sie erhalten haben, wider. An dieser Stelle möchte ich mich bei jedem einzelnen, der mir einen Erfahrungsbericht geschickt hat, und bei jedem, der das Vertrauen hatte, dass ich ihn / sie beim NAIKAN-Prozess begleiten durfte, bedanken.

Der Wunsch nach Änderung war stärker

von Andrea Viola (geschrieben 1997)

„Ich heiße Andrea, werde heuer 37 Jahre alt und habe vor 2 Jahren Naikan gemacht – kaum zu glauben, dass es schon so lange her ist!

Ich habe Josef vor einigen Jahren bei einem Volkshochschulkurs für Massage kennengelernt und habe diese Bekanntschaft dann wieder aktiviert, als ich Hilfe für meinen Vater suchte, der starke Kreuzschmerzen hatte. Mir selber ging es auch sehr schlecht. Sowohl körperlich als auch seelisch. Schmerzen, die von den Ärzten nicht diagnostiziert werden konnten, plagten mich seit Jahren, die Trennung von meinem Mann war noch lange nicht verwunden und ein Gefühl im Leben versagt zu haben, das Gefühl nicht zu wissen, was ich will, quälte mich mit unbeschreiblicher Intensität.

Für Menschen, die mich weniger gut kannten, schien ich ein ganz normales Leben zu führen, ich aber fühlte mich, als ob ich aus einer Vielzahl von kleineren und größeren Leiden und Schmerzen bestehen würde, die in dieser Kombination und zu diesem Zeitpunkt für mich nicht zu bewältigen waren. Als mir Josef den Vorschlag machte, ich solle doch Naikan üben, war mir aufgrund seiner Beschreibungen bald klar, dass diese Methode eine Veränderung bringen könnte, doch hatte ich panische Angst davor, eine Woche irgendwo herumzusitzen, mich nicht frei bewegen zu können.

Denn die einzige Möglichkeit, mit meinem Leben fertigzuwerden, hatte für mich bis dahin für lange Zeit darin bestanden, jede Sekunde meines Tages mit mehr oder weniger sinnvollen Tätigkeiten vollzustopfen, so dass keine Zeit für wirkliches Nachdenken übrigblieb. Außerdem hatte ich ja körperliche Beschwerden und fragte mich, wie ich eine Woche aushalten sollte. Schließlich war aber der Wunsch nach einer Änderung der Situation doch stärker als die Angst davor, und ich entschloss mich, eine Woche Naikan zu üben.

Ich kann mich jetzt im Rückblick nach so langer Zeit nicht mehr an die einzelnen Tage erinnern. Ich weiß noch, dass ungefähr am dritten Tag der Tiefpunkt erreicht war; ich zweifelte an der Sinnhaftigkeit der ganzen Sache, doch ich war fest entschlossen durchzuhalten. Ich musste ab und zu einen Spaziergang machen, was gar nicht so gut ist, denn in einem so kleinen Ort wie in dem, wo wir Naikan übten, grüßen sich alle Menschen und man soll ja nicht aus der Konzentration gerissen werden. Ich ließ das auch bald wieder bleiben.

Manchmal habe ich Josef oder die andere Begleiterin gehasst, weil sie so unbeteiligt wirkten. Manchmal weinte ich, dann wiederum konnte ich mich nicht mehr auf meine Fragen konzentrieren und starrte aus dem Fenster. Dort war ein Baum und auf dem Baum saß sehr oft ein Vogel, daran kann ich mich noch genau erinnern. Auch weiß ich noch, dass gegen Ende der Woche, als ich wirklich intensiv in die Erinnerungen eintauchte, Josef scheinbar wie das Karnickel aus dem Zauberhut jedesmal dann auftauchte, wenn ich Unterstützung brauchte, auch außerhalb der „regulären" Zeiten. Gegen Schluss der Woche löste sich, auf für mich höchst dramatische Weise, eine körperliche Blockade, was unter anderem mit einem Erstickungsanfall einherging.

Die anderen Teilnehmer wirkten ganz einfach durch ihre Anwesenheit beruhigend und unterstützend. Als die Woche vorbei war, hatte sich tatsächlich sehr viel verändert. Das Gefühl der Dankbarkeit dem Leben gegenüber und der Liebe – vor allem den Familienangehörigen gegenüber –, das mich erfüllte, ist unbeschreiblich und wunderschön. Offenbar empfanden alle Teilnehmer ähnlich, denn jeder hatte es ganz eilig nach Hause zu kommen, um auch den Familienmitgliedern und Partnern diese Gefühle zu vermitteln.

Langfristig gesehen hat sich seit dieser Woche mein Leben Schritt für Schritt gründlich verändert – innerlich wie äußerlich. Es war der Beginn eines Prozesses der Lösung verschiedener Probleme, der zwar nicht immer mit gleichmäßigem Tempo, doch ohne wirkliche Pause immer noch andauert – ein Neuanfang. Das für mich wichtigste Ergebnis besteht darin, dass ich mich seitdem nicht mehr hemmungslos diesem wohligen Gefühl des Selbstmitleids hingeben kann. Natürlich, manchmal überkommt es mich schon noch, doch nicht mehr als Grundhaltung. Der große Unterschied zu allen intellektuellen Aufarbeitungsanstrengungen besteht darin, dass man wirklich mit den Gefühlen in Kontakt kommt, und zwar nicht nur mit den eigenen, sondern auch mit denen der anderen.

Man empfindet und spürt wirklich, kann für kurze Zeit den Blickpunkt der Eltern oder des Partners einnehmen und das ändert alles. Das Schönste an Naikan ist, dass man sich bei diesem Vorgang nicht in Selbstvorwürfen zerfleischt. Ich fühlte mich symbolisch gesehen ganz ganz klein, als ich nach dieser Woche wieder in den Alltag trat, klein, aber nicht am Boden zerstört, sondern voller Freude und vom Wunsch erfüllt, meine Freude mit anderen zu teilen.“

Andrea Viola ist 37 Jahre alt. Sie hat eine Tochter, ist geschieden und lebt in Wien. Im Frühjahr 1995 hat sie eine Woche Naikan geübt.

Gespräche zwischen den Seelen

von Prof. Akira Ishii (geschrieben 1995)

„Am Morgen des 4. Dezember 1994 ist meine Mutter aufgrund von Subarachnoidalblutungen umgefallen und war bewusstlos. Nach einem Tag erlangte sie das Bewusstsein wieder und fragte, wo sie sei. Nachdem sie alles verstanden hatte, bedankte sie sich bei der Krankenschwester, die gerade neben ihr stand, dafür, dass sie sie die Zeit ihrer Bewusstlosigkeit über begleitet hatte.

Meine Mutter konnte sich nicht bewegen. Auf ihrer Brust lag ein Gerät, welches das Elektrokardiogramm aufnahm, auf ihrer Nase lag eine Sauerstoffmaske, in ihrem Arm steckte eine Infusionsnadel und an ihrem Körper hing ein Katheter, um den Urin aufzufangen. Alle 30 Minuten kamen Krankenschwestern, um Blutdruck, Atemfrequenz, Pulsschlag und Temperatur zu messen und um ihre Lage zu wechseln. Als meine Mutter ihre Situation erkannte, sagte sie zu mir: „Ich wollte für dich 90 Jahre alt werden, aber vielleicht ist das unmöglich. Deswegen frag mich inzwischen alles, was du von mir wissen willst!“ Sie war 88 Jahre alt.

Ich habe sie wirklich viel gefragt. Nachdem sie alle meine Fragen beantwortet hatte, bat sie mich: „Falls ich sterbe, ziehe mir bitte den weißen Kimono an, der in der ersten Schublade im Schrank meines Zimmers liegt.“ Danach gab sie uns Anordnungen für ihre Beerdigung, z.B. welches Foto wir vergrößern lassen sollten und wie die Trauergäste das Haus betreten und verlassen sollten.

Im Zimmer der Krankenschwestern vor der Intensivstation, in der meine Mutter sich befand, konnten wir den Herzrhythmus meiner Mutter auf einem Gerät hören. Der unregelmäßige Ton lief Tag und Nacht, manchmal schnell und manchmal langsam. Weil meine Mutter unbewusst die vielen verschiedenen Röhrchen, die in ihrem Körper steckten, rausnehmen wollte, begleitete ich sie sogar in der Nacht, ich hielt ihre Hände mit meinen beiden Händen und sprach mit ihr. Als ich die Zahl der Atemzüge zu zählen versuchte, bemerkte ich, dass ihre Atmung immer etwa 10 Sekunden pro Minute aussetzte. Darüber sprach ich mit einer der Schwestern, die darauf erwiderte: „Manchmal atmet sie überhaupt nicht.“

Im Krankenhaus sagte meine Mutter zu mir: „Wenn ich krank bin, kann ich viel Zeit mit dir verbringen.“ In der Tat bin ich damals früher nach Hause zurückgekommen, um mit meiner Mutter zu sprechen, weil sie an der Hüfte geschädigt war und nicht aufstehen konnte. In ihr Zimmer stellte ich eine Klingel, damit ich sie hören konnte und vom Wohnzimmer aus gleich zu ihrem Zimmer gehen konnte. Nach zwei Wochen kam meine Mutter plötzlich um Mitternacht in mein Zimmer, obwohl sie eigentlich nicht laufen konnte. Ich war überrascht und stand sofort auf. Sie sagte: „Ich kam hierher, weil ich dachte, dass du am Tisch eingeschlafen bist.“ Danach war sie gesund und konnte wieder gehen. Als es meiner Mutter wieder gut ging, bin ich wieder viel weggegangen und wieder später zurückgekommen und ich hatte keine Zeit mehr, viel mit ihr zu sprechen.

In die Intensivstation kommen Patienten, die dringend einer Operation unterzogen werden müssen. Einige Patienten kommen direkt in den OP, danach ins Einzelzimmer. Das Wartezimmer war voll von Familien. Nach der Operation kamen einige Patienten ins gleiche Zimmer zurück. Ein Patient rief unbewusst den Namen seiner Frau, aber als er wieder zu Bewusstsein kam, stritt er mit seiner Frau und sie rief: „Geh weg!“ Keiner der Patienten weiß, wieviel Zeit ihm noch bleibt. Wenn der Körper vergeht, ist es nur der Geist, der im letzten Augenblick am Leben bleibt. Also ist es wichtig, was für ein Geist bleibt...

Wie soll man vorgehen, um einen guten Geist zu bekommen? Mit welchem Geist verlässt man diese Welt, kurz vor dem letzten Augenblick? Das ist die wichtigste Frage im Leben. Ich bin überzeugt, dass man Naikan für den Augenblick machen sollte.

Mit 75 Jahren hat meine Mutter Intensiv-Naikan gemacht. Sie war ursprünglich schon sehr entgegenkommend und hat sich um viele Leute gekümmert. Nach dem Naikan war ihr Leben aber nicht mehr nur für sie selbst, sondern sie hat ihr Leben meiner Familie und anderen Leuten gewidmet.

Als sie 60 Jahre alt war, konnte sie sich ohne die Hilfe ihrer Hände nicht erheben. Dann hat sie angefangen, einen japanischen Tanz zu lernen, um ihre Beine zu trainieren. Später hat sie einmal vor uns getanzt und sogar eine Pirouette gedreht. Sie arbeitete bis sie über 80 war, aber nach dem 85. Lebensjahr sind selbst ihre Füße schwach geworden. Sie sagte zu uns: „Es ist schwierig für mich, morgens aus dem Bett aufzustehen, trotzdem stehe ich euretwegen mit voller Kraft auf.“ Sie hat jeden Tag den Garten aufgeräumt.

Vor 20 Jahren ist mein Vater gestorben. Damals bat meine Mutter ihn: „Bitte komm in den nächsten 10 Jahren nicht hierher zurück, um mich zu holen, denn Akira ist noch keine 'ganze' Person." Aber die 10 Jahre waren schon lange vorbei.

Die Worte meiner Mutter waren voll Dankbarkeit für die Hinterbliebenen, obwohl sie sich nicht bewegen konnte und ihr Bewusstsein verschwommen war. Mit meiner Frau saß ich neben dem Bett meiner Mutter, gab ihr Reissuppe, die sie endlich essen konnte. „Ich bin glücklich, mit eurer Hilfe nun essen zu können. Ich freue mich sehr," sagte sie. Die Krankenschwestern kamen alle 30 Minuten oder jede Stunde, um sie zu betreuen. Meine Mutter hörte immer gut auf sie und dankte ihnen. Weil die Krankenschwestern immer freundlich waren, dankte ich ihnen ebenfalls dafür. Dann erwiderten sie: „Wegen der Freundlichkeit von Frau Ishii ist es selbstverständlich für uns, freundlich zu sein." – Meine Mutter freute sich über die Schönheit des Blumenstraußes und über die Puppe mit der Spieldose, die sie von Besuchern erhalten hatte. Als einer der Krankenbesucher einmal ihr Zimmer verließ, sagte er: „Treffen wir uns wieder zu Hause, nach deiner Heilung." Aber sie antwortete nicht. Als der Besucher noch sagte: „Ich komme wieder zum Krankenhaus," nickte sie. Nachdem er sich verabschiedet hatte, sagte sie zu uns: „Das war eine gute Erinnerung. Ich dachte, ich könnte ihn nicht mehr sehen."

Die Begleitung meiner Mutter, die sich für alles bei allen bedankte und die ihren Tod akzeptierte, reinigte unseren Geist. Wir saßen neben meiner Mutter und unsere Seelen waren ruhig. Ab und zu kam ihr volles Bewusstsein für kurze Zeit wieder. Bevor meine Frau zum Krankenhaus ging, hielt sie jeden Tag unterwegs an einem Schrein oder an einem Tempel, um ihre Seele zu reinigen. Die Reinheit des Herzens meiner Mutter zwang uns förmlich dazu. Alle Augenblicke waren ein Geschenk von meiner Mutter, und alle Gespräche waren letzte Gespräche.

Meine Mutter hatte sich immer gesorgt darum, dass ich aus meinem Hauptberuf gefeuert würde, weil ich meine Kräfte so viel für Naikan einsetze. Aber zuletzt sagte sie zu mir: „Akira-San ist glücklich, weil er einen vom Himmel gegebenen Beruf hat. Mach eifrig Naikan!" Das war am 28. Dezember. Am gleichen Tag sagte sie: „Ich habe mich schon zum Sterben vorbereitet."

Am Abend des 31. Dezember bemerkte meine Frau, dass sich kein Urin im Katheter mehr sammelte. Wenn der Urin stoppt, kann man nicht mehr viele Stunden am Leben bleiben. Der diensthabende Arzt injizierte ihr ein herzanregendes Mittel und goss ein urintreibendes Mittel in die Infusion. Trotzdem kam kein Urin. Während wir sie ansahen und beteten, wurde die Sauerstoffmaske gegen eine größere, stärkere getauscht. Nachdem eine lange Zeit vergangen war, fingen kleine Tropfen an, im Katheter aufzutauchen. Wir haben uns über diese Tropfen sehr gefreut. Ihre Niere funktionierte fast nicht mehr, weil schon Wasser in ihren Lungen war und das Herz hypertropisch geworden war.

Zum Schluss gab es einen Kampf gegen die Zeit. Während der Krankenpflege hatte ich bemerkt, dass, wenn meine Mutter das neue Jahr begrüßen könnte, sie nach japanischer Zählweise 90 Jahre alt wäre. Meine Mutter hat sich für mich gewünscht, 90 Jahre alt zu werden. Wir hofften, ihren Wunsch irgendwie zu erfüllen. Ich starrte meine Uhr an und es wurde aus einem Kofferradio bestätigt, dass das neue Jahr gekommen war. Gleich danach sagte ich zu ihr: „Mutter, jetzt ist es Neujahr. Du bist nach japanischer Zählweise 90 Jahre alt geworden. Glückwunsch!" Dann antwortete sie uns: „Ja." Gegen 3 Uhr nachts ist ihr Bewusstsein etwas deutlicher geworden. vielleicht war das die letzte Gelegenheit, mit ihr zu sprechen, deswegen sagte ich zu ihr: „Mutter, vielen Dank bis jetzt für alles!" Meine Frau und Kinder dankten ihr der Reihe nach. Meine Mutter erwiderte auch: „Ja, ja. Bitteschön!" Gegen Tagesanbruch ist meine Mutter von uns gegangen. Dieses Jahr begrüßten wir wieder das neue Jahr. Am ersten Januar... das ist der Tag, an dem meine Mutter 90 Jahre alt geworden war.

Akira Ishii ist Professor für Strafvollzug und Kriminologie an der Aoyama Gakuin Universität in Tokyo, Japan. Er leitet seit 1980 Naikan in Europa, USA, Kanada, Philippinen, Taiwan. Er lebt in Tokyo, leitet in Japan Tagesnaikan, schriftliches Naikan bei Studenten an der Universität. Vortragstätigkeit über Naikan in vielen Ländern weltweit. Zusammen mit Dr. Dieter Bindzus Mitverfasser des deutschen Buches: „Strafvollzug in Japan", wo auch die Naikan-Methode beschrieben wurde. Vorstand der I.N.A. (International Naikan Association).

Naikan, mein Vater, der Tod und ich

Von Andreas Leszkovsky (geschrieben 1997)

„Du bist ein Wolf im Schafspelz", hatte mich einmal mein Religionslehrer in der Volksschule genannt. Ich hatte es gewagt, die Existenz Gottes anzuzweifeln, indem ich während einer Religionsstunde darauf hinwies, dass mein Vater nicht im Himmel sei, sondern tagsüber Mähdrescher verkauft und in der Nacht bei Mama schläft. Außer sich vor Zorn stieß er mich in eine Ecke und drohte mir mit dem Fegefeuer und der Hölle.

Schon als Bub glaubte ich nicht an das, was von Kirchenvertretern vorgebetet wurde; trotzdem – irgendwie und irgendwo setzte sich die Angst vor dem Tod und der Strafe Gottes – oder wessen auch immer – in mir fest. So weit ich mich erinnern kann, fühlte ich mich immer schon in der Rolle des Oppositionellen wohl. Ständig vertrat – und vertrete ich zuweilen noch immer – genau das Gegenteil dessen, was mein Gegenüber meinte.

Ich hatte eigentlich nie eine feste Meinung über die Wirklichkeit, über den Sinn des Lebens. Wenn mir mein Diskussionspartner zu erklären versuchte, dass die Erde eine Kugel sei, wollte ich ihn davon überzeugen, dass die Erde keine Kugel sei, und umgekehrt. Ich glaubte auch immer an das, was ich soeben geäußert hatte, allerdings nur ein paar Stunden.

Die Überzeugung davon, dass wir Menschen unsere individuelle Wirklichkeit aus der eigenen Geschichte heraus sehr geschickt und narzisstisch interpretieren können, wuchs in mir im Laufe der Jahre heran. Nun, wie wirklich war denn nun meine Wirklichkeit, nach welchen Mustern konstruierte ich die Welt, wie sah das Schubladensystem meines „Gedankenkastens" aus? Das alles waren Fragen, die mich brennend interessierten.

Im Winter 1992 erfuhr ich von einem Freund von der Naikan-Methode. Mich durch die

Augen anderer zu sehen war ein unheimlich spannender Gedanke. So entschloss ich mich, Tagesnaikan ein Mal pro Monat zu üben. Meine ersten Tagesnaikan waren ziemlich langweilig, die „wirkliche Wirklichkeit" wollte sich einfach nicht vor meinem geistigen Auge eröffnen. Dennoch erfühlte ich in mir einen roten Faden, der sich durch mein Leben gezogen hatte. Nur konnte ich ihn nicht fassen und benennen.

In dieser Zeit erzählte mir meine Mutter, dass mein Vater einen Blutsturz gehabt hätte. Ich wollte aber nicht darüber reden, was ich auch tat. Außerdem hatte ich sowieso genug mit mir zu tun.

Anfang Dezember übte ich eine Woche Naikan. Diese Woche war anfangs ebenfalls langweilig, sie war aber „intensiver langweilig". Denn gerade aus dieser Langeweile heraus übte ich das erste Mal tatsächlich Naikan. Eine Woche ohne Fernsehen, ohne Zeitung, nur abstruse und chaotische Gedankentiraden, die in meinem Gehirn umhersponnen. Dieses Schließen und Öffnen der Laden, das Umschlichten und Einordnen meiner Bewertungen von Ereignissen meines Lebens in bezug auf andere Personen musste aufhören! Ich erkannte für mich, dass es nicht darum ging, das Leben zu fassen und zu benennen, sondern mich in der nicht bewertenden, reflektierenden Selbstbeobachtung zu erkennen.

Ein zentrales Thema meines Naikans war der Tod: ich erkannte, dass viele Ereignisse meines Lebens in enger Beziehung standen mit der Angst vor dem Tod. Ich dachte immer wieder an meinen Religionslehrer, an das, was er gesagt hatte: Fegefeuer und Hölle!

Der Tod und was danach kommt ist gerade in unserem Kulturraum mit viel Angst besetzt, Angst, die uns veranlasst, konstruierten Wirklichkeiten anzuhaften und wir dadurch nicht selten unfrei handeln. Vieles, was wir tatsächlich fühlen und denken, können wir deswegen nicht leben, weil es nicht zu unserer Weltanschauung passt. Ideologien, festgefahrene Ansichten darüber, wie die Welt zu sein hat, dienen meines Erachtens letztendlich nur der Verdrängung unserer physischen und psychischen Unbeständigkeit und somit auch der Unwichtigkeit unserer Existenz. Eigentlich will ich mich gar nicht in theoretischem Geschwafel ergehen, das sei Philosophen überlassen. Ich wollte nur andeuten, dass ich bei meinem Naikan erkannt hatte, wie sehr mich die Angst vor dem Tod in meinem Handeln gehemmt hatte und noch immer hemmt.

In diesem Bewusstsein fuhr ich nach meiner Naikanwoche nach Hause. Mein Vater empfing mich, ich umarmte ihn. Plötzlich sah ich Tränen in seinen Augen. Er erzählte mir, dass er im Spital gewesen wäre und die Ärzte einen Tumor festgestellt hätten. Ich erzählte ihm von meinen Erfahrungen während meines Naikans und versicherte ihm meine Unterstützung und meine Liebe.

Ein paar Wochen später hatte er seine Operation. Als meine Mutter, meine Schwester und ich ihn besuchten, eröffnete er uns, dass die Ärzte an einigen inneren Organen Metastasen festgestellt hatten und er mit einer Chemotherapie beginnen müsste. Tags darauf kam ich wieder zu ihm. Er schilderte mir ein tiefes Erlebnis, das sich in der Nacht ereignet hatte: er hatte das erste Mal seit 30 Jahren wieder geweint, sein Leben zog in Bildern an ihm vorbei und nachdem er schon eine Stunde geweint hatte, hatte er plötzlich das Gefühl, in ein tiefes schwarzes Loch zu fallen. In diesem Moment war er erfüllt von einem ungeheuren Glücksgefühl.

„Was du während deines Naikans über den Tod erkannt hast, habe ich wahrscheinlich in der letzten Nacht tief empfunden. Ich habe nun keine Angst mehr vor dem Tod, ich will euch nur nicht verlassen." – „Glaubst du, du wirst sterben?" – „Ja, allerdings will ich darum kämpfen, noch eine Weile bei euch bleiben zu können."

Die folgenden Monate waren geprägt von Krankenhausbesuchen. Seine körperliche Konstitution war schwer angegriffen, man konnte den Kräfteverfall täglich beobachten. Er war nur mehr unter Schmerzen imstande, Nahrung aufzunehmen.

Im April äußerte er den Wunsch, seinen besten Freund in Oberösterreich zu besuchen. In dieser Zeit wurden seine Schmerzen immer stärker, die Autofahrt war für ihn sichtlich anstrengend. Während der Fahrt fragte ich ihn, ob er Abschied nehmen wolle von seinem Freund. Er blieb einige Minuten ruhig und antwortete letztendlich: „Ich denke, das ist meine letzte Chance, ihn noch einmal zu sehen." Die Tage am Land waren recht beschwerlich für ihn, wir machten einige Ausflüge; es schien, dass er noch so viel wie möglich sehen wollte, bevor er stirbt.

Als wir eines abends zu Bett gegangen waren, krümmte er sich vor Schmerzen. Ich hielt seine Hand und bedeutete ihm, wie traurig mich meine Hilflosigkeit gegenüber seinem Leiden machen würde. Er strich mir über die Hand und antwortete, dass allein meine Anwesenheit Hilfe genug sei.

Anfang Mai lernte ich meine jetzige Frau kennen. Zu dieser Zeit lagen für mich Anfang und Ende sehr dicht beieinander: der Anfang einer Beziehung zu einem geliebten Menschen und das Ende einer Beziehung zu einem anderen geliebten Menschen. Ende Mai brachte ich meinen Vater das letzte Mal ins Krankenhaus. Zu diesem Zeitpunkt wusste ich: in den nächsten Tagen werde ich mich verabschieden müssen.

Zwei Tage später verschlechterte sich sein Zustand rasant. Er wollte noch ein Mal seine Familie umarmen. Einige Minuten später fiel er ins Koma. Zwar war er nicht mehr bei Bewusstsein, trotzdem hatte ich das Gefühl, dass er meine Abschiedsworte mitbekam. Meine Mutter und meine Schwester taten das gleiche. Eine Nacht später starb er.

Heute denke ich, dass gerade meine Erfahrungen mit der Naikan-Methode dazu beigetragen haben, meinem Vater während seiner Leidenszeit offen und ehrlich zu begegnen. Er konnte wahrscheinlich dadurch viel freier über seine Ängste und Gefühle mit mir sprechen.

Ich war seit seinem Begräbnis vielleicht drei Mal an seinem Grab; einerseits, weil mir der Kult um die „schene Leich" zuwider ist, andererseits, weil mir mein Vater an Orten, die ich mit ihm gemeinsamen Erlebnissen verbinde, viel näher ist. Mein Vater ist tot, die Erinnerung an ihn lebt in mir weiter. Ich hatte angenehme und unangenehme Momente mit ihm. Durch Naikan bin ich heute weit davon entfernt, unsere Beziehung zu interpretieren oder ihm gar Schuldzuweisungen zu machen. Natürlich befällt mich ab und zu eine tiefe Traurigkeit, wenn ich an ihn denke. Dabei vermisse ich ihn sehr. Es gibt allerdings nichts mehr, was ich ihm noch sagen wollte."

Andreas Leszkovsky, geb. 18.12.1968, arbeitet als Behindertenbetreuer in Wien. Er ist Absolvent des 1-jährigen Gesundheitstrainings mit Shiatsulehrgang bei NAIKIDO Wien. Er hat zwei Wochen-Naikan sowie 10 Tagesnaikan geübt.

Selbstverantwortlich bin ich alleine für mein Leben

Von Anneliese Fattinger (geschrieben 1997)

„*Wir schreiben das Jahr 1994. Ich bin krank! Es ist November und ich bin dem Sensenmann während eines Lungeninfarktes gerade noch von der Schaufel gesprungen. Aber wozu, warum, frage ich mich?*

Ich bin dreissig Jahre alt und fühle mich wie ein hilfloser Säugling. Aus lauter Selbstmitleid besaufe und bekiffe ich mich immer wieder. Vier Jahre bin ich geschieden und lebe allein mit meinem Hund. (Übrigens ein überlebenswichtiger Partner für mich.)

Ich habe viele Freunde und Bekannte, die sich rührend um mich kümmern, sie mögen mich scheinbar wirklich. Aber wo ist meine Familie, mein Freund, die Menschen von denen ich es erwarte, dass Sie für mich da sind, sie lieben mich doch! Oder?

Meine Mutter hat wie schon so oft keine Zeit für Ihr krankes Kind. Sie ist ja kein Arzt, wie sollte sie mir helfen. Mama ist nicht da für mich, ich hasse sie dafür .

Mein Vater ist vor zehn Jahren an einem Herzinfarkt gestorben, und beschert mir immer noch Alpträume. Wir waren zerstritten. Meine Geschwister haben eigene Familien und leben am Land. Zum X-ten Mal bin ich in einen verrückten Chaoten verliebt, eine absolut kranke Beziehung, er saugt mich aus.

Naikan – ich höre im Radio darüber, rufe an, und treffe mich mit dem Naikanleiter Josef Hartl. Eigentlich dachte ich dabei an meinen Freund, was Naikan oder Therapie betrifft. Dass die Schuld meiner Probleme nicht bei den anderen zu suchen ist, wurde mir bei dem Gespräch klar. Eine Innenschau war notwendig, und zwar bei mir; – 14 Tage später sitze ich samt Hund hinter dem Paravent und übe Naikan.

3 Tage brauche ich, um Schmerz und Gefühle loslassen zu können. Ich begreife, dass nicht die anderen es schlecht mit mir meinen, sondern ich niemanden an mich heranlassen will. Vielleicht aus Angst, wieder verletzt zu werden, oder die Kontrolle zu verlieren, oder die eigenen Schwächen sehen zu müssen. Es wird mir vieles klar an diesen Tagen der Innenschau. Selbstverantwortlich bin ich allein für mein Leben.

Meine Mutter liebt mich, auch wenn sie selten Zeit für mich hat. Nie hätte Sie sonst all die hunderttausend Dinge für mich getan, die ich als selbstverständlich hinnahm. Auch mein Vater hat mich sicher sehr lieb gehabt, ich bin auch nicht schuld an seinem Tod. Wir versöhnten uns in einem wunderschönen Traum, etwa ein halbes Jahr nachdem ich erstmals Naikan übte.

Eine Woche Naikan, und ich wusste, dass ich keine Angst mehr haben muss hineinzuschauen. Ich brauche nicht zu lügen, stehlen, manipulieren oder zu kontrollieren. Es ist für mich nur wichtig, immer wieder meine Beziehungen, meine Umwelt und mein Leben mit den drei Fragen zu betrachten.

1995 – Beziehungen verändern sich.

Mein chaotischer Freund begibt sich auf einen Trip nach Indien, wir lösen uns voneinander. Der Freund meiner Mutter stirbt zur selben Zeit. Wir haben endlich Gelegenheit, uns als erwachsene Menschen zu begegnen. Sie hat es aufgegeben, mich verändern oder kontrollieren zu wollen. Ich habe aufgehört, Sie für meine Schwächen verantwortlich zu machen. Wir ler-

nen uns zu achten und zu respektieren. Das erste Mal seit Jahren bin ich wieder fähig, eine Umarmung meiner Mutter mit guten Gefühlen anzunehmen. In diesem Jahr lernte ich auch meinen heutigen Partner kennen. Die Arbeit geht leicht von der Hand und macht auch Spaß. Ich habe ein gutes Selbstwertgefühl entwickelt, gelernt geduldig zu sein, selbstlos zu geben und zu nehmen ohne Hintergedanken und Misstrauen.

Februar 1996: Es geht mir gut, gesundheitlich, beruflich und finanziell. Partnerschaftlich bin ich noch geduldig, aber ich verkünde meiner Mutter mit voller Überzeugung, dass ich in den nächsten Jahren eine Familie gründen werde. Einen Tag später; meine Mutter hat Schmerzen in der Brust. Es folgen langwierige Untersuchungen, dann die Diagnose: Lungenkrebs, Lebenserwartung ca. 6 Monate. Eine Welt bricht für mich zusammen, wo wird sie hingehen, wieder lässt sie mich allein. Ich gehe zum Tagesnaikan, um Klarheit zu erfahren. Es gibt für mich nur eine Lösung: Wien zu verlassen und die letzten Monate gemeinsam mit meiner Mutter in ihrem Haus zu verbringen. Ich kündige, beende meine Affäre, verlasse liebe Menschen. Ich weiß nicht, wie lange ich Zeit habe. Das Leben ist so kurz, ich muss Prioritäten setzen.

Meine „Lieben" in Oberösterreich sind sehr verunsichert, wie ich mit der kranken 69-jährigen Mutter und Oma nach Hause komme. Ich versprach Mama, sie auf ihrem Weg ins Licht zu begleiten. Wir wissen, dass unsere gemeinsame Zeit kurz sein wird, daher nützen wir jede Minute.

Interessante Gespräche, Streicheln, Massagen, Vorlesen, gemeinsames Beten und Schlafengehen. All das, wonach ich als Kind bereits Sehnsucht hatte. 43 Tage Liebe, Schmerz, Gefühle, Geben, Nehmen und Loslassen. Wir tun in dieser Zeit füreinander, was wir können, vor allem begegnen wir uns mit Respekt und Achtung. Ich will, dass meine Mutter in Würde ihr Leben beenden kann. Meine Mama schläft am Abend des 19. Juli 1996, nachdem wir gemeinsam gebetet haben, in meiner Hand ein.

Wieder in Wien, mein Leben geht weiter........

Alle haben sie auf mich gewartet. Aus der Affäre wird der Beginn einer festen, reifen Beziehung. Meine Arbeit, meine Freizeit und meine neue eigene Familie (Mann, Hund und Katze) organisiere ich jetzt besser als zuvor. Ich habe in den letzten Wochen gelernt, wie wichtig es für mich ist, klare Entscheidungen zu treffen und mich nicht mehr auf halbe Sachen einzulassen.

Im April 1997 gehe ich wieder eine Woche Naikan üben. Es wird mir bewusst, wie viele Schwierigkeiten ich meinen Mitmenschen mache, dass ich ihre Hilfe nicht ohne Misstrauen annehme. Mein Beziehung zu meinen Brüdern ist mir, obwohl ich lange im Naikan hingeschaut habe, ein Rätsel. Es war auch ihre Mutter, nicht nur meine, und unsere Gefühle bestehen heute aus Zorn, Verständnislosigkeit und Misstrauen. Aber ich will Klarheit und werde wieder hinschauen müssen.

Ich sehe jetzt auch, dass es falscher Stolz von mir ist, die Hilfe anderer zurückzuweisen. Das Leben ist ein Geben und Nehmen und ein Kommen und Gehen. Zwei mal war ich in den letzten Jahren so krank, dass ich wusste, der Weg hinüber ist sehr kurz. Bis zu dem Tag, als ich die Verantwortung für meinen Hund übernahm, begleiteten mich Selbstmordgedanken. Freunde habe ich durch Unfälle, Krankheiten und Selbstmorde verloren.

Und das Sterben habe ich sehr bewusst als Alten- und Krankenpflegerin kennengelernt. Das alles hat mir geholfen, den Weg bis zum Licht mit meiner Mutter gemeinsam zu gehen.

Ich versuche heute, ehrlich und selbstlos zu lieben und anzunehmen, ohne Misstrauen und Hintergedanken. Unser aller Leben ist zu kurz, um es zu vergeuden. Deshalb werde ich es mir so angenehm und harmonisch wie möglich gestalten."

Anneliese Fattinger, geb. am 24. April 1964 in einem Landgasthaus in Gaspoltshofen in Oberösterreich. Aufgewachsen bin ich mit vielen Tieren, Menschen und der Natur. Volksschule, Hauptschule und Poly. Mit fünfzehn weg von zu Hause, raus in die Welt. Stationen wie Bad Gastein, Grieskirchen, Salzburg und Wels. Vom Gastgewerbe zur Fabrik, vom Kindermädchen bis zur Arbeit am Bauernhof. Mit zwanzig lande ich in Wien, besuche einen EDV-Einsteiger-Kurs. Ich arbeite bei einer Versicherung, dann auf einem ungarischen Schiff.

Mit dreiundzwanzig heirate ich und will einen familienfreundlichen Job. Ich werde Heimhilfe und Hauskrankenpflegerin. Zusätzlich mache ich am Abend eine Ausbildung zur Fußpflegerin. Meine Ehe geht nach drei Jahren in die Brüche, ich wechsle wieder die Arbeit, fahre bei Essen auf Rädern und arbeite als Fußpflegerin. Mit achtundzwanzig mache ich die Ausbildung zur Heilmasseurin. Heute arbeite ich als Masseurin und Fußpflegerin.

Ich bin eine Suchende und komme mit einunddreißig das erste Mal mit Naikan in Kontakt. Eine Woche Naikan, es verändert mich, ich werde ruhiger und sicherer, es folgt Tagesnaikan, schriftliches Naikan und wieder eine Woche intensives Naikan. Zwar unregelmäßig aber immer wieder übe ich Naikan, es ist wichtig für mich und meine Beziehungen. Durch Naikan bin ich heute sensibler, einfühlsamer und verständnisvoller geworden und das ist gut für meine Umwelt und für mich.

Meine Beweggründe, Naikan eine Woche lang zu üben

Von Gaby Hüther (geschrieben 1997)

„Meine erste Naikan Woche möchte ich im nachhinein meiner Mutter widmen. Ich habe Josef Hartl vor ca. 3 Jahren im Burgenland kennengelernt und noch nicht einmal einen Kurs bei ihm besucht. Ich wollte eigentlich nur ein paar Tage Urlaub machen und habe einen lieben Freund – jetzt mein allesteilender Lebens- und Liebesgefährte – während eines Shiatsukurses besucht.

Zu diesem Zeitpunkt ging es mir gerade nicht sehr gut, weil ich meine fixen Tages- und Nachttermine zwischen Nahrungsaufnahme und Nahrungsabgabe einteilte. Natürlich hatte ich ein perfektes Timing und musste mich vor jedem verstecken und andere belügen, damit ich ja nicht aufflog. Nach außen hin war immer alles o.k., wie ich mir natürlich auch selbst einredete. Bis dato wusste niemand von meinen eigenartigen Vorlieben und eigenartigerweise erzählte ich Josef Hartl von meinen Problemen – besser gesagt, er wusste es bereits.

Nun, es dauerte von da an noch drei Jahre, bis mein Ego keine Argumente mehr hatte, es mir auszureden. Während dieser drei Jahre habe ich versucht, eine Beziehung zu leben und ich musste bemerken, dass ich immer mehr mit meiner Kindheit und Krankheit konfrontiert wurde. Ich habe meine Mutter bereits mit 11 Jahren verloren und keinerlei Bilder mehr von ihr, bzw. nur mehr ein sehr trauriges und tragisches Leben von ihr voller Entbehrungen und ohne Freuden gesehen. Sie verließ mich ganz langsam und musste dabei einen langen Leidensweg durchleben. Die damalige Zeit habe ich immer verdrängt und jetzt mit 29 Jahren habe ich erkannt, dass dieser Schmerz sich nicht mit Vernunft wegmachen ließ. Diese Vergangenheit hinderte mich, eine normale Beziehung zu beginnen bzw. vermutete ich, dass alles irgendwie mit meinen Kotzattacken, welche sich in der Zwischenzeit halbwegs stabilisiert hatten, zusammenhing.

Meine Woche beging ich voll Ehrgeiz, aber auch mit großer Angst vor Naikan, als ob ich mich durchschnittlich vorbereitet auf eine Prüfung stürzen würde. Nach dem ersten Tag begann bereits meine festgelegte Strategie ziemlich zu wackeln. Ich hatte große Probleme, mich auf die eigentlich gestellten Fragen zu konzentrieren. Nach dem zweiten Tag stellte ich mein momentanes Tun sehr in Frage und stand ziemlich unter Stress, nach regelmäßigen 90 Minuten eine Zusammenfassung zu liefern. Meine Bilder wurden auch am dritten Tag nicht viel klarer und ich hatte den Eindruck, mein innerstes Wesen wehrte sich aufs heftigste einfach loszulassen.

Eines Nachts träumte ich sehr angenehm von meiner Mutter, diese Gedanken hatte ich aber am nächsten Morgen vergessen, aber ich wusste zu diesem Zeitpunkt: irgend etwas hatte sich verändert. Danach ging alles sehr schnell. Ich konnte plötzlich wieder ein kleines Kind sein und an der Hand meiner Mutter gehen, ich konnte sie anfassen, küssen und mich zu ihr kuscheln. Ich hörte sie lachen, sah sie weinen und vergoss selber Tränen aus Scham ihr gegenüber. Ich habe sie in meinem Kopf verunstaltet, klein gemacht und vergessen. Ich habe sie als wertlosen Menschen gesehen, der ein wertloses Leben führte.

Ich habe in dieser Woche meine Mutter so gesehen, wie sie wirklich war, und nicht mehr und nicht weniger. Ich konnte mich von ihr verabschieden und sie einfach ziehen lassen, ohne ihr für irgendwas Vorwürfe zu machen. Ich habe mit ihr nochmals lachen und weinen können und bin sehr stolz darauf, so eine Mutter gehabt zu haben, und stolz darauf, aus ihr gewachsen zu sein.

Ich bin sehr stolz darauf, dass ich den Mut fand, Naikan zu üben und durch Naikan zu lernen, wo man steht im Leben. Ich habe gelernt, dass man sich selbst auch lieben sollte und keine Verantwortung für das Leben anderer übernehmen kann. Durch das, dass man sich selbst verändert, kann man sein Umfeld verändern und nicht alle anderen dafür verantwortlich machen.

Ich habe aufgrund dieser Woche danach so viele positive Erfahrungen machen dürfen, und ich hoffe, mein Leben auch weiterhin durch viel Üben und bewusstes Agieren zu bereichern."

Gaby Hüther, geb. am 15.6.68 in Krems, übte im Juni 97 eine Woche Naikan in Lunz. Geld verdiene ich durch das Vermitteln von Illusionen auf allen Flecken der Erde!

Ein Leben vor und nach Naikan

Von Margret Lehner (geschrieben 1997)

„Im Herbst 1994 habe ich das erste Mal von Naikan gehört. Ich war schon längere Zeit unzufrieden mit meiner Umwelt und mir, ein Gefühl von Entfremdung und Stagnation begleitete mich häufig, wechselte ab mit Phasen von Depression und diffusen Ängsten. Es dauerte ca. ein halbes Jahr bis ich mich – aus einem Gefühl der Ratlosigkeit und Enge heraus und beträchtlichen Beziehungsschwierigkeiten – entschloss, eine Woche Naikan zu üben.

Im Februar 1995 begab ich mich mit einem flauen Gefühl im Magen, Wellen der Angst und wirren Gedanken über das, was mich erwarten wird, hinter den Naikanschirm.

Der geschützte Rahmen vermittelte mir Sicherheit und die anfängliche Schwierigkeit, mit den drei Fragen zu arbeiten, löste sich allmählich auf. Immer wieder wanderte ich in Gedanken durch mein bisheriges Leben, Erinnerungen – von heftigen Gefühlsausbrüchen begleitet – wurden durchlebt, um sie dann loslassen zu können.

Der faktische Blick auf meinen Umgang mit wichtigen Bezugspersonen und Freunden war teilweise schmerzhaft und ernüchternd (z.B. die Konfrontation mit meinem Neid und meiner Gier im Gegensatz zur gefühlsmäßigen Erinnerung von genügend Zuwendung und Aufmerksamkeit) und vermittelte gleichzeitig ein Gefühl von Klarheit und Akzeptanz. In dieser Woche wollte ich gedanklich mehrmals vor mir selbst davonlaufen, doch das Gefühl, dass es nun an der Zeit ist, für mein Leben Verantwortung zu übernehmen, setzte sich durch. Am Ende einer Woche Naikan schrieb ich folgende Zeilen:

NAIKAN ist
Die gefühlsmäßige Reise,
das Durchwandern, Schritt für Schritt,
der eigenen Seelenlandschaft,
das Spüren der eigenen Grausamkeiten,
das Öffnen von Abgründen,
das Schöpfen aus den eigenen Kraftquellen,
die Suche nach Harmonie und Sinn.

Einerseits verließ ich versöhnt mit meinen Mitmenschen und mir und einem tiefen Gefühl von Dankbarkeit SEIN ZU DÜRFEN diese intensive Woche der Selbsterfahrung. Andererseits spürte ich auch die Notwendigkeit, mein Tun und Denken regelmäßig prüfen zu müssen.

Wenn ich nun nach zwei Jahren hier sitze und versuche, ein Resümee zu ziehen, – meine zweite Woche liegt einen Monat zurück (Oktober 1997) – stelle ich fest, dass sich mein Leben in verschiedenen Bereichen wesentlich geändert hat:

• Die Arbeit mit der dritten Frage – welche Schwierigkeiten bereite ich... – ist deshalb für mich so wichtig, da ich dazu neige, meine Mitmenschen für meine Unzufriedenheit, meine Lustlosigkeit, mein Gefühl von Leere und Sinnlosigkeit verantwortlich zu machen. Mir ist bewusst geworden, dass ich für meine Stimmungen, mein Denken und mein Handeln verantwortlich bin, und dies auf andere wirkt.

• Entscheidend war für mich außerdem, dass Naikan den Prozess des Erinnerns an meine

Kindheit ermöglicht hat. In der Folge musste ich wahrnehmen, dass ich für mich negative Kindheitserfahrungen in meinem späteren Leben durch mein Verhalten weitergegeben habe. Allzu schnelle Rechtfertigungen meines Verhaltens konnten vor mir nicht mehr so leicht bestehen.

• Die Quantität und Vehemenz meiner psychosomatischen Beschwerden (wie Durchfall, Panikattacken, depressive Verstimmungen), die mein vertrautes Fluchtmuster waren, haben sich deutlich verringert.

Einige altbewährte Muster konnte ich loslassen, andere begleiten mich nach wie vor. Die Fähigkeit, diese zu erkennen hat sich verbessert und damit habe ich die Möglichkeit, mein Verhalten noch zu korrigieren.

Für mich gibt es ein Leben vor und ein Leben nach Naikan. Naikan hat meine Lebensqualität verbessert, indem ich meine teilweise sehr destruktiven Umgangs- und Verhaltensformen verändern konnte.

Die Essenz von Naikan – die Art der Betrachtung – ist für mich ein sehr hilfreiches Instrumentarium geworden. Ich versuche, Naikan nicht nur in meinem Privatleben, sondern auch in meinem Arbeitsbereich anzuwenden.

Für die wohlwollende Atmosphäre, die aufmerksame Begleitung und ihre respektvolle Begegnung möchte ich mich bei Josef, Christine und Ingrid von ganzem Herzen bedanken."

Margret Lehner, 38 Jahre, ist Dipl. Sozialarbeiterin und Shiatsu-Praktikerin.

Dass ich immer wieder die Ursache für mein Leiden selbst lege...

von Johanna Jost (geschrieben 1997)

„Als ich die erste Naikanwoche besuchte, war ich gerade 32 Jahre alt, bin während 12 Jahren immer wieder auf Heroin abgestürzt und befand mich am Ende eines Methadonprogramms. Ich wollte Naikan als Vorbereitung auf den Entzug mitmachen.

Ich lebe mit meiner 9-jährigen Tochter zusammen und habe nun seit ein paar Monaten wieder eine Beziehung.

Anfangs war ich sehr skeptisch, hatte ich doch zwei 1-jährige Aufenthalte in therapeutischen WG's hinter mir und noch und nöcher ambulante Therapie. Ich dachte mir, ich weiß, wo meine Probleme sind, stand aber voller Angst und Hilflosigkeit gegenüber meiner Sucht. Die lange geübte Haltung vom sich hineingeben half mir dann, in den Prozess hinein zu kommen.

Ich begann mich zu wundern, dass meine Erwartung vom Gefühlschaos, das ich kenne, nicht aufkam. Ich konnte klar meine Vergangenheit betrachten. Auch das Schweigen und Abgeschlossensein war keine Bedrohung, sondern ein Schutz, den ich unbedingt brauchte. Mehr und mehr kam hervor, dass ich nicht einfach den Strömungen des Lebens ausgeliefert war und bin, sondern dass ich immer wieder die Ursache für mein Leiden selbst lege.

Da bin ich auch schon beim Kern meiner Erfahrung mit Naikan. Diese Woche gab mir meine Handlungsfähigkeit mir selbst gegenüber zurück. Ich sah, wie ich selbst Leiden verursache, Zuneigung und Liebe zurückweise. Mein Leiden als (Druck-) Mittel gegenüber meinen Mitmenschen benutze, um um jeden Preis ihre Aufmerksamkeit auf mich zu lenken.

Diese Klarheit und innere Gelassenheit, die sich bei mir parallel zu den Erfahrungen meiner selbst einstellte, hat jetzt eine tragende Funktion in meinem Innen- und Außenleben.

Ich setze mich nun jeden Abend für 10 – 20 Minuten hin und gehe den Tag nach den drei Fragen des Naikan durch. Ich empfinde eine tiefe Dankbarkeit gegenüber allen Menschen, die mich vor und nach dem und vor allem während dem Naikan unterstützt haben."

Johanna Jost ist 32 Jahre alt, zum Zeitpunkt des Schreibens arbeitslos. Sie hat eine 9-jährige Tochter und seit 12 Jahren ein manifestes Heroinproblem. Sie übte im November 1997 eine Woche Naikan im Zentrum der Einheit – Schweibenalp, Schweiz.

Was bedeutet Naikan für mich?

von Ingrid Proschak (geschrieben 1996)

„Dazu möchte ich zuerst einmal meine Beweggründe, überhaupt Naikan zu üben, anführen: Ich habe eine Methode gesucht, mit deren Hilfe ich meine Krankheit (Multiple Sklerose) heilen kann, da ich zur Überzeugung gekommen bin, dass nur ich selbst (natürlich mit Hilfe von außen) wirklich etwas bewirken kann. Ich dachte, mit Hilfe der drei Fragen meine Verhaltensmuster soweit zu ändern, dass ich eine Flucht in die Krankheit nicht mehr notwendig habe, würde mein Problem lösen.

Na ja, ich glaube noch immer, oder besser gesagt: ich weiß, dass das der richtige Weg ist, nur steht nicht mehr meine Krankheit im Mittelpunkt meiner Problembetrachtung, sondern mein Verhalten in allen Lebensbereichen. Eines der wichtigsten Dinge, die ich mit Hilfe von Naikan bzw. Jujukinkai erfahren habe, ist das Wissen, dass ich jedes Verhalten, das ich nach außen zeige, auch mir gegenüber anwende, und dass sich meine Verhaltensmuster in den verschiedensten Bereichen wiederholen, das heißt, ein Verhaltensmuster auf ein Problem hin betrachtet ist immer nur eine Facette des Musters, das Muster finde ich aber in den verschiedensten Ausprägungen immer wieder.

Und nun möchte ich versuchen zu erklären, was sich bis jetzt für mich verändert hat: „Mein Problem" Krankheit ist zur Zeit eigentlich kein Problem für mich. Das heißt, ich habe meinen Umgang mit mir selbst besser kennengelernt, mir dadurch Fluchtmöglichkeiten (soweit sie mir bekannt sind) in die Krankheit abgeschnitten und diese stabilisiert (es geht mir gesundheitlich einfach sehr gut).

Ich habe in diesem Zusammenhang viele Ängste gefunden, um die ich passende Traumwelten gebaut habe, etliche davon sind nach und nach wie ein Kartenhaus zusammengestürzt. Jetzt muss ich mich natürlich diesen Problemen (Ursachen? Auslösern?) stellen, die mir in allen möglichen Lebensbereichen begegnen.

Im Grunde kann ich das, was ich in den letzten Jahren erfahren habe, nicht richtig nie-
derschreiben, da alles viele Aspekte hat und die Betrachtungsweise sich permanent wandelt.
Was ich aber auf jeden Fall sagen kann ist, dass ich noch viele Naikans nötig habe um mein
Reagieren in ein bewusstes Agieren zu verwandeln."

(Dieser Erfahrungsbericht ist in der Zeitschrift NAIKIDO, in der 3. Ausgabe 1996, erschienen.)

Mein Leben leben, das muss ich selbst

Von Ingrid Proschak (geschrieben 1997)

„Die letzte Woche Naikan liegt schon einige Zeit zurück, aber die nächste drängt schon sehr
(der Termin steht fest, zur Sicherheit habe ich mich auch gleich angemeldet).

Und wenn ich jetzt mit einer Bestandsaufnahme meiner momentanen Situation beginne,
so muss ich sagen – es geht mir beschissen, es könnte allerdings schlimmer sein. Dass ich über-
haupt eine effektive (oder so ähnlich) Bestandsaufnahme (Standortbestimmung) durchführen
kann, verdanke ich zum großen Teil einer Methode, die Naikan genannt wird, und bei der
ich gelernt habe, Klarheit in mein Leben, mein Handeln zu bringen. Naikan würde ich mit
einer Generalsanierung (Großreinemachen) eines Hauses vergleichen.

In meiner ersten Woche Naikan habe ich ein Haus betreten, das in einem absolut chaotischen
Zustand war. Ich habe eine Woche nichts anderes gemacht, als Räume (sprich Beziehungen zu
meinen Eltern, Geschwistern, Großeltern, Krankheit,...... und mein Verhalten ihnen gegenü-
ber) zu entrümpeln und von Spinnweben zu befreien, alte aber aufpolierte und daher glän-
zende Gegenstände (sprich „weil die anderen das und jenes getan haben"......) wegzuwerfen.

Unter all diesem Gerümpel („die anderen sind schuld") habe ich aber etwas ganz Kostbares
entdeckt, nämlich all die bedingungslose Liebe, Fürsorge, Anteilnahme, Toleranz usw., all
diese Gaben der anderen, denen ich eigentlich nichts gleichwertiges entgegenzusetzen habe, die
ich aber als selbstverständlich angenommen habe (wenn ich es überhaupt bemerkt hatte).

Diese Reinigungsaktion war zeitweise sehr schmerzhaft und unangenehm, nach einer
Woche wusste ich aber, wie ich mich in den verschiedenen Räumen bewege, zu denen ich die
Türen geöffnet und in denen ich begonnen habe aufzuräumen.

In der zweiten Woche Naikan habe ich die Räume weiter aufgeräumt, habe in Schränke
geschaut, deren Existenz mir in der 1. Woche noch gar nicht aufgefallen war und habe
schmerzhaft erfahren, dass es verschiedene Blickwinkel gibt, Sachen (Verhalten) zu prüfen
und wegzuräumen. Und dass die Läden oder Fächer, in denen ich sie ablege, nur ein vorü-
bergehender Aufbewahrungsort sind.

Als ich in der dritten Woche wieder die bereits in den vorhergehenden Naikans bearbeiteten
Räume betrat und mir vorstellte, einfach nur durchgehen (sozusagen gemütlich spazierenge-
hen) zu müssen, da sind mir einige Laden und Fächer, die ich als bereits abgelegt und erledigt

betrachtet habe, mitten ins Gesicht gesprungen und mir blieb nichts anderes übrig als zu erkennen und zu akzeptieren, dass das, was ich zuvor als Muster erkannt hatte, nichts anderes war als eine Ausprägung eines Grundmusters, das sehr facettenreich einfach immer wieder in den verschiedensten Masken erscheint und ich wieder beginnen kann, meine Fächer und Laden zu bearbeiten. Das heißt: Meine Räume werden permanent umgestaltet, zusammengelegt, geteilt, neue Räume dazugebaut ..... Aber ich weiß trotzdem meistens, bzw. kenne ich eine Methode, die mir dabei hilft zu erkennen, was gerade mit mir los ist.

Ich bewege mich in diesen Räumen, oft ist es dunkel darin, ich stoße mich an irgendwelchen Ecken, aber irgendwann finde ich den Lichtschalter und kann mir den Raum ansehen. In jedem Raum gibt es mindestens eine Türe und meist ist eine dabei, bei der der Griff rot glüht und ich die Angst habe, dass, wenn ich diese Türe öffne, ich mich dabei fürchterlich verletzen werde. So versuche ich es immer wieder mit einer altbewährten Tür, aber der Clou an der Sache ist: Ich stehe dann immer wieder in diesem Raum und somit vor der Entscheidung – welche Tür nehme ich? Und immer, wenn ich diejenige öffne, bei der ich Angst habe mich zu verletzen, tut's dann gar nicht weh, sondern ich stehe in einem neuen Raum. Aber immer wieder vergesse ich, dass es nur meine Ängste sind, die mir einreden wollen, dass ich mich bei diesen Türen sehr verletzen kann.

Was ich über Naikan sagen will ist: Es hilft mir, Klarheit und Ordnung in mein Leben zu bringen, aber dafür muss ich das, was ich mittels der 3 einfachen (aber schwerwiegenden) Fragen erkannt habe, auch im täglichen Leben umsetzen, muss danach handeln und selbstverantwortlich Entscheidungen treffen. Im Klartext heißt das: Mein Leben muss ich selbst und eigenverantwortlich leben, das kann ich keinem anderen aufbürden und dafür kann ich auch keinen anderen zur Verantwortung ziehen oder irgendeine Schuld zuweisen. Das heißt auf der anderen Seite aber auch, es liegt in meiner Hand, was ich daraus mache (welche Türen ich öffne).

Nachdem ich jetzt diese schriftliche Auseinandersetzung mit mir geführt habe, komme ich mir sehr klein vor und ich weiß, dass ich noch viele Naikans brauche, um mein Haus in Ordnung zu halten, dass es aber an mir liegt, diese Macht, die ich besitze, verantwortungsvoll mir und anderen gegenüber zu nutzen.

PS: Leben muss ich selbst, aber ich habe ein ganzes Leben Zeit um zu lernen, das selbstverantwortlich und verantwortungsvoll zu tun und mein Haus in einen Zustand zu bringen, in dem ich es jederzeit verlassen kann."

Ingrid Proschak, geb. am 28.6.1961 in Kärnten, studierte in Graz Wirtschaftspädagogik, lebt seit 1987 in Wien und ist in der Software-Entwicklung tätig. Sie praktiziert seit Jahren Naikan und ist Naikan-Assistenzleiterin.

Mir ansehen, was ich so treibe und wenn ich den Mut fasse, das daran zu ändern, was ich vermag

Von Peter Jo Pauer (geschrieben 1997)

„Na wieder so ein esoterisch angehauchter ,Selbstverwirklichungstopfen' mit Feely-Touchy-Atmosphäre von irgendeinem Wishi-Washi-Guru", hab' ich mir gedacht, als meine Lebensabschnittsgefährtin Ortrun mit diesem in mangelhafter Qualität kopierten Folder ankam und ganz begeistert von einem Vortrag über Naikan erzählt hat. Sie war damals ziemlich heftig auf der Suche nach einem roten Faden in ihrem Leben und ist dabei – von mir argwöhnisch beobachtet – bis auf spirituelle Pfade im Dunstkreis des tibetischen Buddhismus vorgedrungen.

Trotz gewisser Sympathien für buddhistische Gedanken hielt ich es, was Erkenntnisse über alles und jedes und die Einschätzung des Weltenlaufs im besonderen betraf, lieber mit Hegel und Marx und dem wissenschaftlichen Sozialismus. Konsequenterweise verfielen wir recht häufig in sehr angeregte Diskussionen, die vom gemeinsamen Bemühen um Übereinstimmung bis zur wechselseitig empfundenen verzweifelten Verständnislosigkeit alle Stückerln spielten. Das war 1991.

1994 – einige Krisen und mühsame, mehr oder minder geglückte Krisenbewältigungen später – saß ich dann auf einmal selbst in einem Naikan – vor mir der baumwollstoffbespannte Schirm und hinter mir die kahle Wand: Freiwillig aber ohne besondere aktuelle Not, zugleich neugierig und furchtsam, was ich herauskriegen würde und ob ich denn meine lästigen aber immerhin gewohnten Probleme und Fehler danach würde lösen oder lassen müssen oder noch weiterhätscheln könnte.

Gemessen an meinem reizüberfluteten, an losen Enden und ungestillten Projektionen reichen Lebensstil und meinem notorisch heillos überlasteten Zeitbudget war das für mich eine recht außergewöhnliche Erfahrung und ein immerhin spürbarer Einschnitt. Neben Ortruns Einfluss, dem ich in unserer bewegten Auseinandersetzung ambivalent gegenüberstand, hatte ich das nicht wenig dem Zusammentreffen mit Josef Hartl zu verdanken. Der, mit charismatischer Energie zwischen Understatement, mitfühlender Bescheidenheit und offenherziger Brutalität effektvoll pendelnd, ohne Unterlass für Naikan agitiert und dessen sicheres Ceterum censeo: „Den (oder Die) kriag I a no ins Naikan!" ich nicht desavouieren wollte, ohne die Methode einmal im Selbstversuch auszutesten.

Draußen vor dem Fenster breitete sich idyllisch der Bolsena See aus – in jener eher kargen mittelitalienischen Landschaft am Übergang zwischen der Toskana und Latium. Auf den überformten vulkanischen Böden reiften an den Stöcken die Trauben für den trockenen blassgelben „Id est!", ein Tröpfchen, das schon mittelalterliche Sommeliers zu entzücken verstand.... Und ich versuchte – anfangs mehr mühselig als begeistert – meine Innenwelt anhand der drei wohlbekannten Fragen auseinanderzuklauben.

Die äußere Atmosphäre im Naikan war trotz der kulinarisch anspruchsvollen Verköstigung für meine Begriffe derart oasenhaft asketisch, dass ich es zwar einerseits als alternative Erholung genossen und mag sein vielleicht missbraucht habe, aber mir andererseits ein Minimum an Zusatzreizen in Form abendlicher Lektüre gönnen musste. Und das ist natür-

lich nicht so eigentlich der Zweck der Übung und der Vertiefung der Naikan-Erfahrung nicht unbedingt förderlich.

Als analytischer erklärungssüchtiger Geist hatte ich meine Schwierigkeiten mit dem Auffinden konkreter Erinnerungen und dem Zulassen emotional bestückter Bilder, ohne quasi gleich eine Kommentaruntertitelung mitlaufen zu lassen. Es fiel mir schwer, die Neigung zu reduzieren, dem oder der BetreuerIn was auseinandersetzen zu wollen oder unterhaltsam zu sein.

Seit damals habe ich ein bisschen Tages-Naikan geübt, ins Jujukinkai hineingeschnuppert und drei Jahre später nochmals eine Woche im Naikan gesessen, habe gelernt, die „Ausbeute" für mich reicher zu machen, genauer zu schauen. Und immer wieder hat mich auch eine ungefilterte emotionale Erinnerung gepackt, verwirrt und mir im Nachhinein das Herz aufgemacht.

Das Naikan-Praktizieren hat bei mir keinen erhellenden Flash gebracht, kein unmittelbares „that's it!!" – Erlebnis. Aber es hat mir etwas eingepflanzt, das immer wieder zu spüren ist, bisweilen wächst und erlaubt, auf geistiger Ebene Verbindungen zu übereinstimmenden Erfahrungen und Erkenntnissen herzustellen. Das eine Basis erlaubt, geistesverwandte Beziehungen mit anderen langsam zu einem Netzwerk zu verknüpfen. Das die Aufmerksamkeit und Wahrnehmung schärft und die Bereitschaft zur Verantwortung für das, was ich mache, stärkt. Es hat meine Bereitschaft hervorgelockt, mich mit Begriffen und Inhalten auseinanderzusetzen wie Mitgefühl, Demut und Schuld, die ich vorher ohne zu zögern ins moralische Eck abgekanzelt hätte, nur geeignet um Herrschaftsideologien und Knechtsbewusstsein zu zementieren. Es hat mich angeregt, ihren Wert als Metaphern und Kennzeichnungen von geistigen Erfahrungen produktiv zu gebrauchen, ohne der ideologischen Verwendung gegenüber blind zu sein.

Die Chance, die Naikan bietet, heißt für mich vor einer Lebenspraxis, die mich immer wieder stehlen, lügen, betrügen, abtöten anderen und mir selbst Probleme machen lassen wird, zu wissen, dass ich mich immer wieder solange ich ein Hirn und einen Arsch habe hinsetzen kann und mir ansehen, was ich so treibe und wenn ich den Mut fasse, das daran zu ändern, was ich vermag und wenn es mir glückt, gutes Karma zu verbreiten.

Obwohl ich sie zwischendurch verschütt' gehen lasse, die Naikan-Fragen platzen immer wieder hervor:

Neulich hat's mich im Supermarkt ‚gerissen': Nachdem die Verkäuferin angesichts der langen Warteschlange hinter mir alles flott eingetippt hatte, überstieg die Kassenforderung nach einem Blick ins Börsel eindeutig meine aktuelle Liquidität. Das bedeutete weniger Waren für meine Einkaufsgier und hat Rechnungskorrekturmaßnahmen ihrerseits erfordert. „Sie wissn eh, dass S' ma da Schwierigkeitn mochn!" hielt sie mir vor. Dieses Wort brachte mich sofort zum Einkrampfen. Ich wusste es. Und aufrichtiger und mit mehr Bereitschaft als sonst habe ich mich entschuldigt. Beim Hinausgehen habe ich lächeln müssen."

Peter Jo Pauer, geb. 1956 in Wien, studierte Geographie/Raumordnung und Raumforschung sowie Soziologie. Arbeitet als Raumplaner mit Spezialgebiet Tourismus in Wien.

Schön und manchmal hässlich, aber viele Augenblicke der Klarheit

Von Karin Spiroch (geschrieben 1997)

„Bei meiner Ostheopatin im Vorraum sah ich „zufällig" eine Ausgabe des Naikido Magazins liegen und blätterte es eher beiläufig durch. Nach der Behandlung fragte ich sie dann, was es mit diesem Naikan eigentlich auf sich hat. Sie sagte mir, es sei eine Art Innenschau und eine einfache und effektive Möglichkeit, sich sein Leben einmal genauer anzusehen. Außerdem hätte ich Glück, denn in ein paar Wochen gäbe es hier ein Wochen-Naikan ganz in der Nähe und ob ich nicht Lust hätte, daran teilzunehmen.

Ich wundere mich immer noch darüber (und über mich), dass ich nach diesen beiden Sätzen meinen Kalender herausholte und mir diese Woche einfach freihielt. Völlig unbekümmert sagte ich ganz lässig zu. Was könnte auch schon Schlimmes passieren, schließlich kannte ich ja mein Leben schon lange genug. Dieser lässige Zustand hielt sich dann auch bis ca. zwei Wochen vor Naikanbeginn, bis es dann „ernst" wurde. Meinem Ego und meinen Ängsten fielen immer wieder die ausgefeiltesten Schlupflöcher ein. Zu Beginn dieser „Galgenfrist" hatte ich noch die Hoffnung, dass sich sowieso keiner anmeldet und außerdem hatte ich ja auch die Seminargebühr noch nicht einmal annähernd zusammen. Ich hatte allerdings nicht damit gerechnet, dass ich ja einige Tage vor dem Seminar Geburtstag hatte und meine Familie und meine Freunde mir dieses Jahr ausschließlich „Naikangeld" schenken wollten.

Noch erschwerend kam hinzu, dass ich ausgerechnet den Stipendiumsplatz zugesagt bekam – ich hatte fest damit gerechnet, dass es dieses Mal bestimmt keinen gibt – und das Geld jetzt tatsächlich zu reichen schien. Es stand dann auch schon fest, dass die Woche stattfinden würde. Naja, wenn alles nichts hilft, dachte ich, kann ich ja immer noch krank werden. Meine, wie sich in der Naikanwoche noch zeigen sollte, bewährteste und bis zur Vollkommenheit trainierte „Rückzugswaffe", wenn gar nichts anderes mehr half.

Aber auch das klappte diesmal nicht. Ich wurde einfach nicht krank. Da half gar nichts, jetzt war ich „dran". Obwohl ich eigentlich gar nichts wusste von dieser Methode und von dem, was mich da konkret erwartete, konnte ich trotzdem schon Tage vorher nicht mehr ruhig schlafen. Als es dann endlich soweit war, brachten mich mein Mann und eine sehr liebe Freundin, sozusagen als Begleitschutz und damit ich nicht umfallen konnte – schließlich hätte ich mich mit dem Geld auch unbemerkt für eine Woche nach Mallorca flüchten können – zum Seminarhaus.

Ein Kloster. Na super, auch das noch! Wo ich doch überzeugte Nichtkatholikin bin. Das konnte ja heiter werden. Als die beiden vom Klosterhof fuhren, kam ich mir vor, wie die ungehorsame Tochter, die man ins Kloster verbannt hat. Ich meldete mich an und sah mir schon mal meine „Zelle" an. Ich hatte mir das Kloster düsterer vorgestellt. Aber es gab einen wunderschönen kleinen Park und einen großen Gemüsegarten, so dass ich mich damit beruhigen konnte, dass ich ja auch den ganzen Tag spazieren gehen könnte wenn ich die Einzelhaft nicht mehr aushielte.

Die Schwestern sagten mir, dass die Seminarleiter und auch ein Großteil der Teilnehmer noch nicht da wären. Als es dann immer später wurde, stieg die Hoffnung in mir auf, dass ja vielleicht doch etwas dazwischen gekommen ist und ich doch wieder nach Hause kann.

Sie kamen zwar spät – aber sie kamen. Wir aßen noch gemeinsam zu abend und ich erfuhr endlich genau, was mich hier erwartete. Was mich aber keinesfalls beruhigte. Ich dachte noch beim Essen, das kann ja eine schöne Woche werden. Und das war sie dann auch. Schön und manchmal hässlich, fröhlich und auch traurig, mit Stunden zum Lachen und zum Weinen aber besonders mit vielen Augenblicken, die endlich Klarheit in mein Durcheinander brachten.

Nach dem Abendessen hieß es, es gäbe gleich einen Gong und dann ist Schweigen. Wir bekamen von Johanna, der Naikan-Assistenzleiterin, sogar kleine Schildchen, auf denen stand: 'Naikan – bitte nicht ansprechen', und ich dachte noch: „Die machen ja tatsächlich ernst". Bei dem Gedanken, eine volle Woche zu schweigen und vor allem nicht zu lesen, sah ich mich schon Selbstgespräche führen und ging im Geiste bereits alle möglichen, einsetzbaren Neurosen durch. Aber es war ein wirklicher Genuss, diese Woche in Stille zu erleben.

Das einzigste, was ich in dieser Zeit als wirklich komisch empfand, war neben Jemandem auf der „Raucherbank" zu sitzen und nichts zu sagen. Und ebenso nicht laut loszulachen, da es einfach ziemlich bizarr wirken musste. Zwei Menschen rauchen auf einer Bank nebeneinander gemütlich eine Zigarette und jeder starrt krampfhaft in eine andere Richtung. Aber vielleicht war ich ja auch nur so verkrampft und habe es deswegen so empfunden.

Aber das erste, was einer meiner „Kollegen" sagte, als wir wieder sprechen durften, war: „Jetzt kann man sich endlich beim Rauchen wieder anschauen" und das war auch mein erster Gedanke in diesem Moment. Die ersten Tage waren schneller vorbei als ich befürchtet hatte. Ich wühlte in meinen Erinnerungen und kam einigen Geheimnissen auf die Schliche, die mich in den letzten Jahren immer wieder in die selben Fallen treten ließen.

Am dritten Tag, nachdem ich mir das Chaos mit meinem Bruder angesehen hatte, meinte der Naikanleiter, wie es denn wäre, wenn ich mir jetzt mal meine Oma „vornähme". Weil, die werden immer gerne genommen und sind ja auch irgendwie ganz nett in der Erinnerung. Das hörte sich easy an. Was ich allerdings nicht bedacht hatte war, dass Omas ja auch irgendwann sterben und dass das oft in der Kindheit oder Jugend passiert. Und so hat`s mich dann auch voll erwischt.

In der Periode von 10-14 Jahren habe ich eine halbe Rolle Klopapier verweint, weil in diesem Zeitraum meine geliebte Oma gestorben ist, ohne dass ich ihr sagen konnte, wie viel sie mir bedeutete. Josef gab mir den Rat, ihr einen Brief zu schreiben und all das aufzuschreiben, was ich ihr nicht mehr sagen konnte. Diesen Brief habe ich dann auch geschrieben. Und damit konnte ich sie nach so langen Jahren endlich gehen lassen. Ich habe mich dann von ihr verabschiedet und diesen Brief an einem, für mich besonderen Platz verbrannt. Und doch habe ich das Gefühl, es wird noch länger dauern, bis ich sie ganz loslassen kann. Denn auch jetzt während ich diese Zeilen schreibe, merke ich, dass meine Augen feucht werden und ich den berühmten Knödel im Hals habe. Aber ist nicht mehr so schmerzhaft wie vor dieser Woche Naikan.

Auch meiner Mutter habe ich einen Brief geschrieben und ihn ihr bei meiner Heimkehr mit einem riesigen Blumentopf gegeben. Ich habe sie mir in dieser Woche zweimal „angeschaut" und was ich da gesehen habe, hat mich einfach aufwachen lassen. Ich habe mich in diesen Tagen mehr als einmal darüber gewundert, dass sie mich trotzdem noch liebt. In meinem

Brief habe ich ihr geschrieben, dass ich ihr dankbar bin, dass sie „durchgehalten" hat. Und er endet damit, dass wenn ich so ein Kind gehabt hätte, ich es vor die Klostertür gelegt hätte und auf einen anderen Kontinent ausgewandert wäre.

Nach diesem Brief dachte ich eigentlich, ich wäre jetzt fertig. Ich habe mir ausgemalt, dass ich den vorletzten Tag einfach noch ein bisschen aushänge und endlich wieder was lesen könnte. Das sagte ich am Abend dann auch ganz verwegen zu Johanna. Doch sie meinte, vielleicht finden wir ja noch ein Thema für dich. Naja, was könnte das schon sein. Meine Familie hatte ich durch und so dachte ich mir, ärger kann's ja wohl nicht werden. Von wegen.

Am nächsten Morgen kam Johanna mit einem Zettel in der Hand in mein Zimmer und sagte, wie wär's denn mit einem Thema. Ich hatte das Gefühl, mir schlägt einer mit dem Hammer auf meinen Kopf. Das war ja widerlich! Und es war nicht nur widerlich sondern es war auch der Tag, der am spannendsten und am aufschlussreichsten der ganzen Woche war.

Denn das Thema, mit dem ich arbeitete, beinhaltete alles, was ich vorher gesehen hatte und auch alles, wo ich vorher lieber weggeschaut hatte in komprimierter Form. So kam ich, wenn auch zeitweise widerwillig darauf, dass ich mich mein ganzes Leben lang lieber in Krankheiten geflüchtet habe, wenn eine Entscheidung anstand. Ebenso konnte ich sehen und verstehen, warum ich immer wieder alle möglichen Erkrankungen hatte und lieber im Leiden versank, als etwas zu in meinem Leben wirklich zu ändern.

Ich bin den beiden jetzt noch dankbar, dass sie mich nicht so einfach laufen haben lassen. Und nicht nur dafür. Ich habe es sehr geschätzt, von den Naikanleitern durch mein Leben und das dazugehörige Chaos begleitet zu werden. Und das auf jeder Ebene. Durch achtsame Gespräche wie auch durch die optimale Betreuung und Versorgung, die sie mir haben zukommen lassen. Und das, ohne dass ich auch nur einmal das Gefühl gehabt hätte, es ist ihnen lästig für mich so zu sorgen.

Nach dieser Woche Naikan habe ich erkannt, dass ich auch nur ein stinknormaler Mensch bin wie alle anderen auch. Nicht besser aber auch nicht schlechter. Und dass ich genau wie jeder, immer wieder in den selben Dreck tappe und manchmal sogar knietief in altbekannten Fettnäpfchen stehe. Doch Naikan hat mir einen Weg gezeigt, wie ich diesen Dreck an der Sohle schneller und ohne Schuldgefühle erkennen kann, so dass ich vielleicht den nächsten Haufen schon vorher sehe, ohne dass ich voll reintreten muss. Und das ist doch schon was. Vielen Dank."

Karin Spiroch, geb. am 27.8.1968 in München, lebt und arbeitet heute in Dorfen/ Erding, BRD, als Fachkosmetikerin und Reiki-Lehrerin. In ihrer Praxis behandelt sie Menschen mit Naturkosmetik, Reiki, Massage und Aromatherapie. Außerdem leitet sie Seminare für Reiki und Aromatherapie und bietet Meditationsabende an.

Erfahrungen mit Naikan

Von Ingrid Stempel (geschrieben 1997)

„Vorletzten Sommer erlebte ich mit einer Freundin einen Abend mit ehemaligen Naikan-Teilnehmern. Ich fühlte mich in ihrer Gegenwart irgendwie wohl und hörte gerne zu, wenn sie von ihren Erfahrungen erzählten. So entschloss ich mich, mich ebenfalls auf eine Woche Naikan einzulassen. Drei Monate vor dem Termin war dieser Entschluss für mich jedoch überhaupt nicht mehr klar: Ich sah keinen Grund, wieso ich Naikan üben sollte, hatte aber schon zugesagt. Eine Woche vorher – ich suchte immer noch nach einem „richtigen" Grund – musste ich mir eingestehen, Angst davor zu haben, mich auf mich einzulassen.

Als es soweit war, als der Naikan-Leiter Josef Hartl die Bibel (1), die im Zimmer lag, einsammelte, als tatsächlich nichts mehr da war, woran ich mich hätte halten können, der letzte Fluchtweg also abgeschnitten war, Josef lauter beruhigende Dinge sagte, blieb mir gar nichts anderes übrig, als mich darauf einzulassen, was da kommen werde. Dann war es auch ganz anders: Ich spürte keine Angst mehr, statt dessen breitete sich eine „alles-ist-gut-Stimmung" in mir aus. Momentan bin ich immer noch und immer wieder sehr erstaunt darüber, wie es möglich ist, mich in dieser Welt – genau so wie sie ist – geborgen fühlen zu können. Ich mache mir oft Gedanken darüber, aber das Gefühl ist da, obwohl die Dinge, die mir Angst machen können, noch da sind. Ich weiß es nicht, warum ich mich trotzdem geborgen fühle, es ist einfach so. Aber ich weiß, dass mir meine Oma dabei geholfen hat, indem sie so war, wie sie war. Wie sie wirklich war, habe ich in dieser Naikan-Woche erlebt. Vorher sah ich meine Oma ganz anders, nur von einer bestimmten Seite. So einseitig besehen konnte sie mir bisher nicht helfen!

Aber während dieser Woche wusste ich immer noch keinen Grund, warum ich eigentlich hier war, mir ständig die gleichen Fragen stellen sollte. So wusste ich auch nie, was dabei herauskommen sollte, was ich leisten musste, wie ich zu funktionieren hatte. Aber in diesem Raum musste ich nicht funktionieren und ich funktionierte auch nicht. Es funktionierte nicht, meinen gewohnten Weg zu gehen, statt dessen wurde mir ein ganz anderer gezeigt. Zunächst konnte ich dies nicht lustig finden, aber es wurde immer unmöglicher, mich überhaupt noch dabei ernst zu nehmen, so viel unnötige Kraft für solch anstrengendes Unternehmen aufzuwenden, unbedingt auf einem so beschwerlichen Weg bleiben zu wollen. Außerdem ist es ja genau dieser neue Weg, nach dem ich mich immer so sehr gesehnt habe!

Momentan versuche ich, ehrlicher mit mir umzugehen, wenn ich sehe, wie berechnend mein Tun ist und mir gegenüber nachsichtig zu sein, wenn ich es bemerke, dass ich mich wieder mal auf meinem alten Weg befinde. Ich weiß es nicht, ob mir das auch immer bewusst ist. Aber ich habe ja wieder die Möglichkeit, irgendwann einmal an einer Naikan-Woche teilzunehmen. Immer wieder mache ich die Erfahrung: Naikan ist in einer Woche nicht zu Ende, es geht weiter!

Z.B. erlebte ich dieses Weihnachten unter dem Aspekt der ersten beiden Naikan-Fragen. Ich fragte mich während des Kindergottesdienstes, in dem es auch ums Schenken ging: Was tut an Weihnachten jemand für den anderen? Was bekommt jemand von einem anderen?

Ich dachte dabei an Menschen, die etwas bastelten, die etwas vorbereiteten, an die

Gestressten, die noch schnell in überfüllten Kaufhäusern einkauften, an andere, die Geschenke in aller Ruhe rechtzeitig besorgten, an Eltern, die den Weihnachtsbaum für ihre Kinder schmückten, an Menschen, die ihre Geschenke einpackten... So viele nahmen sich Zeit für andere, so viele machten sich um jemanden Gedanken! Sonst stellte ich das Schenken oft in Frage, auch wegen des Stresses, das es bei mir verursacht. Aber in diesem Augenblick sah ich nur eins: Es geschieht aus LIEBE, aus Liebe tun diese Menschen etwas für andere!

Dann dachte ich an Menschen, für die etwas getan wird. Ich empfand viel Freude darüber, dass an diesem Abend noch so viele beschenkt wurden, wie viele die Erfahrung machen durften, etwas zu bekommen. Die Erfahrung von Liebe machen dürfen!

Die Kinder gaben uns zum Schluss den Auftrag, diese Liebe in die Welt hinauszutragen, die Welt durch sie zu erleuchten. Es wurden dafür symbolisch Kerzen angezündet, die wir nach Hause nehmen sollten. Während die Kerzen verteilt wurden, konnte es jeder erleben, sehen, wie es durch dieses Licht in der bis dahin dunklen Kirche hell wurde, wie es hinausgetragen wurde, wie Liebe die Welt erhellt. Ganz glücklich wurde ich bei dem Gedanken: Wir sind hier ja nur ein kleiner Teil dieser Welt. Weihnachten ist es doch überall. Überall wird heute gegeben und überall bekommt jemand etwas. Jeder trägt heute ein Licht, kann es weitergeben, kann es auch beim anderen sehen.

So ist es doch nicht nur an Weihnachten, sondern immer! Liebe kann also immer erfahrbar sein, sie ist immer da, einfach so, es gibt keinen Grund, warum es so ist. Wir brauchen sie nur in uns, im anderen zu sehen, zu fühlen, sie anzunehmen. Wieviel Lebensfreude kann man dann erleben, ohne irgendeinen Grund dafür haben zu können!

Ich suche oft nach Gründen für irgendwelche Dinge im Leben. Leider finde ich auch viele. Es kann sich aber nur um einen Grund dafür handeln, warum ich Liebe nicht annehme, warum ich den Weg zu ihr verschließe. Dann kann ich sie nicht erfahren. Das bedeutet Leid, das ich anderen und in letzter Konsequenz mir selbst zufüge.

Doch jetzt in diesem Augenblick kann ich nur Dankbarkeit empfinden, für alle, die etwas für mich getan haben und für mich tun.

(1) Anm. d. Verf.: Im Kloster liegt in jedem Zimmer eine Bibel, die im Naikan aus dem einfachen Grund eingesammelt wurden, damit das Lesen darin nicht zu einer willkommenen Ablenkung von der Naikan-Übung benutzt werden konnte. Dies sei festgestellt, damit niemand auf die Idee kommt, im Naikan wäre das Lesen der Bibel verpönt. Das ist nämlich absolut nicht der Fall.

Ingrid Stempel, geb. 20.5.60 in Landshut, jetzt wohnhaft in Wartenberg, ist von Beruf Heilpraktikerin mit den Therapieformen Klassische Homöopathie, Shiatsu, Bachblüten. Sie gibt außerdem Kurse in Bachblüten-Therapie.

Mein Weg zur Naikan-Methode

von Hermine Hof (geschrieben 1997)

„Seit Jahren bin ich eine aufmerksame Ö1 Radiohörerin und notiere mir Sendungen, die mich besonders aufhorchen lassen. Am 7.10.1994 hörte ich einen Beitrag über den Internationalen Naikan Kongress in Wien. Ich notierte in meinem Notizbuch: Naikan-Methode aus Japan, entstanden aus dem Buddhismus, Wandlung durch innere Betrachtung. Es vergehen zwei weitere Jahre und bei der Teilnahme an einem Massageseminar von Josef Hartl fällt mir die Naikan-Zeitung in die Hände. Mein Interesse war aufs Neue erwacht und ich besuchte das Naikan-Forum in Wien, um mehr über diese Methode zu erfahren. Eine Woche in Stille, ohne äußere Einflüsse und mit Hilfe der drei Naikan-Fragen mein Leben anschauen, 'Das ist es', hörte ich meine innere Stimme.

Im Herbst 1996 übe ich im schönen Seminarhaus Steinegg meine erste Naikan-Woche. Die Betrachtung des Lebensweges von meinem jüngeren Sohn, jetzt 31 Jahre alt, hat mich besonders bewegt. Mit ca. 15 Jahren begann er, für mich schwierig zu werden. Ich war allein-erziehende Mutter und stand seinem Verhalten allzu oft hilflos gegenüber. Er entfernte sich mehr und mehr von mir und es gab viele leidvolle Situationen zu durchgehen.

Im Naikan – Wo habe ich Schwierigkeiten bereitet? – sah ich wieder den kleinen Buben, der sich schon aus der Sandkiste entfernte, um Raum für sich zu haben, der von mir als Mutter nicht beobachtbar war. Aus falsch verstandener Liebe und Fürsorge wurde er von mir immer wieder eingegrenzt. Lügen und Aggressionen, besonders in der Pubertät, waren seine Antworten auf mein Verhalten. Vor meinem geistigen Auge tauchten Situationen auf, in denen ich mir sogar Zutritt in sein Leben erzwingen wollte. Abschnitt für Abschnitt im Anschauen unseres gemeinsamen Lebensweges begegnete ich immer wieder diesen meinen Eingrenzungen. Schuppe für Schuppe fiel von meinen Augen und dann stand klar für mich da: Er hätte für seine persönliche individuelle Entwicklung mehr Vertrauen und Freiraum von mir gebraucht. Darum sein frühes Bestreben des räumlichen und gefühlsmäßigen Abstandes von mir. Diese Erkenntnis im Naikan war und ist noch immer befreiend und erlösend für mich. Ich lasse ihn jetzt sein, wie er ist, und er ist von mir geliebt, wie er ist. Mit Freude nehme ich wahr, wie wir uns näher kommen und unsere Mutter-Sohn-Beziehung ist freier und liebevoller geworden."

Hermine Hof, geb. 1946 in Wels, OÖ, lebt seit zwanzig Jahren in Tulln, NÖ. Mutter von zwei erwachsenen Söhnen, 31 und 32 Jahre alt. Von ihrem jüngeren Sohn hat sie zwei Enkelkinder. Sie arbeitet in Teilzeit als Behindertenbetreuerin und gibt in freier Praxis Schröpfbehandlungen und Vacuum-Massagen. Ist derzeit in Ausbildung zur Heilpraktikerin.

Die Sucht nach Leiden

Von Ulrike Müller (geschrieben 1997)

„Vor wenigen Tagen hat mein Vater Geburtstag gehabt. Er wollte diesen Tag gerne mit uns Kindern verbringen, also gab es eine sehr schöne gemeinsame Feier, aber so schön war es nicht immer.

Mein Vater und ich, wir haben viele Jahre des Leidens hinter uns. Ich habe viele Jahre als „LEIDERIN" gelebt. Es ist mir nicht schlecht gegangen, aber ich wollte leiden.

Die Ehe meiner Eltern war, wie viele andere Ehen auch, nicht dauerhaft glücklich. Da meine Mutter auch berufstätig ist, waren wir Kinder oft bei unserer Großmutter. Während meine Mutter Überstunden machte, war mein Vater allein. Er hatte nie viele Freunde und war ein eher schweigsamer Mensch. Wir hatten viel Respekt vor ihm. Ich hatte große Sehnsucht danach, zu erfahren, was für ein Mensch er war, suchte seine Nähe und hatte zugleich Angst vor ihm.

Wenn mein Vater zuhause war, sprach er kaum. Das einzige, was wir oft von ihm hörten, waren die Jazzplatten, die er sonntags auflegte. Die gefielen uns aber nicht. Seine Musik nervte uns ebenso, wie die Sonntagsspaziergänge mit ihm. Manchmal nervte sogar seine bloße Anwesenheit.

Irgendwann so zwischen meinem dreizehnten und vierzehnten Lebensjahr wurde das „Geheimnis", das meinen Vater immer umgeben hatte, gelüftet: Meine Mutter erzählte mir, dass er SPIELER war, also sein Geld, UNSER Geld, in Spielhallen ausgab.

Ich begann mir furchtbar leid zu tun, weil meine Mutter so oft traurig war, weil meine Großmutter sich Vorwürfe machte, weil wir so wenig Geld hatten und weil ich mit niemandem darüber sprechen konnte, wie arm ich war. Mit meinen Geschwistern und meiner Mutter verbündete ich mich gegen meinen Vater. Gemeinsam ertrugen wir das Leid, das er uns antat. Die Schuld an allen missglückten Dingen in unserem Leben, die hatte nun er.

In all diesen Jahren, in denen ich litt, war ich sehr unglücklich. Ich stieß meinen Vater von mir, obwohl ich seine Nähe spüren wollte. Ich konnte nicht mehr mit ihm sprechen, obwohl ich so viele Fragen hatte. Ich konnte ihm nicht mehr in die Augen sehen. „Wenn mein Vater stirbt, dann weiß ich nichts über ihn", dachte ich oft.

Im Juli 95 wurde mein Vater sehr krank. Im August 95 machte ich mein erstes Naikan. Ich freute mich darauf, Naikan gegenüber meinem Vater zu machen. Ich hatte die Hoffnung, dass ich dem Naikanleiter sehr leid tun würde. Zum Glück kam alles ganz anders.

Unter einer Decke sah ich mir die Jahre mit meinem Vater an. Ich sah, dass ich seine Sucht benutzt hatte. Sein Leid hatte mir dazu genutzt, meinen Freunden leid zu tun, meine Beziehungen zu erhalten oder Geld von meiner Großmutter zu bekommen. Mein Leidensdruck war so groß, dass ich alle Verantwortung abschieben konnte.

Ich sah auch die Schwierigkeiten, die ich meinem Vater gemacht hatte, weil ich ihn so oft verleumdet und sein Vertrauen missbraucht hatte. Ich erinnerte mich daran, was er für mich getan hatte. Die Geschichte mit ihm war kein großes schwarzes Loch mehr. Viele bunte Bilder tauchten plötzlich auf.

Zuletzt sah ich meinen Vater, wie er mich, nach meiner Abtreibung, von der Klinik abge-

holt, den ganzen Tag neben mir am Bett gesessen und meine Hand gehalten hatte, ohne mir den leisesten Vorwurf zu machen.

Nach dem Naikan verbrachte ich viele Nachmittage am Krankenbett meines Vaters. Wir haben viele Gespräche geführt, und ich habe viel über ihn erfahren dürfen. Letztes Jahr waren wir sogar gemeinsam in Spanien. Wenn wir uns heute sehen, gibt es immer viel zu reden, aber auch sein Schweigen kann ich mittlerweile akzeptieren.

Was ich im Naikan über meinen Vater gesehen habe, ist sehr simpel, aber fast hätte ich zu lange gelitten, um es erfahren zu können: Ich sah, dass ich meinen Vater sehr lieb habe, und dass es ganz egal ist, ob er spielt oder nicht."

Ulrike Müller, geboren am 10.12.71, ist Dipl. Ergotherapeutin. Seit November 1995 arbeitet sie mit Aids-Kranken und HIV-Positiven.

Vom Opferlamm zum bunten Vogel

von Gertraude Thalndorfer (geschrieben 1995)

„Es war vor acht Monaten, als Josef mir den Vorschlag machte, täglich zu Hause gegenüber meinem „Noch-Ehemann" eine Stunde Naikan zu üben. Ich sollte mir jeden Tag ein Jahr unseres Zusammenseins anschauen. Zu diesem Zeitpunkt wartete ich bereits eineinhalb Jahre auf eine gerechte Entscheidung in meinem Scheidungsprozess und somit auch auf die langersehnte Wende in meinem – in den letzten Jahren eher tristen – Leben. Ich wusste zwar, dass dieser Neubeginn nur aus mir kommen konnte, doch ich fühlte mich – zumindest meine Ehe betreffend – immer noch als Opfer. Ich wendete den Großteil meiner Energie dafür auf, „seine" Schuld zu beweisen, mich von einer Verhandlung zur nächsten wieder zu erholen und abzuwarten. Als ich mir unsere immerhin 18 gemeinsam verbrachten Jahre das erste Mal angesehen hatte und sich die typische „Was-hat-er-mir-eigentlich-alles-angetan?"-Frage nach einigen Stunden wie von selbst erübrigte, kam ich mir gar nicht mehr so schwach und wehrlos vor.

Durch das Bewusstwerden der unzähligen Schwierigkeiten, die ich über Jahre hindurch einem sehr starken, selbstbewussten und erfolgreichen Mann angetan hatte, wurde mir erst mein eigener Mut, meine Ausdauer und mein äußerst starker Wunsch nach Frieden bewusst. Doch diesen galt es vorerst für mich selbst zu finden, bevor ich ihn gemeinsam mit meinem Partner finden konnte.

Nach diesen ersten Erfahrungen wurde ich „naikanneugierig" und meldete mich sofort zum nächsten Tagesnaikan an. Auch diese Stunden der intensiven Auseinandersetzung mit mir selbst brachten mich um Meilen weiter. Es bröckelte bereits die 2. Schicht meines „Opferdaseins" ab, und ich fühlte mich meinem inneren Frieden ein Stück näher. Ich war überwältigt von dem, was ich eigentlich seit frühester Kindheit an Liebe, Wärme, Geborgenheit und Fürsorge bekommen hatte, es mir aber nicht erlaubt zu nehmen. Viele

andere Zwistigkeiten und Ablenkungen schienen mir wichtiger, als das vorhandene „Schöne"
einfach aus vollem Herzen und mit offenen Händen zu nehmen. Seither übe ich einen Tag im
Monat Naikan und nütze die Zeit dazwischen, meine Erkenntnisse in den Alltag einfließen
zu lassen, meine Wandlung zu spüren und so gut es mir gelingt danach zu leben. Obwohl
diese Veränderungen für mich mit viel Schmerz und Trauer verbunden sind, geben sie mir
tiefe Gefühle der Wärme, Dankbarkeit und Wertschätzung, die ich z.B. meiner Mutter gegen-
über empfinde, wenn ich mich erinnere, wie sie mir stets mit einer Selbstverständlichkeit ihre
Zeit und Aufmerksamkeit widmete, Kraft und Zuversicht, selbst und auch als Mutter am
richtigen Weg zu sein.

Ich spüre, wie meine Erfahrungen von einem Naikan zum nächsten tiefer gehen und sich
mein Muster bezüglich der „Frau als Opfer" langsam auflöst. In der Zwischenzeit lernte ich,
meine Energie für meine Ziele, für das Erreichen meines Friedens, meiner inneren Freiheit
und meiner Einfühlsamkeit zu verwenden, um nicht in den anderen fliehen zu müssen. Aber
waren es nicht die anderen, die über Jahre hindurch „scheinbar" mein Leben bestimmten und
mich an allem, was ich eigentlich wirklich wollte, hinderten? Zumindest nahm ich es in der
Realität vor Naikan so wahr. Aus diesem von mir zurechtgelegten Grund sollte auch mein
Neubeginn erst durch Entscheidungen von außen verwirklicht werden. Um so erschütterter,
zugleich aber auch befreiter fühlte ich mich nach der Erkenntnis beim letzten Naikan, dass
es bloß einen Menschen gab, der mir seit Jahren im Weg stand und mich krampfhaft zurück-
hielt: „Ich selbst!"

Wie konnte ich doch all die Jahre annehmen, dass aus einem eigenmächtig beschmutzten
Nest ein bunter, fröhlicher Vogel entschlüpfen würde?"

(Dieser Erfahrungsbericht ist in der Zeitschrift NAIKIDO, in der 2. Ausgabe 1995, erschienen.)

Gertraude Thalndorfer, geb. im November 1955 in Wien. Ich lebe mit meinen beiden Töchtern in Wien. Aufgrund meiner Ausbildung als Damenkleidermacher und meiner Vorliebe für Stoffe und deren Verarbeitung in verschiedenen Bereichen beschäftige ich mich immer wieder mit diesen Materialien. In den letzten 15 Jahren war ich jedoch in erster Linie auf dem „Muttertrip" und arbeitete in der Firma meines Mannes mit. Derzeit konzentriere ich mich darauf, eine Möglichkeit zu finden, mein langjähriges Hobby zu meinem Hauptberuf werden zu lassen.

Gertraude Thalndorfer übte regelmäßig Tagesnaikan.

Naikanreif?!

von Martin Wundsam (geschrieben 1995)

„Anfang Jänner 1992 rief ich meinen Freund an, der mir kurz und bündig die folgenschwere Frage stellte, ob ich „naikanreif" sei. Diese Frage traf mich vollkommen unerwartet und da ich nicht wusste, ob ich „naikanreif" war oder nicht, sagte ich ja. Schließlich handelte es sich um einen Freund, den ich nicht enttäuschen wollte und „nein" sagen war nicht gerade meine Stärke. Außerdem, ein wenig wusste ich aus vorhergehenden Gesprächen ja Bescheid, sah ich eine gute Möglichkeit, meinem damals neu zugelegten Image eines an östlichen Philosophien interessierten Menschen mehr Glanz zu verleihen. Nicht zu vergessen, wie gut es aussehen würde, eine Woche lang hinter einem Wandschirm durchzudrücken. Und das alles mit dem angst- und neugierigmachenden Beigeschmack der Selbsterfahrung. Natürlich hatte ich Angst davor, die musste jedoch hintanbleiben, zu groß erschien mir die Gefahr, einen Freund zu enttäuschen, und die Vorteile winkten...

Solchermaßen mit Erwartungen angefüllt begann ich mit Naikan. Erste Periode: Mutter – die ersten Jahre – die drei Fragen. Viel fiel mir dazu nicht ein. Nach dem Frühstück die nächste Periode: Mutter – die nächsten vier Jahre – die drei Fragen. Immer noch wenig Antworten. Nächste Periode: Mutter – die nächsten vier Jahre – die drei Fragen. Wieder wenig Antworten, aber dafür einige „G'schicht'ln". Die frustrierende Antwort: „Bleib bei den drei Fragen!" So ging das den ganzen Tag. Unterbrochen von dreimal Essen, einmal Duschen und den Gesprächen mit dem Naikanleiter, sonst nichts. Am nächsten Tag war mein Vater an der Reihe, dann wieder meine Mutter. Die Antworten wurden zwar mehr, aber mit einem ausgesprochen unangenehmen Beigeschmack: Je mehr mir einfiel und je ehrlicher ich in meinen Erinnerungen zu mir selbst wurde, desto weniger Antworten fand ich auf die Frage, was ich für die jeweilige Person gemacht hatte. Nach drei Tagen war es dann soweit: Ich musste alle Erwartungen, die ich dieser Naikanwoche gegenüber hatte, über Bord schmeißen und stand meinem Egoismus in einem Ausmaß gegenüber, wie ich ihn bis zu diesem Zeitpunkt nicht kannte. Es war eine schmerzliche, aber heilsame Erfahrung. Von diesem Moment an bekam ich eine Ahnung davon, wenn auch nur eine kleine, wie sehr ich mir selbst im Weg stehe und wieviel das mit meinem Ego zu tun hat. Auf Grund dieser Erkenntnis war ich auch eher bereit, mir die Auswirkungen dieser Tatsache auf mein Leben und die Menschen, die darin vorkommen, zu betrachten. Das hatte zur Folge, dass ich mehr Facetten der drei Fragen erkennen und beantworten konnte. Ich betrieb Innenschau, sprich Naikan.

Natürlich war ich auch weiterhin nicht davor gefeit, Irrtümern und Egoismen in der Übung aufzusitzen, aber ich hatte etwas begriffen und sah dadurch ein kleines Stück weiter. Der Ausklang der Woche war durch ein Gefühl der Liebe zu meiner Mutter, meinem Vater und meinem Bruder geprägt, wie ich es nicht für möglich gehalten hatte, und ich wusste, der Verlauf meines Lebens lag in meiner Hand. Ich hatte viel zu lernen.

Schon kurz nach dem Naikan war ich mit der Tatsache konfrontiert, dass ein weiter Weg zwischen Erkennen und dem Umsetzen in die Realität liegt. Innerhalb kürzester Zeit fand ich mich in den selben Mustern wieder, von denen ich während der Naikanübung so einiges durchschaut hatte. Meine Beziehung zu Frauen war noch immer kompliziert, nein zu sagen immer noch nicht leicht... Kurz gesagt, mir fiel all das auf, was mir nicht gelang.

Ich erwartete von mir als „Naikangeläuterten", dass sich mein Leben schlagartig in den „richtigen" Bahnen zu bewegen hatte. Was ich über diesem selbstauferlegten Druck übersah, waren jene Veränderungen, die ohne mein krampfhaftes Zutun passierten und ständig weitergingen. Egal um welche Entscheidung oder zwischenmenschlichen Konflikt es ging und was daraus entstand, ich konnte nicht mehr umhin, meinen Teil an dem jeweiligen Geschehen zu betrachten. Naikan wirkte, und das, obwohl ich mich in der Folge drei Jahre lang vor einer neuerlichen Woche hinter dem Wandschirm gedrückt hatte.

Im Frühjahr dieses Jahres war ich „naikanreif". Diesmal wusste ich es und ich beschloss, mir so rasch als möglich die Zeit dafür zu nehmen. In diesem Zusammenhang erfuhr ich auch von der Möglichkeit, Jujukinkai zu üben. Ich entschied mich dafür, wobei mir über die Gründe dieser Entscheidung erst während der Übung so einiges bewusst wurde... Wieder hatte ich Angst davor, nur diesmal konnte ich darüber sprechen (siehe oben, Naikan wirkt!!).

Meine private Situation war kurz vor Beginn des Jujukinkai nicht gerade die rosigste, und so begab ich mich wiederum mit vielen Erwartungen in diese Woche. Ich hatte Fragen, die ich unbedingt beantwortet haben wollte und war dadurch von Beginn an unzufrieden darüber, dass ich nichts „sah". Nur – Jujukinkai lässt sich genausowenig benützen wie Naikan, und damit war ich sehr schnell konfrontiert.

Plötzlich begann ich zu begreifen, worum es ging. Ich war wieder bei meinem Egoismus angelangt und der blickte mich von allen Seiten an. Die im Vergleich zu Naikan straffere Struktur ließ mir in dieser Woche keine Chance, mich über genau jenen Punkt meines Bewusstseinszustandes hinwegzuschwindeln, an dem ich mich eben befand. Ich konnte nicht mehr sehen, als ich sah und jede Art der Unzufriedenheit darüber stellte sich alsbald als eine Seite meines Egoismus heraus. Überall, egal was ich tat, ertappte ich diese Egostruktur in mir: beim Zazen, beim Essen, bei den Gesprächen mit dem Leiter, bei meiner Haltung den anderen Übenden gegenüber und natürlich in den Antworten, die ich zu den jeweiligen Themen fand.

Im Jujukinkai hat man sich selbst zum Gegner, das bekam ich deutlich zu spüren. Trotzdem gab es diesen einen Moment, für den ich unendlich dankbar bin. Es war jener unbeschreibliche Moment, in dem ich all die Liebe fühlte, die ich von allen Menschen und allen Dingen, die mich umgaben, bekam. Ein Gefühl, das ich nie vergessen werde.

Ich habe diese Woche nicht mit dem Gedanken beendet, etwas geschafft zu haben, zu deutlich war mir klar, dass ich mich ganz am Anfang eines Weges befinde. Ich erfahre auch jetzt wieder, wie schwer es ist, jene Erkenntnisse, die sich in der beschützenden Atmosphäre eines Jujukinkai in mein Bewusstsein gegraben haben, in der Realität des Alltags zu leben. Ein Grund mehr weiterzuüben..."

(Dieser Erfahrungsbericht ist in der Zeitschrift NAIKIDO, in der 2. Ausgabe 1995, erschienen.)

Was hat Naikan mit dem Alltag zu tun?

Oder: Wodurch unterscheidet sich ein Streit mit meiner Frau vor und nach Naikan
von Martin Wundsam (geschrieben 1997)

*„Ich habe Naikan geübt, um nachher den Leuten erzählen zu können, dass ich eine Woche
Naikan geübt habe, ich habe Naikan geübt, weil ich auf der Suche bin (wonach auch
immer), ich habe Naikan geübt, weil ich Probleme habe „nein" zu sagen, ich habe Naikan
geübt, weil ich schon als Kind „Liebe" mit Eigennutz verwechselt habe...*

*Wie auch immer, ich hatte viele Gründe, um im Jänner 1992 eine Woche hinter einem
Wandschirm zu verbringen und mir drei Fragen zu stellen. Die meisten dieser Gründe waren
sehr egoistisch und an hohe Erwartungen gebunden. Einiges hat auch wirklich funktioniert:
„Was?! Eine Woche dauert das? Und man darf mit niemanden sprechen? Ich würde so etwas
nie durchhalten!" ...solche Worte waren Balsam für meine See.. , äh, ich meine für mein
Ego.*

*Eines jedoch ist ungut. Mittlerweile sind mehr als fünf Jahre vergangen, ich habe zwei-
mal eine Woche Naikan geübt, bin zweimal im Tages-Naikan gesessen und bin Naikan-
Assistenzleiter, ja sogar in Japan war ich auf Naikan-Fortbildungsreise, dazu kommen noch
zwei Wochen Jujukinkai – Meditation und seit über einem Jahr regelmäßig einmal in der
Woche Abendmeditation.*

*Trotz alldem hat das Wichtigste nicht funktioniert: Ich bin immer noch kein besserer
Mensch geworden. Ehrlich, mir kommt da schon des öfteren der Gedanke, dass Naikan nicht
funktioniert, zumindest bei mir nicht. Einmal blieb dieser Gedanke fast drei Jahre lang. Vom
Sommer 1992 bis zum Frühjahr 1995 war ich felsenfest davon überzeugt, dass Naikan zwar
gut für die anderen sei, aber nicht für mich. Eigentlich lag ich damit auch nicht so falsch.
Ich dachte, mit Naikan eine Art Geschäft zu machen: Ich zahle und übe eine Woche und
als Gegenleistung werden alle meine Erwartungen erfüllt. Hin und wieder geht es mir auch
jetzt noch so.*

*Mit dieser Haltung versuche ich Naikan für meinen Egoismus zu benützen, und genau
dafür ist diese Methode nicht gedacht. Im sogenannten Alltag mache ich diese Erfahrung
ständig. Und eigentlich bin ich beleidigt, dass sich Naikan von mir nicht benützen lässt. Das
ist der wirkliche Grund, warum ich öfter denke, dass es bei mir nicht funktioniert. Das Leben
ist nach Naikan nicht einfacher und Naikan macht keinen besseren Menschen aus mir. Wie
der Wiener sagt: „Des spü'ts net!"*

*Nun stellt sich die Frage, warum mache ich das überhaupt? Wofür der ganze Aufwand? Die
Antwort bekam ich durch das Naikanüben selbst. Die Wirkung von Naikan zeigt sich mir
woanders: Ich durchschaue meine Handlungen schneller und effektiver.*

*Ein Streit mit meiner Frau endet meist damit, dass ich eine Zeitlang ganz sicher bin, im
Recht zu sein. Ich komme jedoch nicht umhin, mein Verhalten in der jeweiligen Situation
genau zu betrachten. Nicht selten muss ich mir leider eingestehen, dass ich nur deswegen so
aggressiv zu ihr war, weil sie recht hatte. Sollte ausnahmsweise wirklich ich im Recht sein, so
erkenne ich oft, dass meine Art ihr das zu vermitteln und mein Ton einfach nicht angebracht
waren.*

In beiden Fällen bin ich sehr traurig und entschuldige mich bei ihr. Es tut mir einfach weh zu sehen, dass ich meine Frau, die ich liebe, verletzt habe. Früher habe ich mir diese Dinge nicht überlegt, ich bin stur geblieben und habe Konsequenzen gezogen, die meinen Gefühlen nicht entsprachen. Allein die Tatsache, dass ich meine frühere Freundin heute als meine Frau bezeichne ist ein Ergebnis dieser Betrachtungsweise.

Meine zweijährige Arbeit als Physiotherapeut mit AIDS-Patienten ist für mich, im nachhinein betrachtet, ohne die Erfahrungen aus Naikan und der ständigen automatischen Auseinandersetzung mit dieser Sichtweise nicht denkbar. Ich war in dieser Zeit mit Themen konfrontiert, die mich auf der einen Seite sehr neugierig machten, auf der anderen Seite jedoch große Angst in mir auslösten, die ich zum Teil nicht einmal bereit war, mir wirklich vor Augen zu führen.

Auch diese Tätigkeit begann ich mit sehr großen Erwartungen. Ich hatte das Gefühl, etwas Besonderes zu tun und ließ keine Gelegenheit aus, damit zu prahlen. Das ging sogar soweit, dass es mir nicht recht war, als sich die ersten Medikamentenerfolge bei AIDS-Patienten abzuzeichnen begannen. Ich wollte gar nicht, das diese Krankheit eventuell heilbar wurde, denn damit wäre ja das Besondere an meiner Arbeit verloren gegangen.

Naikan brachte mich dazu, mir genau das zu vergegenwärtigen. Ich hatte äußerst egoistische Motive für diese Arbeit und war meilenweit davon entfernt, wirklich etwas für die Patienten tun zu wollen. Umgekehrt haben die Patienten sehr viel für mich getan. Es kam nicht nur einmal vor, dass ich von einem todkranken, bettlägerigen Menschen ein freundliches „Hallo, wie geht es dir!" zu hören bekam und sich meine muffelige Morgenlaune sogleich deutlich verbesserte. „Ohne deine Hilfe hätte ich nie wieder gehen gelernt!"- Gibt es einen schöneren Satz für einen Physiotherapeuten? Ich habe ihn oft hören dürfen. Selbst dieser Computer, auf dem ich diese Zeilen schreibe, ist ein Geschenk eines ehemaligen Patienten, eine Woche später ist er gestorben. Ganz zu schweigen von dem Vertrauen, das mir entgegengebracht wurde und dem intensiven Lernprozess über den Tod und damit auch über das Leben.

Ich im Gegenzug nahm mir oft nicht einmal die Zeit, einfache Handgriffe für diese Menschen zu erledigen. Oft erlebte ich sie nur als Junkies oder Schwule, die mir fürchterlich auf die Nerven gingen. Hochmütig sagte ich oft über Patienten, sie seien wehleidig, ohne zu bedenken, wie ich mich selbst beim kleinsten Anflug von Schmerzen verhalte. Die Naikan-Sicht holte mich immer wieder von diesen hohen Rössern und ich entwickelte dadurch doch auch hin und wieder Verständnis für die jeweilige Person. Plötzlich fielen mir eventuelle physiotherapeutische Möglichkeiten ein, etwas gegen die Schmerzen zu tun und nicht nur stur auf z.B. Bewegungstherapie zu beharren.

Auch gegenüber meinen Arbeitskollegen war ich nicht immer fair. Sehr deutlich sah ich oft die Fehler, die andere machten, ihre Stärken und gelungenen Arbeiten erfüllten mich eher mit Neid. Insbesondere bei Vorgesetzten und anderen Entscheidungsträgern war ich immer sehr schnell mit Verurteilungen: Der oder die sieht seine/ihre Welt und versteht überhaupt nicht, wie es uns, die wir quasi an der Front sind, geht! Was ich mir nicht klargemacht hatte: Auch ich habe die Situation nicht von ihrer Warte aus betrachtet. Als ich das begriff und mich auch mit der Situation von Vorgesetzten zu beschäftigen begann, wurde mir viel von deren Verhalten verständlicher und nachvollziehbarer. Das heißt nicht, dass ich mit allem einver-

standen war, aber ich konnte mich nicht mehr als der moralisch „Bessere" fühlen. Vielleicht bin ich durch Naikan etwas erwachsener geworden. Ich habe gelernt, dass ich Menschen und Tatsachen inklusive mich selbst nicht ändern kann, aber ich habe die Möglichkeit, mein Verhalten und dessen Auswirkungen zu beeinflussen. Das lerne ich durch Naikan und hier wirkt auch Naikan, sogar bei mir...

Martin Wundsam, geb. 1965, ist Dipl. Physiotherapeut, Naikido-Shiatsu Praktiker, Mitglied im Institut für Shiatsu und Energy Balancing, Mitglied des Lehrerteams eines Einjährigen Gesundheitstrainings mit Shiatsulehrgang, Naikan-Assistenzleiter und Naikan-Übender,

Die Naikan-Erfahrung und ihre Anwendung im täglichen Leben
von Tadashi Takahashi

„Zwanzig Jahre sind vergangen seit meiner ersten intensiven Naikan-Erfahrung. In meinen Gedanken und meinen täglichen Handlungen bemühe ich mich, mit den Einsichten in Einklang zu sein, die ich dort entdeckt habe. Obwohl ich noch unzufrieden mit mir bin, erkenne ich an, dass ich dem Naikan einen befreienden Bewusstseinsprozess verdanke, sowohl in den kleinen als auch in den großen Dingen. Ich werde Ihnen berichten: 1. wie Naikan dem Menschen helfen kann zu leben; 2. wie ich persönlich durch die intensive Naikan-Praxis die Wahrheit über meinen Vater erkannte und dadurch verstand, dass ich mein Leben ändern musste; und 3. wie ich Naikan in meinem Alltag anwende.

Ich begann mein erstes intensives Naikan mit der Reflexion über meine Mutter. Am Anfang kostete es viel Anstrengung, mich überhaupt nur erinnern zu können; ich hatte den Eindruck, als wären mein Kopf eingerostet und meine Gedankengänge verstopft. Es genügte nicht, mich an eine Episode und an mein Verhalten in dieser Episode zu erinnern, ich musste auch überlegen, welche Lektion ich daraus zu lernen hätte. Erst am Ende des Naikans gegenüber meiner Mutter gelang es mir, einige wichtige Dinge zu verstehen.

Danach begann ich das Naikan gegenüber meinem Vater: Bis zu diesem Zeitpunkt hatte ich niemals an die Art gedacht, wie mein Vater mich sah, noch hatte ich je überlegt, welche Auffassung er von meiner Erziehung haben könnte. Je weiter mein Naikan über meine Kindheit fortschritt, desto mehr entdeckte ich ein neues Bild von mir selbst, nämlich jenes eines egozentrischen, unüberlegten Kindes; und auf der anderen Seite entstand das Bild eines Vaters voller Edelmut. Diese Bilder waren voller Leben, sehr wirklich.

Dann erinnerte ich mich an die Zeit, in der ich nach der Militärakademie meinen Posten im Süden von Kyushu antrat, wo man die Landung der amerikanischen Truppen erwartete. In meinem Geist ging ich in den Tod. Eine Szene kam mir wieder in Erinnerung: Mein Abschied von meinem Vater, der mich in Tokyo besuchen kam, an einem fast leeren Bahnhof, weil die Sirene einen Luftangriff ankündigte. Ich erinnerte mich, dass ich damals gedacht hatte, dass ich ihn nicht wiedersehen würde; als er vor der Abfahrt des Zuges wegging (wegen des Alarms), blickte ich auf seinen Rücken, der sich entfernte, und ich sah zum ersten Mal, dass er bereits ein alter Mann war.

Dann erinnerte ich mich an all das, was mein Vater für mich getan hatte, von meiner Geburt bis zu dem Moment, als ich in den Krieg zog, um zu sterben. Dann wusste ich die Wahrheit über meinen Vater. Er war für mich ein Führer, der mir so viele Möglichkeiten zu wachsen gegeben hatte, dass die Zeit nicht ausreichen würde, um sie alle zu erzählen. Er war ein Beschützer, der ohne es zu zählen sein hart verdientes Geld ausgab, um meine schwache Gesundheit zu verbessern. Er war immer an meiner Seite, wie ein verständnisvoller Freund, der mich stärkte, wenn ich Probleme und Schmerzen hatte. Als ich an das Glück dachte, dass ich einen so gutherzigen Vater hatte, wurde ich überschwemmt von einem Gefühl der Dankbarkeit, die aus dem Grunde meines Herzens kam.

Gleichzeitig dachte ich über meine frühere Haltung ihm gegenüber nach. Ich sah mich als Dummkopf, unfähig, seine Qualitäten anzuerkennen und ihm zuzuhören, immer ein egoistisches Leben führend. Ich war in den Krieg gezogen, ohne fähig zu sein, ihm die geringste Dankbarkeit zu zeigen. Ich habe dann tief in mir verstanden, dass ich meine Haltung ändern und lernen musste, mich besser kennenzulernen. Indem ich nun selber Vater von zwei Kindern war und mich mit meinem eigenen Vater verglich, verstand ich, wie sehr ich es an Aufmerksamkeit für meine Kinder fehlen ließ.

Ich glaube, wenn ich kein intensives Naikan gemacht hätte, hätte ich niemals die Güte meines Vaters verstanden, noch die Anerkennung ihm gegenüber empfunden, die er verdiente; und dafür bin ich dem Naikan dankbar. In der Folge habe ich bis zum heutigen Tag mehrere Male intensives Naikan geübt, aber die Gefühle und die Lektion, die ich beim ersten Mal in Bezug auf meinen Vater erhalten habe, haben meine Art zu leben mehr als alles andere verändert. Es ist diese erste Erfahrung, die das Rückgrat meiner jetzigen Naikan-Praxis sowie meines Verhaltens allgemein bildet.

Die intensive Naikan-Erfahrung lässt in uns neue Qualitäten entstehen, eine „Naikan-Haltung" sich selbst und anderen gegenüber. Weil diese Qualitäten jedoch in nur einer Woche erworben wurden, können sie sich als zerbrechlich und oberflächlich erweisen im Vergleich zu Qualitäten, die im Laufe langer Jahre erworben wurden, wenn man sie in weiterer Folge nicht erhält und vertieft. Um diese Qualitäten zu pflegen, muss Naikan eine tägliche Gewohnheit werden. Ich werde Ihnen erklären, wie ich das mache.

Erstens: Jedesmal, wenn mir gegenüber jemand voller Güte handelt, versuche ich, den gesamten Verhaltensablauf dieser Person zu analysieren: über die formelle und punktuelle Äußerung hinaus setzt dieses Verhalten ein ganzes Bündel von kleinen, manchmal schwierigen Entscheidungen voraus. Wenn man so sorgfältig untersucht, was ein Verhalten zu unseren Gunsten alles miteinschließt, dann fühlt man sich dem anderen sehr nahe und man kann eine sehr tiefe und ehrliche Anerkennung empfinden, die von Herzen kommt.

Zweitens: Wenn ich etwas für jemanden mache, dann überlege ich mir seine Lage, seine Position und seine Erwartung; ich versuche so, ihm soviel Freude wie möglich zu machen und vermeide es, ihn mit schlecht gesteuerten guten Vorsätzen zu belästigen. Das ist in der Arbeit wichtig, aber genauso wichtig ist es in den persönlichen Beziehungen. Ist mein Verhalten reiflich überlegt und ehrlich auf das Wohl des anderen ausgerichtet, wirkt es sich völlig unterschiedlich aus, als handelte ich allein als Antwort auf einen persönlichen Wunsch, ohne wirklich die Situation des anderen zu berücksichtigen. Die Entwicklung meiner Beziehung zu dieser Person wird tief davon berührt sein, sei es nun in der Arbeit oder in anderen Zusammenhängen. Aufmerksam gegenüber diesem gesamten Ablauf zu sein, ein waches Bewusstsein allem, was um uns geschieht, gegenüber zu haben – das stellt das Hauptziel von Naikan dar. Wenn sich eine menschliche Beziehung aus der Praxis dieser Haltung aufbaut, dann hat sie alle Chancen, sich in Richtung gegenseitiger Freude zu entwickeln.

Drittens: Wenn ich Opfer eines negativen Verhaltens von seiten eines anderen bin (in der Arbeit, von seiten der Klienten, der Untergebenen, der Kollegen, der Vorgesetzten usw.), dann nehme ich es als Gelegenheit, Naikan zu praktizieren: Ich versuche, nicht unmittelbar zu reagieren, sondern auf Distanz zu gehen und meine eigenen Verhaltensweisen aus der Perspektive der drei Naikan-Fragen zu untersuchen. Auf diese Weise kann ich die Situation des anderen sowie meinen möglichen Teil der Verantwortung an seinem Verhalten besser verstehen. Diese Haltung ist nicht einfach; sie wird durch einen langen Lernprozess erreicht.

Im intensiven Naikan konzentriert sich unsere Reflexion zum Teil auf unsere eigenen negativen Verhaltensweisen gegenüber anderen. Wenn ich im Alltag nicht bewusst unangenehm zu anderen bin, kann mir diese Art der Reflexion unnötig erscheinen. Wenn man jedoch Naikan praktiziert, stellt man fest, dass man, ohne es wirklich zu wollen, sehr oft gegen andere handelt und dass die Unannehmlichkeiten, die man erleidet, nichts anderes als die gerechte Ernte dafür ist, was man selbst gesät hat. Wenn es mir passiert, dass ich Unannehmlichkeiten von seiten der anderen erleiden muss, frage ich mich warum; ich sage mir, dass ich vielleicht diesen Menschen Probleme gemacht habe oder dass ich mich nicht genügend um sie gekümmert habe; vielleicht ist ihr Verhalten sogar der Spiegel meines eigenen. Ich nutze also diese Gelegenheit, um mich besser kennenzulernen. Nach langen Jahren der Praxis bin ich überzeugt, dass dies eine gute Methode ist.

Wenn ich in meiner täglichen Reflexion oder während des intensiven Naikans über das Unrecht, das ich erleiden musste, nachdenke, dann gehe ich in vier Schritten vor:

1. Habe ich nicht selbst die Ursachen für die Unannehmlichkeiten, deren Opfer ich bin, gesät?

2. Gibt es nicht ein Missverständnis oder eine voreilige Interpretation von meiner Seite? Ist es nicht notwendig, dem anderen besser zuzuhören, ihm ein tieferes Verständnis entgegenzubringen?

3. Kommt das Problem nicht aus einem Mangel an Abstand, aus einem Mangel an Kontrolle oder aus einer vorschnellen Handlung von meiner Seite?

4. Wenn das Problem keinem der genannten Gründe entspricht, so kann ich, wenn ich über das Verhalten des anderen nachdenke, wenigstens lernen, was man nicht tun sollte. Auf diese Weise hole ich etwas Positives aus meinem Missgeschick, weil ich es nutze, um eine Lektion zu lernen und mein Bewusstsein zu bilden. ... und ich kann sogar Dankbarkeit empfinden für den, der mir – ohne es zu wollen – diese Lektion erteilt hat.

Diese Methode lehrt uns die Notwendigkeit, eine gewisse Distanz in Bezug auf die Ereignisse einzunehmen. Die „Naikan-Haltung" gegenüber dem Leben ermöglicht, dass man seine Gelassenheit in jeder Lage bewahrt und dass man seine Aktionen und Reaktionen besser im Griff hat. Aber in meinem Verständnis ist der größte Gewinn aus dieser Methode, dass wir uns unserer Fehler bewusst werden und in uns der Wunsch geweckt wird, uns zu bessern. Wenn man bedenkt, dass der Endzweck des Lebens darin besteht, unaufhörlich fortzuschreiten bis zum Tod und den größtmöglichen Reichtum im Herzen zu suchen, so ist tatsächlich die beste Gelegenheit, Naikan zu üben, dann, wenn wir Schaden durch andere erleiden.

Und so praktiziere ich es in meinem Alltag, wo man sich immer wechselnden Gegebenheiten anpassen muss. Wenn Sie diese Methode praktizieren, dann stellen Sie fest, dass Naikan „hier und jetzt" geübt wird. Unwichtig, ob die Intensität der Reflexion an verschiedenen Tagen unterschiedlich ist; wichtig ist, die Naikan-Vision an jedem Ort, in jedem Augenblick, in jeder Lage und mit jedem Menschen zu pflegen."

(Erschienen in: Murase, Takao: „La pratique du Naikan", 1996, S. 57-63. Original in japanischer Sprache erschienen 1993. Übersetzung aus dem Französischen: Johanna Schuh)

Tadashi Takahashi ist Wirtschaftstreuhänder in Pension, lebt in Tokyo, Japan, und entwickelte die Form des Kodo-Naikan.

Naikan – ein Versuch zum Freischwimmer

Von Angelika Stempel (geschrieben 1998)

„Mir ist mulmig in der Magengegend. Meine Freundin bringt mich zu meinem ersten Naikan ins Kloster Armstorf. Gehört und gesprochen habe ich schon einiges darüber. Dass für mich die Zeit reif ist merke ich daran, dass ich bereits einen Tag zu früh meine Sachen fertig gepackt habe und startklar bin. Aber jetzt wird es ernst und ich frage mich, worauf ich mich da wohl eingelassen habe. Angeblich ist das nichts Außergewöhnliches bei „Neulingen", lasse ich mir sagen.

Gut, also gehen wir's an. Zusammen mit 6 anderen Teilnehmern sitze ich draußen in einem kleinen Innenhof und Helga Hartl und Martin Wundsam (die das Naikan leiten) erklären die Vorgehensweise. Nach dem Bezug meines Zimmers kann es am gleichen Abend noch losgehen.

Ich bin mit dem Vorsatz hergekommen zu arbeiten und die Zeit zu nutzen. Doch plötzlich befinde ich mich nicht mehr in meiner „Zelle". Träume ich? Mir ist, als stünde ich am Ufer eines Sees, der endlos weit scheint. Ich springe mit einem Kopfsprung rein ins kalte Wasser (so kommt mir mein Start auch vor).

Vor mir, weit weg, entdecke ich eine rote Boje. Auf einmal tauchen Helga und Martin neben mir auf. „Wir sind deine Naikan-Rettungsschwimmer. Hab keine Angst, wir bleiben die ganze Zeit bei dir!" Ich mache mich auf den Weg in Richtung rote Boje. Nach ein paar hastigen Schwimmzügen werde ich etwas ruhiger und bewege mich langsam darauf zu. „Schau dir die Strecke genau an", weisen mich meine Begleiter an. An der Boje angekommen, taucht am Horizont schon wieder die nächste – eine blaue – auf. „Das ist deine nächste Station", erklärt mir Helga freundlich. O.k., ich schwimme weiter.

Bis dahin fiel mir gar nicht auf, dass ich Schwimmflügel trage. Der rechte, besonders aufgeblasen, trägt die Aufschrift „EGO". Die Bezeichnung des zweiten kann ich noch nicht lesen. Martin schlägt mir vor, ich solle doch versuchen, vom rechten Luft abzulassen. „Was passiert mir dann?" frage ich ängstlich, „hier ist es doch so tief". – „Was kann denn schon passieren," ermuntert mich Martin. Na gut, denke ich, versuch's und vertrau auf meine Begleiter. Es ist nicht so einfach – überall sind Sicherheitsventile eingebaut... Schließlich erreiche ich auch diese Boje. Aber Land ist noch lange nicht in Sicht. Es folgen in etwas kürzeren Abständen drei rosarote Bojen. Zwischendurch konnte ich mich auf dem Begleitboot etwas verschnaufen und das Deck schrubben. Ich wusste gar nicht, wie erholsam Putzen sein kann!

Aber schon geht es wieder ins Wasser. Diesmal etwas weniger ungestüm, lasse ich mich vorsichtig reingleiten. Das Ziel ist jetzt eine grüne Boje. Das Wasser ist nicht mehr so glatt, die Seeoberfläche wird unruhig. Es kommt ein Stück durchs Schilf, das mir die Sicht versperrt. Aber Helga und Martin sind schon zur Stelle und helfen mir, wieder klarer zu sehen. „Nicht so hastig, ziehe in gleichmäßigen Zügen langsam durch," weisen sie mich ruhig und gelassen auf meine Hektik hin.

Nachdem dieser Abschnitt geschafft ist, denke ich mir, jetzt ist eigentlich genug. Jetzt wäre es toll, wenn mich das Begleitboot ganz schnell ans sichere Ufer bringen könnte. – Weit gefehlt. –

Es wartet die längste Strecke auf mich und ganz weit weg leuchtet als kleiner Punkt noch mal die rote Boje. Ich hatte es befürchtet. Allein hätte ich mich niemals so weit hinaus gewagt. Aber dies wird die letzte Etappe werden, versichern mir die beiden Helfer. „Gleich hinter dieser Boje wartet ein Strand zum Ausruhen auf dich, mit neuen Ufern," höre ich noch. Ich bin erst ein kurzes Stück geschwommen, da verfangen sich meine Beine im Seegras. Sie verheddern sich so sehr, dass ich nicht mehr von der Stelle komme. Ich beginne zu strampeln und um mich zu schlagen und schlucke Wasser. Da fällt mein Blick auf meinen linken Schwimmflügel. Ganz klein gedruckt steht da etwas. Ich muss mich sehr konzentrieren, um es entziffern zu können. „Zorn und Stolz" lese ich betroffen. Schon ist einer der Rettungsschwimmer bei mir und hilft mir weiter. Ich bin ganz schön geschafft. Meine Gelenke schmerzen und der Weg ist noch weit. Sollte ich links vielleicht doch auch Luft ablassen? Einen Versuch ist es wert, möglicherweise schwimm ich dann leichter und verfange mich nicht wieder so. Probieren kann ich es mal...

Die Strecke ist noch lange. Ich soll kurze Züge machen. Es ist anstrengend. Eine kleine Rast auf dem Beiboot kommt mir sehr entgegen. Kabinen putzen ist nun an der Reihe. Nach kurzer Stärkung mache ich mich nun an das letzte große Stück. In regelmäßigen Abständen tauchen Helga und Martin auf und helfen mir weiter.

Dann kommt überraschend schnell der Strand in Sicht. Ich bin froh und nicht so erschöpft wie ich erwartet hatte, eher erleichtert. Ich mache mich jetzt erst mal auf den Weg, den unbekannten Strand zu erkunden. Und das Schwimmen – das werde ich weiter üben."

Angelika Stempel ist Klassische Homöopathin, Heilpraktikerin, Osteotherapeutin und Naikido-Shiatsupraktikerin. Sie lebt in der Nähe von München, ist verheiratet und Mutter von 3 Kindern.

Wann spüre ich endlich „die Wirkung"...?

Von Roswitha Biller-Wildenauer (geschrieben 1997)

„Mit großer Vorfreude bin ich in meine zweite Naikan-Woche gegangen – Freude auf die Ruhe und Zeit, etwas zu Ende denken zu können, das Umsorgtwerden, das Gefühl danach, aufgeräumt zu haben, Klarheit in meine Beziehungsgeschichten zu bringen.

Und dann sitz ich da, denke am 1. Tag fast mehr an meinen vorangegangenen Nachtdienst als an meine Mutter, entdecke viel Altbekanntes aus meiner 1. Naikan-Woche und schlafe zwischendurch öfter ein.

Beim Vater hab ich in der 1. Naikan-Woche ein ganz intensives Erleben gehabt, irgendwie vergleiche und erwarte ich auch diesmal etwas derartiges, was aber nicht eintritt. Ich bin auch mit meiner Aufmerksamkeit viel in der mich umgebenden Außenwelt und unzufrieden mit mir selber, diese Woche und Möglichkeit zu üben nicht ausreichend zu nützen. Meine Ungeduld während der Woche: wann spüre ich endlich „die Wirkung"? (fast wie die Wirkung einer Medizin – und lach mich jetzt beim Schreiben ein bisschen dafür aus).

Ich kämpfe auch mit meinen Ängsten, loszulassen, zuzulassen. – Wie beurteilt mein Naikan-Begleiter das, was ich da von mir gebe? Welcher von den Dreien kommt zu mir, bei wem tu ich mich leichter? Ich merke im Nachhinein, dass mich diese Angst vor Beurteilung nicht nur im Naikan, sondern auch im „normalen" Leben oft hemmt.

Zwei „Durststrecken" mit meinen Brüdern – zwei mal neun Perioden, zu denen mir auch nicht so überwältigend viel eingefallen ist – im Nachhinein bin ich froh, auch dort genau hingeschaut zu haben, und mein Gefühl hat sich geändert: kein nachtragender Vorwurf mehr, sondern Erstaunen, was ich da alles hineininterpretiert habe, und Dankbarkeit für das, was ich von ihnen bekommen habe – insgesamt Erleichterung.

Im Nachspüren wird Naikan etwas anderes als ein einmaliges großes Erleben, das es das 1. Mal für mich war. Es erscheint mir wie dauerndes kleinweises „Aufräumen und Staubwischen", manchmal etwas mühsam, wie Hausarbeit.

Zum Schluss „durfte" ich noch ein paar Briefe schreiben, an meinen Mann, meine Mutter und meinen Vater. Zwei davon schickte ich auch gleich weg, einen Naikan-Brief an meinen Vater hab ich noch von meinem ersten Naikan zu Hause liegen. Nach ein paar Tagen „Bebrüten" konnte ich den neuen Brief an meinen Vater doch auch loslassen und abschicken – und fühle mich wirklich erleichtert.

Nach der Woche, in den folgenden Monaten wird der Wunsch stärker: das nächste Mal eine Woche Jujukinkai!"

Roswitha Biller-Wildenauer, geb. 1960, lebt in Wien, ist Krankenschwester, Mutter, Hausfrau, Ehefrau, Nachbarin, Suchende. Seit Herbst 1994 hat sie an 2 Wochen Naikan teilgenommen.

Naikan-Erfahrungsbericht

Von Gudrun Lentner (geschrieben1998)

„Zu meiner Person, ich bin 37 Jahre alt, verheiratet, Mutter von zwei Kindern und arbeite als Heilpraktikerin in Erding bei München.

Vor ca. 3 Jahren wurde ich durch eine Freundin auf die Naikan-Methode aufmerksam. Doch diese Zeit war gefüllt mit der Ausbildung zur Heilpraktikerin und meiner Weiterbildung zur klassischen Homöopathin, kurz gesagt keine Zeit, um eine Woche zu pausieren. Mitte Mai 1998 war es soweit, ich fuhr nach Bodingbach ins Ötscherland-Haus. Weder hatte ich Ängste, dass mir eine Woche des Schweigens Probleme bereiten könnte, noch hatte ich konkrete Vorstellungen, was dort auf mich zukommen wird.

In den ersten Tagen beantwortete ich die drei Fragen für die jeweilige Periode ganz schnell, dann sprangen meine Gedanken von hier nach dort und ich holte auch den Schlaf der ganzen letzten Zeit nach.

Im Laufe der Tage wurde die Zeit, die ich mich auf das gestellte Thema konzentrieren konnte, immer länger.

Nach dieser Woche ist mir klargeworden, nicht mein Tun ist das Problem, sondern eine Motivation. Und da es nie eine positive Tat mit negativer Motivation geben kann, ist hier die Wurzel, die ich zu überdenken, erkennen und auszumerzen habe.

Die Naikan-Woche war der beschützte Raum, um in diesen Prozess zu kommen. Doch das ist nur der Anfang, denn Naikan ist jeden Tag nützlich und notwendig.

Mir ist nach dieser Woche erst bewusst geworden, wie runter ich eigentlich schon war. Jetzt bin ich langsamer und effektiver in meiner Arbeit. Hetze nicht mehr von einer Sache zur anderen, um mir selbst die Zeit tot zu schlagen. Das hat natürlich auch eine sehr positive Wirkung auf meine Patienten und die Praxis.

Nun weiß ich, wie dieser Zustand (des klaren Sehens) sich anfühlt, und wenn irgend etwas geschehen sollte, was mir diese Ruhe raubt, weiß ich, was ich zu tun habe – Naikan."

Gudrun Lentner, geb. Heiß, geb. 6.6.61 in Erding / Oberbayern, gelernte CTA, jetzt Heilpraktikerin, Schwerpunkt Homöopathie, wohnhaft in Erding / Oberbayern, verheiratet, 2 Kinder.

Wenn sich Vertikale und Horizontale vereinen

Von Gilon Ariely (geschrieben 1997)

„Vom 28.11. bis 5.12.97 nahm ich teil an einer Naikanwoche auf der Schweibenalp im Berner Oberland.

Es ging dabei um 3 grundsätzliche Fragen, nämlich: Was hat der andere für mich getan, was habe ich für ihn getan und welche Schwierigkeiten habe ich ihm gemacht.

Nun, mir ging es dabei darum, das Gebot „Liebe deinen Mitmenschen wie dich selbst" im wahrsten Sinn des Wortes in meinem Leben umzusetzen. Somit betrachtete ich innerlich anhand von Erinnerungsbildern meine Beziehung zu verschiedenen Personen aus meiner Blutsverwandtschaft. Zuerst die Beziehung zu meiner Mutter. Zum Bruder. Zur Großmutter. Zum Vater. Zur Schwester. Zur Tante. Zum Onkel. Zuletzt zum Großvater. Das war meine Naikanarbeit. Dabei ging es mir auf, dass ich eigentlich als Kind tiefe Liebe von meinen Mitmenschen erfuhr. Dass aber auch an bestimmten Punkten die Beziehung scheiterte.

Dennoch war die Auseinandersetzung mit der Vergangenheit irgendwie erschütternd. So sehr, dass ich nach einigen Tagen die Arbeit nicht mehr aushielt. Ich musste Pausen einsetzen; lange Spaziergänge machen. Es war für mich, wie wenn ich vergehen würde. Dennoch ist es mir gelungen, die Betrachtungen zu Ende zu führen.

Es kam dabei folgendes heraus. Mein bisheriges Leben war wie in 2 Phasen zu unterteilen. In der ersten lebte ich rein auf der horizontalen Ebene. Dabei wurde ich eigentlich immer mehr entmutigt. Darum suchte ich nach Antwort auf der vertikalen Ebene. So war die zweite Phase meines Lebens inhaltlich ein spirituelles Leben. Die Naikanarbeit half mir, die horizontale Linie wiederzuentdecken. Am Ende der Woche beobachtete ich die innere Beziehung zu meinem Körper. Mein Vehikel auf dieser Erde. Jener Körper, der meine Seelenentwicklung von Geburt auf getragen hatte. Nun wurde mir klar: Der Rest meines Lebens, die dritte Phase, müsste beiden Ebenen Rechnung tragen. Sowohl geistig als auch irdisch. Eine Gesamtheit darstellen, die Sinn macht. Eine Bestimmung, den göttlichen Willen erfüllen.

Naikan half mir, meine Vergangenheit besser zu verstehen, damit auch mich selber, wie ich heute bin. Nun besteht die Herausforderung darin, meinen Alltag neu zu gestalten. Zu entdecken, was ich innerlich will und es auch realisieren."

Mein Name ist Gilon Ariely, ich lebe im Augenblick in der Schweiz.

Naikan und seine spirituellen Aspekte

von Masahiro Nagashima (Vortrag gehalten 1994)

„Es heißt immer wieder, dass in Japan gerne das Leben vom Tod her definiert wird und auch der Naikan-Begründer Yoshimoto Ishin sagte das gleiche: „Wenn man Naikan macht, muss man es vom Tod her definieren!"

Naikan liegt eine Art buddhistischer Exerzitien zugrunde, die in früherer Zeit Mishirabe hießen. Yoshimoto-Sensei hat aus jener Mishirabe-Übung das religiöse Element entnommen, um es in eine Methode, die konfessionslos ist, umzuwandeln. Wie man weiß, gibt es sehr viele verschiedene Ziele, die mit dem Praktizieren der Naikan-Methode erreicht werden sollen. Die Tatsache, dass man mit so vielen verschiedenen Fragen an das Naikan herantreten kann, zeigt, dass es grundsätzlich etwas Gemeinsames gibt und dieses Gemeinsame allen Naikan-Praktizierenden zugrunde liegt.

Aus Massenmedien erfahren wir manchmal von Menschen, die dem Tode nahe waren oder eine Todeserfahrung gemacht haben. Auch gibt es viele Menschen die das Tibetische Totenbuch gelesen haben. Nun, Menschen, die dem Tode nahe gestanden haben, müssen bestimmt eine Erfahrung gemacht haben, die vielleicht einer tiefen Naikan-Erfahrung gleicht, unabhängig davon, welcher Rasse oder Volksgruppe sie angehören und auf welchem Platz der Erde dies war. Es ist ein Zustand, in dem man karussellartig plötzlich die ganze Vergangenheit innerhalb einer Minute wiedererlebt. Die Aussagen von Menschen nach einer Todeserfahrung sind oft: „Ich möchte nun nicht mehr so etwas Albernes im Leben tun, ich möchte zu dem Licht, das mir gegeben wurde, ja sagen," und ihre Lebenseinstellung ändert sich in diesem Moment. Im Tibetischen Totenbuch steht, dass 49 Tage nach dem Tode eines Menschen der nächste Platz, zu dem dieser Mensch geht, festgelegt wird, und dieser Ort hängt von seiner jetzigen Lebensführung ab. Den gesäten Samen wird man also später ernten. In einem alten japanischen Lied heißt es: „Man wird als Mensch geboren und trotzdem dazu verurteilt zu sterben."

Yoshimoto-Sensei sagte, die Menschen sind geboren, um das Heil zu erfahren. Aus diesem Grunde sollen wir froh sein, dass Naikan existiert und dass es mit Naikan möglich ist, diesen Sinn zu erfassen. Diese Aussage lebte er uns ja auch eindrucksvoll vor.

Naikan wurde zu Anfang auf der untersten Ebene der Gesellschaft eingeführt (im Gefängnis und in Jugendstrafanstalten) und hat sich allmählich auf die höheren Gesellschaftskreise ausgeweitet. Es ist egal, woher die Motivation zum Naikan-Üben kommt. Ob ein Gefängnisaufenthalt der Anstoß zum Üben ist oder Krankheit, Beziehungskonflikte oder Alkoholprobleme, das ist grundsätzlich egal. Natürlich könnte man sagen, dass Naikan auf diese Art und Weise als Mittel zum Zweck dient. Es hat sicher auch den Effekt, Krankheiten zu heilen, aber das allein ist nicht die Bedeutung von Naikan.

Yoshimoto-Sensei meinte, dass man nicht für Naikan „Werbung" machen solle, indem man seine heilenden Effekte hervortue, da es im Naikan nicht nur um die Heilung des Geistes und Körpers ginge, sondern vor allem um die Heilung der Seele. Auch wollte er Naikan nicht durch eine einseitige Darstellung in eine Ebene bringen, bei der das Naikan verglichen würde mit all den neu entwickelten Selbsterfahrungs- und Heilsmethoden und so seine tiefe spirituelle Bedeutung einbüßen würde.

Oft stellen sich Naikan-Übende die Frage, was sie tun könnten, um in die Tiefe von Naikan vorzudringen. Auch ich habe häufig unter der Führung von Yoshimoto-Sensei Naikan geübt und bin für mein Gefühl nicht in die erwünschte Tiefe vorgedrungen. Stellte ich ihm diesbezüglich Fragen, so erhielt ich die Antwort: Versuch die Vergänglichkeit, Mujô zu erfassen und in diesem Sinne Naikan zu praktizieren. Mujô wird mit Nichts und Ewig übersetzt, was heißen soll, dass wir unter dem Aspekt des Todes und der Vergänglichkeit unser Leben interpretieren und Naikan üben sollen.

Yoshimoto-Sensei formulierte dies so: „Um die Tiefe des Naikans zu sehen, sollst du auf die Frage, was du tust und wohin du gehst, wenn du jetzt stirbst, keine Antwort mehr erwarten. Denn es ist nicht die Form der Antwort, die dabei ausschlaggebend ist, sondern die Haltung des Menschen, die er dieser Antwort – wenn er eine erfährt – entgegenbringt."

Mit 28 Jahren habe ich das erste Mal ein intensives Naikan bei Yoshimoto Ishin praktiziert. Doch ich konnte das tiefe Wesen nicht erfahren. Ich übte weiter, denn für mich war seit meinem 15. Lebensjahr die Kernfrage: Warum leben wir?

Bevor ich zum Naikan kam, lebte ich 5 Jahre in einem Zen-Tempel. Der Priester meinte, diese Frage werde sich durch die Zazen-Übung von selbst auflösen. So glaubte ich auch, wenn ich genügend lange Naikan üben würde, bekäme ich schon eine Antwort auf diese Frage. Doch dem war nicht so. Aus diesem Grunde entschloss ich mich, Naikan in der asketischen Form, so wie es Yoshimoto-Sensei geübt hatte, zu praktizieren. Ich habe nicht gegessen, noch getrunken und eine Woche nicht geschlafen. Aber nach einer Woche ist es mir sehr schlecht gegangen. Daraufhin habe ich meine Strategie geändert und nur nichts gegessen, in der Hoffnung, so Antwort zu finden und die Vergänglichkeit zu erfassen.

Doch Yoshimoto-Sensei gab mir am 24. Tag zu verstehen, dass, solange nur irgendein Hauch von Zweckgerichtetheit in mir wäre, ich die Vergänglichkeit nicht erfahren könnte und mir die Unbeständigkeit allen Seins nicht klar werden könnte. Es wäre in Ordnung, so wie ich Naikan machte, doch wenn ich so weitermachte, sollte ich besser einen anderen Lehrer suchen, da er mir nicht weiter helfen könnte. Am Abend dieses Tages konnte ich nicht einschlafen und entschloss mich, wieder auf das Essen zu verzichten.

Um Missverständnisse zu vermeiden möchte ich folgendes erwähnen: Zur Zeit der Mishirabe Übung war es Grundvoraussetzung, nichts zu essen, nichts zu trinken, nicht zu schlafen, um Naikan (Mishirabe) praktizieren zu dürfen. Doch Yoshimoto-Sensei merkte bald, dass diese Art der asketischen Haltung nur noch Formalismus unter den „Suchenden" geworden war und dass man durch diesen Formalismus keinesfalls an das Wesen des Naikan herankam. Man soll 3x täglich essen und auch so seinen Körper in Ordnung halten.

Und trotz dieses Wissens meinerseits, das mir Yoshimoto-Sensei dankenswerterweise vermittelte, wollte ich in der alten Form praktizieren. So musste ich es mit meiner Erfahrung lernen: Egal, und wenn es um die letzte Wiedergeburt geht, man kann nicht am 10.10. sein Baby zur Welt bringen, das ist nicht möglich. Und so habe ich das eben auch gelernt.

Den Moment der Vergänglichkeit zu erfassen kann sich in einer Form der Akzeptanz ausdrücken, die, in totale Freude transformiert, jeden Tag ihre Erneuerung findet. Egal wie stark ein Moment der Erleuchtung auch sein mag, es ist wichtig, dass man ihn in den Alltag hineinbringt. Herr Yoshimoto hat Tag für Tag seine Erfahrung wieder erneuert. Ich lebte 9 Jahre bei Yoshimoto-Sensei und bin voller Dankbarkeit und mir des Glückes bewusst, das mir dadurch zuteil wurde. Durch Naikan können wir auf dem Weg zu unserer Erleuchtung auch anderen Menschen helfen.

Alles strebt zum Bodhisattva. Dieser Gedanke kann durch Naikan verwirklicht werden. Allerdings stelle ich fest, egal wie fleißig ich Naikan mache, es ist mir schwierig in die Tiefe des Wesens von Naikan zu gelangen. Aus diesem Grunde fragte ich Yoshimoto-Sensei einmal, ob mir vielleicht Naikan nicht liegen würde und ich unpassend für diese Methode sei. Seine Antwort war: „Aber überlege doch einmal, wenn du aufhörst wird es ja noch schlimmer." Mir leuchtete diese Begründung ein und so bin ich zwar ein Repetent des Naikan, aber damit es nicht schlimmer wird, werde ich meine Naikan-Praxis fortsetzen."

(Vortrag von Masahiro Nagashima: Naikan im religiösen Kontext. Vorgetragen am 2. Internationalen Naikan Kongress 1994 in Wien. Transkription des Tonbandmitschnittes: Christine Kriegler. Überarbeitung und Kürzung: Josef Hartl.)

Masahiro Nagashima, ausgebildeter Agrar-Ingenieur. Nach dem Universitätsstudium lebte er 5 Jahre in einem Zen-Tempel. Danach 9 Jahre lang Assistent bei Ishin Yoshimoto in dessen Naikan-Zentrum. Heute gemeinsam mit seiner Frau Leiter des Hokuriku Naikan-Zentrum bei Toyama, Westjapan.

Der Blick hinter die Kulissen meines Lebens
von Alfred Müller (geschrieben 1996)

„Es ist jetzt etwa zwei Monate her, dass ich eine Woche Naikan gemacht habe. Man hat mir gesagt, man sollte einen Naikanbericht gleich nach dem Naikan schreiben, weil danach der Alltag die Naikanerfahrung wieder zudecken kann. Nun, ich glaube, ich hätte so unmittelbar danach nur einen sehr unklaren Bericht schreiben können, weil diese sehr persönliche und tiefe Erfahrung mit ihrer Auswirkung auf mein Leben für mich zu der Zeit nicht fassbar war.

So schreibe ich heute mit mehr Distanz und Klarheit über das, was in dieser Woche passiert ist und sich in der Zeit danach für mich verändert hat.

Ich habe ein Jahr gebraucht, um die Entscheidung zu treffen, ins Naikan zu gehen. Ich hatte Angst und wusste nicht wovor und gleichzeitig spürte ich, dass es die Möglichkeit für mich ist, den verschütteten Ballast aus meiner Vergangenheit, der jede meiner Entscheidungen unsichtbar mitbeeinflusste, loszuwerden.

Ich bin ein Mensch, ich mache mir Bilder von mir und der Welt, ich baue mir die Welt um diese Bilder. Im Naikan musste ich erkennen, dass meine Sicht nur Wunschbilder waren, die ich über alles stülpte, weil ich nicht wirklich hinsah auf das was war und ist. Ich hatte Angst. Meine Angst ist heute nicht weniger, aber ich sehe sie klarer und ich kann mich entscheiden ihr nachzugeben oder nicht.

Naikan ermöglichte mir den Blick hinter die Kulissen meines Lebens, wie ein Film, den man sich ansieht, mit dem Unterschied, dass es seine eigene Geschichte ist und die Bilder stechen können wie Speere.

Ich kannte meine Geschichte, ich hatte sie im Kopf psychologisch aufbereitet und kannte die Schuldigen an meiner Situation, die Eltern, die Gesellschaft, nicht gehabte Chancen, etc., und trotzdem war sie neu, weil ich sie im Herzen erlebte und sich das Herz nicht täuschen lässt, keine Ausreden akzeptiert. Ich war verblüfft und habe mich verachtet, als ich immer wieder auf meinen Stolz, Hochmut und meine Eitelkeit gegenüber Anderen, speziell gegenüber meinen Eltern, kam und erkennen musste, wie ich Andere manipuliere und keine meiner Handlungen frei von Berechnung ist. Der Schmerz, den man Anderen zufügt, ist der Schmerz, der einem selbst die Brust zuschnürt.

Seit meiner Kindheit hatte ich nicht mehr richtig geweint, im Naikan brach all dieser angesammelte Schmerz und die ungelebte Trauer aus mir heraus, es fühlte sich an wie eine tiefe offene Wunde in meiner Brust, das Blut aus dieser Wunde waren meine Tränen.

Mit den drei Fragen werden die jahrelang aufgebauten Mauern zwischen sich und anderen Menschen abgetragen, sie öffnen die Tür zum Herzen, wo das wahre Verstehen ist.

Ich habe für mich gesehen, dass Leid nicht teilbar ist, dass wir alle Anteil haben am Leid und dass es keine Frage von Schuld ist, dass wir in diesem Chaos aus Krieg, Hass, Neid, Umweltzerstörung leben. Wir sind wie Schauspieler, die ihre Rolle mit der Wirklichkeit verwechseln und ein Leben lang einem Rollenbild nachleben. Dabei könnten wir jederzeit von dieser Bühne treten und uns beim Spielen zuschauen, bewusst werden, dass es eine Rolle ist und damit wirklich Verantwortung für unser Handeln übernehmen.

Das Bild, mit dem ich diese Woche beschreiben kann, ist, ich habe ein Zimmer betreten, das meine Kindheit und Vergangenheit ist, ich habe die Dinge in diesem Raum noch einmal zur Hand genommen, sie an den richtigen Platz gestellt, und vor allem mir selbst den richtigen Platz in diesem Raum zugewiesen.

Insgesamt war diese Woche ein Wendepunkt für mich, ich bin heute gelassener, gehe direkter auf Menschen zu und kann sie auch so sein lassen wie sie sind.

Ich bin froh, dass es Naikan gibt und Menschen die sich dafür einsetzen."

(Dieser Erfahrungsbericht ist in der Zeitschrift NAIKIDO, in der 3. Ausgabe 1996, erschienen.)

Meine Beziehungen sind ehrlicher geworden, weil ich ehrlicher geworden bin

Von Alfred Müller (geschrieben 1997)

„Die Naikan-Erfahrung ist zu einem Bestandteil meines Lebens geworden, es ist nicht rückgängig zu machen. Ich spreche oft über Naikan mit Menschen, die Naikan nicht kennen und spüre, dass eine große Sehnsucht nach dieser Auseinandersetzung und gleichzeitig große Angst davor da ist. Das kenne ich. Ich habe Naikan auch so kennengelernt.

Naikan ist ein Prozess. Sich eine Woche hinzusetzen und sich 3 Fragen zu Bezugspersonen aus seiner Vergangenheit zu stellen, ist der eine Teil, der andere Teil ist die langsame

Auswirkung auf den Alltag und seine Beziehungen.

Was hat sich verändert in meinem Leben eineinhalb Jahre danach? Meine Sicht hat sich verändert, nicht ich habe die Sicht verändert, meine Sicht hat sich durch die Naikan-Erfahrung verändert. Die Relationen in meinem Denken haben sich verschoben, ich bin nicht das Zentrum der Welt, es gibt auch außerhalb von mir Leben, ich spüre die Verbundenheit mit meiner Umwelt. Die verschiedenen Rollen, die ich im Alltag in Beziehungen, im Beruf, in der Familie, im Freundeskreis einnehme, sind mir bewusster. Ich erlebe mich nicht mehr so verstrickt in mein Schicksal. Ich habe Wahlmöglichkeiten und weiß andererseits, dass ich nicht mehr flüchten möchte. Meine Beziehungen sind ehrlicher geworden, weil ich ehrlicher geworden bin, auch wenn das manchmal zu Konflikten führt. Konflikte, denen ich früher sehr gerne aus dem Weg gegangen bin.

Wenn ich an Naikan denke, dann denke ich an das Bild, dass sich das Herz öffnet. Mein Erleben heute ist direkter, die Auseinandersetzung mit den eigenen Problemen ist direkter, ich muss keine Stellvertreterkriege führen, es ist nicht mehr notwendig zu flüchten.

Als ich nach dem Naikan den Menschen, denen ich Schwierigkeiten bereitet hatte, aus vollem Herzen dankte für das, was sie für mich getan hatten, war das eine große Erleichterung für mich und auch für diese Menschen. Die alten Bande der Abhängigkeiten durch unausgesprochene Vorwürfe und nichterfüllte Erwartungen werden gelöst durch Verzeihen und Reue. Eine Basis, auf der sich selbstbestimmte, von echtem Mitgefühl getragene Beziehungen entwickeln können.

Ich habe mich mit meinen Eltern ausgesöhnt, ich empfinde heute Dankbarkeit und Achtung für die Hingabe und Liebe, die sie mir entgegenbrachten und damit eine Basis für mein Leben gaben. Ich weiß heute, dass ich mich glücklich schätzen kann, eine solche Kindheit gehabt zu haben. Auch wenn die Menschen, denen wir Schwierigkeiten bereitet haben nicht mehr da sind, geben wir ihnen durch unsere Reue Genugtuung.

Naikan ist ein Reinigungsprozess für die Seele und befreit die Gedanken. Wir schenken uns selbst Frieden, wenn wir uns mit unserer Vergangenheit aussöhnen, die sich eigentlich nur in unserem Kopf abspielt. Ungelöste Dinge aus der Vergangenheit binden das Denken, Gefühle und den Körper, halten uns davor zurück, nach vorne zu gehen.

Naikan ist eine Methode der direkten Auseinandersetzung mit seiner Umwelt. Es ist nicht die Frage, was bekomme ich für etwas, es ist die Frage, was tue ich dafür.

Ich habe die Wahl, entweder mein Leben anzunehmen mit all den Höhen und Tiefen, mit Hingabe zu leben, oder mich ständig wehren zu müssen gegen diese Tiefen und damit ständig auf der Flucht vor mir selbst zu sein. Höhen und Tiefen sind das Gleiche, sie sind Ausdruck des Lebens und der Auseinandersetzung damit, die Basis für Entwicklung. Noch heute tauchen Bilder aus dieser Woche immer wieder auf, mit denen ich mich wieder aufs Neue auseinandersetze, Naikan nimmt kein Ende.

Nach dem Naikan hatte ich das Bild, dass ich größere Schuhe bekommen habe, in die ich erst reinwachsen musste. Die alten Schuhe, sprich das Leben, waren zu eng geworden, meine Konzepte und Vorstellungen von mir stimmten nicht mit meinem Alltag überein, ich stieß ständig an meine Grenzen. Schön langsam passen sie mir, fühle ich mich sicher in ihnen und habe einen festen Tritt. Ich bin gespannt, wo es hingeht.

Ich bin überzeugt dass es viele Wege zur Freiheit gibt, einer davon ist der Weg durch die Hölle in mir, meinem Zorn, meiner Gier, meiner Eitelkeit, meiner Eifersucht etc. und um die kommt man im Naikan nicht herum."

Alfred Müller, geb. 1963, ist Jazzmusiker und arbeitet als Naikido-Shiatsu-Praktiker im Institut für Shiatsu und Energy Balancing in Wien. Er praktiziert Naikan sowie Jujukinkai und buddhistische Meditation.

Naikan ist erbarmungslos

Von Hermann Staudinger (geschrieben 1997)

Die letzte Unschuld, und die letzte Scheu. Damit ist es gesagt.
Nicht der Welt meine Ekel und meine Verrate zuschieben.
A. Rimbaud

„Wir legen uns gerne in den eigenen Saft, den eigenen Dreck, um darin zu schmoren. Wer kennt nicht die Liebe zu seinem alten Gefängnis, dessen Motto lautet: „Die anderen haben Schuld! Das hat man mir angetan! Meine Eltern haben mich nicht geliebt! … " – kurz gesagt, die Wirtshauslügen, die wir gerne uns selbst und anderen auf die Nase binden, um die eigene Unfähigkeit, Schwäche, Unsauberkeit … zu entschuldigen.
Wir alle haben immenses Leid erfahren, sind unzählige Male getreten, geschlagen, vergewaltigt worden. Das offene, geöffnete Herz hat Schläge bekommen, oft genau von den Händen, die es auch gestreichelt haben. Thomas Bernhard schreibt sinngemäß nicht zu Unrecht, dass man das blödsinnige Gerede darüber, ob es eine Hölle gebe oder nicht, endlich aufhören sollte: Natürlich gibt es die Hölle, wir alle haben sie erlebt. Die Kindheit, das ist die Hölle.
Und was habe ich daraus gemacht? Mein Herz ist zu einer Schlangengrube geworden, ich hab es angefüllt mit Bitterkeit, Rache, Hassgefühlen und dem unbändigen Willen, NIE WIEDER mich verletzen zu lassen. If you don't fuck them, they will fuck you. Also: Gar nicht erst in die Möglichkeit zu gelangen, verletzt zu werden. Präventiv wird verletzt, was verletzen könnte, wird nach der Taktik der verbrannten Erde vorgegangen. Besser, die Welt liegt in Trümmern, bevor man selbst zertrümmert wird. Zerstöre, was dich zerstören könnte.
Und dann: man ist zum Herrscher über totes Land geworden. Hin und wieder zeigt sich ein freundliches Gesicht an den Grenzen, wird eine freundliche Hand in deine Schlangengrube gestreckt. Du spuckst darauf, du beißt sie, dein geballter Hass verwundet die fremde Liebe. Du bist zum Arschloch geworden, weil du deinen Schmerz nicht auf dich genommen hast.
Oft hab ich versucht, mich umzubringen, dem Kreisel dieses Hasses zu entkommen. Und dann, als ich vor vier Jahren wirklich abgeschlossen habe mit allem, und mir 50 schwere Schlaftabletten reingeschluckt habe, da bin ich doch nicht gestorben. Warum? Heute glaube ich, dass es die Liebe von vielen war (und eine ganz heimliche, uneingestandene Liebe zu vielen), die mich nicht wegließ von diesem Ort. Eine Welle der Unterstützung, Hilfsbereitschaft,

Zuneigung und Liebe ist damals über mich hereingebrochen. vielleicht, so denke ich mir heute, vielleicht hab ich damals erst bemerkt, was die Tafel des Lebens mir immer schon bereitgehalten hat, ich aber nicht und nicht willens war, anzunehmen. „Ich mach mir alles selber, ich brauche keinen, lasst mich in Ruhe!"

Ich hab dann mein Bündel langsam wieder aufgenommen und bin durch, weiter durch die Hölle, mit der Hilfe von Menschen, die mich immer schon geliebt haben. Bin zur ZEN-Meditation gestoßen (worden) und hab endlich immer mehr von dem Vertrauen spüren und erfahren dürfen, das jede Lebensform trägt, es erst ermöglicht. Der Hass ist mit viel Arbeit schön langsam verschwunden, hat sich transformiert. Teils durch konsequente, unausweichliche Innenschau, teils durch meine künstlerische Arbeit. Und dennoch blieb da ein Rest an Zurückhaltung, an Skepsis und Zynismus. Wie lerne ich Liebe, wie kann ich meine Reserviertheit gegen eine selbstbewusste Offenheit tauschen, was kann ich dafür TUN, um mein SEIN zu ermöglichen?

Da bin ich, durch glückliche Fügungen auf Naikan gestoßen. Ein Artikel von Josef Hartl im „buddhistischen Kirchenblatt" hat mich auf Anhieb einen gleichgewichteten „Gauner" spüren lassen. Am Ende einer nicht ganz glücklichen Liebesbeziehung wusste ich die richtige Zeit, wieder einmal die eigene Scheiße aufzuarbeiten. Ein Anruf und, wie von Zauberhand geführt, saß ich 5 Tage später hinter diesem Wandschirm. Ich begann wie ein Forscher die eigene Vergangenheit, unzählige meiner Fehler und Versäumnisse, vor meinen inneren Augen und den Ohren der Naikan-Leiter auszubreiten.

Die ersten 3 Tage war ich dabei sonderlich unberührt, mit einem kalten Auge hab ich die eigenen Anteile am Unglück Revue passieren lassen. Mach ich was falsch, weil ich so unberührt bin, gehe ich nicht ehrlich genug vor, oder ist meine Herz so verkrustet, dass es zu keiner Regung mehr fähig ist?

Am 4. Tag sind die Dämme gebrochen, mein Lebensschmerz hat sich gezeigt, Tränen füllten meine Augen. So durchbohrt wusste ich, wie Jesus sich am Kreuz fühlen musste. Ein fast psychotisches Feuer in meinem System, loderndes Leid. Josef hat mich runtergebracht von diesem Dornbusch. Und doch: ich bin sehr dankbar, endlich wieder Kontakt zu dieser meiner Verwundung bekommen zu haben. Das Unglück lag vor mir und in weiterer Folge das, was ich mit diesem Unglück an Unglück erzeugt habe. Heute weiß ich, was für ein liebenswürdiges Arschloch ich bin.

Naikan ist erbarmungslos, weil viele der geliebten Lügen heute nicht mehr greifen. Grundlegende Glaubenssätze wie: „Das kommt daher, weil ich nicht geliebt wurde," kann ich nicht mehr in den Geist nehmen. Im Naikan hab ich auch deutlich gesehen, wie stark ich eigentlich immer war, ich bin am Unglück nicht zugrunde gegangen, weil ein großes Herz von Anfang an in mir geschlagen hat.

Nach Naikan kann ich mich also weniger auf andere, die Umstände oder sonst was ausreden. Ich weiß endlich, wo mein Packerl steht und habe auch den Griff entdeckt, mit dem ich es an mich nehmen kann. Zwei Sätze der christlichen Mythologie sind mir da im Herzen aufgegangen: „Nimm dein Kreuz auf dich und folge mir nach." Und als zweites, tröstendes, liebendes: „Steh auf, deine Sünden sind dir vergeben."

Es ist schön, ein Mensch zu sein."

Jujukinkai-Erfahrungsbericht

von Hermann Staudinger (geschrieben 1998)

„Lieber Josef!
Du hast mich gebeten, Dir einen Bericht zu schreiben für Dein Naikan-Buch. Ob heute
der richtige Tag dafür ist, weiß ich nicht – ich bin traurig und sehne mich nach echtem
warmherzigen Kontakt zu irgendwem, und sei es auch nur zu mir selbst.

So ist es mir ja nach dem Jujukinkai gegangen – mit der Warmherzigkeit und Güte eines
alten Mannes hab ich mich selbst und andere gesehen, und ich glaube, dass ich etwas von
dieser Güte auch in meiner Umgebung verbreiten konnte. „Ich und andere sind eins" heißt
es in dem „Gebet", das wir immer nach den Mahlzeiten aufsagten, und diesem gemeinsamen
Eins-sein durfte ich bei und nach der Woche bei Dir nahe sein. Es war wunderschön.

Begonnen hat's mit Bauchweh, und damit, dass ich mir Zeit ließ, zum Jujukinkai zu
erscheinen. Ich wusste ja, dass es nicht leicht und unschmerzhaft sein würde, diese Woche;
auch rechnete ich damit, wieder Federn lassen zu müssen – wer macht das schon gerne? Und
wahrscheinlich ist es auch so, dass der Geist und die gesamte Persönlichkeit mit Zeit und
Geduld erst zu dem Punkt gebracht werden können, wo es leichter fällt, zuzugeben, aufzu-
machen, ein-zu-gestehen... Nacktheit des Herzens erschreckt und ist ungewohnt im Umgang
– als ob man zum ersten Mal ein Baby in die Hand gedrückt bekäme, und man weiß gar
nicht, wie mit diesem zerbrechlichen Wesen umzugehen. Ich schweife ab.

Du hast mich noch spazierengehen lassen vor dem Beginn, und ich bin bei der alten verfal-
lenen Mühle und dem kleinen Wasserfall im nassen Moos herumgeturnt wie ein kleiner Bub.
Vorher hat mich noch Dein Sohn Alexander mit seiner strahlenden Lebendigkeit erfreut. Auch
bei Deiner Katze hab ich noch Zärtlichkeit getankt vor dem Gefängnis.

2 Stunden später ist dann das Tor auch hinter mir zugegangen, und ich fand mich mit 5
anderen Schweigenden in durch Paravents getrennter Gemeinschaft. Wie im Bergwerk – jeder
mit der Grubenleuchte seines Geistes am Kopf im Loch seiner Erinnerung, den Adern des
Erfahrenen folgend. Ich hab mir für dieses, mein zweites Jujukinkai vorgenommen, ruhig
und konzentriert zu üben und mich dabei möglichst wenig zu verwöhnen, heißt abschweifen
oder sonstwie ablenken zu lassen.

Dass ich dann doch am ersten Tag eine lange Zeit unter der Dusche zubrachte, musst Du
gespürt haben – Deine Predigt am Abend, wir sollten nicht das Badewasser schmutzig machen
mit Bequemlichkeit oder Unaufmerksamkeit, hat mich dann noch besser auf die Schienen
gestellt und der Zug konnte abfahren.

Erstes Thema war das 5., Rausch, Berauschung, Trunkenheit – wie sich unser Ich mit
oder ohne Hilfe von Drogen aufbläht und brüstet. Obwohl ich das ja am Ende des ersten
Jujukinkai auch durchgekaut hatte, war es etwas ganz anderes. Und auch die feineren,
subtileren Berauschungen, die sind mir aufgefallen. Wann hast du die Sicherheit deiner
Einbildung der Unsicherheit der direkten Erfahrung vorgezogen??? Unzählige Male, und ich
tu's noch immer gern und ausdauernd. Jetzt verlasse ich die Chronologie. Ich hab versucht,
den Dingen so klar und unsentimental als möglich ins Gesicht zu sehen – und da haben
auch immer wieder Tränen meinen Weg gekreuzt. Ich weiß nicht mehr, bei welchem Thema

es war, da hab ich ganz klar gesehen, wie sehr ich meinen Vater immer ablehnte. Und mir kam es, wie sehr das, was ich an ihm auszusetzen hatte, ein wichtiger Teil von mir war. Du hast ja drauf gesagt, der Buddha-Natur sei es egal, sie gäbe es schon lange bevor mein Vater Schweißfüße gehabt hätte. Auch mir war es bewusst, dass das nur ein Zwischenstop auf dem Weg nach unten/innen sein könnte. Dennoch hat es mich ein Stück freier gemacht, mit meinem Vater ein Stück von meinem Herzen zurückzugewinnen. All das, was ich als Schwach, Suchend erlebt habe, ist das, was heute einen Großteil meines Lebens bestimmt. Wie auch immer. Ich mach Schluss bis morgen.

So. Der Weg ging weiter, tiefer hinein. Gier das Thema, Nehmen. Wie sehr der oder die Be-nommene durch die eigene Gier, das Gefühl, zu kurz zu kommen, wenn man nicht – schnell, schnell – ihm/ihr das entreißt, was man in Freiheit ohnehin bekommen hätte, wie sehr also die Be-nommenen geringgeachtet werden, und wieviel Chance, Gelegenheit ich dabei zum Aus-tausch, zur Kommunikation verpasst habe. Es ist schon komisch, wie ich genau die verletzt habe, die ohnehin in Zu-neigung zu mir gestanden sind, ihre Hände zum Geben halb geöffnet. In die hab ich dann auch noch gespuckt mit meinem Unvertrauen und meiner paranoiden Verletzlichkeit.

Es war am letzten Tag, wo mir das zur Gänze bewusst wurde. Wie ein Kind, dem immer das Essen der anderen besser zu schmecken scheint, hab ich ständig bei anderen vom Teller genommen; ich hab mich sehr geschämt, hab immer wieder gedacht: dafür haben dich deine Eltern nicht aufgezogen, dass du einmal ein so ein Charakterschwein wirst, und der Wunsch ist gekeimt, dass meine Eltern und alle, die mir jemals Gutes getan haben, auf mich stolz sein könnten, bzw. sich über meine Existenz freuen. Ich hab lange geweint über all die Schmerzen, die ich anderen und mir selbst in meiner Unwissenheit und Verblendetheit zugefügt habe und es war ein befreiendes Weinen. Es ist dabei etwas aufgetaucht, das Du wahrscheinlich als Amida Buddha bezeichnen würdest – eine Ebene der Verzeihung, des Verstehens und der Güte, die ich in mir selbst und in allen Erscheinungen rundherum wahrnehmen konnte. Wie geliebt und gehalten wir immer sind, auch wenn wir es nicht wissen – welch gemeinsamer Atem uns durchpulst.

Wie es in einem der Essens-Sutren heißt: wir haben von Anfang an Buddha-Natur, durch unser Ego verlieren wir den Weg. Das Ego hat damals beschämt und auch erleichtert geschwiegen und die Schönheit, die Güte und der Frieden dieser Erfahrung lässt sich nur schwer mitteilen.

Natürlich sind durch Jujukinkai die Fehler nicht abgestellt, immer wieder sehe ich heute, wie ich mit Hass auf Fremdes, in mein Gesichtsfeld Tretendes reagiere. Wie ich abgrenze statt mitzuteilen, wie ich dort Grenzen ziehe, wo mein Herz weiter will. Die Trennung hat nicht aufgehört, die mich schon so lange schmerzt und es tut mir sehr weh, wieder aus diesem Paradies rausgeworfen zu sein. Durch unser Ego verlieren wirr den Weg.

Eines hat sich geändert: ich helfe jetzt gerne, und freue mich, wenn ich Gelegenheit dazu bekomme. Es ist sehr schön, gebraucht zu werden, etwas für wen anderen tun zu können. Und auch meine Ansprüche sind ein bisschen kleiner geworden – nicht viel bei so viel Einbildung und Stolz, aber doch.

Und dann habe ich jetzt mit 34 wieder eine eigene Wohnung, einen Platz, um dessen

Erhalt ich mich selbst kümmere. Und ich kümmere mich auch um mich selbst – kochen, waschen, einkaufen, Geld verdienen, meine erworbenen Fähigkeiten zur Verfügung stellen. Es tut weh, das Paradies verloren zu haben und ich werde alles tun, wieder dort sein zu dürfen. Dann und erst dann wird der Traum meines Lebens erfüllt sein, dann kann ich meine Umgebung mit der Liebe erfüllen, die sie braucht.
Wieso ist das so schwer?"

Hermann Staudinger, geb. 1963, Beruf: Künstler, lebt und arbeitet in Wien. Erste Naikanerfahrungen 1997. Zen-Buddhismus praktizierend.

Auf dem Weg zum Licht
Von Johanna Schuh (geschrieben 1997)

„Ich war 24 Jahre alt, als ich mir endlich eingestehen konnte, dass ich mein Dolmetschstudium gar nicht machen wollte. 5 Jahre lang hatte ich's versucht, aber auch immer wieder überlegt, es hinzuschmeißen. Aber was statt dessen? Ich wusste nicht, was ich wollte. Egal, um was es sich handelte, ich wälzte endlos lange meine Gedanken, um irgendwann doch halbherzig eine Entscheidung zu treffen. Schließlich entschied ich mich für das Studium der Sozialarbeit. Aber wie sag' ich's meinen Eltern? Sie würden es nicht verstehen, so wie sie mich eben insgesamt nicht verstehen konnten. Ich hatte Angst, es ihnen zu sagen. Ich hatte überhaupt vor vielen Dingen Angst. Auch vor der Naikanwoche hatte ich Angst. Warum? Wenn man immer im Dunkeln lebt, dann macht einem die Sonne Angst, trotz der Sehnsucht nach Licht. Und Naikan, so hab' ich irgendwie gespürt, ist eine starke Sonne.
Ein Jahr hab' ich gebraucht, bis ich mich entscheiden konnte, Naikan zu üben. Im Jänner 1993 war es dann so weit, ich war 25 Jahre alt, ich ging in eine Woche Naikan. Vor lauter Angst, die ich mir damals gar nicht eingestehen konnte, bekam ich Schnupfen, Halsweh und Fieber. Aber Naikan kann man auch wunderbar im Krankenbett machen, habe ich an mir selbst erfahren. In dieser Woche habe ich wiederentdeckt, was Licht ist.
Ich habe durch die erste Naikanfrage so viel an Liebe wiedergefunden, von meiner Mutter, meinem Vater, meinem Bruder und anderen Menschen. So viele Erinnerungen tauchten langsam auf – Mutti, wie sie mir die Jause ins Kindergartensackerl einpackt oder eine hellblaue Jacke für meine Puppe strickt; Vati wie er auf der Couch liegt und mir erlaubt, ein Eis zu kaufen, oder wie er mit mir zum Augenarzt fährt; mein Bruder, wie er mit mir Autoburg spielt... Ich sah so viel, was für mich gemacht wurde. Ich sah auch, was ich für die anderen machte – aber es war vergleichsweise wenig. Dennoch half mir die zweite Naikanfrage, dass ich die dritte Naikanfrage aushalten konnte. Denn verdammt viel hab' ich getan, was für andere eine Schwierigkeit bedeutet hat – manche Dinge absichtlich, manche Dinge unabsichtlich.
So übte ich also Naikan, bis ich an einen Punkt kam, den ich heute als „Tor zum Licht"

für mich bezeichne. Es war Naikan gegenüber meinem Vater, ich betrachtete die Zeit, in der ich zwischen 14 und 18 Jahre alt war. Ich habe meinem Vater insgeheim immer vorgeworfen, dass er nie da war. Beim Naikan habe ich viele Situationen gefunden, wo er sehr wohl da war, und ich stellte fest, dass er sehr viel für mich gemacht hat. Aber zulassen konnte ich dieses ehrlichere Bild nicht. Bis eben zu diesem Punkt, wo ich mich an meine Matura erinnerte. Ich erinnerte mich, dass mir ein Freund einige Zeit nach der Matura erzählt hatte: „Stell dir vor, ich habe vor kurzem deinen Vater getroffen und wir haben die ganze Nacht durchgesoffen, um deine Matura zu feiern!" Als ich das sah, wurde mir wirklich die Liebe meines Vaters bewusst: Er hatte tatsächlich meinetwegen die ganze Nacht gefeiert! Und gleichzeitig schämte ich mich unendlich, denn mir wurde anhand dieser Erinnerung klar, dass ich immer nur Dinge gesehen habe, die ich sehen wollte, und dass ich die Dinge zwingen wollte, so zu sein, wie ich sie mir vorstellte. Ich wollte, dass mein Vater mit mir feiert, sonst liebte er mich eben nicht. Aber endlich konnte ich sehen: Mein Vater hat seine ihm eigene Art, seine Zuneigung zu mir auszudrücken. Jeder Mensch hat seine eigene Art, sich auszudrücken. Wie komme ich egoistisches, überhebliches Wesen dazu, allem meine Maßstäbe aufzuzwingen? Und wie arm ich mich dadurch mache, wieviel an Gesten und Wohlwollen von meiner Umgebung kann ich auf diese Weise nicht wahrnehmen! Plötzlich konnte ich sehen: Es ist alles da, ich brauche nur hinzuschauen. Die Sonne ist in mir aufgegangen.

Heute kann ich das so ausdrücken. Im Naikan damals war ich tief bewegt, aber was in diesem Augenblick passiert ist, konnte ich eigentlich gar nicht erfassen. Ich habe zum ersten Mal unterscheiden können zwischen meinem wahnsinnigen Egoismus und der grenzenlosen Wesenheit. Diese Wesenheit, an der ich auch teilhabe, die nicht bewertet und nicht urteilt, nicht will und nicht strebt – das konnte ich wahrnehmen.

Meine Beziehung zu meinen Eltern veränderte sich durch diese Naikanwoche erheblich. Ich hatte meinen Eltern immer vorgeworfen, dass sie mich nicht verstehen und mich nicht so annehmen konnten, wie ich war. Im Naikan wurde mir klar, dass ich nur allzu oft gar nicht gezeigt oder mitgeteilt habe, was mich wirklich bewegte. Ich habe ihnen also gar keine Chance gegeben, mich zu verstehen. Und trotzdem haben sie mich immer unterstützt, so wie es ihnen eben möglich war. Es war mir wieder möglich, ihre Liebe zu mir und meine Liebe zu ihnen zuzulassen und meine Vorwürfe über Bord zu werfen. Allein diese Veränderung in mir bewirkte Positives, obwohl ich mein Verhalten ihnen gegenüber erst nach und nach verändern konnte.

Auch in der Beziehung zu meinem Freund gab es Veränderungen. Im Naikan habe ich meine Erwartungen und Ansprüche gesehen und gemerkt, wie unrealistisch so viele davon sind. Ich lernte mehr und mehr, meinen Freund und seine Qualitäten zu schätzen, aber ich lernte auch, nicht mehr Unmögliches von ihm zu verlangen. Es gibt keine ideale Partnerschaft, in der der Partner alle meine Wünsche befriedigen kann. Also muss ich lernen, verschiedene Bedürfnisse auf anderem Weg von anderen Menschen zu sättigen. Mein Freund diskutiert z.B. nicht gerne endlos über irgendwelche Themen. Also diskutiere ich endlos mit anderen Menschen und quäle ihn nicht damit. Trotzdem kann ich immer über das mit ihm reden, was für mich echte Bedeutung hat. Das wurde mir gerade durch Naikan sehr bewusst, und ich bin dafür sehr dankbar und schätze diese Qualität an ihm sehr.

Ich kann eigentlich nicht sagen, dass es großartige Veränderungen durch Naikan in meinem Leben gegeben hat, so nach dem Motto: Mit Naikan wurde alles anders. Es waren vielmehr viele Kleinigkeiten, von denen mir die meisten „einfach passiert" sind, ohne dass ich bewusst an diesen Veränderungen gearbeitet hätte. So bin ich z.B. wegen Kleinigkeiten manchmal nicht mehr wütend geworden – da hab ich erstaunt innegehalten, weil mir direkt etwas gefehlt hat. Und es waren diese Kleinigkeiten, wo ich dann gedacht habe: Naikan bewirkt ja wirklich was!

Nicht zuletzt deshalb übte ich ein halbes Jahr nach meinem ersten Naikan wieder eine Woche. Wie war die zweite Woche für mich? Nun, völlig anders. Mein erstes Naikan war gefühlsgeladen, ein Auf und Ab. Mein zweites Naikan war unspektakulär, ruhig, klar, einige Zusammenhänge wurden deutlicher. Ich habe gesehen, dass das Licht, das Vertrauen, das ich im ersten Naikan entdeckt habe, mich eigentlich immer begleitet. Aber der Alltag lehrt mich: Ich muss jeden Tag, jede Sekunde, jeden Augenblick die Augen öffnen und mir dieses Licht bewusst machen. Alles, was ich im Naikan entdeckt habe, muss ich jeden Augenblick umzusetzen versuchen. Das ist nach meiner heutigen Sicht die wirkliche Herausforderung – und gar nicht leicht.

Nach meiner ersten Naikanwoche hatte ich gedacht: So, das hab' ich erledigt, abgehakt. Ich habe allen, die's hören wollten oder auch nicht, von meiner tollen Naikanerfahrung erzählt. Ich habe meinem Freund sogar einmal vorgeworfen: „Wenn ich nicht Naikan gemacht hätte, dann wären wir schon längst nicht mehr zusammen!" Heute kann ich mich für diese Überheblichkeiten nur noch schämen. Naikan hat nichts damit zu tun, dass ich so überheblich werde und allen Naikan predige. Naikan zu leben bedeutet, jeden Augenblick zu versuchen, ehrlich zu mir und zu anderen zu sein. Es bedeutet aufmerksam zu sein und Kontakt herzustellen, und mich zu fragen: Wo störe ich den Kontakt? Sicher, ich habe für mich tiefgreifende Erfahrungen im Naikan gemacht – aber lang ist's her. Die Frage ist: Was mache ich JETZT?

Tatsache ist natürlich auch, dass meine erste Naikanwoche die Basis für meine weitere Entwicklung war. In mir öffnete sich das Tor zum Licht – aber ich hab' das Tor gerade aufgemacht, ich musste mich erst daran gewöhnen, dass es auch hell sein kann. Ich musste also einen Weg finden, das, was ich da erfahren hatte, für mich zu benennen, zu begreifen – und umzusetzen. Denn das spürte ich damals schon: Es geht darum, dieses Licht zuzulassen, in mir lebendig werden zu lassen.

Meine erste Entscheidung aus diesem „Spüren" heraus war, Naikan-Leiterin zu werden. Ich wollte diese Erfahrung des Lichts anderen Menschen ermöglichen. Ich wollte von dem „Reichtum", den mir Naikan zugänglich gemacht hat, anderen etwas weitergeben. So begann ich ca. eineinhalb Jahre nach meiner ersten Naikanwoche Naikan zu assistieren. Ich war sofort wieder mit „mir" konfrontiert: mit meinen Ängsten, Unsicherheiten – „Mach ich wohl alles richtig?" -, mit meiner Überheblichkeit – „Ich weiß ja schon, wie man Naikan macht." Ich wollte den Menschen helfen, Naikan zu machen – das heißt, ich bildete mir ein, ihnen etwas ersparen zu können, wenn ich nur die richtigen Worte zum richtigen Zeitpunkt finde. Nur langsam wurde mir klar, dass es beim Naikanbegleiten um genau dasselbe geht wie im täglichen Umgang allgemein: die Wahrnehmung schärfen für das, was ist, was der andere *mir signalisiert, Kontakt mit dem Wesenskern – dem Licht – schaffen, Egoinszenierungen als solche erkennen. Selbstvertrauen insofern lernen, dass ich das Vertrauen in mich habe, intuitiv „richtig" zu handeln, nämlich so, dass ich den anderen auf seinem Weg zum Licht unterstütze und nicht behindere. Ich höre nicht auf zu lernen.*

Im Naikan konnte ich Erfahrungen machen, die mich tief berührten. Ich hatte aber ein Problem: Wie sollte ich das Erlebte einordnen, begreifen, ausdrücken? Ich wollte verstehen, was da passiert war, denn irgendwie wusste ich: Wenn ich für mich nicht verstehen und benennen kann, was ich erlebt habe, dann wird diese Erfahrung sehr rasch Vergangenheit und verliert an Kraft. Mir war aber klar: Ich will dieses Licht in meine Welt bringen, dafür muss ich das Geschehene jedoch erst begreifen. Ich war trotz Naikan auf der Suche, und auf dieser Suche begegnete mir Jujukinkai. 1994 übte ich erstmals eine Woche Jujukinkai. Durch die Auseinandersetzung mit Themen und die Prüfung meines Verhaltens allen Wesen gegenüber konnte ich meine Erfahrungen aus Naikan vertiefen, erweitern. Zazen praktizierte ich nach der Jujukinkai-Woche – unregelmäßig, aber doch – weiter. Ich begann, mich mit Buddhismus zu beschäftigen – ich blieb dabei, weil im Buddhismus die eigene Erfahrung im Zentrum steht. Und manches, wovon im Buddhismus die Rede ist, hatte ich im Naikan und im Jujukinkai tatsächlich erfahren. Dem Licht, das ich bereits im Naikan erfahren habe, gebe ich heute den Namen: Amida-Buddha. Ich habe 1995 in Japan eine Woche Jujukinkai bei Reiunken Shue Usami Roshi geübt. Dort spürte ich: Ich habe im Senkobo-Buddhismus meine innere Heimat gefunden. Ich werde nie dieses Gefühl bei meiner Ankunft vergessen – ich konnte nur denken: „Egal, was ist, hier kann mir nichts passieren." Dieses Gefühl symbolisiert für mich heute die Formel NAMUAMIDABUTSU – Ich vertraue auf Amida-Buddha. Ich weiß, dass ich nicht aufhören darf zu üben. Aber egal, was passiert, in der Übung, im Leben – Ich vertraue."

Johanna Schuh, geb. 1968, Dipl. Sozialarbeiterin. Ich bin aufgewachsen in Feldbach, Steiermark, lebe seit 1988 in Wien und seit 1991 in Lebensgemeinschaft mit meinem Freund. Ich arbeite im Sekretariat einer Volkshochschule in Wien. Naikanpraxis seit 1993, Naikan-Assistenzleitung seit 1994. Aktive Mitarbeit im NAIKIDO-Verein Wien seit 1994. Seit 1995 praktiziere ich Senkobo-Buddhismus.

Raus aus der Traumwelt, rein in die Realität
Von Erika Gröbner (geschrieben 1997)

„Ich kenne Naikan seit einigen Jahren. Eine Freundin erzählte mir davon. Ich war nicht begeistert. Wozu sollte das gut sein? Sie sagte, sie hätte in dieser Woche mehr geweint als in ihrem ganzen Leben. Um Himmels willen. Ich leide doch schon genug. Wozu sollte ich dann noch extra eine Woche leiden? Mich damit beschäftigen, was ich für Probleme gemacht habe – das hieße ja, meine Schuldgefühle bestärken. Aber man muss doch das Selbstwertgefühl auf-

werten, da Selbstvertrauen stärken. Nie setze ich mich hinter einen Wandschirm. Das bringt gar nichts. Ich denk eh schon so viel über mich nach. Etc.

Etwa drei Jahre später wurde mir Naikan auch von anderer Seite nahegebracht. Eine Freundin und ihr Mann erzählten mir immer wieder davon. Meine Ablehnung blieb bestehen. Auf die gleiche Ablehnung, die gleichen Argumente stoße ich jetzt manchmal, wenn ich anderen von Naikan, Jujukinkai oder Zazen erzähle. Dann sehe ich wie in einen Spiegel und weiß gar nicht mehr, was mich eigentlich umgestimmt hat. Es war wohl eine Kombination aus den immer wiederkehrenden Berichten meiner Freunde einerseits und einer sich über einen längeren Zeitraum hinstreckenden belastenden persönlichen Situation andererseits.

Ich begann also, Naikan zu üben. Bald darauf lernte ich Jujukinkai kennen. Meine Reaktion darauf war ungefähr so: Niemals werde ich Jujukinkai üben. Das ist ja ein Wahnsinn. Sich so etwas anzutun. So früh aufstehen, so viel Zazen üben. Das ist viel zu hart. Naikan reicht ja wohl. Etc.

Ich begann Zazen zu üben (nachdem ich es vorher auch innerlich abgelehnt hatte), um die Ruhe des Geistes und des Körpers zu finden. Was als körperliches Experiment anfing, wird langsam zu einer tiefen Erfahrung, die mehr umfasst, als ich ausdrücken kann.

Nach einer Woche und fünf Tages-Naikan innerhalb eines Dreivierteljahres dachte ich: Ich kann doch nicht ständig ins Naikan gehen, wenn irgend etwas anliegt. Also hörte ich auf, übte aber weiterhin Zazen. Nach einer Pause des Überlegens, soll ich? soll ich nicht?, Zweifel, Ablehnung, kann ich das überhaupt durchstehen.... wusste ich dann, dass ich Jujukinkai üben würde. Oder es zumindest versuchen würde. Da war kein Entschluss, kein: Ja, das will ich. Es war, als ob der Weg einfach dort hin geführt hätte. Ich sah es vor mir, hatte gar keine Wahl. Was sollte ich denn sonst tun. Ich wusste, was auf mich zu kommt, würde nicht angenehm sein. So wie es auch nicht angenehm ist, Naikan oder Zazen zu üben.

Nach der Woche Jujukinkai wurde ich gefragt: „Warum tust du so etwas Hartes, Schweres, warum machst du es dir nicht leichter?" Ich frage mich, wohin ich wohl komme, wenn ich es mir leichter mache. Eigentlich weiß ich nicht warum. Ich tue es einfach, was bleibt mir anderes übrig? Natürlich knüpfen sich Hoffnungen, Erwartungen daran, die ich mir regelmäßig wieder „abräumen" muss. „Wenn ich Naikan (Jujukinkai) geübt habe, wird sich .... ändern, besser werden." Wenn – dann. Die Rechnung geht nicht auf. Das Leben ist keine Rechnung.

Im Jujukinkai bekam ich eine Ahnung davon, was es bedeuten könnte, mit ganzer Kraft zu üben. Ich sah, wieviel Zeit und Energie ich verschwendet habe – im Naikan, im Jujukinkai und in jeder Minute des Alltags. Auch jetzt gibt es nur wenige Momente, in denen ich das Gefühl habe, Zeit und Energie im richtigen Ausmaß eingesetzt zu haben. Aber es gibt sie, und ich nehme sie genauso wahr wie die Momente, die mich prüfen und herausfordern. Und das sind sehr viele, täglich, stündlich, Begegnungen, die mir unangenehm sind, Konflikte, Ärgernisse, Stress, Zeitverschwendung, Gedankenverschwendung – so vieles, woran ich merke, dass ich noch einen weiten Weg vor mir habe.

Die Woche Jujukinkai war eine tiefere Erfahrung, als Naikan zu üben. Ich habe gelernt, meine Konzentration intensiver einzusetzen. Nachher konnte ich auch meine Naikan-Erfahrungen wieder in einem anderen Licht sehen. Und ich hoffe, dass ich in Zukunft das umsetzen kann, was ich im Jujukinkai zu lernen begonnen habe: Meine Gedanken mehr zusammenzuhalten, nicht so sehr abzuschweifen und mich „durchzuschwindeln". Raus aus der Traumwelt, rein in die Realität. Das strenge Setting im Jujukinkai, die Regeln, der strenge Ablauf helfen, die Konzentration zu intensivieren. Aber auch im Jujukinkai habe ich genug Zeit und Energie auf andere Dinge verschwendet, als mich mit der momentanen Aufgabe zu beschäftigen. Also nicht anders als im täglichen Leben.

Meine Naikan-Erfahrungen sehe ich unter anderem auch als eine Art „Wegweiser". Durch Naikan konnte ich dort hinkommen, wo ich jetzt stehe. Ich werde auch weiterhin Wegweiser brauchen, um nicht abzukommen.

Seit meinem Jujukinkai muss ich mich öfter als vorher „an der Nase nehmen" und mir Dinge eingestehen, die ich sonst lieber weggeschoben und verleugnet hätte. Gleichzeitig weiß ich aber auch, dass es nichts bringt, mich darüber zu ärgern, dass ich diese Dinge nicht so erledige, wie ich sollte. Ich ärgere mich trotzdem. Und katapultiere mich dadurch wieder an den Anfang zurück.

In seltenen Momenten kommt mir der Nebel des Alltags nicht ganz so dicht vor, und ich fühle mich befreit und erleichtert. Mein Erleben hat sich verändert, seit ich begonnen habe, Naikan, Zazen und Jujukinkai zu üben. Leichter, unkomplizierter? Nein. Schwerer, komplizierter? Auch nein. Aber manchmal ein Gefühl der Dankbarkeit. Und das genügt, um weiterzuüben."

Erika Gröbner, geb. 1971, verbrachte nach der Matura einige Zeit in Irland. Sie hat vier Geschwister, ist diplomierte Ergotherapeutin und arbeitet in einem Tageszentrum für alte Menschen. 1996 begann sie, Naikan zu üben.

Sich selbst auf die Schliche kommen
von Max Mohn (geschrieben 1997)

„Westbahnhof Wien, Oktober '96. Jetzt gibt es kein Zurück, vor mir liegt eine Woche Stille, eine Woche mit mir alleine sein. Natürlich bin ich das Alleinsein gewöhnt. Aber da sind Bücher, Musik, Fernseher, Freunde, Biere... Na dann.

Dann geht's nach einer Fahrt ins Waldviertel irgend einmal los. Ich und der Schirm. Und dann diese Fragen. Was hat die Mutter für mich getan. Ja was wohl? Verkorkst hat sie mich & der Vater half & der Bruder & die ganze Welt haben sich gleich mitverschworen. Die waren alle gegen mich! Punktum! Das war's! Frage beantwortet! Aber dann dehnt sich der Morgen, eine Periode reiht sich an die andere. Was habe ich getan? Na ja. Langsam verschiebt sich die Sache, gerät in eine andere Lage, zeigt sich in einem anderen Licht. Was ist da, am Ende des Korridors? Da winkt einer durch die Jahre. Kann's Vater sein? Winkt er gar liebevoll??

Ums kurz zu machen: Nach einer Woche Naikan trat ich mit einer anderen Wahrnehmung meiner Geschichte, meiner selbst & meiner Umwelt hinter dem Schirm hervor. Ziemlich ausgebrannt nach einem Leben voll Rock'n'Roll und ohne Perspektive ging ich rein. Raus kam *ich nicht gerade als jugendlicher Springinsfeld oder gereifter Gütiger. Aber immerhin: Das Leben hatte mich wieder. Freunde & Mitarbeiter munkeln hinter meinem Rücken, ich sei seither viel „pflegeleichter".*

Jänner 1997: Da hock ich hier, ich armer Tor… Was man sich nicht alles antut. Aber als gründlicher Mensch will man der Sache auf den Grund. Wenn Buddha recht hat, dass alles Unglück selbstgemacht ist, muss doch damit Schluss zu machen sein. Und zwar jetzt. Also: Jujukinkai.

Wieder hinter dem Schirm, wieder quälende Fragen, die sich irgendwelche Japaner zur Geißelung des Westens haben einfallen lassen. Töten, Stehlen, Lügen… Tut man doch alles nicht. Bin doch ein anständiger Mensch. Aber denkste: Nach einer Woche sitze ich vor einem Klumpen glibberiger, offenbar extraterrestrischer Masse. Auf den Klumpen war ich vor kurzem noch recht stolz gewesen. Ich nannte ihn „Ich".

November 1997: Und wieder eine Matratze, ein Schirm & viel Zeit. Diesmal in der Schweiz. Die zweite Hälfte Jujukinkai. Die Fragen sind jetzt subtiler, erfordern noch genaueres Hinsehen, tieferes Hineinsinken in die Vergangenheit. Langsam enthüllen sich aber die Muster, die Geleise, auf denen man läuft & lief. Mein Beleidigtsein mit der Welt. Meine Gier & Rücksichtslosigkeit. Letztlich wird auch der Drang zur Geistesvernebelung klar. Die Nebel lichten sich. Das „Parasamgate" wird denk-, wenn auch noch nicht sichtbar.

Wieder einmal habe ich gübt, wieder einmal war ich bequem & hätte härter üben müssen. Das nächste Mal wird's besser & einmal wird's gelingen.

PS: Ob's geholfen hat? Fragen Sie Partnerin, Freunde, Mitarbeiter."

Max Mohn, geb. 28.12.61, Wohnort: Thun, Schweiz, Beruf: Politischer Journalist, Inlandredakteur, Werdegang: Schulen in einem Dorf in der Innerschweiz, Universität Bern: Deutsch, Geschichte, Philosophie. Journalist beim Radio, dann Zeitung, heute Agentur. Sonstiges: Multitoxikomane mit zunehmenden Abstinenzphasen. Naikan: Oktober 1996. Jujukinkai: Januar & November 1997.

JUJUKAN, NAIKINKAI ODER WAS MEINEN DIE MIT:
„Möge mein unbeflecktes Herz triumphieren"?

Ein Hörspielmonolog in sieben Akten und 3 Fragen
von Gitti Fenko (geschrieben 1997)

Radioreporter:

„Herzlich willkommen, meine Damen und Herren, zur vierten Auflage eines siebentägigen Naikan-Derbys. Es geht auch diesmal wieder um die Bewusstwerdung von Gitti F. Ja, das wird wieder ein heißer Kampf werden, wir erinnern uns noch gut an das letzte Match 1996 in Wolfsthal in Österreich. Das Stadion ist diesmal exzellent ausgewählt. Ein Franziskanerinnenkloster im Herzen Oberbayerns, nahe Dorfen: gepflegter Rasen, saubere

Einzelzimmer und vegetarische Küche. Die beiden Naikanleiter entfernen noch rasch die Bibeln aus den Zellen – nur keine Ablenkung – der Kampf könnte beginnen. Wir aber warten noch gespannt auf das Eintreffen der beiden Kontrahenten.

Worum geht es denn eigentlich bei diesem Match, meine verehrten Damen und Herren? Nun, das wird uns sofort klar, wenn wir uns die kämpfenden Parteien näher betrachten.

Aber da tut sich etwas auf dem Spielfeld, liebe Zuhörer, ein Raunen geht durch die Menge, Scheinwerfer an, Kameras ab: Hier erscheint: DAS EGO!

Prächtig ist es anzuschauen, Sie sollten es sehen können, wie es auftritt: In Samt und Seide gehüllt, wohlgenährt, mit Gold und Flitter behängt, fährt unser Ego mit einem Luxusschlitten vor. Ja, so kennen wir es! Umgeben von Zeug, begleiten es seine alten Freunde „Ich bin toll", „Miss Verständnis", „Herr Popanz" und „Mme. Arroganz" mit ihrer Zwillingsschwester „Überheblichkeit". Im Hintergrund hüpft „Keiner liebt mich" auf und ab, laut murrend, da er wie immer nicht im Vordergrund steht. Sie verteilen im Publikum Geschenke: Alkohol, Zigaretten, Videocassetten, TV-Geräte, Schokolade, Gummibärlis, falsche Freundlichkeiten, ätzende Bemerkungen und kleine Boshaftigkeiten.

Nachdem es sich bei Gitti F. – unserer Spielwiese – um eine Medienfrau handelt, hat unser Ego seinen Auftritt dem Wirkungskreis entsprechend gestaltet. Das Publikum ist geblendet.

Eigentlich müsste der Gegenspieler, nennen wir ihn mal „Das wahre Ich", – leider hat er sich noch keinen gängigen Namen gemacht, auch mit dem Sponsoring ist es nicht weit her – schon am Spielfeld sein. Naja, „Das wahre Ich" wird ja vom Ego richtiggehend verdrängt, deshalb kann ich es von meinem Standpunkt aus nicht sehen. Es dürfte aber irgendwo vorhanden sein – ja – dahinten zwischen Faulheit und Eitelkeit, die sich gerade zuprosten, habe ich etwas aufblitzen gesehen.

Aber jetzt zurück zum Spielverlauf, konzentrieren wir uns auf den Start: Einer der beiden Naikanleiter schlägt den Gong! Ring frei – das Spiel beginnt mit einer leichten Aufwärmperiode gegenüber der Mutter in der Vorschulzeit. Unser „wahres Ich" versucht sich zu erinnern und zu prüfen, während das Ego sich noch mit den Fußballergebnissen des Vortages herumschlägt. Ein Naikanleiter greift helfend ein und lenkt die Erinnerung auf die erste Wohnung von Gitti F. Dadurch holt das „wahre Ich" leicht auf, ja man kann es schon ein bisschen erkennen! Nach vier Perioden prüft unsere Medienfrau tatsächlich ihre Beziehung zur Mutter anhand der Naikanfragen! Ein Punkt für das „wahre Ich".

Nützen wir die kurze Pause, um uns die Funktion der Naikanleiter näher zu betrachten. Die beiden sind absolut parteiisch auf Seiten des „wahren Ichs", dürfen aber nur bedingt in den Kampf ums Bewusstsein eingreifen. Sie achten aber strikt darauf, dass die Spielregeln eingehalten werden. Sie wissen ja, lieber erfahrener Zuhörer, dass unser Ego gerne das eine oder andere Foul spielt.

Zurück zum Spielfeld: Unsere Spielwiese hat trotz Unterbrechung durch Nachtruhe tapfer ihr Leben mit der Mutter geprüft. Das Ego hat dabei durch den Einsatz der drei Naikanfragen an Umfang verloren, das „wahre Ich" an Raum gewonnen.

Aber jetzt nimmt das Spiel eine dramatische Wendung: Wir haben Vertrauen genug in die Methode, um mit den spirituellen Jujukinkaifragen weiter zu üben! Das Ego verlangt sofort eine Auszeit in Form einer „Marlboro light". Das „wahre Ich" wartet im Hintergrund gedul-

dig. Ja, das ist seine größte Stärke, im Hintergrund still warten zu können.

Zäh schleppt sich der Kampf durch die einzelnen Perioden. Das Ego kann mit dem Begriff „Töten" nicht so recht etwas anfangen und holt sich Verstärkung aus der Nachbarschaft in Form eines vom Dorfwirten aufgestellten Bierzelts. Es hat aber übersehen, dass Gitti F. an einer akuten Blasmusikallergie leidet, was sie bestärkt, tiefer nach innen zu schauen und so die Nebengeräusche aus dem Bewusstsein zu verdrängen.

Da: In dieser Sekunde wagt „das wahre Ich" einen Ausfall über den Verstand und zwingt das Ego, seine Trägheit anzusehen und deren Folgewirkungen auf die Mitmenschen. Ein schwerer Schlag für das Ego, das sich von seinen treuen Ausreden „Ich bin gestresst" und „Ich habe keine Zeit" verabschieden muss.

Der Naikanleiter verweist auf die Spielregeln und verlangt ein Prüfen mit dem Gefühl.

Das Ego kontert mit akuter Panik – Gefühle tun schließlich weh – und bietet sofort Ablenkung in Form von Kopfweh, Magenschmerzen oder Müdigkeit an, begnügt sich aber schließlich mit einer Tasse frischen Kaffee.

Das „wahre Ich" hat in der Zwischenzeit soviel an Boden gewonnen, dass mit dem Punkt „Trunkenheit" weiter gespielt wird. Das Ego wendet sofort die bewährte „Kopftaktik" als Eröffnung an, während das „wahre Ich" versucht, die Gefühle der Erinnerungen zu prüfen.

Da: Neue Spieler laufen auf das Spielfeld: „Schuld", „Schmerz" und „Reue" treten auf!

Das Ego protestiert: „Unfair", und droht, das Spiel abzubrechen und auf ein Bier zu gehen. Das Abendessen der Nonnen bringt die beiden Kontrahenten in ihre Ecken zurück, aber „Schuld", „Schmerz" und „Reue" wollen das Spielfeld nicht mehr verlassen.

Sehen wir uns den Spielstand zur Halbzeit an: Das Ego scheint schon ziemlich mitgenommen zu sein. Vom Glanz vor Spielbeginn ist nicht mehr viel übrig, aber noch kann es das Ausmaß an Leid, das es verursacht hat, erklären. Unser „wahres Ich" hat an Boden gewonnen, ist aber noch etwas unscharf an den Rändern.

Aber liebe Zuhörer: Es scheint, dass der entscheidende Durchbruch während des Abendessens gelungen ist! Das Ego wankt! Tatsächlich, in der letzten Periode des Tages ist es soweit: Unsere Übende fühlt das Leid, das sie sich und den anderen zugefügt hat. Da greift das Ego zur tödlichen Waffe des zynischen Witzes und rettet sich mit dem Abendgong in die nächste, alles entscheidende Runde.

Guten Morgen, meine Damen und Herren, es freut mich, Sie auch heute wieder zu unserem Derby begrüßen zu dürfen. Jetzt geht es in das Finale: Am Thema „Verleumdung" – das Lieblingskind aller Medienarbeiter – , wird es sich zeigen: Ist unsere Übende bereit, mit ganzer Kraft zu prüfen und so dem „wahren Ich" zum Durchbruch zu verhelfen oder wird sich das ramponierte Ego zu neuer Größe aufplustern?

Noch können wir sein wahres Gesicht nicht erkennen, aber die Spur der Verwüstung, die es in fast 40 Jahren angerichtet hat, ja, die liegt offen vor uns. Ein entsetzlicher Anblick, ich kann gar nicht beschreiben, was ich da an Verletzungen und Verstümmelungen, vermischt mit Selbstbetrug ausnehmen kann. Das Ego versucht in Form von permanenter Übelkeit eine Auszeit zu erwirken, aber sogar der „Marlborotrick" wirkt nicht mehr.

In einem Meer von Tränen lösen sich die letzten versteckten Schmerzen. Zu „Schuld", „Schmerz" und „Reue" gesellt sich noch die „tiefe Scham".

„Nichts kann mich mehr retten", schreit unsere Übende verzweifelt auf. „Ja", sagt das Ego, das in seiner ganzen übelriechenden Hässlichkeit vor ihr steht, „Ja, gib auf, mach mich wieder groß und wichtig".

Tausende Köpfe hat dieses Monster, der Zierrat hat sich in Unrat verwandelt, in denen das Zeug untergeht und Arroganz und Eitelkeit bereits ertrunken sind. „Ich will mein Leben geben, um dieses Monster-Ego zu besiegen", ist die Übende bereit. „Tu es," schmeichelt das Ego, „und ich habe gewonnen. Denn dieser Tod wäre der letzte Sieg des Egos über das „wahre Ich", das mit dir sterben muss."

„Aber gibt es denn noch Rettung?" fragt Gitti F. das „wahre Ich" in ihr. Und es sagt nur ein Wort, das tief aus dem Urgrund des Seins kommt: „Barmherzigkeit". Das Licht der Gnade scheint, Buddha lächelt...

Der Kampf ist zu Ende. Tiefer Friede breitet sich aus. Wie das Tageslicht, das am Ende eines finsteren Tunnels Freiheit verheißt, zeigt sich das „Wahre Ich", gereinigt von den Sünden der Vergangenheit. Das Ego liegt wie ein Bündel abgelegter Kleider in der Ecke.

Welch ein Kampf, meine lieben Zuhörer und Hörerinnen, welch ein Sieg! Die beiden parteiischen Schiedsrichter verneigen sich tief. Sie laden Gitti F. ein mit ihnen Zazen zu üben. Wenn sie es schafft, regelmäßig zu üben und so die nötige Achtsamkeit gegenüber dem Leben zu bewahren, wird es wohl das letzte Derby dieser Größenordnung gewesen sein.

Wäre es jetzt nicht Zeit für eine Siegesfeier? Für eine Belohnung? Einen Lorbeerkranz dem Sieger? Das schmeichelt dem Ego... da, es regt sich schon leise!

Vielen Dank für ihre Aufmerksamkeit, meine Damen und Herren. Kommen Sie gut nach Hause und bedenken Sie: Auch ihr Weg ist unter ihren Füßen! Gute Nacht.

PS: „Möge mein unbeflecktes Herz triumphieren" stand als Sinnspruch über dem Eingang der Franziskuskapelle des Klosters. Auch nach einer Woche Naikan bin ich nicht hinter den Sinn dieser Botschaft gekommen. Vielleicht handelt es sich dabei um ein katholisches Koan, wer weiß..."

Dieser Erfahrungsbericht ist in meinem letzten Naikan im Kloster Armstorf in Bayern entstanden. Ich heiße Gitti Fenko, bin 39 Jahre alt, ledig und arbeite beim ORF als Kalkulantin im Fernsehproduktionsbetrieb. Außerdem bin ich Betriebsrätin und Frauenvorsitzende der Gewerkschaft Kunst und Medien. 1993 habe ich bei Josef Hartl zum ersten Mal Naikan geübt. 1994 führte ich das Sekretariat für den 2. Internationalen Naikankongress in Wien. Weitere Naikanübungswochen absolvierte ich 1995 und 1996.

Naikan aus der Höhle und Naikan aus dem Kunstdenken

Bemerkungen zur Kongruenz der räumlichen Inszenierung im Naikan
mit der Höhlenerfahrung und mit der traditionellen japanischen Ästhetik
von Heinz Pusitz (geschrieben 1997)

1. Die Ankunft: Altbekannt ist mir Naikan mittlerweile. Damals, vor zehn Jahren in Purkersdorf, kam ich an einem strahlenden Sommertag in ersten Naikan-Zentrum in Österreich an. Die Sonne durchbrach an einigen Stellen das Laubdach der Kastanienbäume und warf helle Flecken auf das Haus.

2. Die Höhle: Naikan wurde, wie dem Beginner mitgeteilt wurde, aus dem Rückzug des Japaners Ishin Yoshimoto-Sensei in eine Höhle geboren. Je mehr man ins Innere einer Höhle vordringt, um so diffuser wird das Licht, um so undeutlicher werden die Ränder der Schatten. Schließlich lösen sich die Schatten auf und den Vordringenden umgibt eine Dunkelheit, die ihn stoppen lässt.

Die räumliche Inszenierung der Naikan-Übung folgt dieser Höhlenerfahrung. Der Schatten und – in weiterer Folge im Naikan – die Dunkelheit führen aber, anders als in Platons Höhlengleichnis (im 7. Buch des „Staates"), wo die Schatten bloße Abbilder der wahren Erkenntnis, der Ideen sind, zur Selbst-Erkenntnis und lenken sie nicht ab auf etwas außerhalb der Höhle Liegendes.

Vom sonnigen Garten betrat ich ein Besprechungszimmer und von dort den Praxisraum, dessen Jalousien das schon von den Bäumen gefilterte Licht noch einmal um einige Nuancen abmilderten. Die Übenden sind im großen, weiß gestrichenen Raum im Abstand von 2-3 Metern durch einen Wandschirm im japanischen Stil getrennt. Die Vorbeigehenden können durch das aufgeklebte Papier nur als Schatten wahrgenommen werden. Im Inneren der Abgrenzung befindet sich der/die Teilnehmer/in im Halbschatten. Das eigene Dunkle wird mit den drei Fragen sichtbar gemacht.

3. Die Ästhetik: Die Herkunft der schrittweisen Abstufung des Hellen zum Dunklen in der räumlichen Ausführung des Naikan lässt sich aber auch – weniger archaisch – mit den Vorstellungen erhellen, die Tanizaki Jun'ichiro (1886-1965) zu einer traditionellen japanischen Ästhetik entwickelt hat.

Tanizaki Jun'ichiro, einer der bedeutendsten Autoren der japanischen Moderne, versucht in dem Essay „Lob des Schattens" als Reaktion auf den westlichen Einfluss auf die japanische Kultur, sich selbst über seine Vorstellungen einer stimmigen Umgebung und des ästhetischen Hintergrunds der überlieferten japanischen Künste klar zu werden. Ich greife für unsere Zwecke den Hausbau heraus.

Tanizaki konstatiert für die traditionelle japanische Architektur ausladende Dächer, bei Tempeln wie bei Privathäusern (Tanizaki 1996:32). Er führt die Vorliebe für diese Dächer und damit für den Schatten, der sich daraus für die nähere Umgebung und das Innere des Hauses ergibt, auf die lebenspraktische Notwendigkeit zurück, mit den vorhandenen Baumaterialien (keine Ziegel, kein Zement) und den geographischen Gegebenheiten (Wind und Regen) ein stabiles Haus zu bauen, was nur mit einem verlängerten Vordach möglich ist.

„So entdeckten unsere Vorfahren, die wohl oder übel in dunklen Räumen wohnen mussten, irgendwann die dem Schatten innewohnenden Schönheit, und sie verstanden es schließlich sogar, den Schatten einem ästhetischen Zweck dienstbar zu machen." (ibid.:33f.) Weiters stellt er fest, dass sich „Abendländer wundern..., wenn sie japanische Räume anschauen, über ihre Einfachheit und haben den Eindruck, es gebe da nur graue Wände ohne die geringste Ausschmückung." (ibid.:34) Dies ist aber durchaus Absicht. Das „Ornament", die „Bilder", der „Schmuck" wird durch das Irisieren des Lichts — das nur im Wechselspiel mit dem Schatten möglich wird — auf den monochromen Sandwänden der traditionellen japanischen Häuser erreicht.

Persönlich kann ich das nur bestätigen, da ich selbst noch 1991 in so einem Haus wohnen konnte. Tanizaki: „Wir erfreuen uns an jener Helligkeit, die entsteht, wenn ein bereits diffuses Außenlicht allenthalben die dämmerfarbigen Wandflächen überzieht und nur mit Mühe einen Rest von Leben bewahrt" (ibid.). In den Wandnischen vervielfältigt sich die Schattenwelt und wird zu einer durchdringenden Stille. Die Schattenabstufungen — nicht die Lichtabstufungen — werden durch die shojis, den mit Reispapier überzogenen Schiebetüren, erreicht und im innersten Raum ist durch die mehrmalige Brechung des natürlichen Lichts nur mehr ein Hauch von warmem Licht im umgebenden Schatten erlebbar.

In der Art der räumlichen „performance" wird dem Naikan-Übenden der Weg vorgezeichnet, das Ziel gewiesen — in einem von einem Garten umgebenen Haus in einem durch Rollos lichtgedämpften Zimmer hinter dem Wandschirm im Halbschatten sitzend Antworten auf die Fragen beobachten, die andere Seite der Hand betrachten und im dunkelsten Feld des Schatten-/Licht-Kontinuums von außen nach innen, in einem Selbst, zu verweilen. Das Dunkle, aus dem Innersten jeder Zelle, wird in strahlende, helle Wärme transformiert.

4. Die Abfahrt: *Die Fahrt von Purkersdorf nach Wien verstand ich als raumgreifende Fortsetzung zur gemachten Erfahrung der Gegenbewegung des Heraustretens aus dem abgezirkelten schattigen Bereich des Hauses. Nicht eine Reise ins Licht, aber von einem Ort der schrittweisen räumlichen und persönlichen Weisung ins eigene Dunkle wieder zu der Funktionalität und Rationalität des Alltagsbewusstseins, jedoch mit dem Unterschied einer zu vertiefenden Erfahrung — hell ist immer zugleich nicht-hell und dunkel ist immer zugleich nicht-dunkel. Es schließt sich ein Kreis. Naikan ist immer neu."*

Literatur: Tanizaki Jun'ichiro: Lob des Schattens. Entwurf einer japanischen Ästhetik. 9. Auflage. Zürich, 1996 (Orig. 1933)

Heinz Pusitz, geb. 1961, ist verheiratet und Vater einer Tochter. Beruf: Kulturanthropologe. Früher tätig im Museum für Völkerkunde sowie bei einer interkulturellen Paarberatung. Mitherausgeber eines Buches über interkulturelle Partnerschaften. Chefredakteur von „Ursache & Wirkung", einer österreichischen Zeitschrift für Buddhismus. Lebt in Wien und Jakarta, Indonesien.

DAS BUCH
DES SPIRITUELLEN
UND DER WEISHEIT

Bild auf Seite 293:
Prof. Ishii drückt mit seiner Verbeugung vor dem NAIKAN-Gespräch seinen tiefen Respekt gegenüber dem
NAIKAN-Übenden aus.

294

1 DIE REINIGUNG DES GEISTES

von Josef Hartl

Was passiert eigentlich im NAIKAN? Welche Prozesse laufen ab, die letztendlich zu einer Wandlung der Persönlichkeit führen? Was lässt uns schließlich anders und zufriedener leben, nachdem wir NAIKAN geübt haben?

Durch die Ruhe und die NAIKAN-Fragen werden für uns Abläufe in unserem Inneren sichtbar, die zwar immer ablaufen, aber sich im Alltag dem Blick gern entziehen. Wir erkennen, obwohl wir uns oft gegen dieses Erkennen sträuben, wie unser sogenanntes Ego in unzähligen Spielarten um die Beherrschung unseres ganzen Seins kämpft. Das Ringen des Egos um Macht bzw. Vormachtstellung im Menschen ist stark, das wird beim Tiefergehen und Fortschreiten des NAIKAN-Prozesses sehr deutlich spürbar.

Hier befinden wir uns im Kern von NAIKAN: in der tiefen Auseinandersetzung zwischen überhöhtem Ego, das täglich Anspruch auf Vormachtstellung erhebt, und jenem Teil der Persönlichkeit, den ich als Urnatur des Seins oder wahrhaftes Selbst bezeichne.

In dieser Auseinandersetzung sind Mut und Ehrlichkeit zu sich selbst gefordert. Wieviel Mut und Ehrlichkeit man aufbringen kann, hängt vom Zustand des gesamten Wesens des Übenden ab: Wie viel oder wenig Leidensdruck hat der NAIKAN-Übende mitgebracht? Wie weit ist seine Gesamtpersönlichkeit schon ausgereift?

So mancher Übende zeigt in schier unglaublicher Waghalsigkeit sein ganzes Wesen: sein absolut blutendes Herz, das nackte Dasein, ungeschminkt und bar jeder Maskerade. Er reißt sich sozusagen vollkommen freiwillig, da er die Notwendigkeit dieser Tat für sich erkennt, sein blutendes Herz voller Angst um alte und vielleicht auch neue Schmerzen aus seiner Brust. Er zeigt all seine Enttäuschungen, verabreichte und eingesteckte Schläge, Ängstlichkeiten und Verwundungen. Er bringt sie in Form seines offenen Herzens dar, das er bar jeder Sicherheit auf seinen Händen dem eigenen Ego hinhält. Mit dieser offenen, lauteren Tat, diesem intuitiv richtigen Handeln gewinnt im Übenden das wahre Selbst die Oberhand. Die Urnatur allen Seins „besiegt" vielleicht nach langer Zeit wieder einmal das aufgeblasene, vor Präpotenz und Eitelkeit strotzende Ego des Alltags. Mit der freiwilligen Entscheidung und der Großtat, über alle Bedenken und Ängste hinwegzugehen, wird das Ego und seine Vormachtstellung besiegt und es wird auf den ihm zustehenden Platz verwiesen.

Ein wahrlich großartiger Zustand wird vom Übenden zu diesem Zeitpunkt erlebt. Die Schuld sich selber und der Umwelt gegenüber wird in drastischem Ausmaß sichtbar und ein Gefühl der unendlichen, alles aufsaugen wollenden Scham überwältigt den Übenden.

Über das Zulassen dieses Schamgefühls wird der Blick frei auf das wahre Wesen des eigenen Selbst, eben der Urnatur der Dinge. Auch wird der Blick frei für das wahre Wesen der uns umgebenden Menschen (Vater, Mutter, Geschwister, Freunde, Mann, Frau, Großeltern usw.) und wir werden überwältigt von der uns umgebenden Liebe, Wärme und Geborgenheit. Manche NAIKAN-Übende spiegeln zu diesem Zeitpunkt beides, das wahre Wesen des eigenen Selbst und das wahre Wesen der sie umgebenden Menschen. Sie senden diese „Botschaft" über ihren Platz und den sie umgebenden Paravent hinaus in den Raum, so dass dies für die anderen Teilnehmer, sofern sich diese nicht ebenfalls in diesem Zustand befinden, beinahe körperlich spürbar wird und sie anregt, ebenfalls weiter und tiefer in ihrem Prozess zu gehen.

Ist ein NAIKAN-Übender in diesen Tiefen der Schauung angelangt, was natürlich nicht immer der Fall sein kann, so erfahre ich dies durch viele verschiedene Zeichen. Komme ich zum Gespräch, so kann es sein, dass sich der Teilnehmer, der sich bis zu diesem Zeitpunkt nie verbeugt hat, das erste Mal verbeugt, genau so, wie ich es vor jedem Gespräch mache. Die Stimme des Übenden hat sich verändert, sie ist brüchig oder mit Spannung geladen. Aufgelöst ist so mancher in Tränen oder aber zutiefst still. Ein feines Zittern, das die absolute Transparenz der Seele ausdrückt, teilt sich mir mit. „Ich schäme mich unsäglich," sind oft die ersten Worte der Teilnehmer, oder: „Ich habe dazu nichts zu sagen." Und sie spüren, dass ich verstehe, was sie ausdrücken wollen. „Ich getraue mich nichts zu meinen Handlungen zu sagen, es ist ja furchtbar, wie egoistisch ich war und wieviel Unrecht ich getan habe," höre ich häufig zu diesem Zeitpunkt. In diesen Augenblicken der ersten tiefen Phase des NAIKAN-Prozesses wird das wahre Selbst frei, indem der Übende trotz seiner Ängste zulässt, seine eigene aufgeblähte Egohaltung zu sehen und sie als einen Teil von sich anzunehmen. Das bedeutet auch, dass man ein unsägliches Schamgefühl verspürt.

Ist der Übende in der Selbstprüfung seines Handelns gegenüber der Umwelt bis an diesen Punkt fortgeschritten, wird der Weg frei ins Licht. All die Liebe kann nun wahrgenommen werden - das Umhegtsein und die Sorgen von Eltern, Freunden, Nachbarn für unsere Person. Der Übende beginnt, in die Urnatur des Seins einzutauchen. Dadurch kann er auch die Motivation und den Zustand dieses Seins bei Menschen in seiner Umgebung wahrnehmen. Er begreift nun die Handlungen seiner Eltern anders, er begreift sie wirklich. Die Eltern oder andere Personen erscheinen unter diesem Blickwinkel völlig anders und das Bild des Daseins selbst wandelt sich im Übenden augenblicklich. Dies ist die zweite Botschaft, die sich mir als NAIKAN-Leiter aus dem Platz beim Gespräch mitteilt. Der Übende spiegelt die Bereitschaft zur völligen Veränderung und gleichzeitig ein zittriges Ängstlichsein, da er in diesem Augenblick die Tücken der Egostruktur im Alltag mit all seinen Machtkämpfen sehr gut wahrnehmen kann.

Aber der Teilnehmer spiegelt auch das Gefühl absoluter Freiheit, denn es wurde ihm bewusst: Obwohl er seine Umgebung aus der egoistischen „Ich-will-haben"-Haltung heraus behandelt hat, ist sie ihm nicht böse. Er spürt die Elternliebe, Freundesliebe, Menschenliebe, ja er spürt, dass ihn das Leben selbst liebt, so wie er ist. Und dieses Spüren befreit sein Herz aus allen Fesseln, er darf trotz - oder eben wegen - dieses Schamgefühls, das er verspürt, sein wie er ist. Und alles ist gut, so wie es ist.

Dieser Moment ist ehrlich und uneingeschränkt offen für den Übenden wie für mich als die Person, die diesen Moment miterleben darf. In diesem Moment kann oder darf ich dem Wesen mir gegenüber meistens nur in die Augen schauen, sein geöffnetes Herz spüren, um im Gleichklang mit ihm zum pulsierenden Sein zu werden. Häufig spreche ich bloß die Bitte aus, weiterzugehen im Innenschauprozess und die nächste Zeitperiode gegenüber der betreffenden Person zu prüfen, die der Übende zu diesem Zeitpunkt als Spiegel seines Verhaltens ausgewählt hat. Hier ist ohnehin meist jedes Wort überflüssig und würde eine Abschwächung des augenblicklichen Erlebens bedeuten.

Bleiben wir aber noch bei diesem Augenblick der Schauung, der Erfahrung, der Erkenntnis. Der beschriebene Zustand muss nicht von jedem NAIKAN-Absolventen so erlebt werden. Wie bereits erwähnt hängt das von der Gesamtentwicklung und dem Leidensdruck der Person ab, die zum NAIKAN-Üben kommt. Nicht immer komprimiert sich der NAIKAN-Prozess so klar auf einen Zeitpunkt, wie oben beschrieben wurde. Der Übende kann Erkenntnisse ebenso mosaikweise erfahren, ohne während der Woche einen solchen herausragenden Moment der direkten tiefen Erfahrung zu durchleben und dies dem NAIKAN-Leiter zum Zeitpunkt des Gesprächs mitzuteilen. Manchmal laufen Mitteilungen auch nicht so offensichtlich und direkt. Die Tiefe eines Prozesses lässt sich nicht daran messen, wie spektakulär er nach außen hin erscheint - große Emotionen und Schuldbezeigungen sagen nichts über den Tiefgang aus. Das oben Beschriebene soll lediglich als Anschauungsbeispiel dienen, als Hilfe, um in das Wesen der NAIKAN-Methode vorzudringen.

Warum mir der Augenblick der Schauung, wie ich ihn bezeichne, so wichtig ist, möchte ich noch genauer ausführen. Dieser Moment, dieser Zustand ist meiner Erfahrung nach ein sichtbares Zeichen, das dem NAIKAN-Leiter mitteilt: der Prozess der Persönlichkeitswandlung hat eingesetzt. Wird diese Schauung (der vieles vorausgeht) nicht während des NAIKAN-Prozesses erlebt, egal ob in kleine Mosaiksteine aufgeteilt und als Gesamteindruck aus einer Woche mit nach Hause genommen oder in Form eines „spektakulären" Augenblicks des mit sich selber Ringens und Durchbrechens in die Schauung, kann keine tiefgreifende Persönlichkeitswandlung aus dieser Woche erwartet werden.

Das ist nicht damit gleichzusetzen, dass der NAIKAN-Prozess keine Wirkung im Sinne von Veränderungen für die Person nach sich zieht. Das ist sehr wohl der Fall. Alleine die Bereitschaft, sich eine Woche mit der eigenen Lebensgeschichte im NAIKAN-Setting auseinanderzusetzen, hat meiner Erfahrung nach schon Wirkkraft. Hier geht es aber um den NAIKAN-Prozess in seinem vollen Umfang, den bis in die letzten Tiefen reichenden Prozess - und dieser erfordert das Erleben der Schauung, diesen Moment der Wahrnehmung des sich aufblasenden Egos, das Eintreten in den „Strom der ureigenen Selbstnatur", um sich weiter entfalten zu können. An diesem Punkt wird der Weg frei, das Tor zum Selbst kann erstmals bewusst geöffnet werden. Das Selbst betrachtet das Selbst, es wird sich seiner bewusst gewahr. Dieser Augenblick ist der Beginn einer tieferen - ich sage: spirituellen - Auseinandersetzung des Wesens Mensch.

Es ist mir wichtig zu betonen, dass für mich zu Spiritualität keine Konfession gehört oder nötig ist. NAIKAN in seiner Gesamtheit beinhaltet keine Ideologie oder Konfession - das ist ja eine der großen Stärken der Methode.

Zurück zum Moment der Schauung: Dieser Zustand nimmt auch einen wichtigen Platz ein, wenn man NAIKAN als Therapie auffasst. Gelingt es dem Absolventen einer NAIKAN-Therapie, durch seine Leidensbilder, die ihn zur Therapie veranlasst haben, durchzugehen, dann erlangt der Übende ebenso jenen Zustand. Der Hintergrund therapiebedürftiger Menschen findet meist Ausdruck in neurotischen Verhaltensmustern oder anderen egozentrischen Verhaltensschemata, das heißt, man räumt dem Ego in der Ich-Wahrnehmung einen unangemessenen Stellenwert ein.

Um aus seinen Mustern aussteigen zu können, muss der „Patient" bewusst seine Egostruktur erkennen und sich seines wahren Selbst, seiner ursprünglichen Natur, bewusst werden. Da vor allem therapiebedürftige Menschen sehr verkrustete Verhaltensschemata aufweisen, ist diese Wahrnehmung des ursprünglichen Seins eine immens wichtige Angelegenheit. Dieser Prozess ist notwendig, um einen therapeutischen Effekt zu erzielen, der zu tiefgreifenden Veränderungen führt, und es zu schaffen, sich von alten, krankmachenden Geisteshaltungen zu lösen. Egal mit welchen Krankheitsgeschichten der Patient NAIKAN übt, wenn er in den Zustand der Schauung durchbricht, dann greift NAIKAN-Therapie mit Sicherheit.

Durch die Schauung passiert etwas, was wir im NAIKAN-Prozess als Wandlung des Wesenhaften bezeichnen können. Unabhängig davon, ob die NAIKAN-Methode als Therapie, spirituelle Übung, Selbsterfahrung oder anders genützt wird, mit dem Gewahrwerden des ursprünglichen Seins beginnt die Wandlung des gesamten Wesens des Individuums, und das wird in der Folge sichtbar.

Dieser Durchbruch ist der wirkliche Beginn einer Persönlichkeitsentwicklung. Es ist erst der Beginn, das heißt, wenn der Übende diesen Durchbruch vollzogen hat, dann ist die Therapie keineswegs abgeschlossen, bzw. eine spirituelle Entwicklung passiert nicht einfach automatisch. Manchmal ist das zwar der Fall, aber man kann nicht behaupten, dass dieser Durchbruch in das ursprüngliche Wahrnehmen, die Schauung, der Endpunkt des Prozesses ist, der mit der NAIKAN-Methode in Gang gesetzt wird.

An dieser Stelle möchte ich den Begründer und Entwickler der NAIKAN-Methode Ishin Yoshimoto-Sensei zitieren, der unter anderem sagte: Man kann eine Woche NAIKAN (Innenschau) mit dem Aufstellen von Telegraphenmasten vergleichen; tägliches NAIKAN ist der Draht, der sie verbindet.

Schuld, Scham und Schauung

Unterteilen wir einmal den Prozessverlauf eines NAIKANs von der Möglichkeit Null bis in die Ewigkeit, unabhängig davon wie diese für jeden von uns aussehen mag, in drei Phasen:

1. Vor dem Schauungserlebnis
2. Das Schauungserlebnis
3. Nach dem Schauungserlebnis

Es ist nicht möglich, das Erlebnis der Schauung in der begrifflichen Welt darzustellen.

Jemandem mit Worten den Geschmack eines Apfels zu erklären, wenn dieser Jemand noch nie einen Apfel gegessen hat, ist nicht möglich. Deswegen habe ich bereits im Vorwort deutlich gemacht: NAIKAN muss man tun, also erfahren.

Trotzdem ist es einen Versuch wert, mit Worten die Grenzen der Worte aufzuzeigen, um möglichst nahe an den Zustand der Schauung heranzukommen, in dem sich die Worte und jede Form der begrifflich-dualen Welt auflösen. Das Schauungserlebnis selbst lässt uns erst im ganzen Ausmaß erkennen, welchen zentralen Stellenwert die Schuld und die Scham in Bezug auf die Persönlichkeitswandlung haben. Durch NAIKAN kommen wir zwangsläufig zur Schauung, ob das bei einer Woche oder erst nach zehn Jahren passiert, ist eigentlich unrelevant.

Bevor wir in den Zustand der Schauung gelangen, löst sich unser „Ich-Bewusstsein" auf, das verknüpft ist mit Haben-wollen, Leben-wollen. Die Personalität verschwindet und macht dem Transpersonalen Platz. Das Ich (Ego) im gesamten tritt ab vom Marktplatz des Geschehens und macht einer Person ohne Rang und Namen Platz, die nun an die Öffentlichkeit tritt.

Gut und Böse haben sich für kurze Zeit aufgehoben, ebenso Schuld und Unschuld, wie auch Leben und Tod. Was jedoch nicht bedeutet, dass es Gut und Böse, Leben und Tod, also die duale Welt, nicht gibt.

Die Spaltung des Geistes ist kurzzeitig gekittet. Die Körper-Geist Einheit ist vollzogen. Nun kann die Essenz erlebt werden. Der Mensch erlebt sich als Essenz und ist gleichzeitig das Gefäß, in dem es möglich ist, dass sich diese universelle Essenz erlebt. Der Mensch ist die gesamte Wüste und ein Sandkorn aus der Wüste.

An dieser Stelle spricht Meister Eckhart, ein christlicher Mystiker, vom Es und vom Pünktchen. Der Zen-Meister Bankai spricht vom Ungeborenen Selbst und Usami Roshi vom Ort, wo es keine Töne gibt und alles der Ton von Amida-Buddha ist.

Ich bezeichne es als das ursprüngliche Sein aller Dinge.

Wie lange die Person ohne Rang und Namen in der Öffentlichkeit steht, ist verschieden. Manchmal tut sie das für Sekunden, manchmal für Stunden, oder auch tagelang. Erfahrungsgemäß kehrt sie wieder zurück in ein Haus am Marktplatz, um wieder Rang und Namen zu führen. Jetzt weiß sie aber, was sie zu tun hat, wo ihre Aufgabe, ihre Bestimmung liegt. Sie hat erkannt, dass Rang und Namen nur eine Übereinkunft für „die Welt" sind. So lange sie lebt wird sie versuchen zu lernen, diese Tatsache immer mehr zu akzeptieren. Ihr Tun wird darauf ausgerichtet sein, der Person ohne Rang und Namen immer mehr Platz einzuräumen. Beide Personen werden aufgrund dieser Erkenntnis in Frieden und Eintracht im Haus am Marktplatz wohnen, sie erkennen einander an.

Die Person von Rang und Namen erkennt, dass sie ihren Ursprung hat, indem sie eingebettet ist in die Person ohne Rang und Namen. Sie erkennt auch, dass sie ihren Ursprung über die gelebte Erkenntnis immer wieder erneuert.

Aus dieser Erkenntnis heraus betrachtet die Person von Rang und Namen Schuld als ein Natürliches, sie entdeckt die Natürlichkeit der Schuld. Vor dieser Wahrnehmung der Natürlichkeit der Schuld hatten wir eine ganz andere Lebenshaltung: Die Schuld wird über die Lebenshaltung, ja sowieso unschuldig zu sein, erzeugt. Mit dem Zulassen der Scham, des sich Schämens, verliert die Person von Rang und Namen immer mehr an Kontur. Wie heißt eine Redewendung bei uns: Ich versinke vor Scham. Das Ich (Ego) versinkt also in der Scham, und das Selbst, also die Person ohne Rang und Namen, darf an die Öffentlichkeit treten. Durch die Spaltung des Geistes erhielt der Mensch die Möglichkeit, sich zu schämen, und indem er diese Möglichkeit nützt, kehrt er zur Einheit des Geistes zurück. Der Mensch kann dies als einziges mir bekanntes Wesen bewusst durchführen.

Die Spaltung passierte also einfach. Es gab hierfür keinerlei Motivation, noch steckt ein besonderer Sinn dahinter.

Aus NAIKAN-Sicht betrachtet bedeutet dies folgendes: Durch das Zulassen des sich Schämens für all die Handlungen, die wir gesetzt haben, um mehr zu bekommen, als wir bereit waren zu geben, nehmen wir unsere persönliche Schuld an und reinigen uns dadurch. Dadurch beteiligen wir uns nicht mehr an der Bildung einer Kollektivschuld. Die Kollektivschuld entsteht über das Nicht-annehmen der individuellen Schuld. Schuld ist also während des NAIKAN-Prozesses nichts Negatives mehr für uns, sie wird transformiert, und über das Zulassen des sich Schämens trennt sich das „Ungesunde" vom „Gesunden".

Die Erfahrung der Schauung, des Transpersonalen, der Einheit des Geistes, kann dadurch gemacht werden. Eine Person ohne Rang und Namen entfaltet sich wie eine Blume auf dem Misthaufen. Darin finden wir den Grund, warum NAIKAN-Teilnehmer Dankbarkeit empfinden können für die Schläge, Misshandlungen usw., die sie erhalten haben, und zwar ohne dadurch die Schläger und Misshandler zu entschuldigen und ihrer Verantwortung zu entbinden. Aus dieser Haltung ist es dem Menschen möglich, unabhängig von äußeren Umständen ein friedvolles Herz zu haben.

Im christlichen Kontext würde das bedeuten: Nur von diesem Baum sollt ihr nicht essen. Sie aßen aber von diesem Baum und wurden sich ihrer Nacktheit bewusst. Also schämten sie sich, als sie Gott ansichtig wurden, und bedeckten sich.

Die Konklusio aus der netten Paradiesgeschichte: Geben Adam und Eva das, was sie sich widerrechtlich angeeignet haben, wieder zurück, brauchen sie sich nicht mehr zu schämen, und sie befreien sich so von der Sünde. Sie dürfen wieder in der Ganzheit leben. Zwei Personen ohne Rang und Namen mit der Fähigkeit, sich schämen zu können, jedoch voll gereinigt und daher zum diesem Zeitpunkt Scham-los, kehren heim ins Paradies.

Weiters bedeutet das in christlicher Terminologie: Der Baum der Erkenntnis ist gleichzeitig ein Baum der Nicht-Erkenntnis. Das Erkennen von Gut und Böse und die Fähigkeit, sich schämen zu können, bewirkt Wiedergutmachung und somit das Auslöschen der Sünde. Hat der Mensch sich von allen Sünden gereinigt und lebt er weiter in dem Bewusstsein, dass er trotzdem die Anlage zur Sünde in sich trägt, ohne sie zu begehen, dann trägt er zu diesem Zeitpunkt nicht mehr zur Neubildung von Erbsünde bei. Er erlebt nun das Paradies, hier und jetzt, in diesem Augenblick. Endgültig in es eingehen kann er erst bei seinem materiellen Zerfall.

In buddhistischer Terminologie bedeutet das: Das Selbst betrachtet das Selbst im Augenblick des Schauungserlebnisses. Das Bewusstsein erzeugt also den Buddha, und der Buddha erzeugt das Bewusstsein. Durch das Schauungserlebnis, dem eine geistige Reinigung vorausgeht, wird sich die Geistessenz ihrer selbst gewahr. Mittels des Erkennens des Menschen und dessen Möglichkeiten, das Erkannte umzusetzen, und der Durchführung jener Möglichkeit, manifestiert sich der Buddha-Geist in der materiellen Welt. Das negative Karma wird gelöscht und der Erwachte, so wird ein Buddha bezeichnet, tritt in diese Welt ein. Für Augenblicke wird aus dem Gefäß, das die Essenz fasst, die Essenz selbst. Jedoch zum endgültigen Verbleib im Nirvana ist es nötig, dass sich die Geistessenz vom Körper löst.

Einer sagte: Wer ohne Schuld ist, werfe den ersten Stein.
Ein anderer sagte: Wenn du außerhalb deiner selbst einen Buddha suchst, wirst du ihn nicht finden.

Nach der Schauung

Wie sich der Mensch nach dem Schauungserlebnis verhält, liegt in demselben begründet. Der tägliche Reinigungsprozess bis zum materiellen Zerfall ist das einzige, was als logisches Ergebnis aus der Einsicht folgen kann.

Mittels der NAIKAN-Methode kann der Mensch lernen, seinen Geist von allen Schatten so weit zu reinigen, bis sich die Essenz zwangsläufig entfalten muss. Vom Zeitpunkt der Schau bis ans Lebensende täglich NAIKAN zu üben, das ist der sicherste Weg, um zu reinigen. Dieser Weg wurde auch vom Begründer der Methode gelebt. Über tägliches NAIKAN wird das Schauungserlebnis immer wieder erneuert.

Im Christentum dauert es viele Jahre, bis das Bedürfnis, den Stein auf den anderen zu werfen, so tief und kompakt als eine Tatsache von Menschen wahrgenommen und akzeptiert wird, bis dieser endgültig aufhört, mit Steinen zu werfen. Nun erkennt sich das Ich im Du. Tätige Nächstenliebe drückt das aus.

Im Zen-Buddhismus beginnt der wirkliche Prozess ab dem Zeitpunkt, da der Zazen-Praktizierende in die Welt der Nicht-Begrifflichkeit eintaucht. Bis zur Bestätigung einer stabilen Erleuchtungserfahrung durch den Meister verstreichen meist viele Jahre (siehe hierzu (19) Kôan-Praxis im I. Buch), Jahre, in denen die Schüler ihren Geist reinigen. NAIKAN kann Zen-Buddhisten wie Christen und auch vielen anderen Menschen zur Schauungserfahrung, die gleichzeitig Grundlage einer spirituellen Öffnung ist, verhelfen. Dies geschieht anhand der eigenen gelebten Erfahrung. Ob mit oder ohne Konfession, NAIKAN ist ein sicherer Weg, seinen Geist zu reinigen. Das Endergebnis eines NAIKAN-Prozesses kann die Verwirklichung reinster Geistessenz sein: Ein Scham-loser Mensch.

2 ESSENTIELLES AUS NAIKAN

WORTE VON

ISHIN YOSHIMOTO

KALLIGRAPHIEN VON

GOUN IKEGAMA

内観は死を見つめてするものです

NAIKAN
MACHEN

UND BEREIT SEIN
SICH DEM TOD
ZU STELLEN

IST
EINS

集中内観は基礎訓練
日常内観こそが本番

EINE
WOCHE
NAIKAN
IST
DER
ANFANG

TÄGLICHES
NAIKAN
IST
DAS
ZIEL

集中内観は入門式で卒業式ではない

自分に聴く耳をつけていただき

自分を観る眼をつけていたゞいただけ

EINE WOCHE
NAIKAN
IST NUR DAS
FRÜHLINGSFEST

NICHT DER
ERNTEDANK

DU HAST
NUR AUGEN
BEKOMMEN
DIE SEHEN

UND OHREN
DIE HÖREN

集中内観を電柱にたとえれば
日常内観は電線のようなもの

MAN KANN
EINE WOCHE
NAIKAN
MIT DER
AUFSTELLUNG
EINES
TELEGRAPHEN-
MASTES
VERGLEICHEN

DANN IST
TÄGLICHES
NAIKAN
DER DRAHT
DER VERBINDET

己が身の誕生の日は
母苦難の日

DER
TAG
AN
DEM
DU
GEBOREN
WURDEST
IST
DER
TAG
AN
DEM
DEINE
MUTTER
GELITTEN
HAT

内観は魂の大手術です

NAIKAN
IST
DER
HEILENDE
EINGRIFF
IN
DEN
GEIST

明日ありと思う心にだまされて
今日も空しく過ごす我かな

VERFÜHRT
VON DEM
GEDANKEN
DASS ES
EIN MORGEN
GIBT

LEBE ICH
MEIN HEUTE
OHNE ESSENZ

一心になって
油断しないで 調べて下さい
転迷開悟、安心立命のために

MIT
VOLLER
KRAFT
UND
OHNE
NACHLÄSSIGKEIT
PRÜFE
DICH
SELBST

ES
GEHT
UM
ERLEUCHTUNG
UND
GEWISSHEIT

何の目的で生れて来ましたか
その目的に向って生きておられますか

WAS IST
DER ZWECK
DEINES DASEINS?

LEBST DU
DEN ZWECK
DEINES DASEINS?

いま死んだら
どこへ行きますか

WOHIN
GEHST DU
WENN DU
JETZT
STIRBST?

夏生れて夏死ぬ蝉は
春も秋もあるんですが
知らんだけです

ES GIBT
EINEN FRÜHLING

ES GIBT
EINEN HERBST

DOCH –

DIE ZIKADE

IM SOMMER
GEBOREN

IM SOMMER
STERBEND

WAS WEISS
SIE DAVON?

内観の目的はどんな逆境にあっても
感謝報恩の気持で日暮らーできる
心境に大転換することです

ZIEL DES
NAIKANS IST DIE
VERWANDLUNG
DES GEMÜTS

DAMIT WIR

EGAL WIE
SCHLIMM
DIE ÄUSSEREN
UMSTÄNDE SIND

VOLL
DANKBARKEIT
UND DEM
WUNSCH
ZURÜCK-
ZUERSTATTEN
LEBEN KÖNNEN

信あるか無いか
その日その日の日暮らしに問え

OB
ICH
GEWISSHEIT
ERLANGT
HABE

ZEIGT
SICH
IM
TÄGLICHEN
LEBEN

生命のある内に内観して
感謝の心境で死んで
いけるように

WIR
MACHEN
NAIKAN
IM
LEBEN

UM
IM
STERBEN

VOLL
DANKBARKEIT
ZU
GEHEN

この悪い恐しい浅ましい私は
今頃地獄の底で苦しまねばならぬ筈
今こうして楽に呼吸させて頂いて
有難いことです

EIGENTLICH
MÜSSTE DIESES
SCHÄNDLICHE
VERDORBENE
ABSCHEULICHE
ICH
HÖLLENQUALEN
DURCHLEBEN

DOCH
ICH
BIN
DANKBAR
DASS
ICH
HIER
IN
RUHE
ATMEN
KANN

内観の創始者は
お釈迦様であり親鸞聖人
私は内観のチンドン屋で
宣伝員にすぎません

DER BEGRÜNDER
VON NAIKAN
IST BUDDHA
UND SHINRAN

ICH BIN
NUR DER
DER DIE
TROMMEL
SCHLÄGT

一分一秒を惜しんで内観しましょう

LASS
KEINE
MINUTE
KEINE
SEKUNDE
UNGENUTZT
VERSTREICHEN

MACH
SO
DEIN
NAIKAN

Nachwort

Ich erinnere mich sehr genau an den Gesichtsausdruck meiner Frau, den sie nach der Geburt unseres Sohnes Georg hatte: Das nackte Baby am Bauch und einen unaussprechlichen Frieden, gepaart mit einem überirdischen Strahlen der Freude und tiefste Glückseligkeit im Gesicht. Dies ist der einzige Augenblick in den letzten zwölf Jahren, bei dem ich mich an ein Gefühl von Neid erinnere. Gleichzeitig kann ich sagen, niemals habe ich jemandem so sehr all das gewünscht, wofür ich ihn beneidet habe.

Jetzt habe ich das Gefühl, mein erstes Kind geboren zu haben. Mein Gesichtsausdruck dürfte etwas müder und abgeschlaffter sein. Innerlich jedoch fühle ich mich sicher ähnlich wie meine Frau in ihrem damaligen Zustand. Und so wie sie mich damals gebraucht hat, um zumindest dieses Kind auf die Welt bringen zu können, ist mir heute bewusst, dass sie mir bei der Geburt dieses „NAIKAN-Babys" genauso Hilfe war. Dafür bedanke ich mich bei ihr.

Einmal bin ich der Berg und sie der Schatten, ein anderes Mal ist sie der Berg und ich stelle den Schatten dar. Zusammen sind wir mit Sicherheit ein Ganzes.

Nachdem ich die Geburt schadlos überstanden habe, werde ich mich sechs Tage nach der Lieferung des NAIKAN-Babys aus der Druckerei in eine Woche des NAIKAN-Übens begeben. Es ist Zeit, mich tiefer zu prüfen. Wenn jemand so viel über NAIKAN spricht, wie ich dies mittels dieses Buches getan habe, sollte er sehr vorsichtig sein. NAIKAN tut man, man redet es nicht.

Die Leiter meines NAIKANs werden die Mitarbeiter des NAIKIDO ZENTRUMs (NAIKAN-Co- und Assistenzleiter) sein. Denn im Sinne dieses Buches prüft sich jeder mittels der NAIKAN-Methode selbst, und es braucht keine NAIKAN-Leiter, die eine Form des Wissens bringen, das in uns selber ruht. Dieser Erkenntnis gerecht werdend bin ich dankbar dafür, dass sich Menschen finden, die sich bereit erklären, sich beim „NAIKAN-Gespräch" die Sammlung meiner geistigen Scheiße anzuhören und mir dadurch zu helfen, das Trübe vom Reinen zu trennen.

Josef Hartl
im Sommer 1998

Noch ein Nachwort

Es war bei einem Tages-NAIKAN im Frühjahr 1997, ich wollte meine Studienzeit mit Hilfe von NAIKAN innerlich abschließen, also prüfte ich zu diesem Thema die Zeit ab 1992 in Jahresabschnitten. Gegen Ende des Tages saß ich auf einmal da, ich war absolut fassungslos und tief bewegt. Mir wurde ganz unvermittelt bewusst, was mir bis dahin noch nie wirklich aufgefallen war: Mein Leben hatte sich unglaublich stark verändert. Nein, nicht nach dem Motto: Mach NAIKAN und alles ist ganz anders. Es war keine schlagartige Veränderung. Es waren vielmehr unzählige Kleinigkeiten in meinem Verhalten, die langsam und stetig diese Veränderung bewirkten.

So entstand auch dieses Buch: Es war ein Zusammenspiel von zahllosen kleinen und großen Bausteinen, durch die ich jetzt Unmengen von Seiten in der Hand halte. Viele Veränderungen gab es seit dem ersten Konzept: Josef spricht vom NAIKAN-Baby, ich hatte aber eher das Gefühl, dass es sich um ein heranwachsendes Kind handelte. So manches geplante Kapitel verschwand, wurde nie geschrieben, manch anderes Kapitel schrieb sich wie von selbst – ganz so, als hätte „es" einen eigenen Willen.

Undenkbar aber wäre dieses Buch ohne die vielen Helfer und Unterstützer, die in verschiedenster Form einen Beitrag im Laufe der Entstehung geleistet haben. Ursprünglich haben wir geplant, sie alle namentlich anzuführen, aber wir haben uns letztlich dagegen entschieden. Zu leicht könnten wir den einen oder die andere vergessen, weil es so viele waren. An dieser Stelle bedanken wir uns ganz herzlich bei allen, die uns in irgendeiner Form bei der Entstehung dieses Werkes geholfen haben.

Oft hatte ich so meine Zweifel, ob es überhaupt Sinn macht, über NAIKAN zu schreiben. Denn wie Sie nach der Lektüre unseres Buches wahrscheinlich schon im Schlaf murmeln: NAIKAN tut man! In diesem Sinne: Genug der Worte und auf in die NAIKAN-Übung!

Johanna Schuh
im Sommer 1998

Josef Hartl praktiziert seit zwölf Jahren NAIKAN und leitet seit 1992 Tages- und Wochen-NAIKAN im eigenen Zentrum, seit 1995 auch im Gefängnis. Seit 1994 leitet er als einziger Europäer Jujukinkai-Wochenretreats außerhalb von Japan. Hält über die NAIKAN- sowie Jujukinkai-Methode Vorträge im In- und Ausland. Er bezeichnet sich als einer, der noch immer am Anfang vom NAIKAN steht. Er ist Vater zweier Söhne. Gemeinsam mit seiner Frau Helga begründete und leitet er das NAIKIDO Zentrum Wien und das NAIKAN Haus Ötscherland.

„Josef Hartl - ein visionärer Realist.
Als ich Josef 1992 kennenlernte, erzählte er mir, was er alles in den nächsten zehn Jahren in Bezug auf NAIKAN tun würde. Ich dachte mir damals: „Welch ein Illusionist". Heute, genau sechs Jahre und fünf NAIKAN-Wochen später, weiß ich, dass ich mich damals geirrt habe.
Josef hat das NAIKIDO Zentrum Wien, das NAIKAN Haus Ötscherland, den NAIKIDO-Verein, das Institut für Shiatsu und Energy Balancing und den Senkozansanghenembutsudo Wien errichtet, die NAIKIDO-Zeitung herausgegeben, nebenbei Shiatsu- und Kochkurse gegeben, die Sommerakademie Breitenbrunn ins Leben gerufen, NAIKAN nach Bayern gebracht und noch vieles andere mehr. Als er vor einem Jahr zu mir sagte: „Jetzt schreibe ich ein Buch über NAIKAN", habe ich nicht eine Sekunde daran gezweifelt: Wenn Josef sagt, er schreibt ein Buch, dann schreibt er es!
Dabei hat er mir und dem harten Kern des Vereins immer das Gefühl gegeben, Teil seiner Visionen zu sein. Wenn Josef um Unterstützung bat, war es Ehrensache, mitzumachen, auch wenn wir manchmal atemlos hinter ihm her hechelten, ob dem Tempo, dass er uns vorlegte.
Drei primäre Quellen speisen meiner Meinung nach Josef Hartl:
1.) Seine Frau Helga und die beiden Söhne Georg und Alexander
2.) Sein Vertrauen in Amida-Buddha und das Reine Land des Amitâbha
3.) Seine unerschütterliche Liebe zum Wesen Mensch, dem er mit NAIKAN zu einem bewussteren Leben verhelfen kann.
Wie schön für mich, ihn als Freund zu haben!"

Gitti Fenko
im Frühjahr 1998

Johanna Schuh ist Diplomierte Sozialarbeiterin. Ihre Diplomarbeit schrieb sie 1996 an der Akademie für Sozialarbeit für Berufstätige zum Thema: „NAIKAN als methodischer Weg in der Sozialarbeit?" NAIKAN- und Jujukinkai-Praxis seit 1993, Naikan-Leiterin seit 2000. Seit seiner Gründung 1994 bis 2004 aktive Mitarbeit im NAIKIDO-Verein Wien. Langjährige Tätigkeit in Büro und Organisation. Sie hält NAIKAN-Vorträge und leitet NAIKAN-Wochen in Österreich, Deutschland, Schweiz. Im Jahr 2005 Gründung und Leitung des INSIGHTVOICE NAIKAN CENTER VIENNA.

„Johanna Schuh stand eines Abends vor unserer Wohnungstür, um mir mitzuteilen, eine Teilnehmerin an einer Vollreis-Entschlackungskur zu sein. Natürlich war sie deswegen nicht von der Weststeiermark oder Aspen – Colorado angereist. Sie war mir auch nicht ganz fremd. Ein Jahr vorher hatte sie einen Entspannungsmassagekurs besucht, den ich in einer Wiener Volkshochschule abgehalten hatte. Dennoch überraschte sie mich an diesem Abend – sie war „unangemeldet" zu jener Informationsveranstaltung erschienen, die gleichzeitig der Auftakt zur Kur war.

Immer wieder erlebe ich sie seit damals, das liegt nun sieben Jahre zurück, als eine Person, die spontane Entschlüsse fasst. Sie hat Mut, obwohl sie sich mit Ängsten plagt. Sie hat Ausdauer, obwohl sie sich manchmal selbstausbeuterisch dabei verhält. Und ich schätze ihren Ärger vor allem dann, wenn sie ihn nicht hochkommen lässt und sich statt dessen diese Energie in Arbeitswut verwandelt. Das ist zwar ungut für sie, jedoch für mich ist sie als arbeitsame Mitarbeiterin dadurch besonders wertvoll, ohne dass ich deswegen ein schlechtes Gewissen haben muss. Ja, und ich vertraue ihr uneingeschränkt, was etwas mit ihrer Art zu tun hat, wie sie sich als kleines Kind das Eisgeld von ihrem Vater besorgte. Das weiß ich im übrigen aus einer ihrer „unzähligen" NAIKANs, die ich in den letzten Jahren begleiten durfte. "

Josef Hartl
im Frühjahr 1998

324

Prof. Akira Ishii ist Professor für Strafvollzug und Kriminologie an der Aoyama Gakuin Universität in Tokyo, Japan. Er leitet seit 1980 Naikan in Europa, USA, Canada, Philippinen Taiwan. Er lebt in Tokyo, leitet in Japan Tagesnaikan, schriftliches Naikan bei Studenten an der Universität. Vortragstätigkeit über Naikan in vielen Ländern weltweit. Zusammen mit Dr. Dieter Bindzus Mitverfasser des deutschen Buches: „Strafvollzug in Japan", in dem auch die Naikan-Methode beschrieben wurde. Vorstand der I.N.A. (International Naikan Association).

„Im Jahr 1997 traf ich Prof. Ishii beim 3. Internationalen NAIKAN Kongress in Südtirol. Bei dieser Gelegenheit fragte ich ihn, ob er in Frankreich eine NAIKAN-Woche leiten wollte - eine Premiere, denn in Frankreich hat bis dato noch kein NAIKAN stattgefunden. Als Antwort begann er über das ganze Gesicht zu strahlen, er nickte heftig und schlug sofort seinen Terminkalender auf. Binnen zwei Minuten hatten wir zwei Auswahltermine für 1998 festgelegt, die ich unseren Kontaktpersonen in Frankreich vorschlagen konnte.

Das ist typisch für ihn: Wenn Prof. Ishii die Möglichkeit bekommt, NAIKAN in irgendeinem Land der Welt zu leiten oder auch nur Vorträge zu halten, um die Methode dort bekannt zu machen, greift er zu. Es scheint mir, er sieht es als seine Lebensaufgabe, NAIKAN in die Welt zu tragen, und widmet dem einen großen Teil seiner Zeit.

Dabei gibt es auch „unerwünschte Nebenwirkungen". Weil er sich so für das NAIKAN engagiert, nimmt er sich vieler Aufgaben an und arbeitet dementsprechend viel. Dabei kommt es hin und wieder zu „last minute" Aktionen.

So geschehen vor einer seiner Reisen nach Österreich: Prof. Ishii rief mich am Freitag eine Woche vor seiner Abreise an, es war acht Uhr morgens. Er teilte mir mit, er hätte übersehen, dass sein Reisepass abgelaufen war. Für einen Antrag auf Verlängerung wäre es viel zu spät, aber wenn er von uns eine offizielle schriftliche Einladung bekäme, so könnte er eine Sondergenehmigung bekommen. Ein Fax würde genügen - allerdings in der nächsten Viertelstunde, denn dann würde das Amt schließen. Ich schickte ihm das Fax, in letzter Minute sozusagen. Er bekam die Sondergenehmigung.

Durch seine NAIKAN-Aktivitäten hat Prof. Ishii Kontakt zu vielen Menschen in Japan und rund um den Globus, die NAIKAN leiten oder NAIKAN geübt haben. Er verfügt dadurch über einen wahren Schatz an Informationen. Auf jeden Fall, so ist mein Eindruck, hat er den Überblick über die gesamten NAIKAN-Aktivitäten weltweit. "

Johanna Schuh
im Frühjahr 1998

NAIKIDO ZENTRUM WIEN
NAIKAN HAUS ÖTSCHERLAND

Im Jänner 1986 lernten sich Josef Hartl und Helga Margreiter während einer NAIKAN-Woche kennen. Sie fungierte als eine der Leiter und er als einer der Teilnehmer. Aus jener Begegnung wurde eine Partnerschaft und Ehe.

Helga Hartl studierte Sportwissenschaften und Psychologie und ist Diplomierte Versehrtensportlehrerin. Sie leitete als erste Frau außerhalb Japans NAIKAN-Wochen.

Josef Hartl ist Masseur und NAIKIDO-Shiatsupraktiker und entwickelte eine Shiatsu-Form (NAIKIDO-Shiatsu), bei der NAIKAN als eine Art der Selbstreflexion eine wichtige Rolle spielt. Außerdem leitet er seit 1994 Jujukinkai-Wochenretreats. Seine Art des Umganges mit Menschen hat sicher sehr viel mit seinem persönlichen Lebensweg zu tun. Bis zum ersten Wochen-NAIKAN bezeichnete er sich als einen Getriebenen, Suchenden; nach dem ersten Wochen-NAIKAN als ex-süchtigen Junkie und Alkoholiker, der gefunden hat.

Beide, Josef und Helga Hartl, praktizieren Senkobo-Buddhismus.

1992 begründeten sie das NAIKAN HAUS WIEN. Aus der Arbeit im NAIKAN HAUS entstand die Idee, den NAIKIDO-Verein zu initiieren. Der NAIKIDO-Verein ist eine gemeinnützige Organisation zur Pflege des NAIKANs und einer ganzheitlichen Lebensweise. 1997 begründeten Josef und Helga Hartl das NAIKIDO ZENTRUM, ein Stadtzentrum in Wien, und sie übersiedelten nach Niederösterreich und eröffneten dort das NAIKAN HAUS ÖTSCHERLAND.

Im NAIKIDO ZENTRUM WIEN finden Tages-NAIKAN statt, sowie ein Mal monatlich ein NAIKAN-Forum, das der Information und dem Erfahrungsaustausch ehemaliger NAIKAN-Teilnehmer dient. Weiters werden im NAIKIDO ZENTRUM Ausbildungen zum Shiatsu-Praktiker sowie Fortbildungen zum NAIKIDO-Shiatsupraktiker angeboten.

Das NAIKIDO ZENTRUM bietet derzeit zehn Menschen als ständigen Mitarbeitern Arbeitsmöglichkeiten. Alle ständigen Mitarbeiter haben Wochen-NAIKAN-Erfahrung. Durchschnittlich 120 bis 160 Menschen pro Jahr absolvieren eine Woche NAIKAN, etwa 100 Menschen jährlich absolvieren eine Shiatsu-Praktiker-Ausbildung. Weiters werden immer wieder Lehrer aus dem In- und Ausland eingeladen, um Workshops in den Bereichen Körperarbeit und Meditation abzuhalten und Vorträge abzuhalten.

Im NAIKIDO ZENTRUM sind vier in sich autonome Bereiche beheimatet:

- Die NAIKIDO Shiatsu Schule
- Das Institut für Shiatsu und Energy Balancing
- Die Aktivitäten und das Büro des NAIKIDO-Vereins
- Der Buddhistische Tempel Senkozan Sanghe Nembutsu Do

Im NAIKAN HAUS ÖTSCHERLAND werden NAIKAN-Wochen sowie Jujukinkai-Wochenretreats durchgeführt. Es beheimatet ein NAIKAN-Zentrum und den Haupttempel zum Praktizieren von Senkobo-Buddhismus.

Michael Simöl und Karola Beilschmidt betreuen derzeit das NAIKIDO-Büro.

Bei der Eröffnung des NAIKIDO ZENTRUMs zu Pfingsten 1997 fanden verschiedene Vorträge statt.

Shiatsulehrgang im NAIKIDO ZENTRUM: Praktisches Arbeiten.

Akinobu Kishi, Seiki- und Shiatsu-Lehrer aus Japan, hält immer wieder Workshops im NAIKIDO ZENTRUM.

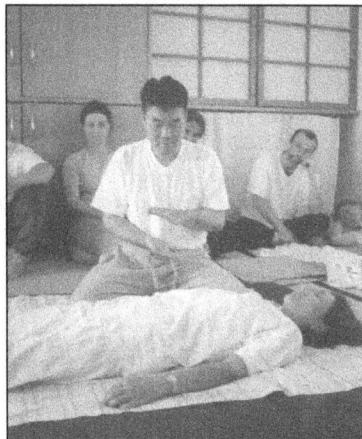

Der Schrein des Senkozan Dojo im NAIKIDO ZENTRUM.
Hier finden regelmäßige Abendzeremonien, Zazen-Praxis und Nembutsu-Rezitation statt.

NAIKAN HAUS ÖTSCHERLAND: Hinter dem Haus beginnt der Wald und nach vorne bietet das Haus
einen wunderschönen Ausblick auf das Bodingtal und auf den Dürnstein.

Die NAIKAN-Leiter Josef und Helga Hartl bei der Konzentration vor dem NAIKAN-Gespräch ...

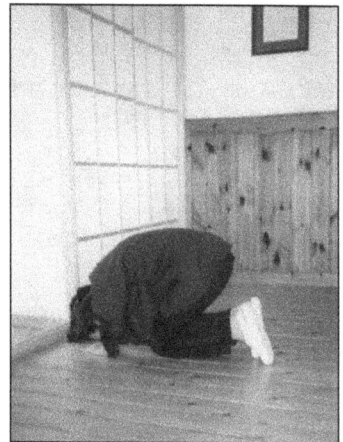

... und bei der Verbeugung vor Beginn des NAIKAN-Gesprächs.

Die NAIKAN-Teilnehmer/innen bekommen das Essen von den Leitern am Übungsplatz serviert.

NAIKAN KONTAKTADRESSEN

Österreich

NAIKIDO ZENTRUM WIEN
Leitung: Josef & Helga Hartl
Neulerchenfelderstrasse 65
A-1160 Wien
Tel. & Fax: +43-1-4050513
www.naikido.at

NAIKAN HAUS ÖTSCHERLAND
Leitung: Josef & Helga Hartl
Bodingbachstrasse 91
A-3293 Lunz am See
Tel. & Fax: +43-7486-8513
www.naikan.org

NAIKAN ZENTRUM NEUE WELT INSTITUT
Leitung: Franz & Martha Ritter
Triftstrasse 81
A-2821 Lanzenkirchen – Klein Wolkersdorf
Tel. +43-2627-45102 , Fax: +43-2627-451026
www.naikan.com

NAIKAN ZENTRUM SALZBURG
Leitung: Roland Dick
Goldgasse 19
A-5020 Salzburg
Tel: +43-664-1320619 , Fax: +43-662-830885
www.naikan.at

INSIGHTVOICE NAIKAN CENTER VIENNA
Leitung: Johanna Schuh
Meiselstraße 46/4
A-1150 Wien
Tel. +43-664-4567783
www.naikan.ws

Deutschland

NAIKAN HAUS TARMSTEDT
Leitung: Gerald Steinke
Bremer Landstrasse 34
D-27412 Tarmstedt
Tel. +49-4283-2004
www.naikan.de

Schweiz

NAIKAN INFORMATIONSSTELLE
Michael Müller
Dorfstr. 35
CH-8755 Ennenda GL
Tel. +41-55-6401242 oder +41-79-6930029
www.naikan.ch

USA

TODO INSTITUTE
Leitung: Gregg Krech
P.O. Box 874
Middlebury, Vermont 05753
Tel. +1-(802) 352-9018
www.todoinstitute.com

Japan

INTERNATIONAL NAIKAN ASSOCIATION I.N.A.
Executive Chairman Akira Ishii
1-1-6 Mita, Megoro-ku
Tokyo, Japan
Tel. +81-3-5420-3407
Fax: +81-3-5447-5310

YOSHIMOTO NAIKAN KENSHUJO
9-2 Takadaguchi
Yamato-kuriyama-shi
Nara-ken
Tel. +81-7435-5-9432
Fax: +81-7435-4-4755

SENKOBO TEMPLE
Leitung: Reiunken Shue Usami
Minaminogo Tado-cho Kuwanagun
Mie-ken
Tel. +81-594-482178
Fax: +81-594-486338

HOKURIKU NAIKAN KENSHUJO
Leitung: Masahiro Nagashima
Monjuji 235 Ohyama-machi
Kaminiikawa-gun
Toyama 930-13
Tel. +81-764-83-0715

MEISO-NO-MORI NAIKAN KENSHUJO
Leitung: Yasuhiro Shimizu
5694 Kitsunigawa-Maci
Shioya-Gun, Tochigi
Tel +81-28-686-5030
Fax: +81-28-686-6164

NARA NAIKAN KENSHUJO
Leitung: Yoshihiko Miki
3-227 Gakuen-yamato-cho
Nara-chi
Tel. & Fax: +81-742-48-2968

DAS WESEN VON NAIKAN

Prof.Akira Ishii, Shaku Yokô Josef Hartl (Hrsg.)

40 Erfahrungsberichte aus 7 Ländern - und geschrieben in 3 Sprachen: Deutsch, Englisch, Japanisch!

... so spannend, dass man gar nicht mehr aufhören kann zu lesen ... sagen uns zumindest viele Leser/innen!

Nach einem Vorwort von Josef Hartl folgt eine wunderschöne Einführung in die Naikan-Methode von Prof. Akira Ishii, wo er auch auf häufig gestellte Fragen bezüglich Naikan eingeht.

Der wesentliche Teil wurde jedoch von den 40 Naikan-Teilnehmern geschrieben: In der Vielzahl der persönlichen Erfahrungen offenbaren sich Bandbreite und Tiefe der Erkenntnisse, die man mit Hilfe von Naikan erschließen kann.

Erschienen im Juli 2000.
Preis 20,70 EUR
ISBN 3-9500885-1-2

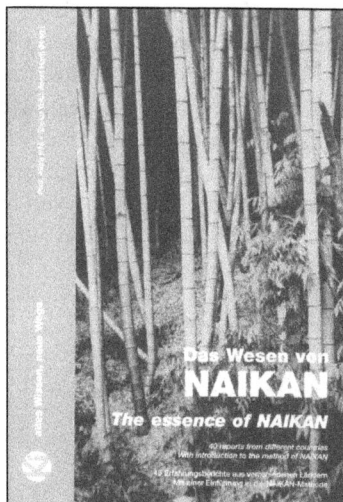

Bestellung:
NAIKIDO ZENTRUM WIEN
Neulerchenfelderstraße 65/W1+2
A-1160 Wien, Österreich

Tel.: +43 (1) 405 05 13
Fax: +43 (1) 402 30 55
e-mail: office@naikido.at

KOCHEN IM NAIKAN

Josef Hartl, Helga Hartl, Georg Hartl,
Christl Eberle, Michael Simöl, Stefanie Tuczai

Dieses Kochbuch soll Nahrung für Körper,
Geist und Seele sein.
Immer wieder werden wir nach Naikan-
Wochen von unseren Teilnehmern
- Männer wie Frauen - gefragt, wie denn
diese oder jene Speise zubereitet wird. Seit
Jahren erhalten wir die Anregung doch ein
Kochbuch herauszugeben. Nun hier ist
es und wir bitten Sie/Dich es auf seinen
Gehalt zu prüfen.

Erschienen im Juli 2004.
Preis 20,70 EUR
ISBN 3-9500885-2-0

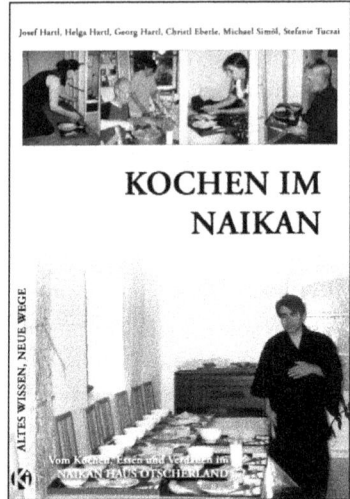

Bestellung:
NAIKIDO ZENTRUM WIEN
Neulerchenfelderstraße 65/W1+2
A-1160 Wien, Österreich

Tel.: +43 (1) 405 05 13
Fax: +43 (1) 402 30 55
e-mail: office@naikido.at

www.ingramcontent.com/pod-product-compliance
Lightning Source LLC
Chambersburg PA
CBHW070554270326
41926CB00013B/2308